△一九三九年畫家徐悲鴻恭繪之弘一大師像。現藏福建泉州開元寺弘一大師紀念館。

▷
弘一大師幼兒時、四歲（一八八三年）所留之影。

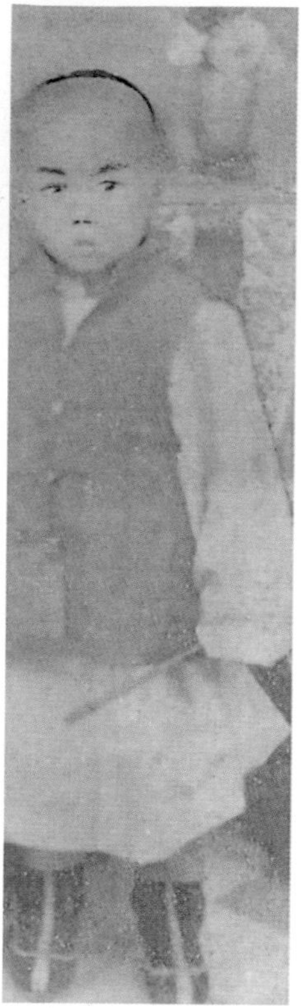

◁
弘一大師於一九〇〇年，二十一歲時在天津留影。

△弘一大師於一九〇五年，二十六歲時，在天津宅第與其兄文熙下圍棋時留影。左為當年的李叔同、右為李文熙。

△弘一大師於一九〇七年留學日本，演「茶花女」之主角瑪格麗特之劇照。左：李叔同（當年名李岸）、右：曾延年，演亞芒。

▷

弘一大師於一九一八年秋出家，此照於出家後二年，四十一歲攝於杭州。

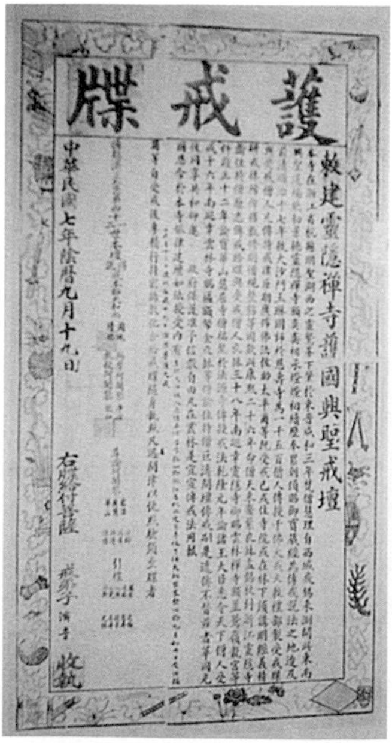

護戒牒

敕建靈隱禪寺護國興聖戒壇

中華民國七年陰曆九月十九日

右給付菩薩

收執

◁

弘一大師出家後，於一九一八年九月十九日在西湖靈隱寺受戒後所領之「護戒牒」。

△弘一大師於一九三七年（民二十六年）受夏丏尊之約於上海所留之影，時年五十八歲。

△弘一大師於一九三七年秋自上海返閩南時，數位友生送師於上海黃浦江碼頭。右二：劉質平、右三：弘一大師、右四：夏丏尊。餘三人姓名不詳。

△弘一大師於一九四一年，即圓寂前一年，在福建泉州所留之影。時值冬天，頭著風帽。

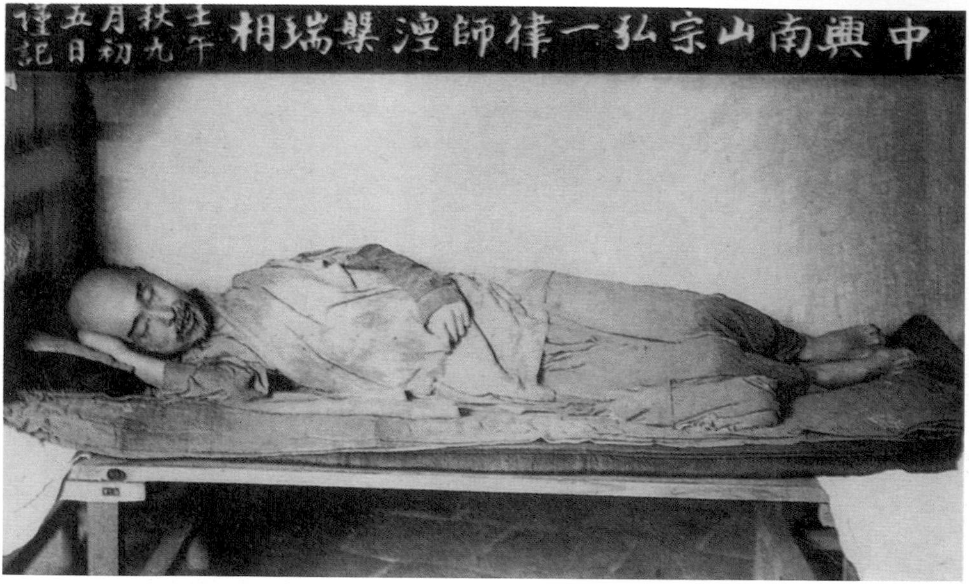

△弘一大師臨終次日，即陽曆十月十四日（農曆九月五日）右脇而臥，圓寂於泉州溫陵養老院。

弘一法師之塔落成典禮 一九五四年一月十日 錢君匋題

△弘一大師之靈骨，奉安於泉州及杭州兩地。一九五四年元月，由劉梅生恭送杭州之靈骨，所建之靈骨塔建於西湖虎跑寺山後，靈塔落成典禮時，參加人員合影於塔前，圖中，白髮及胸者為經學家馬一浮。

△弘一大師生前兩位弟子：左　浙江師範學生劉質平，右　皈依弟子劉勝覺（梅生）。此照於一九四八年五月攝於福州「福建音樂專科學校」。劉梅生一九八〇年後出家於菲律賓。

△弘一大師臨終前三日，留下「悲欣交集」四字與侍者妙蓮法師。現刻石於泉州清源山風景區，舍利塔傍。

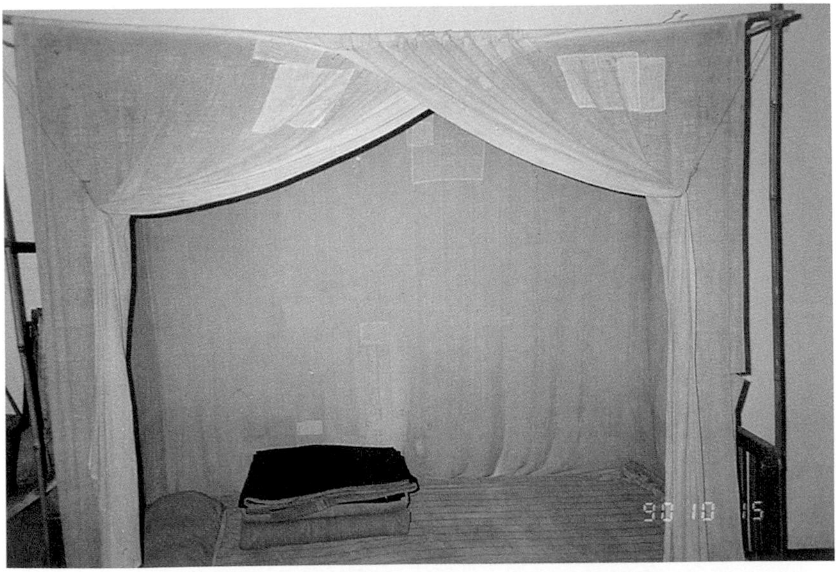

△弘一大師生前寮房中之床帳，一如昔日，供於泉州紀念堂中。蚊帳上有多塊補丁，但清淨無染，一如生前。

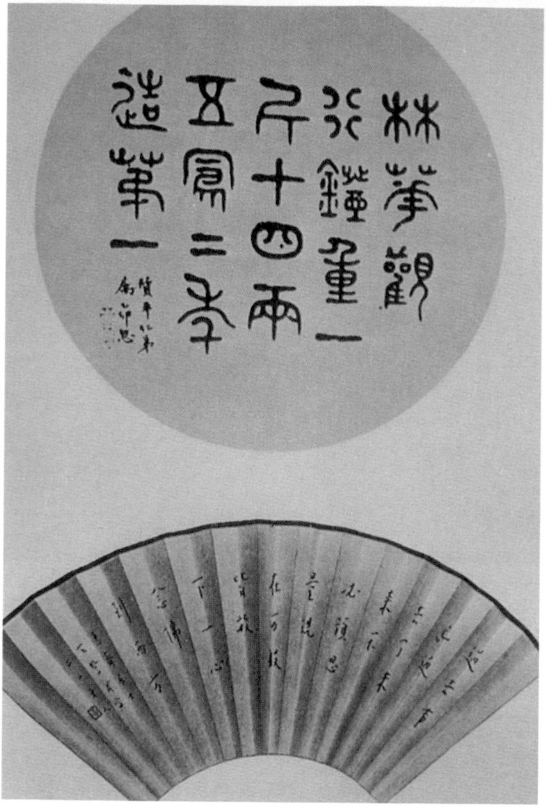

◁

此幅（上）古篆文法書，於一九一五年（乙卯）贈學生劉質平。文曰：「〔漢〕 林華觀行鐙〔燈〕，重一斤十四兩。五鳳二年造，第一。」下：為扇面，於一九二六年贈惠齋居士。文曰：「過去事已過去了，未來不必預思量，現在萬般皆放下，一心念佛到西方。」

△弘一大師於一九四〇年前後，贈與李芳遠之題額，文曰：「大方廣室」。為古籀文。左為豐子愷題「拜觀」，此額為弘一大師身後所留唯一古篆之墨寶。現為臺北善導寺收藏。

△印四十一方，為弘一大師身後留下之遺珍，現存泉州紀念堂。

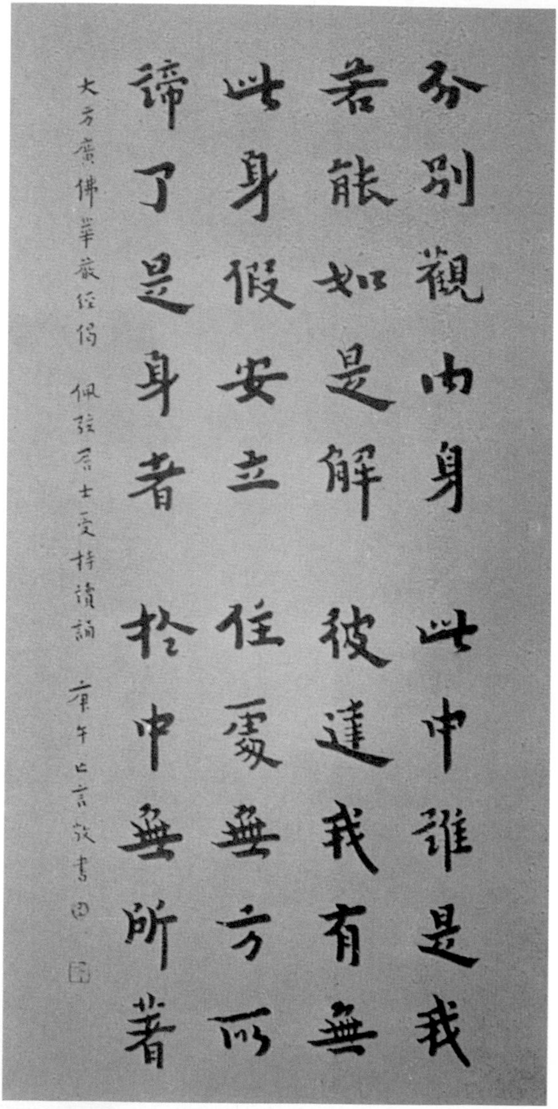
分別觀內身 此中誰是我
若能如是解 彼達我有無
此身假安立 住處無方所
諦了是身者 於中無所著
大方廣佛華嚴經偈
佩弦居士受持讀誦
庚午亡言敬書

△此幅為弘一大師於一九三〇年（民十九年）所書華嚴經偈。為大師中期墨寶。

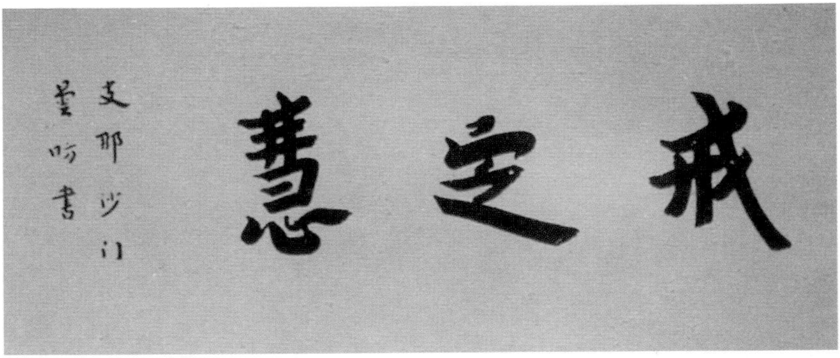

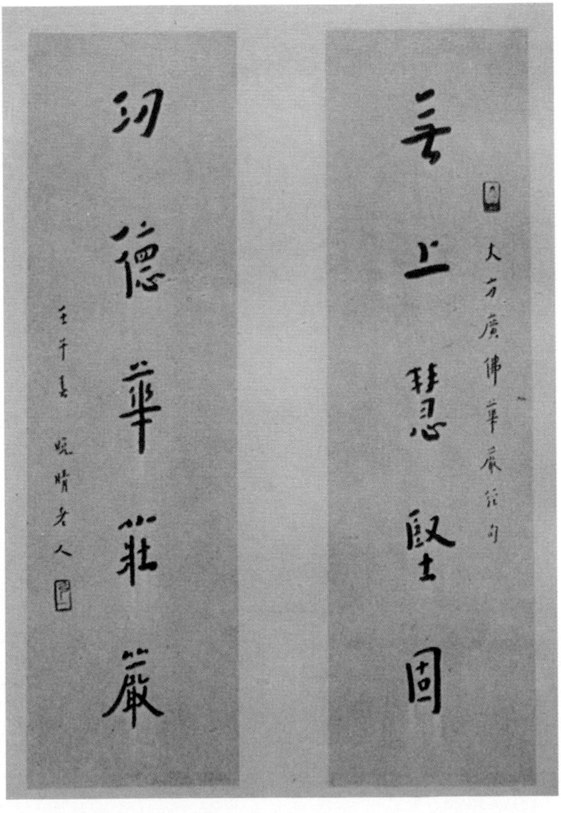

△

此幅墨寶。上「戒定慧」，為中期墨寶。下「無上慧堅固，功德華莊嚴」，寫於一九四二年，臨終前所書華嚴經偈，屬晚期風格。

此幅佛像，為弘一大師於一九三六年（民二十五年），作於廈門鼓浪嶼日光巖。弘一大師生前留下彩色佛像畫，此為極少數存品之一，原件為陳慧劍居士收藏。

弘一大師傳

——陳慧劍 著

東大圖書公司

千金難買年少，萬貫難得好書

二〇一九年九月底，我接到三民書局編輯的電子郵件，邀請敝人為陳慧劍老師的再版《弘一大師傳》寫推薦序。敝人不是此方面的專家，本想婉謝。但想起在我的《六十感恩紀——惠敏法師訪談錄》（國史館，二〇一四年）中，曾提到陳慧劍老師的《弘一大師傳》是我個人接觸佛教的遠因與出家的因緣之一，若能就此敘述，或稍可回報此著作對我的恩情。於是鼓起勇氣答應，綜整片段如下，雖知難稱為推薦序，聊復爾耳。

我就讀臺南一中高二（一九六九年）時，音樂課本第二首〈悲秋〉是：

西風乍起黃葉飄，日夕疏林杪。
花事匆匆，夢影迢迢，零落憑誰弔。
鏡裡朱顏，愁邊白髮，光陰暗催人老，
縱有千金，縱有千金，千金難買年少。

歌詞雋永，作者簡介：「悲秋，作者李叔同，精通繪畫、音樂、戲劇、書法、篆刻和詩詞，為現代中國著名藝術家、藝術教育家……。後來出家為僧，號弘一，中興佛教南山律宗，被尊為弘一大師……」，如此的生平引起我的好奇心，怎麼一個藝術家後來會出家？更巧的是我的學號正好排到要考唱這一首，課後到書局找到陳慧劍先生寫的《弘一大師傳》，有三本。當時，我沒注意到是三冊全集，還以為三本單冊。因為書背所印之一、二、三冊數字很小，我隨便抽一本，買回家一看，剛好是中間的第二集，沒頭沒尾，翻了一下就想：等有錢了，再去買其他頭尾兩本。後來，高三忙著大學聯考，也就忘了。

考上臺北醫學院（今臺北醫學大學）藥學系之後，大一下學期參加臺中明倫大專佛學講座（一九七二年度），借住臺中慈明寺，寺內有圖書室，有《弘一大師傳》三冊全套。於是，我利用課餘時間閱讀，陳老師妙筆生花，引人入勝，愛不釋手，讓我便看邊想：這樣的出家生活好像才是我要的生涯規劃。因此，出家之心，油然而生。

一九七九年（二十五歲）有緣於西蓮淨苑出家，所謂「五年學戒」，並應終生「以戒為師」。但當時的大環境並沒太多的學戒的因緣，需靠自己摸索，對我最大的幫助是弘一大師之戒律著作，特別是提到如何學戒次第的資料，例如：《學四分律入門次第》、《學根本說一切有部律入門次第》，我按照此學習次第，得以事半功倍地涉獵律學。

轉眼間，五十年光陰暗催人老，花事匆匆，夢影迢迢，得知陳慧劍老師的著作《弘一大師傳》再版佳緣，深感千金雖難買年少，但可買好書，因為萬貫難得好書。

釋惠敏
東京大學文學博士
法鼓文理學院校長
臺北藝術大學名譽教授
二〇一九年十月六日

再版說明

近代律學高僧弘一大師的一生行誼與德性光輝，感動、啟發無數心靈，「弘學」蔚為風潮，陳慧劍居士與他所著之《弘一大師傳》，無疑扮演了非常重要的角色。陳居士以「高山仰止」的孺慕之情，用文學記錄了弘一大師傳奇的一生，令讀者對大師的生命光彩讚嘆不已；陳居士也因為寫作《弘一大師傳》和許多相關著作，成立「弘一大師紀念學會」，傾全力投入「弘學」之研究、推廣等，同樣讓世人讚嘆與景仰。

《弘一大師傳》問世數十年來，陳居士一得到新的資料，便不斷進行修訂使其益臻完善，到他往生的前幾年，這項工作才告一段落。本書於一九九七年經陳居士最後修訂，十幾年來迭經刷印，版材已漸磨損，印刷效果欠佳；為嘉惠讀者，同時讓這本好書流傳更廣，爰加以重新排校製版，以更清晰、美觀之字體與印刷面世。內容則除了修正舊版疏漏之處外，悉與一九九七年修訂版一致。

東大圖書公司編輯部　謹誌

本書於民國五十九年獲得
中山文化學術基金會傳記文學獎

一個自覺生命的完成

通常，我們對於人的看法，大約分為兩種：一是平凡的，一是不平凡的。或者就行為說：亦可分出一是戀世的，一是厭世的。這說法大約是現今世界上通行的品評人生的兩個標則；實際上這兩個標則，並不怎樣準確。因為任何一標則之成立，都必須受到某一特定的觀念限制，而觀念之形成，又必有其時間與空間之關涉影響。在東方人看來是一平凡的事，或平凡的人物；以西方人看來，或又可能是一不平凡的事，不平凡的人物。反之亦復如此。甚至有時兩個在同一環境下發生同一的事，只因目的與動機不同，亦同樣會獲得不同的評價。因此，用平凡與不平凡二字來品評一個人的生平，這並不是最好的，正確的尺度。同樣，以戀世與厭世的觀點，來分判某些有特別傾向者的行為，亦犯了概念上模糊昧實的錯誤。因為這兩個概念，在一般人的引用上，已習慣地用在表現消極與積極兩面。厭世的人，則指消極一面；戀世者，則指積極一面。且把厭世者，又多看成是些宗教徒（甚至說，就指宗教）。事實上，他們是否真的厭世，或者說，「世」是否可厭，又是否可戀，一般人並不清楚。尤其是有些超世俗的思想家，和佛教一部份特殊的宗教行為，只因他們對人生抱有一種特別的看法，於是也就被一些不大了解個中深義的人，冠以「厭世」這種名詞。當然，厭世並不是壞的批評，但對若干有超特思想行為表現的人，卻不是正確的評價。就我了解這兩個概念的意義來說，覺得只可就人生浮泛面的「感性」上言，而不可作指評人生深奧一面的「理性」言。感性的人生，有痛苦，有快樂，有悲歡離合；因其有痛苦和快樂，於是便有厭棄和貪戀的相對表現。看透了世事滄桑，人生無常，自易掀起厭世之感；而若平生得意，歡場可求，則又不免頻生貪戀之情。此兩面均表露在人生浮泛的一層，也正是芸芸眾生表現現實的一面。平凡與不平凡，戀世與厭世，在這一層上，自是可以允其作為品評的尺度。然而，冷靜的思維又嘗告訴我們，人生的問題，並不止於此浮泛的一層，在它內在的深處，既無痛苦、快樂可言，也無悲歡、離合之相；有的只是一片純真純美和至善！在此一深層之內在處，則無法用感覺界的符號概念來形容它是什麼，追求此一內在真實生命之人，也就不可用平凡或不平凡，戀世或厭世等觀念去衡量。

人的生命，通常亦可分為兩種：一是自然的生命，一是真實的生命。悲歡、離合、痛苦、快樂，只存在於自然的生命，而不存在於真實的生命。自然和真實，固不可將其絕對的分離，但真實的生命卻又絕不是自然的生命。儘管真實的生命，又必有待自然的生命去發掘、求證，然兩者的價值及其意義，卻相距有若干里。這所謂自然的生命，便是吾人父母所生的膚髮之身；真實的生命，則是賴以稟受此身的當體之能或本性。用佛教固有的術語說明，則正是生身和法身之分判。生身——自然的生命，以其本能的活動而言，它並不與一般動物有何差別。如孟子之所謂，人之有異於禽獸者幾希，此正指飲食男女的自然生命言。但人又畢竟是人，雖自然生命與禽獸無異，而其思想之創造，卻又表現出人之有異於動物的精神。此精神，亦嘗有謂其為文化生命。人類有此文化生命，正足以說明人之自身，原又超越自身的自然生命。平凡與不平凡，戀世與厭世，亦均可抽來在此一層次上作為證明人類生命價值之表現。（蓋知有平凡、不平凡，戀世或厭世者，即顯其具有文化意識及價值觀念之存在。）當作這樣的解釋，自然，就上述所謂品評人生的標則，也應予其承認。只是此標則，不能以其評判人生更深刻的一面。人若探索更深刻的一面，既不會說是戀世、厭世，也不會求平凡或不平凡之表現。因此，應注重者，只是應求如何反察自身之存在，及生命之流行，亦即應如何認取自家之本性，而後抉擇一至善價值之行徑。此行徑，無見於世俗觀念的品評，也無顧於人生浮淺面的感受；只凝念於真實生命的任運流行，或撥開塵霧而任其往來於天地之間。對於這樣的人生，我們無以名之，就名其為自覺者的超越，或生命自覺的完成。唯有把握這樣生命的人，纔實在地寶貴了他的一生，也纔值得後人為其作傳。就基於這樣的觀點，讓我們來看看本書著者所傳的主人——弘一大師，他給我們表現了怎樣一個生命的面目。

弘一大師的生平，就一個現實社會的觀點看，我們將對這位有卓越成就的藝術家李叔同（弘公俗名）先生之出家，感覺是一種乖離。他在藝術上的成就，應該說已有了一個極高的人生境界，不須要再追求什麼，因為他的存在，已達到了超越他自然的生命。只要他願意，便可在他的藝術生涯上，創造出不朽的精神，做一個中國的舒伯特、貝多芬、或蕭邦；（且他不止是音樂上的成就，繪畫、詩歌、戲劇、金石等均到達了極高的造詣。如他的弟子中豐子愷、劉質平、王平陵等都是各接受其一藝而卓然成家者。）這足可以為他的生命放出無限的光輝。然而，當他正要臻至此一境界時，卻像他手下的琴鍵，未待曲終，便戛然而止了。這在欣賞他的聽眾來說，真是一個莫大的遺憾！一個已爬上藝術峰頂上的追求者，不在峰頂高歌一曲，而突然往旁一跳，這不僅是把他個人已獲得的藝術生命擲棄，且給觀眾們上演了驚心動魄的一幕！此種廿餘年追求到的藝術生命，只在一念之間，就把它毫無憐惜的擲棄，這叫世俗的一般人如何能理解呢？尤其是當他把樂譜和琴聲擱下，換來的又並不是叫人有另一種叫好的表演，而是一領使現代社會人士最起冷漠感的僧衣。這突起的轉變，在他個人的生命上，固是一奇峰突出，天地頓分。即在他親朋友生之間，又何嘗不是平地風起，令人驚訝。這樣一個轉變，以一般人的心理來推度，雖不能再以不平凡的字眼予以形容，但卻可十足地謂其是「厭世」的表現；一個偶發的感觸，使他改變了人生。他拋棄了愛妻，也拋棄了世譽名利、親友門生，以一個多情的藝術家說，這是何等的決斷？這除了遭受人生重大的刺激，因而憤世嫉俗以外，還有何可以形容？謂其是厭世遁塵，應該是最的當的批評。可是，假如對弘一大師出家前後的言行，作一精細的察看，則又知所斷者全非。他之放棄藝術而出家，不僅是沒有厭棄世間，捨棄親友；相反地，且更接近了世間，一個真實的世間；也更獲得了生命，一個真實的生命。這生命不是一般社會觀念所能理解的，也不是某些只知格物而不能窮理的學者們所可理解的。不能理解的原因，就在於他們把人生的意義看得太現實化和人文化了。他們以為生命的完成，只在於投注客觀社會的存在關係之表現，而忽略了人之內在主體的反省與超越。人文價值，固可從事功和不朽的觀念去體認那超自然生命的精神，然畢竟這只是順自然所表現的外在的一面，而另有可駕御自然表現於當體內在超越的一面卻未曾看到。此一面即是自覺的宗教所有的獨特行為。人文主義中的道德自體，固也是內在的超越，但那是客觀實踐上的主體價值（起用），而非即是內在本身的自覺主體（當體）。要覺察此一主體，必須收斂外放的生命表現，而作一度自我覺照，從主客未分前尋其生命的本源。唯如此，纔可找到那自我的真實面目。因此，茲就此一要點，來察看弘一大師的一生，他究竟如何追尋他自覺的真實生命，而致當其覺得應如何纔可完成此一生命時，便不惜一切而毅然決然地捨棄了家庭、眷屬和藝術成就。這問題，雖未見他曾經向人說明，但我們從其生命的轉變中，亦當可看得出來一些實在的形跡。

作為一個成功的藝術家，其心靈必然地會有異於常人的敏銳；有了此一敏銳，便對自我生命的奧秘，宇宙的奧秘，也必然地會發生深刻的懷疑。由於其懷疑，便將會引起他不斷地去探索追究。他既懂得把握他的生命去創造藝術，也必會懂得生命的境界有無限的深邃。他能不滿於自己所達到的生命境界，也就自然地會想到，須要作更深一層之努力。由於此種努力，於是使他領悟到了還有一個更超越藝術精神的生命存在。此生命是自覺的，又是絕對和普遍的，但必須要以身力行，始可親證那生命的堂奧。因此，他為了把握這更高一層的生命境界，乃毅然地訣別了周遭的一切，而走向了那西子湖畔的定慧道場。這樣的走，假如我們從另一個角度（就以儒家）來看，也將會說他是自私的、極端的；因為他只顧追求自家的真實生命，便不顧妻子的死活問題。甚至最後連會晤一面也予以無情地拒絕，這在若干人看來，實在是忍心和絕情（以宋明儒看便是不講人道的釋氏表現了），以一個曾為風流倜儻而多情的才子、藝術家說，竟一旦轉變，便如此決絕，這是多麼地不可置信！然而，事實卻是如此，且就一個類似他這樣生命歷程的人，也必須應該如此。此種絕情，拋棄愛妻的舉動，正確地說，並非是自私的，而相反地更是消去某種原有的自私，如再進一層地看，他的決絕舉動，且正代表了一個道心對人性私情的嚴重考驗。經過了此一考驗，於是，始成為一個不再是原始肉身的李叔同，而是肉身成道的李叔同，也不再屬於某一人，或某一家族、社團之李叔同，而屬於

「將此身心奉塵剎」，獻身於全眾生界的李叔同，從人我差別走向諸法平等界的李叔同，打破了原有的私情底狹小藩籬，纔可跨入真實世界的邊際。這理由要細說，實在極廣極深，非一短文可詳。儘管佛教的思想，非只此一類型，然而從小向大，由凡轉聖，對某一類特別根機的人說，卻是一必須的過程。就追究生命的本質言，我們亦應如是了解：生命的層次，可分三類——第一層是本能的自然生命，第二層是文化的道德生命，第三層是內在的自覺生命。前二者可從「我」的觀念一一認取，亦可從客觀的事實上去認取（如從父子親情的關係，可以體認自然生命的價值，從文化、藝術、事業、功勳、倫理、道德等等可以體認文化道德生命的價值）。但第三層卻須要從否定一般觀念中的自我纔可領會。故此，跨入此層境界的人物，其行為表現勢無法再順世間的私情觀念造作（此中仍有順而不順、不順而順的微細密意及境界在，從略）。他必須捨棄以前的自我（包括榮譽富貴、家屬、藝業等等的我所事物），作一度冬殺活埋，而後始可求得一生機煥發、清逸、超脫、無私、自在的並與法界同體的真實生命。了解此，則我們對李叔同先生之出家，不僅不得視為由戀世（卅九歲以前的階段）到厭世的表現，也不得視為平凡或不平凡的表現。他所求的非權非名，或不朽的勳業，只是一真真實實的自我反求，一內在的超越，一自覺的完成。在此處，對於其生命所表現者，我們無法再予以評說，唯有空諸戲論，讓他靜悄悄地凌空，又讓他無聲無息地回到大地。因為這是他本來的生命，也是與他六親眷屬所共有的生命，他不但要完成自己，也要完成他人，在他那一剎那的自覺的轉變過程中，是一絕對真、絕對善的生命境界，對於此，我們還有何可以言說，或予其一讚一貶呢？

是的，出家後的弘一大師，其所特重的戒律精神，與未出家前的李叔同所著的浪漫氣息，迴然是生命的兩極，給他個人的世界顯出了極強烈的對照。可是，正因為如此，使我們纔看得出他生命過程中的層次境界，從怎樣一個階段而到達了另一個階段。凡有過內省觀照經驗的人，對此都可歷歷了然。

實在說，就我早五六年前的心境看，對於弘公的風範，曾經並不怎樣欣賞；我總覺得他的出家，仍沒有契入到佛教的真實道。他既未擔當起「一口吞下千江水」的宗風精神，也未踏入普賢境的大悲願門，更未穿起龍樹、世親的慧業袈裟，僅僅是逡巡於南山狹谷。以他在俗之成就，實應不該如此；作一個佛教的狷士，並不能振起今日的教運，也不能利益河沙眾生。但至後，當我對佛教、對人性又作了一深層的體會，發覺他的風範，確是值得千萬人去模倣和學習。他代表了佛教高峻謹嚴的一面，也表現了人性莊嚴的一面。他不必吞下千江水，也不必踏入大願門，亦無須披龍樹、世親的慧命衣，他自身就是他自身，南山就是南山。沒有他便見不出現代中國佛教的峻嚴，也見不出現代中國人還有威儀的一面！昔日儒家言聖作賢，亦必從三千威儀下手；儘管如今時異日遷，犖犖大者之日常共道，又何嘗不然。更何況佛陀之遺教，再三垂意於是。雖然，我個人所省察之遺教要處，或不盡同，自身之形態，也不能步弘公之後，但畢竟後來領會了此一精神，在佛教及人性中的至高偉大；對弘公之風範也即油然生出了莫大的景仰。

我以為任何一件成功的作品，都不須要附屬任何無謂的贅語，尤其是寫「弘一大師」這樣一部傳記。他的真實生命，除傳記的本身在字裡行間可以透露一些搏脈，不是任何附加文辭，可以予其謬讚萬一。且弘公的一生，不是偉人，不是豪傑，他只是一個老老實實的追求真實生命和自覺之道的人。他沒有轟轟烈烈的功勳讓人記述，也沒有永垂不朽的事業讓人傳聞，他的藝術雖已有極大的成就，但自己卻又把它毀掉了，剩下的只是一個求道者的境界；要寫這樣一個傳記，除卻在心靈上與他的生命境界，作到極深入的默會，實無法寫至恰到好處。然而慧劍居士此一傳記，除握有弘一大師的充份材料，也在境界上有了極深的交會，我說過，寫這樣一個傳記不是輕易的，即讀弘公傳記的讀者，也不可輕易。蓋因一般社會人士讀到這樣的傳記後，並不易當下透過紙面把握到被傳者的精神，也許還有人會作一些相反的看法。原因便在於他只是一自覺生命的追求者。他不同於現時下一般的中國和尚，也不同於現時下一般的中國藝術家，故此要求一位相契於他底精神的讀者，或可真實了解他的讀者當不太多。但假如我們不過於依執自己的主觀，從體察人類精神生命的觀點去看，則讀來想必就有了極大的意義；從任何一階層、一宗教、一角度的人士來看，都可能獲得一生命的啟示。至少，我願意先提示某些讀者一個原則，弘一大師的一生，可分作兩個階段去看：三十九歲前的李叔同，所表現的是人類寶貴的純藝術的生命；三十九歲後的弘一大師，所表現的則是更寶貴的純莊嚴的生命：他之一出家，即走進佛教最謹嚴最刻苦的一門，就正因他有過一段最燦爛和浪漫的藝術生命。沒有佛教的嚴峻戒律，不足以收歛他的藝術精神；沒有以往的藝術生涯，亦不足以形成他後來的莊嚴生命。本此原則來認識弘公，那麼，我想就可能在這本傳記裡取得莫大的收穫。如果我這前記寫的不算廢話，其意義也當就在於此了。

復次，本書所收的諸篇附錄，這不但給讀者增加了認識弘公寶貴的學術文獻，也說明了著者在研究弘公的生平中所花的心血代價，且證明著者是如何地忠於傳記的史實，把握弘一大師的真實生命，讓讀傳者引起心靈的共鳴！

澹思

佛曆二五〇八年十月七日寫於日本大谷大學

自古聖賢皆寂寞

王國維《人間詞話》云：「古今成大事業、大學問者，必經過三種境界：『昨夜西風凋碧樹，獨上高樓，望盡天涯路。』——此第一境也。『衣帶漸寬終不悔，為伊消得人憔悴。』——此第二境也。『眾裡尋他千百度，驀然回首，那人卻在燈火闌珊處。』——此第三境也。此等語皆非大詞人不能道，然遽以此意解釋諸詞，恐晏、歐諸公所不許也！……」

我想，人類的宗教（道德）生命情境，亦可用詞人的情境來比類。由「風華絕代」到「獨超窮徑」，歸於「澹泊寂寞」，此之陶子「採菊東籬下，悠然見南山」之世界，此之淵明能超絕古人，獨享於詩底廣大無垠王國也。

自古聖賢與人不同處，不在於油米茶醋生活上事，而在於精神生命之凌天越極；同時其實際生活，亦必是回歸於真璞，還我於寧靜，才達於聖賢的分際。如精神生命與世俗生活不能相結合，其與凡俗仍無所分界。由一個血肉凡夫到聖賢境地，其過程也都經過山窮水複的「心路歷程」，才能使山水自還面目。而「眾裡尋他千百度，驀然回首，那人卻在燈火闌珊處」。辛詞的高處，正是弘一大師生命之寫照！

憶及三十一年前本書定稿之時，到今天流傳世界各地，除了很多師友讚嘆、朋輩嘉美，其中也有極少數人認為李叔同先生的生命，不是「落於枯寂」、「失於倫理」，便是「流於感傷」、「惑於自了」，不乏當代高級知識份子（例如胡秋原先生），其「批判」，皆不出儒家「闢佛」之思想範疇，而心理樣態多受掣於狹隘有形生命的空間，難見弘一大師的廣大風貌。

其實，就弘一大師的生活言，作為一個偉大的宗教家、修道者，其形象都已足傳千古。如果從超越群峰與睥睨世情的角度來觀察，弘一大師的無象之象，才會藹然照耀。民國六十六年夏天，我在歷史博物館看「古今名聯展覽」，其中有一幅署名「李嬰」（叔同）的長幅五言聯句，其文是「法諦寶千偈，德言尊五經」。筆下莊嚴偉岸、縱橫千軍，使朱熹、章太炎、翁同龢等名家名聯，均為之失色，圍觀者眾，後來臺北各報及藝術雜誌加以攝影轉載，到此時，我才知道群峰頂端之人，是何等形象！其風貌豈是市井之人所能窺其真容？惟其情境是俗人無緣窺測的，因此其大我也是孤獨的，寂寞的，乏人了悟的。

《弘一大師傳》出版已三十餘年，由於海峽兩岸，文化交流頻繁，弘一大師生前史料已有新的發現，因此，根據新的文獻，重新修訂此書，而莊嚴之，精緻之；得使海內外私淑於弘公的有緣人，能看到更精確的弘一大師史實，以供珍藏。弘公的生前，棄俗生活是孤寂的，而今，能有更真實的史料補充，他老人家在常寂光中俯視蒼穹，也必然是怡顏有慰了！

陳慧劍

民國八十六年十月一日

重修於臺北市杜魚庵

高山仰止

「高山仰止，景行行止，雖不能至，心嚮往之！」

對於弘一大師一生而言，只有用《詩經》上這幾句話，纔能表達個人追思仰慕的心情。

當我寫《弘一大師傳》到〈空門〉章，老友心澂法師，以所存《反攻月刊》二四八到二五五期，全部送給我。原來，這八期刊物上，連載了劉心皇先生的〈從藝術家李叔同到高僧弘一法師〉這一長達十萬字的文章，這篇文字，是中國文學界第一次用最多的工夫，收集弘一大師資料，組織成篇，敘述大師史實的作品！

這是一九六三年秋天的事。

在驟驚驟喜的感觸下，我陸續地讀完了全文，在心理上，把這篇文章與我寫的《大師傳》作一對比；結果發現兩者不同點是：劉先生的作品，是弘一大師既有文獻的歸納、整理，在中國文藝之壇，重新提示弘一大師的成就，同時客觀地托出一代高僧的精神境界；但無生活上的描寫。

我的作品，則是純文學的、生活的、思想的描寫，從一個人生平行為著眼，並賦予人物生活方式的再現，務使讀者有「身臨其會」之感，但文學的寫作，也需要全部生活史料為素材，再加上作者的想像、模擬等等。

因此，劉先生的作品是論述的；我的作品是表達的；讀者同時讀這兩種作品，自有不同的感受！

但是我與劉先生作品中有一點相同的：便是我們資料的收集大致相同。我的作品則因為是表達的，是傳記文學形式，所以篇幅多得很多，但以劉先生來說，以一個佛教門外人能用這番工夫，整理高僧資料，殊令人敬佩不已！因為，在我們今天所處的環境，包括緇素兩界，像劉先生這樣收集弘公資料，如此地豐富，這是少有的！可見，他是一個有心人了。

這裡，我還要一提的，便是除現有資料而外，佛教界的師友，也供給我一部份非常寶貴的材料，同時，當我在兩個月以前，寫完《大師傳》本文之後，又陸續地完成了〈弘一大師行誼大事年表〉、〈弘一大師寫經研究〉、〈弘一大師書簡研究〉等三篇研究性的附錄，其中以六萬字的〈書簡研究〉，費去了我最多的工夫，消耗我最多的精力，在反覆探討、搜查、求證的苦思遍尋後，始告完成。這篇文字，在佛學上雖沒有重要價值，但就弘公生活史實研究而言，我已盡到了最大的心力，並求其書簡的完美。

復次，劉先生在其作品中說：他期望有人為弘一大師作「傳」，並且他以為作傳者，以豐子愷為最適當（當時劉先生並未發現我寫的《弘一大師傳》，已先他而發表了近十五萬字）。劉先生的意思是——豐子愷先生與弘公的關係深，他承受了弘公最多的遺珍，了解弘公生前最多的軼聞，而豐子愷也具備了文學上的才華，因此，為弘公作傳，捨豐子愷，別人甚難承當。這就寫作「文學傳記」言，是非常重要的關鍵！

讀劉先生作品後，我的感觸是：為弘公作傳，論我的知識、器度、魄力、與弘公關係，都嫌不夠；如果僅憑資料，是無法刻劃入微的。寫傳記不同於作論文，如果寫作內容太抽象，便註定要失敗！

然而，不幸得很，當我還未能考慮到這些客觀因素時，便於一九六一年元月尾在臺中菩提精舍，已經大膽而不計成敗地寫下第一章。這樣寫下去，如何收場呢？我沒有考慮到。而且，在本書脫稿之後，在歷史上的功罪如何，也未能使我如臨深淵！當寫作過程中，我曾接觸到佛教界許多高級知識份子以及素有修養的前輩所激勵，他們對本書的欣喜之情，成為我寫下去的動力！於是，我產生了一廂情願的看法：我以為弘一大師一生，豐子愷先生雖了解得多，可是作傳他已無能為力（這並非我故意菲薄），因為他的境遇不能使他為一位高僧作傳。如果豐子愷不寫，再遍數與弘公有淵源的人，其處境也與豐子愷相同。而李芳遠在多年前，曾有心要寫「弘一大師評傳」，終因變亂，失去了寫作的時機；只可惜的是，弘公老友夏丏尊，為弘公作傳的條件更多於他的學生豐子愷，但是他於弘公圓寂五年後，也相繼去世。這樣，輪到佛門中的師友，知弘公深者，也不乏人，但都以因緣逆阻，不能如願。

弘公住世時，曾強調一「緣」字的重要。他說：「萬事要隨緣」，「菩薩度生，不度無緣之人」。我想，我與弘公，該有一段前定之緣！

我把劉心皇先生對於為弘公作傳的意見，告訴心瀓法師。他說：「豐子愷該寫時他不寫，李芳遠可寫時他不寫；現在卻等著你來寫，這就是緣！」

同時，我有另一套想法：過若干年後，如果有人發願為弘一大師作傳，其條件將比現在更惡劣；而材料的收集也較現在更困難；那時與弘公有緣的前輩已日益凋零，而無人諮詢。即使佛教界能出現一位文豪，也無法像今天去弘一大師不遠的時代，像我這樣憑想像而「大膽妄為」。因此，與其留待後人臆測地寫，便不如趁今天資料易集，有緣人尚在時，及早提筆。

我感覺，令一位哲人復活，除傳記而外，別無他途。我寫弘公生平的憑藉，除了一堆死的資料，便是以僅有的文學創作經驗，依據經常所聽到有關弘公思想、生活、性格的模式，像寫文學作品一般，去表達大師的一生。基於這一理由，我不在乎作歷史的罪人，而要求得心之所安！

＊

此外，我要說說，我景仰弘一大師的經過。

早在三十年前，我還是個孩子，在朦朧的記憶中，家父、伯父、三叔，每從外地歸來，在傍晚，兄弟三人，便臨時組成一個小型樂隊，到祖母的房裡，去吹奏一番，有時吹到深更半夜，我在祖母枕邊入睡，但他們的樂曲還在我夢中繚繞。

我記得家父用的是簫，三叔是笛，大伯是笙、琴之類的古樂。他們合奏的，多是祖母愛聽的〈花弄影〉、〈三潭印月〉、〈落花流水〉、〈梅花三弄〉、〈送別〉、〈驪歌〉……這些幽美的名曲。他們悠揚地吹奏起來，令人心弦舒暢，餘音繞樑，根根毛孔，都有欲仙的意思。

尤其三叔那支笛子，吹了雨聲像雨，吹了風聲像風，吹了哭聲，叫人流淚。……並且在樂曲間歇時，祖母和大伯便講故事，來調節音樂氣氛。

那時候，別的我還聽不出什麼來，每當吹奏著〈落花流水〉、〈送別〉、〈驪歌〉，我便想哭。

「好時候，像水一般，不斷地流；春來不久，要歸去也，誰也不能留……」這是〈落花流水〉的開頭。

「長亭外，古道邊，芳草碧連天。晚風拂柳笛聲殘，夕陽山外山。

「天之涯，地之角，知交半零落；一杯濁酒盡餘歡，今宵別夢寒……」這是〈送別〉的兩段詞，吹奏起來，那種離愁別緒，令人心酸。

後來，我聽家父閒談中說：〈送別〉是李息霜所作，李息霜是誰？我茫然無知。

若干年後，我自己讀書時，在音樂課上，唱到這隻曲子，又是李息霜先生的曲子。在臺灣的中小學課堂，有些愛好古典樂的音樂教師，依然教李息霜先生譜的曲、作的歌。

李息霜是誰，依然無人知曉。如果不是我寫《弘一大師傳》，有很多人還不知李叔同、李息霜便是弘一大師！

另外有一次，在我十多歲時，有一位大我十歲的表兄告訴我一個故事。這位表兄肚裡裝著不少詩詞逸事，他教我背過許多首蘇曼殊的情詩，納蘭性德的詞，講述陳獨秀、李叔同、胡適之、吳稚暉、林語堂的軼事。

談到李叔同，他說：「音樂家李叔同（也就是息霜），在杭州教書的時候，有一天他看破了紅塵，到西湖靈隱寺去出家（其實，那是他說錯了，弘公出家於「虎跑寺」），有一位工友替他送行李，到了寺門口，李叔同先生便把袈裟一換，回頭向那位工友作了個揖，說：『聞居士！你回去吧，我們就此分別，我出家啦！』

「誰知那位工友一看，李先生真的做了和尚，便放聲大哭說：『李先生出家，我也索性出了家，我也不回去啦！』

「『你怎麼能出家呢！』李先生說：『你回去吧聞玉！我們再見！』
『我捨不了你！李先生，我要跟你出家！』聞玉嚎啕地說。」
「結果，你猜如何？」我那位表兄說：「李叔同先生便真地帶那位茶房出家為僧了！」

他說得可妙，他說：「從此他們雲遊天下，最後便成了佛了……」

這個故事，經過千萬人，傳了無數遍，纔傳到我耳朵裡，多少已走了樣子。但是李叔同先生的影子，卻深入我的心靈，拂而不散。

後來，走進社會，由於知識漸廣，見識加深，於是李叔同先生的影子，在我的心鏡上，日益分明。等到這學佛的十五年過程裡，使我了解，音樂家李叔同——息霜，便是我寫的「弘一大師」。但是，直到如今，社會上唱他歌的人，已不盡其數，但知他是誰的人，卻寥如晨星。

弘一大師，纍成我心靈上的接天高峰，是由於下列三點：一、他性格的堅強、突出，但沒有凡俗之見。二、他澹泊名利，但不嫉世憤俗，心情坦蕩。三、他不顧生命，出家前獻身於教育，出家後獻身佛道，胸中從無一個「我」字。在我三十八年的生命過程中，從未見過這樣充滿性靈光輝的人。弘一大師的住世，毋寧是人類神性的反射！雖然，古代的高僧都有他們巍巍的德性，然而高僧傳與本人事跡，有許多竟過於神化，而不似弘一大師在多彩多姿的生命中，表現的卻是「平淡」。「平淡」，是人生最難達的理境！

弘一大師法侶——廣洽法師這樣說：「衲雖親近大師有年，但覺其語默動靜，無非示教，固不敢以文字贊一詞也！」

又說：「大師生平莊嚴示範，緘默凝重，身教重於文采，是故衲不敢妄贊一詞！……」

從這幾句話中，使我感到哲人的光華，乃是多生多劫以來德行的纍積，生活在器世間的我們，是無法全部追及的。

然而，這剛好是平凡人一面心靈的明鏡。我之崇仰大師，並不在他的音樂、詩詞、書畫，卻在他的「生活藝術」。我個人學他寧願走了樣，能學他生活中一點一滴也就滿足了！我以為他的學佛境界，便是他的「生活藝術」。

準此而言，我寫「弘一大師」，換句話說，便是學習大師「生活藝術」的一點結果。一個人內心生活，往往不為外人所知，因此，也常常被人誤解；如果求其心安，也就是了。我們能以弘一大師這一面「德性之光」的鏡子，時時反照自己，雖販夫走卒何憾？

《大師傳》的寫作歷程是三年。付梓時三十八萬言。這部六百餘頁的作品，要說是我個人的創作，那是冒犯的。這其中我要感激過去許多前輩給我們留下那麼多的大師文獻。寫作中，林子青長者的《弘一法師年譜》供我史實的引導；乘如、仁恩法師，為我搜集素材；校改時瑞今、廣洽、廣義、傳貫、元果諸上人，黃寄慈、劉梅生先生先後提供參考意見，因此，就作品的精神言，我是述而不作的；《大師傳》，是一襲千補百衲衣，使它成為法寶者，是以上諸多因緣，我個人只是一個縫工的角色地位！

在另一方面，就傳記本身，應加以說明的：

弘一大師自出家後，對在俗時私生活，已避而不言，因為他曾發願：「非佛書不書，非佛語不語。」有人問他，他也是笑而不答。但因此，卻埋沒了他前半生許多寶貴而正確的史料。親者如夏丏尊、豐子愷、劉質平，我相信也未見得全知。因為弘公的性格是一貫的，並未因他出家與否而有所改變。他一生生活的轉捩，段落極為分明。那好像從海上跳到陸地，再從陸地走上飛機一樣，對於世俗的看破、跳過、斬絕，在他是出乎自然；不如此，即不顯弘一大師之為弘一大師。弘公雖前宗蕅益，後崇印光兩師，但卻不同於他們；而其分野尤其明澈！

我以為對於弘一大師的生平，任何人有意作傳，所遭遇的困難，將和我同樣多。這也許是他們不肯下筆的原因。

傳中，使我困擾的，便是弘公出家前那段漫長的私人生活，那只是一堆並不統一的資料，幾乎人云亦云。而弘公的留學生活，更是片斷而又片斷。六年的「上野」留學，僅僅用一個直線故事穿插，真是可惜！

從上野到上海，與弘公共締十年生活的，是日籍誠子夫人。在本書九版之前，誠子夫人是以「雪子」的假名代替，經過漫長的二十年之後，才由遠方友人查出她的真名——誠子，現在書中已完全更正。當時，在不得已的情況下，以不違背史實為原則，暫以「雪子」身份出現，我深感歉疚。

我深深感謝為本書遍訪弘一大師早年親友、而為誠子夫人正名的好友楊銳。他為《弘一大師傳》的修訂，提供了不少珍貴的材料，並且幾乎踏破鐵鞋，終於能使誠子夫人，含笑於九泉之下。

在弘公史料中，有人說：弘公出家，未取得誠子的同意，誠子到虎跑求見最後一面，弘公不見，誠子悲慟數日，最後回上海，送幼子至天津，然後返國回日本。這裡有不確的地方。

據弘公自己在信中告訴郁智朗居士：他出家是得到家人充份同意的！因此，他勸郁智朗，不可在妻子反對下出走，要這樣會招到惡果。弘公豈有妄言？所以我在文中寫這一段是：弘公取得誠子同意後出家，至於誠子留有一子，又送到天津故居的傳言，並非事實。

弘公在我們這一代化導世間，他的史實尚且如此複雜、迷濛、人云亦云，可見歷史的人物，真實性的史實有幾分可靠了？因此，寫名人傳記是煞費苦心的！

所謂「文章千古事，得失寸心知！」這其間關乎個人的修養問題。弘公說：「士先器識而後文藝。」又說：「文藝應以人傳，不可人以文藝傳。」這兩句話包括了文學上的真知灼見。沒有器識的文人，寫出的作品妄想傳世，當然是不可能的！

基於無限忠誠的願望：《弘一大師傳》在此一時代問世，我祈求著在世界每一個大學圖書館裡，能見到它！讓它為人類的靈魂，帶來一服清涼劑，讓弘一大師的光芒，燭照幽黯的人心。

陳慧劍

一九六四年・甲辰・舊曆九月四日

寫於弘一大師圓寂二十二週年紀念日

〔本文於一九九六年八月一日最後修訂〕

弘一大師傳

目次

降生

——一顆莊嚴的、燦爛的晨星，拖著一條彩色的長尾巴，從「大馬騎郎」星系的遙遠深空，迅速而衝動地，劃破黎明前乳白色畫布，奔向我們這個銀河，沒入在我們這個星海；我們地球上的人類，既無法證明它代表一個星球的殞落，也沒理會它是否代表著一顆星辰的降生。

太空的奧秘與星球的無際，使天文學者搖頭嘆息，使物理學家底「四度時空」依然停留在「大假設」的階段。

僅僅是一顆割裂宇宙海的流星——美麗的尾巴，像一把發光的電刀，把「太空裝」裂破一個口，鑽了進去。

大千世界，是何等莊嚴、奧秘、美麗？

秋風瑟瑟曉風寒，北國底初醒大地，它揭開人們夢裡的面紗，抖落胸脯上的寒霜，把斗大的金球，從東方的大海深處，撈出來；捧它升上去，冉冉地升上去！

老人在書房裡，同往日一樣，照常啣著一袋煙，讓一口口霧一般的煙圈，從花白的鬍鬚裡發散出來，升到他底視線平行點，開始幻化為一朵朵濃淡不均的煙雲，迷亂了那雙蒼老的眼。

「咳！」老人噴了一口煙，念道：「人生七十古來少，前除幼年後除老，中間只有五十年，一半在夜中過了！……」

老人感慨地把唐六如〈惜陰歌〉念幾句。然後望著灑滿陽光的庭院，自言自語地說：「我李筱樓，再過兩年，也就七十整了！」

老人滿口道地的官話裡，依然保留著讀書人的雅韻。從灰白的煙圈裡，透過一層薄薄的愁霧，望過去，窗外的天井裡，他那個先天不足的孩子，正搖著消瘦的胳膊，跑得氣咻咻地，嘴裡想要吆喝什麼，可是連吆喝的勁兒也使不上；眼看一頭就要栽到青石板鋪著的院子裡了，老人吃了一驚，慌不迭地扔了天竺木鑲瑪瑙嘴的煙袋管兒，搶兩步，跨出大門，把兒子攔腰攬住，半疼半惱地罵道：「你看你慌的什麼呀？是什麼急事兒呀？這麼一頭栽壞了，這這這，這怎麼得了？我說孩子，你這怎麼啦？」

那個瘦得不見血肉的小傢伙，讓老人這一擋，又連疼帶罵，纔定了定神，喘了口氣還還原，正要報告什麼消息，剛巧，西院子奶奶屋裡的丫頭小蓮，也急急地奔過來了。這個丫頭長得似個肉圓兒，人很結實，活似一個實心兒皮球。

老人看著這個傻不楞登的丫頭，禁不住裂裂嘴，等到丫頭一仰臉，看到了老爺，一楞，這纔收了繮，竟傻得跟老人道個「安」也忘了，獅子大張口，煞神似地嚷道：「老爺！您，您得了個兒子！您得了少爺了！……」

這個丫頭還沒叫老人聽清她的嘴裡吐出什麼骨頭，就打算往回跑，老爺一跺腳，「咳！站著！」這一聲就把她嚇駭了，釘在那兒。

「小蓮！」老爺的右手，還搭在他孩子的頭上，不忍心放下來。「唉！你這個傻大妞兒，別嚇了他好不好？你說的話，好像嚼牙糖，怎麼老是不嘹亮？」

小蓮噗哧一笑，精神可來了。老人是什麼官兒她也不想想，把兩條瞇縫眼兒一收一放，「我說老爺，我跟您報喜的呀！您，您聽著，我們奶奶，就是剛纔，您，聽著喜鵲兒報喜吧——喳喳！喳！喳！喳喳！喳！就是這麼個叫法，您添了個貴子啦！」

「你說是？小蓮——」老人睜大眼睛，看著脂肪球般的小蓮，好像看一個大美人兒，把瘦孩子推過去，「你說的是？」

「是的老爺！少奶奶剛添了個貴子！」

老人還是幾分不相信，看情況，他老心裡已經有了個準兒，便邁著大步，快七十歲的人了，走起步子來，像個小伙兒，趕到西廂院子，先停在門口，瞧瞧動靜，廂房裡擠一屋人，亂烘烘地。他老先在門口咳嗽一聲，屋裡人一聽老爺來了，全靜了下來，他這纔理著鬍子進屋。

「恭喜老爺！恭喜老爺！恭喜老爺晚生貴子，錦上添花！……」

老爺擺擺手，鬍鬚上流出一抹含蓄的笑。小蓮剛好又從門外趕上來。「啊，老爺！我的話還有呢！」

有人送過一張寬背太師椅子，老人坐下，瞅著小蓮，說：「小蓮！有話慢慢兒說，老爺有你一份賞錢？」

老爺今天真高興，蒼老而莊重的聲音，也變得年輕、慈祥了。一句「小蓮」，叫得她那張肉紅臉，紅得似高粱粉搓的湯圓，紅裡發紫。小蓮的臉越紅，老人越高興。

老人擰著一把花白鬍子，每一根鬍子都有一份新的喜悅。屋裡人全忍住笑。可小蓮的厚嘴唇撅得似蓮蓬頭兒。

「老爺！」小蓮放鬆撅著的嘴唇，「我說呀，別人可沒有我更明白了！我們的哥兒呀，老爺！我在書房那邊怎麼講的？啊！我說呀，我們哥兒剛露出一張紅拂拂的小臉兒，你說呀，就有隻鳥兒朝著我們廂房門裡飛進來，我只道牠認錯了窩？嗨，你說牠可怪！這麼不多不少，不前不後，不左不右，就落在奶奶的窗沿上，我的爺！嚇了我一跳，那隻喜鵲兒，你說多漂亮，黑得似錦緞，身上像澆層釉子，油光水滑，哪有這麼個鵲兒呢，我道。您猜怎麼呀？牠停在窗上還不說，嘴裡還銜著一根長滿綠葉的松枝，枝上密層層的葉子還不說，葉子上還帶著露水珠兒，露水珠兒呢！……」

「呵呵呵呵！」老人真樂了。

「那您說奇不奇呢？」小蓮比劃著水蘿蔔粗的手指頭，唾沫花亂飛，全無體統。「我說呀，那隻喜鵲兒——喳喳！喳喳！這麼一報喜，嘴巴要張吧，可是松枝兒就落在窗戶欄上了，我們的哥兒，也就落了地，哇哇唱了一隻曲子，老爺！您說怎麼著——那鵲兒膽也可不小，這麼亮亮翅膀——再叫兩聲，纔逍遙自在地飛走了！老爺，您說說吧，這是什麼意思？」

老人沒理她，可是好像追想什麼。

「小蓮！那根松枝兒在哪裡？讓我瞧瞧！」

小蓮一旋身，像著了魔，鑽進產房，把鵲兒銜的松枝拿在手上。「呶，老爺！」

老人把那根鮮綠青嫩的松枝，接在手上，端詳端詳，嗅嗅，真香。

於是，悄悄地遣開婆子們，走進產房——這在他那個時代，頭上有「頂子」的官兒進產房，是犯忌的，可是他心裡沒存著這個意思。因為，他已皈依了佛陀——他撩開產婦的帳子，他敬愛的婦人，這個青春年代的婦人，為他，為他的下一代，經過一番劇烈的陣痛，平靜地躺在床上，面孔雖然蒼白，倒也顯得聖潔、光彩。一個不十分胖，卻顯得出奇挺拔的嬰兒，偎在他母親身旁。老人忍不住傾下身子，喜悅地，又帶著一絲垂老而傷感的氣息，在婦人額上親一親，又親了親甜睡中的嬰兒。

老人的眸子，有兩滴感激的清淚，不知是感謝上蒼，還是感激婦人。

老人在床前又站了片刻，婦人微微睜開眼——那雙長而美麗的眼，因為她有了新生命，而洗去痛苦。現在，那雙眼有一種滿足的，無可比擬的虹彩浮動；那是一種無法解釋的，值得犧牲的母愛。

老人愈發覺得女性的偉大了。退出來把房門帶好，把那根松枝藏著，等著將來好傳給他這個孩子，那是他生命降臨的徵象！

是一種奇突、慈愛、無畏的生命象徵。

「啊！我的孩子！」

老人滿足地說著。這是一種偉大的滿足，它不同於世間任何的滿足，有一股父性的聖泉，從老人心靈間流過去。

父死

一八八〇年九月二十日（農曆）這一天，辰巳交替的時分，在我們北國的大城——天津市，河東老人李世珍（筱樓）的寓所，呱呱墜地的嬰兒，正是中國藝術史上，二十世紀初期的奇才；中國佛教史上，光芒迸射的弘一大師，也就是〈送別〉的作者，音樂家李叔同！

＊

老人李筱樓，內心充滿了喜悅，回到書房。在他這一生，這是他最後完成的一樁心願，上天是如此地安排。他覺得世間沒有比這種「老年得子」的心情，更能使人感到美滿無缺了。

「常言道：『無官一身輕，有子萬事足』！」老人晃著頭，吟哦著。到今天，只有從這個孩子身上，纔體驗到真正的人生，是怎樣地充實、愉快、滿足。

老人心靈間，突然點燃了青春的聖火，他那雙蒼老的眸子裡，飛舞著千萬條少年時代所幻想的彩色緞帶；老人的心，充滿著愛，愛孩子，愛婦人，愛人類，愛眾生，無一而不愛；

美麗的大地，多彩的陽光，都足以證明活著畢竟有其意義。他的生命之火雖已近熄滅，而最後，卻升起更輝煌的火炬！他擁抱著，假使能把整個世間抱起來，這個醜惡的聲色市場，居然有它光明燦爛的一面！

老人經過一陣劇烈的歡愉，待情緒平復，重新把衣冠整理整理，在香案上，取下他朝夕課誦的《佛說金剛般若波羅蜜經》，再燃起一爐檀香，於是虔誠地合掌問訊，坐下來，從「如是我聞，一時佛在舍衛國，祇樹給孤獨園，與大比丘眾，千二百五十人俱。……收衣鉢，洗足已，敷座而坐……」這一節開始，一字一鏗鏘，聲聲入耳，直誦到「一切有為法，如夢幻泡影，如露亦如電，應作如是觀。……」霍然截止，頓覺滿身清涼。誦經畢，又閉目合掌說：「願以此功德，莊嚴佛淨土；上報四重恩，下濟三塗苦；如有見聞者，悉發菩提心；盡此一報身，同生極樂國！」

之後，提起筆，在一張硃紅色的紙上，落下「李文濤」三個字，老人覺得他在世間要做的，他都做了，便帶著一種坦坦蕩蕩的心情，走進書房的內室床上，睡了。

四年後，在同一個桂花香染庭院的季節，老人從這張床上醒來，似乎覺得人生的夢太長了，長得令人沒有歸處，這時候夢也該醒了。

老人忽然覺得小腹有點兒痛，便往廁所走一趟，回來，更有點不對勁兒，肚子一直隱隱地作痛，直到八月五日這天傍晚，正如太陽落山前的多彩多姿，紅霞抹遍了長空，老人的病，也就痊癒了，精神也特別興奮。特地叫人把他兩個孩子叫過來，大的文熙，小的文濤。

「喏，孩子！」老人的精神是外爍的，病沒有了，但臉上似乎有火在燃燒，「我讓你們看這個，文熙！你是哥哥，書也念得不少，你大他十二歲，照理，也該負起照顧弟弟的責任了！」

文熙機械地嗯了一聲，文濤則天真的撲過去，仆在老人胸前。

老人手裡落下一張紙，文熙伸過手撿起來，「爹！就是這個嗎？」

「嗯！」老人嚴肅地凝視著兩個孩子，「把它展開！」

文熙把紙攤開，紙上原來有幾行字，寫道：

煮豆燃豆萁，豆在釜中泣；
本是同根生，相煎何太急？

文熙手一軟，把紙掉了：「爹！這可不是曹植的詩麼？」

「你知道也就是了！」老人說：「你知道爹是什麼意思！」老人的眼角瞟向文濤。

「我知道！爹，你放心好了！」文熙勾轉頭，瞅瞅這個幼小的弟弟，心上暴起一片疙瘩；

文濤則報他一片天真無邪的笑！

老人說：「我希望你們兩兄弟要親如一母同胞！」

文熙恭謹地應了一聲：「嗯！」

文濤說：「爹！爹！我要那張紙！」

老人說：「爹要離開這裡，你們要記住爹的話啊！來人——」

家人李升早就在門口侍候著，他聽到老人教訓孩子這一片話，像要出遠門的樣子，就知道有點兒不妙，不過從老人的神色看，卻看不出什麼不好來。

李升走進書房，作了個揖：「老爺，我在這兒！」

「噢，李升？你這就去佛泉寺，請老和尚來，懂嗎？學法老和尚！」

「知道啦——老爺！」李升卻縐縐眉毛，心裡琢磨，老爺請和尚來家，可不是吉利事兒啊！

「快去吧，李升！去遲了，我怕晚了！」老人說。

老人臉上浮起生命的最後一片紅火，然而，他非常平靜，那種生命最後的迴光，彷彿與他的平靜不相關。這正如精神與肉身，在實質上是兩回事而又是一回事一樣。

李升知道情況嚴重，匆匆地走了；一小時之後，學法上人——老人的方外朋友，便匆匆地來了，走進老人的臥室。

老和尚一進門，便知道怎麼回事了。老人坐在床上，向上人合掌問訊，他說，請老和尚這就開始念他朝夕課誦的《金剛經》。

「讓我安靜地聽佛說話，讓我毫無罣礙地走進佛陀底光裡。——不要有一個人講話，孩子都出去吧，家裡的男男女女不要哭，哭就擾亂了我，告訴他們！照我的吩咐，上人叫你們什麼時候動，你們什麼時候動！……」

家裡上上下下，全沸騰起來了。事實避免不了哭。李升照著老人講的，向全家宣佈，他把兩個孩子也叫出去了，還有太太、奶奶、丫頭、婆子們。要哭，儘管回房裡哭去，可別叫老爺聽見，讓老爺最後清靜些，平安些！

和尚的誦經聲從老人臨終前的屋子裡播送出來：「……時長老須菩提，在大眾中，即從座起，偏袒右肩，右膝著地，合掌恭敬，而白佛言……」

老和尚朗朗蕩蕩，如鶴唳夜空，幽遠而沉重，念至「復次須菩提，菩薩於法，應無所住！」老人陡然睜開眼，睇視上人良久。

「應、無、所、住！」老和尚一聲棒喝！「行於布施，所謂不住色布施，不住聲、香、味、觸、法布施，須菩提！……」老人的眼又閉上了。

清脆而幽遠的引磬，木魚的輕擊，隨經聲朗朗進入老人的耳根，引導那一個將要歸去的靈魂，讓精神歸於佛性，讓色身歸還大地……。

上人周而復始，一遍又一遍地誦經，從傍晚到深夜，老人起初是小聲伴著誦，以後聲音便逐漸微小，以至於默念，意識念，潛意識念，……直到他底那一點靈性，完全像脫了衣服，把那層世間的殼子脫掉。

臥室的門簾，好像被一陣微風拂動，門外走進一個神采奕奕的孩子——那就是文濤。

他停在門檻上，看著安靜中走了的父親，家裡人都說老爺死了，可是他依然不相信，他睡眠中的父親死了麼？他是那樣安詳，顏色一如生時。雖然他沒有見過「死」，可是對「死」的嚴重性，已經深深地知道；而他父親的死，卻是如此輕鬆，自然。

他再端詳一下那位高大的和尚，趺坐、閉眼；腔調中放出低沉、清澈的誦經聲，是那麼莊嚴、聖潔！一個和尚——他底心靈中油然浮起一縷崇敬之思！

＊

老人死後，一切器官都已捨去了它底知覺，由於學法上人的吩咐，家人纔開始料理喪事，開始哭；在第二天，又請了許多和尚來，分班為老人誦經、念佛。

學法上人，最後又在這裡主持著老人往生的法會。

家人全陷入極度悲哀裡。文熙也不例外，這個幼年時代羸弱的孩子，是十七歲了，身上已蘊含了相當的血肉，眼淚也哭得相當多。文濤呢，卻是「視死如歸故鄉」，老人死了，對於天真未鑿的他，還是那麼單純。他哭得並不多。待老人衣冠骨肉下葬以後，在那一段金色的年代裡，他最愛好的玩意，便是領著一群孩子，披著紅布當袈裟，裝和尚，高踞上座，作為人類心靈的導師。

註：文熙為老人次子，亦為次妻所生，文濤行三，寡母為李世珍小妾，生文濤時，僅十九歲。
老人長子文錦，少年早逝，遺有一嫂孀居。

出岫

老人李筱樓之死，也不過如斯而已！他帶不走「亦官亦商」世代蘊積的財富，與「愛新覺羅王朝」勅封他一些功名的「頂子」。

人生這場戲，他還是演得失敗了！世間的浮華，帶不走倒也罷了；扔下那個「家」的古董攤兒，比他世間的財富更難收拾。雖然他從學法上人誦經聲中，大化而去，但業力不饒人，它依然保留著對老人身後作適度的告誡——使他撇下一個大而無當的家，而最重要的，他丟下兩個天賦極高，尚未成熟的孩子！

老人一死，正如一隻木桶散了箍，箍一散，這個家再也無法收拾了。雖說文熙也算嫡子，這一年十九歲了，掰著指頭算，這份大家業，也輪到他承擔了。對家的裡裡外外，男男女女，上上下下，他都不能不擺出一付縣官的模樣。他的線裝書讀得可不少，但他卻沒有完全成熟。

家——是一種傳統的、宗法上的責任，要他擔起來；但是，他的家很複雜，娘兒們多，都有尖有稜兒，頂扎手的，還要算文濤的娘；因為她有一個護法金剛——文濤！

「要讓我呀！」文熙端坐在書房裡的太師椅子上，神情古肅，一如他的父親生前，瘦削的方形臉上，流露一片輕蔑的表情，「我開格他們！給他們幾個錢，就完了！」

「可是，」他又說：「我要教育文濤，他也是我父親的骨血，我們獻不得醜啊！」

他的心理很矛盾，他看到文濤在感覺上越發不成器的樣兒，那一身不屑不羈，天下事沒他份兒的輕鬆，他就惱！這使他更矛盾。他聯想到賤婦人不會養出好胚兒來。好像遺傳律決定了小妾的孩子，天生的狡黠，但有點靈性，可見根兒太歪，不成器！

文濤呢，對他哥哥那種「老子天下第一」，不可犯侵的聖人牌位似的頭腦，有幾分煩，對於他那顆小心靈所處的環境來說，他哥哥的行為，對他是一種侮辱！他不予正視一眼。但他不矛盾，他玩世不恭地同他哥哥鬧兩黨政治！

老實說，當父親死後，家庭組織變化，他已覺察到，這個家，對他只是一襲破狐裘，他在家裡是「正而不足，偏而有餘」的。

儘管這一家人，人人都懷著一顆冷淡的心，彼此間，在表面上倒還沒有真正的視為路人。因為，處在那個時代，家庭倫理還是維護親人關係的一種力量。

因此，責任、榮譽、孝悌，這三道緊腦箍，緊箍著文熙，他責無旁貸地做了他弟弟的啟蒙師；他每天把文濤關在書房裡坐兩個鐘頭，對於學問，從開始，便以「道德」灌給他這個稚齡的弟弟。從《千字文》、《朱子家訓》、《養性篇》、《黃石公素書》，到《論》、《孟》、《學》、《庸》，乃至秦文，漢文，唐文，……他都像填小鴨似地餵脹了文濤，他希望把他弟弟塑成個「經院式」的傳道士，雖然認定他不成功，他還是一心一德地，訓練他服膺一切君君、臣臣、父父、子子，乃至兄兄弟弟、夫夫妻妻的古老教條。

他對這個腦袋裡生就「胡思亂想」的弟弟，所採取的教育態度，是「寧可嚴死，不可寬活」的；他深知「棒下出孝子，世亂見忠臣」的大道理，因此，他對文濤的行坐住臥，應對進退，都訂了尺度。

但問題是，這個小傢伙腦筋太自由了，對哥哥那一套多少有點不在乎。

而且，文熙的作風，在家裡是一套，在外頭，卻又是一套；對自己，倒是寬而且厚的！「你神氣的什麼？」文濤有時候這麼嘔他一句，「爹纔死了幾天啊，你就管我了！我有娘呢！你為什麼不管管自己？」

小傢伙坐在書桌前，捧著一本《古文觀止》，眼裡卻瞄著他那瘦臉莊嚴的哥哥，心裡在念著〈大悲咒〉！

「……唵，薩皤囉罰曳，數怛那怛夏……」為什麼咒兒都加上個「唵」呢，他想。但不知怎的，忽然又跳到「哀，哀莫大於心死，悲，悲莫悲於無常」《黃石公素書》裡去了。然而還是留不住，滑了嘴，念到了〈滕王閣序〉：「滕王高閣臨江渚，佩玉鳴鑾罷歌舞……」，直到朱柏廬「雞鳴即起」，這纔管住他的舌頭。並且在「哀莫大於心死」那句上，已念出了聲。

「你胡嚼的是什麼經？」文熙覺得弟弟念走了腔，吼道：「你以為我不知道？你這個調皮的傢伙！看我不揍你戒木！」

文濤呢，不屑地笑笑。文熙想：那雙眼睛，不太大，但是有星火似的光！

「念對了又怎樣？」文濤把書本一正：『南昌故郡，洪都新府，星分翼軫，地接衡廬……』我怎麼能知道這些鬼東西上頭，說的哪家話呢？我念的，我自己不懂！」

但是，他還是大聲念了起來，聲音又高又亮，其實，那是對他哥哥的一種抗議。他的心，也許又去主持一個「靈魂的法會」去了！

「你哪，你念的書可不少！」他一面瞎七瞎八地念著，一面把眼投向文熙。他覺得他哥哥有一種不可寬恕的罪行，「你對我們家裡人哪，討飯的人哪，靠我們吃飯的貧苦人哪，你總是擺出那付馬臉算的啥？那張臉上哪有一絲書卷味呢？」末了，他吃吃地加了幾句：「老吾老以及人之老，幼吾幼以及人之幼，鰥寡孤獨廢疾者皆有所養！」

末了這句「鰥寡孤獨」云云，那是他附加的。然後，他心裡說：「窮人不喜愛你，你不及爹爹好！你整天『周吳鄭王』——除了跟我講『君子小人』，你野出去，那天不吃喝玩樂，泡戲園兒，捧娘兒們，那就是書本裡教你的？

「哼！你呀，你以為我是你眼裡的沙子，你肚子裡的疙瘩，我怎麼不知道！——你對我的娘，為什麼沒有你的娘好呢？你是小皇帝登位，就不用老皇帝的妃子了！但是她是我娘呀！她豈是無緣無故私奔來的？只有這一點，你弄得最清楚了！——你對我的娘，如此罷了！你現在是小皇帝是不是？——也——罷！」他吼一聲戲臺上的「鬚白」。

他的心遨遊、奔放，從他的周遭環境，到倫理學上的基本教條，飛著，躍著，再從嘴巴裡念出來，凡是未經記憶上允許的，都冒出來了。念，也不過因襲著陳腔濫調。而文濤，剛剛相反；頭腦裡充滿「飛躍」的他，受了他哥哥五年的啟蒙教育，之後，他又接受了「經院教育」，在家裡設學，死攻了五年「經史子集」，這就是他所受的全部正統課程！

十五歲以後，他不管別人，別人也管不了他！他有一張鋒刃般的嘴，和一頭腦快速如流星的靈感。

可能由於他生來在腦肌上，就比別人多幾條縐紋，想起的問題，比別人也古怪些。遭遇一點點不如意都會叫他警覺。對於他的家庭傳統，「庸而不中」的道學氣味，使他愈感到威脅鼻膜的存亡！

因此，在家庭裡，文熙遭遇了他，像民主國家議會裡的在野黨一樣，那時，他剛好是他哥哥的魔難。

他的家裡，有一息游游絲絲，讓人呼吸到，而抓不到的氣息，叫人受不了。那位被陳腔濫調埋藏的——他年輕的寡母，所受的壓力，使他要爆炸，使他不入主流，使他認為家，不如地獄！

在十五歲之前，他什麼都讓它們進來，無所謂理想與興趣，只是腦筋受得了，所以什麼都接觸，什麼都鑽，儒家的典籍，佛家的經論，街坊的管笛、平詞、皮簧，還有書法上的鍾王曹魏，文學上的唐詩宋詞，文字學的《說文》、訓詁、《爾雅》，……他的腦筋如一張作畫的布，什麼顏色來抹，只要不傷大雅，就讓它抹去吧！

「呃，我要挑孔子的衣鉢大樑嗎？呃，我要成為一個宗教的教主嗎？呃，我是個藝術家的胚子麼？……」這，他從來沒有想到這些人生的尖峰問題。因此，他念過的那些，正如鴻雁掠過秋天的長空，過了就過了；什麼都在，什麼都不在；歸根結底，這種「視萬物如敝屣」的格調——只為了他的親娘，他底心靈裡藏著一份默默的赤子真情。

他不喜歡那些道貌岸然的老道學，對那些奴隸成性，可憐兮兮相的低層人，也覺得辱沒了人性。這些人倒沒有貓狗來得真些。他愛貓，是反對那些在上驕、在下諂的人。就是反他哥哥把自己當上流，把貧苦人當下流的態度。他把愛人的情感給貓，貓比人懂得理性，貓是良知的真正化身。

「誰要說我是瘋子！誰要說我是貓轉生，是『貓王』，剛好！」

到十五歲以後，他的思想漸漸豐熟了。他家境無形的壓力——對一個小妾之子的壓力，一個年輕寡母的壓力，他愈來愈感觸到了！是一種人底自卑感與自尊心的結合。他年輕的母親無罪！

「喂，你看，那個小子是李家小姨奶奶養的，小的養兒子，都是那樣：精靈，邪門兒！」

從心理上他摸觸到他哥哥這種下意識作祟，他忽然覺察到，他成了這家人的「旁門左道」！

「錢對，人更對！」他想。但是經濟條件壓倒了人性尊嚴。這個人能壓倒那個人，好像東風壓倒西風。

在十五歲除夕，家人正忙著祭祖，趕年貨，亂得一團糟，他卻一個人坐在自己的房裡，身邊圍著十幾頭貓，黑的，黑花的，白的，黃的，斑斕的，什麼顏色都有，大大小小，迷嗚迷嗚……圍著他，好不熱鬧。

有的睡在他懷裡，有的坐在他膝上，有的打哈欠，打滾，舐爪兒，洗臉，逗著他玩。

他任憑這些溫柔如棉的小東西，抓他，舐他，把他身上當「樂園」；在他沒有與家人共渡除夕之前，他先為貓兄貓妹安排一頓過年的晚餐，並和牠們小聚片刻。

直到一個小廝叫他，他纔懶懶地站起來。

「等一會兒我再來，貓兄貓弟貓姐貓妹們！」說完，恭而敬之一揖，逗得那個小廝笑了。

「等我回來，我，我母親，我們大家同樂！」

他一本正經地說完，直直腰，走出西院——他同他母親住的那棟房子。他人高，瘦長，走起來像一隻白鶴，走得很快，很輕；因為他急於回來與貓同樂；這時候，他的桌上，正擺滿《史記》、《漢書》……同時他正在學小篆。他精讀這些東西，其目的，在同古人談天說地；他很寂寞，他那修長落拓的外表裡，裝著一個苦悶的靈魂！

南遷

如一朵出岫的雲，帶著一種妙曼與野性的山林氣息。——文濤，這位「浪漫世家」的產兒；當他生理上到達豐熟，精神上散發著火燄的年齡，同時，在這顆空洞寂寥的心靈深處，也積蓄著足夠讀書人「玩票」的經史子集、金石書畫、詩詞歌賦、吹拉彈唱的博雜知識；這時候，亦如運動場上的球員，十八歲上，他的智慧、愛力，都發展到巔峰。他那瘦長的手與高聳的腦，不用則已，用則都是上乘的；每一動作：都有分寸，也有風格，有出處；這叫人對他腦子裡多方面的東西，感覺驚奇。

譬如他的字吧：他寫前人百家的書法，以張猛龍為主，到最後，卻沒有任何前人的痕跡，便形成他自己的一格；那是一種古拙的，無鋒的，帶一點稜角的，藏神蘊骨的點與線的結合，像活的蠕動的昂頭的蠶一樣；那便是他的手筆！還有詞啊，詩啊，金石啊，只要他心智上歷練過的，經過他的窯燒出來的模型，那必定是他的，這便是「創造」！

呀！年輕人哪！一個快滿十八歲的小伙子，算起來簡直是乳臭未乾呢，可是他一切都成熟了，已走到一個峰頂，為什麼呢？

——他是個小小子，他母親是個年輕的寡婦，這都不能讓人家說半句閒話。形勢與遺傳加速了他精神領域上的豐收。

不過，這年輕人，深知他的周圍空氣不適宜他，好像濁水裡不能養金魚一樣；尤其是他的母親——出了他家那兩扇黑漆朱字的大門，空氣是臭的，帶著血腥；進了門，則充滿著北方大雜院的霉氣，令人窒息。他每天的習慣，回家時，走西院側門，那是他們這一房的院落，至於正面的房子，去，也是有條件的！一個人不自由，其原因不僅受掣於外界的政治環境，而且受到上一代行為後果的折磨；這真是不可思議，不敢想像，不能忍受！

「啊，一個小妾的兒子！」他總是這樣想：「是我！我母親沒有犯罪，但是她卻有罪！我要離開這裡，這個裡裡外外的無形的枷鎖！」

「人，必須承認現實，可是偏偏有人就不承認現實，而且歪曲現實！他同你一樣從胎盤裡掙扎出來，他偏偏歪曲你同他的方式不一樣！」

「世間的知識、藝術有何用？怎麼也消滅不了人類的先天『權力狂』！任何人都可以清你的底，挖你的根！」

他把上衣扣子拉開，用力咬著下唇，因為咬得過了火，幾乎出血。

他正在自我折磨，忽地門外來個姐兒，說母親叫他，他壓著滿腔將要噴出去的血，到母親的房裡，向母親行個禮，站在鏡臺旁。

孩子都成了一個滿肚子斯文的學者了，母親還不到四十歲。她又不顯老，叫愛管閒事的人們品起來，說母親是孩子的姐姐，有人相信。可是，這位母親心上蒙著一層灰燼。

母親的神色很莊嚴，也很蹊蹺，端詳著他。

「我有一句話！」母親開了腔。

「娘，請說吧。」

母親再度沉默了片刻，又看看這個出落得閒雲野鶴般的高瘦孩子。雖然在外表上，孩子長成了人，而且在知識上，著實也吸收不少；但在母親面前，他還是個孩子。從他呱呱墮地，捧在娘手上，這是捧大的！「唉！」母親深長地嘆口氣。「一個人生兒育女倒不一定為的是防老！可是，不僅此也；到頭來，那個孩子，別說要他怎麼孝順老的了，末了，那孩子對生他的老婦人能和和氣氣地叫聲娘，也就不錯了！但是，有許多人就沒有這個福氣！」

「孩子，娘想到一個問題。你說假如你成了家，是不是對我們母子好些？」母親說，把眼神向文濤臉上照過去。

文濤的精神系統馬上起了一場風暴。他深知，母親這句話正觸著他們的現狀。

「這，這，只要娘以為對的，孩子遵命！」他也感覺結婚過早，究竟不像話；但為了能替母親找個聊天的女伴兒，這也好。同時，媳婦順了婆婆的心，同女兒還不是一樣！

「你考慮考慮！」母親沉重地說：「你應該有你自己的立場。我不逼你。」

「不！」他慌了，懇切地告訴母親：「我願意——但是人哪？」他忽然笑起來，長臉上泛起一片紅。

母親也跟著笑了，問題是「人在何處」？母子們頓時跌進歡愉的氣氛裡。

「娘！我早想到要找個伴您的人了，可是這裡的姐妹，怎麼也尋不出合適的。全是一股丫頭氣；假如，兒能成婚，那再好沒有了，娘我願意——」

「娘倒不一定要人伴，」母親說：「有人照顧你，比娘方便，而且家裡多個人，也熱鬧！」

「好，那樣娘就決定，是誰，說準了，我們就把她抬過來！」

母親莞爾一笑。桌上放著一方新鐫的印，是文濤的作品，文曰：「南海康梁是吾師」。

母親把這方印摩娑一會兒，重新放下來。

「那麼孩子，你看芥園大街俞家茶莊的女兒如何？」

「芥園大街俞家的女兒？這，孩子還沒見過，假如，娘看合適，兒總是如命的！」

母親只是點頭，「你是太好講話了，文濤！男兒漢，不必要這樣百依百順！」她把印重新拿起嗅一嗅，端詳一番。她的心，還是喜愛多於責難。但她覺得男人應該有血性，不要像泥捏的，見不得風雨！

其實，文濤的性子，母親哪有不知道的。

文濤抿著嘴，一頭小花貓從胯下穿過去了。

「娘！兒在外頭，這股傲氣是沒人惹的；」他辯白道：「兒對那些家裡有功名的紈袴子，我抓著他們弱點都攻；他們狗嘴裡吐不出象牙！他們吐出來的空氣都臭，雖勉勉強強也念過幾天古人書，雖然能說幾句人話，卻不做人事，能不男盜女娼也就幾希了！這些人你不反他，剝他的皮，讓他得勢，病還得救？」

母親心裡暗暗地道了個「好」！然後把話接過去：「那就一言為定吧！待親事說成，趕臘月，為你成家，過新年。」

「覓個妞兒伴娘過新年！」文濤說。

「哎！你什麼事都要扯到娘身上，真的有朝一日娘死了，怎麼辦？」

「娘，您能活千歲！萬歲！萬萬歲！」文濤嚷。

「這樣是『犯諱』！萬歲不是你娘！」母親說。

「當今，算什麼！它就快完了。」

文濤把「當今」代表「朝廷」，他知道這個王朝的日子沒有幾天可延了。

也正是這一年殘冬歲底，瑞雪瀰漫著北國原野；俞家的女兒戴著鳳冠霞帔，坐八人大轎，到李家來了。

這件婚事，在天津城也轟動了半邊天。但在文濤的心上，竟沒有那樣重的份量。家裡多了一個人是事實，不論怎麼，這個綺貌年華的女兒，長得還端莊，母親也喜歡，只要合娘的意，那比什麼好吃的、好看的東西好！

文濤新婚第二年八月，戊戌事變發生之後，這時他們一家人已到了上海。

當時立憲派的康長素同梁啟超變新法不成，惹得「太后老佛爺」煩了，抓得整個北京城的新黨份子雞飛狗跳。除了康梁看風不對，逃到天津，躲在六國飯店避風，之後又乘洋船逃到外國去了，像譚嗣同那些鼓吹新政的「君子們」，不是下獄，就叫慈禧殺了！

中國已經夠狗屎的了，偏偏朝廷要把狗屎朝臉上當粉搽，那個婦人，不只殺了新黨，後來還殺了她的「兒子」——光緒帝，這個可悲的青年，像蘇格拉底一樣，是飲鴆自裁的！

這就是政治現實，文濤把它一絲一扣地看到眼裡，而且整個北方都罩在那個昏亂的老女人掌握下，在南方的人們，倒因為天高皇帝遠，活得有生氣些！何況康梁也都是南方人，南方人接觸到西風早，他們知道，不實行新法是不行的！不接受新的東西，舊的殼子就捨不得剝掉；金鑾殿是何等地輝煌？

北方哪，中國的大原野，沒有可為的了！

文濤氣極了。如說氣極，不如說叫這些醉生夢死的人們，弄得連活的勇氣也沒有了。這些人沒有一天不喊「忠孝仁愛孝悌」的口號，剛好就證明這些東西，真正地滅亡了！

不如意！於是他主動地利用一個機會，拉著新娘子，到母親屋裡，開了一個「圓桌會議」。

「娘！」文濤跟娘請了安，先開口：「我們這家人，到現在算全了！可是在這裡，即使傳上一千代，種一萬個種，出了的芽，總不會周正！北方的局勢這麼烏煙瘴氣，叫人頭痛。娘啊！我突然想起來了，我們何不到南方另砌爐灶？」

母親聽文濤這突然一提，不由一怔！

「到南方！南方什麼地方好呢？」母親瞪媳婦一眼，新娘子卻是笑而不答的。她知道，有婆婆同丈夫在，她不便多舌；而且，這不是家常話！

「到上海！」文濤說，頓時眉飛色舞起來。「上海是大江以南的人文集粹區，目前，長江的人文形勢逐漸代替了黃河流域的人文地位了！那兒有新人，新事，新學；那兒少的是雉雞翎子與復古，那兒是大有可為的！」

「依你的看法，我們這就搬嗎？」母親有點疑惑。

「這就搬！我們走，還有誰留戀？」

母親鄭重地點頭同意，裁決了這項措施；說：「這件事——做得有腦筋，也有分際。那就該準備吧！要你們整天在我眼裡走動，我總會把上海當天津的！」

於是這一家人，便擇了吉日，文濤，奉著母親，帶著妻子，與二哥文熙告別，由水路直下上海。

上海是一片新氣象，它最大的長處是，在北京不敢說的話，在這裡可以大放厥詞！憑著文濤這股子「異端」，一下子就打進去了。要說不殺人是可以的，不變法，憑什麼生存？

當時，他很快地加入了一個文化團體：「城南文社」。

在那個青年文化人的集團裡，他突然像長了翅膀，於是他又鐫了一方印，印文曰：「父兮生我，母兮鞠我，拊我畜我，長我育我，顧我覆我，出入腹我，欲報之德，昊天罔極」。

這是一方小篆大印，篆文筆力雋逸而靈秀，是一種最新的陽紋作品，邊兒是碎花的！

這是戊戌冬天的事！

本色

文濤，到上海之後，對外正名為「成蹊」，此時，他突然投進了中國新文化的搖籃——上海，上海的「沙龍」裡，也就夠熱鬧的了！

上海灘的「文化沙龍」，不僅包括了少年文士和一批新學份子；這個本性風流的十里洋場，還保留了中國另一浪漫傳統。它把「藝妓、歌女、唱崑曲的旦兒」也都一網打盡，有志一同。

文濤把上海的家，為遷就那一批文學界的盟友，第二年，便從法租界的卜隣里，搬到城南好友許幻園家住下來了；這一夥文壇上的同志：許幻園、張小樓、蔡小香、袁希濂，都是那個時代尖兒頂兒的人物，再加上李文濤這位北方公子爺——；他們還不過癮，乾脆，他們擇個以文會友的「有酒、有女」夜，連結成金蘭之好了！如果，這些人真不在乎自己的祖宗在墳墓裡嚎啕大哭的話，像能詩能文的小狐狸朱慧百，多愁善感的名妓李蘋香，還有以後的平劇名旦楊翠喜，都曾「紅袖加盟」；而且事實上，這些「藝妓」，既文采也風騷。

於是，這個集團，三天一徵文，兩天一聚會，除了《詩》云子曰，文濤的書、畫，文濤的金石，樣樣都突破當時的水平線。

他的心情，對上海文壇也許還感覺不夠滿足吧，或許當時的情況，比之「唐六如」寄情懷於「九秋香滿鏡臺前」的景況更糟，他雖有「昭容」，而且他的妻，在這一年也為他生下第一個孩子了，他還不滿足呀！他深覺得心情落寞而蒼老了。在夾縫裡，以文名為號召的「青樓艷妓」，為傾慕李瘦桐的風流本色，而文濤也為了情另有所鍾，也就來往於美人、名士、文壇、香榻之間了！

「瘦桐」，這是文濤另一私號。

朱慧百為表現她的文采，便寫道：

「如君青眼幾曾經，欲和佳章久未成。回首兒家身世感，不堪樽酒話生平！」像這種淺入淺出的歪詩，能表達什麼風騷呢？

到上海第三年，由於文濤生下第一個孩子，這位瘦桐先生填了一曲〈老少年〉，他寫道：

「梧桐樹，西風黃葉飄，夕日疎林杪；花事匆匆，零落憑誰弔。朱顏鏡裡凋，白髮愁邊繞……」這就是活靈活現的老夫子了，一個二十一歲的老夫子了！

「長江後浪推前浪，我的孩子都出世了，我還有什麼可為的？老了！老了！」他被一種痛苦煎熬著。「我二十歲出頭時，已經老了！現在，光陰正與人類賽跑！」

他這一驚慌，便從「李蘋香」的香館裡溜出來，帶著一頭汗，悄悄地回家，上樓，走近母親的房門口，敲門。

「娘在嗎？」

「啊，文濤！你整天都野啊！又是到那兒去逛啦？」母親放下手裡的一枚針，精神有點兒恍惚。

「娘！我感覺我要正正經經讀幾天書纔好！我進南洋公學好麼？」

「娘問你又野到哪個女人那裡去了？」母親微有些慍意，叫文濤心裡嚇了一跳。

「李蘋香……」

「嗯，娘就知道！」母親自然知道她的孩子，他在上海的文名，也算屈指可數了。「娘自然知道！」

「娘啊，我心頭太枯燥！」

「總之，娘知道，你也不要表白！只要你守住你自己，不要叫她們美色給你迷住，同她們填填詞，散散心，也算不了什麼。可是，文濤，你要守得住自己呀！」母親把他的個性老早熟讀了。世界上，有幾個母親不知道兒子的？

「啊，娘呶！」文濤突然覺得變小了，「您不知道我心裡多麼悶！」

「唉，這種形勢也不會長久的！好吧孩子，你就上南洋公學去！」

文濤上南洋公學，名字又改為「李廣平」了。因為他瘦，他本已起了「瘦桐」做別號，這一年是二十二歲，李蘋香已成為他的紅顏知己。

李蘋香剪水似的大眼兒，長在一張美女神的畫面上，足以令人傾倒；但這位南國佳麗，倒有意無心地戀上他了。她竟沒一天不能沒有他，沒有他，這個世界將成個什麼樣兒呢？假如，他能答應的話。

李蘋香的愛，充分是充分，但是破碎的。憑著她沒讀過幾天書，竟能同天才打交道！文濤進了南洋，與蘋香的過從似乎更深些。除了上課，他把空餘的時間，總留給她。紅顏知己，風塵侶伴，凡夫俗子是無法獲得的。而文濤的氣質，也如痴如醉地感染了她！

「瘦桐！瘦桐！假，假使能奉上我的一生……」她伏在他的懷裡，斷續地說。

「不，蘋香！那樣是沒有意思的！一夫一妻，沒有意思；那是一種責任！蘋香，人生如此而已矣！」

這年初秋，文濤要到天津去歸省一下，離開了上海，只是小別，蘋香，這個情感上負擔得太重的女孩子，她忍不了，於是，為了訣別，她送幾首哀詩給文濤。

她寫道：

「潮落江村客棹稀，紅桃吹滿釣魚磯。不知青帝心何忍，任爾飄零到處飛！」
「春歸花落渺難尋，萬樹蔭濃對月吟。堪嘆浮生如一夢，典衣沽酒臥深林！」
「凌波微步綠楊堤，淺碧沙明路欲迷。吟遍美人芳草句，歸來採取伴香閨！」

她把詩親手交給文濤，「我們永別了……」說著，兩行晶瑩的淚從蘋香的眼裡灑落下來。

文濤握住她一隻手，緊緊地用力握一下，猛地鬆了！

「唉呀！怎麼啦，瘦桐？」

「我們將要國破家亡了！」文濤對天嘆一口氣；蘋香知道，她的朋友，是一個有骨氣的漢子，不過叫他的詩文與行徑掩藏罷了！

「啜，蘋香！你看，這是我給那些朋友寫的！」

於是蘋香湊過來，讀：

故國三千里，深宮二十年，一聲〈何滿子〉，雙淚落君前。
世界魚龍混，天心何不平？豈因時事感，偏作怒號聲。
燭燼難尋夢，書寒況五更？馬嘶殘月墜，金鼓萬軍營。

「喏，這闋〈南浦月〉，蘋香！」

蘋香更挨近些；兩個人偎在一起讀：

「楊柳無情，絲絲化作愁千縷；惺忪如許，縈起心頭緒。誰道銷魂，盡是無憑據，離亭外，一帆風雨，只有人歸去……」

「蘋香！這是我給朋友寫的！我們男人同女人不同，女人只要愛；而男人除了要愛，還要同道，要事業；我的老師蔡子民，我的朋友許幻園、謝无量、袁希濂……我同樣地少不了他們。

「蘋香！我馬上會回來的，我同你，正如我同許幻園一樣。我愛你，我也愛他；愛的格調不同！」

蘋香只是默默地哭泣，事實，除了朋友的關係，最重要的，是獲得他的「愛」。如今，她覺得這一別也許是永別了。

月上柳梢，文濤欲行又止地跨出蘋香臥房，心情有些兒悽然。月光下，看到蘋香的淚光閃動，如夜空將流滅的星光。

「不說了，瘦桐！不說了！望你保重！」

「卿亦保重！……」

*

文濤去天津原本是探視文熙一家人的，卻不料因八國聯軍之亂，家人已避難去河南內黃，文濤在天津住了半個月，只好再回上海。回到上海已是春末夏初了。到第二年的冬天，南洋公學發生了學潮，他與同學謝无量等先後退學。心情更為苦悶，於是他決心把李蘋香的情感「放下來」。「再拖下去，我會害了蘋香！」他琢磨著。

可是，他對女人的情感、緣份，始終沒有了結；除了在報上寫文章、讀書，他又結識了名妓謝秋雲。這次，對謝秋雲的心，卻沒有對李蘋香那麼專一了。他覺悟到什麼，他的詩表達了這些。

一天，他閒蕩，蕩到謝秋雲家裡，順手寫道：

風風雨雨憶前塵，悔煞歡場色相因。
十日黃花愁見影，一彎眉月懶窺人；
冰蠶絲盡心先死，故國天寒夢不春。
眼界大千皆淚海，為誰惆悵為誰顰？

這就是「情」，情愛的結果，都是悲劇！

「悲劇，我們這個右傾的王朝要演！而我們也充當了一部份角色，演吧！庚子賠款，辛丑和約，悲劇的『大國主義』！

「我的同道該是許幻園、謝无量；我的朋友是謝秋雲、楊翠喜、金娃兒啊！——蘋香，我只有留她在心裡，作個夢中的侶伴吧！她太深情了！」

不塗塗歪詩邪詞，心真快要炸了！

「金郎，來！看我的詞！」一天，他把一闋填好的〈金縷曲〉送到歌郎金娃兒的手裡。

金娃兒迎窗，唱道：

「秋老江南矣！忒匆匆。春餘夢影，樽前眉底，陶寫中年絲竹耳，走馬胭脂隊裡，怎到眼都成餘子？片玉崑山神朗朗，紫櫻桃，慢把紅情繫，愁萬斛，來收起！

「泥他粉墨登場地，領略那英雄氣宇，秋娘情味。雛鳳聲清清幾許，銷盡填胸蕩氣，笑我亦布衣而已。奔走天涯無一事，問何如聲色將情寄？休怒罵，且遊戲！」

「我的心苦悶哪！不將聲色將情寄，又如何？」

文濤心裡說：「楊翠喜！謝秋雲！金娃兒！我們都是同病相憐的朋友，你們淪落歌臺舞榭固可憐，我們讀書人活在這個時代，比起你們，不知又高貴到哪裡？」

「燕支山上花如雪，燕支山下人如月，額髮翠雲鋪，眉彎淡欲無；夕陽微雨後，葉底秋痕瘦，生小怕言愁，言愁不耐羞。」——〈菩薩蠻・憶楊翠喜〉。

「可羞的不是你們，而是我們這些讀了聖賢書，誤盡天下事的偽君子們！」他出了金娃兒的香巢，冒夜色回家。

文濤每天都到深夜回家，回家時，先悄悄地在母親樓窗下聽聽，看母親睡熟了沒有？哎呀，春盡了，母親還沒睡哩！只是房裡沒有燈火，咳得很利害，怕是招了涼啊？唯有母親的事，才能使他心動；母親咳得他心痛，他躡手躡腳退到院子裡！

「母親病了？我苦難的娘！為我，受盡了磨折……」

親情

春天的夜空，流蕩著一種剛健吸人的生意；院子裡的楊柳，挺勁兒比賽著放苞的青芽，給夜色塗抹一層暗香；這種氣息，冥冥中使人無端地想到，假使一個久年痨病的患者，到春未盡時不死，也許還能熬過這一年。

「死！」這個可怕的字，枯白的、無血的、沒有生命的形體，開始在文濤的腦際膨脹；無底的深空，每顆星星，每一抹極光，都是白色無情的死亡。

父親死時，他隱約地記得，哭：只是學別人的樣子，無所謂「情感」。到今天，想起來，除了倫理關係，也不過像天上掉了一顆星，與地上人無關。

以後，只要見到死人，都沒有使他警覺。死，距離年輕人還有一段路。「君不見，白楊墓地盡是少年人……」唱道情的那些話，鬼吹燈而已！

「咳！咳咳！」母親的咳聲，無法不使耳根儘量地承受著一種接近死亡的熬煎；這種痛苦，不像死了人那樣輕鬆！

原因是，這個母親，與別的母親不同；第一，她是無辜的，活在富貴人家，過的卻是貧賤生活；在精神上，上了鎖；即使金枷銀鎖，她總是被損害的；第二，……他忽然想到，這個母親的精神受磨折，到目前活得剛有點意思的時候，恰巧，也正是她底迴光返射的時候，她底精神始終抑鬱著；她不願被任何人發覺，尤其是自己的兒子。到這晚，病，不過是從脆弱的肉體上表露精神即將崩潰的預兆！

有許多人，都是這樣，看外表好像沒病似的，可是一旦病起來，挨不了一合，便倒下去了。而且，最是做「母親」的人，受到舊式藩籬所困擾，所迫害，精神上得不到支援，只有忍受，忍受；其實，人的肉軀和精神的忍受，都有極限。如超過這一極限，其結果，不是瘋狂，便是自殺；細菌在她身上會瘋狂地繁殖；她忍受，忍受；忽然有天，她頭痛了，身上發酸，發燒，午夜胸口沁汗，隱隱地會咳一兩聲，首先，以為是傷了風。忍下去，過幾天，胸口有點痛，開始咳痰，喉頭發癢，眼圈發黑，舌苔蒼黃，她忍下去，忍下去；再兩天，啊呀！撐不住了，在床上呻吟，咳得更利害，吐帶血絲的痰，最後血和痰混和著咯出來，臉白得如死去的月亮，就這樣，被抬進棺材。

鄉下人說：這是「雜疾症」！

這種病，是如何「雜」起來的呢？簡單地說，是她底祖宗，她底丈夫，她底遠親近鄰，她底兒女各人湊一份兒！

文濤怔怔地站在院子裡，呆呆地望著向右旋的天幕，大熊星的胳膊，向東北角斜過去，斗口裡現出一個中年婦人浮影，帶著淒切的慈愛的笑容，當文濤意識到那個婦人似曾相識時，不料，正是他自己的母親。

「咳咳！咳咳！」咳聲又從母親房裡響出來，那片天頂上的浮雕，忽然幻滅了。

文濤想：

「這幾年，我們搬家到上海，母親總是很寬慰的，我總以為母親活得夠幸福了，我——」哎呀，他突然回溯到這幾年的生活，一種吟風弄月的騷人作風。整天在女人與文人窩裡泡，在「邦有道則仕，邦無道則隱」的兩者間，他畢竟承認這個「邦國」無道到不可救藥的地步。「隱」在李蘋香與楊翠喜之間，倒是夠詩意的。

「唉！何處不能寄情呢？偏偏要寄在女人閨閣！女人與詩情不可分，正如女人與男人不可分一樣。總而言之，這都是色情的高級表演，何必說，這是『養性、立志』的隱者方式？

「我總以為這樣是可以原諒的！但是壞，壞在這個公子爺脾胃，我們搬到上海，認為離天津遠了，母親可以忘了一切，我呢，離母親也遠了；整天為庸俗的情調所迷，真正地『菽水承歡』，我的娘沒有享受到！李文濤啊！……」

「母親病了！」好像她從沒有病過，「在平時，我總以為母親的身體很好，她不會倒，她才四十多歲的人哪！」然而有一種意念告訴他，春盡了，該走的人，也要走了，命運是挽留不了的！

「命運！誰說有這個玩意呢？」他說，向著墨黑的天空；天空默默無語，好像宇宙這個龐然大物，如一尊魔神的不吉眼睛，在睇視那些懷疑命運的人！

「不管如何，明天我要抗母親的命，為她請醫生！」這個母親很彆扭，生小病從不找醫生，而文濤又是個樂於從命的兒子。

文濤帶著滿心的痛苦、決心，走回自己的房子，妻子每天深夜，都守候著他，直到他回來；他一敲門，剛好，俞氏夫人便站在門裡，把門子拉開，兩個人便站在對面。

「你沒有睡？」文濤說。

「嗯。」

「娘病了？」

「咳幾聲嗽，娘說不要緊，它自己會好。」

「別這麼樂觀！」文濤的聲音重一點：「我看咳得很急！」

「……」

床前放一盞油燈，燈蕊如豆。

＊

天拂曉，文濤掖著衣服，輕輕地走到母親房門口，停步聽聽，沒有動靜。他想，大約咳得好些了，便踅回來，妻子也起來了，忙著弄孩子。

他倒在床上，歇一會兒，金色的晨暉，從窗口爬進來；他翻起身，出房，上樓，走到母親的門口，敲門。

「娘啊！娘醒了嗎？」

「……」

「娘！娘啊！……」

「推……推門……」母親的聲音低微而嘶啞，她顯然在使它正常，可是依然改不了那種微弱的顫慄。

文濤推門進去，母親躺在床上；眼球上爆滿紅絲，臉上也帶著燒晚霞的紅意。

「娘，您病了？」

文濤走到床邊，坐下，伸手摸摸母親的額角，滾燙！

「娘！您病了！您的頭很燙！」

母親搖搖頭。

「您昨晚上咳得很利害，我去找醫生，娘哪，不要說您沒病，小病拖著，也會拖壞人的！」

母親的眼角，有兩滴眼水溢出來，融合在凝結的淚水一道。

文濤知道母親的眼水，是高熱燒出來的。發燒的人，易流淚水。

母親的病，不輕了！

文濤匆忙地走出母親的房間，往街上跑；他在南門就近一家「參茸國藥號」裡，請了個駐號應診的大夫，他們叫一輛馬拉車回家，到家時，母親的眼眶，添上一層焦黑的暈圈，躺在床上拼命咳！媳婦在她背上不停地捶著。床前地上鋪一小塊青灰，灰上吐滿鐵銹色的濃痰，偶而也帶點血絲。文濤猛然看在眼裡，看母親咳成這個樣，魂都嚇散了！緊張地弄張椅子給醫生，叫妻子搬幾本書疊起來，放在床頭桌子上，就請大夫為母親切脈；那個大夫留著山羊鬍子，悠哉游哉地坐下，從袖籠裡伸出一張風乾臘腸似的手掌，按在病人的脈上，閉上眼睛。左脈切過，又換過右脈，念念有詞地，背一段《湯頭歌訣》，便要過文房四寶，就地開了方子，方子無非是：「杜仲、阿膠、生地、冬草、牡丹皮、地骨皮、柿霜、桑白皮、白芨、側柏葉、黃蘗、知母、鬱金……」這類去熱涼血的草藥。

文濤待大夫看完病，把他拉出來：「噯！請問大夫，我母親的病怎麼樣？」

這醫生又閉上了他的眼睛，晃晃腦袋，因此，連帶辮子也盪幾盪。然後說：「你令堂的病麼，是肺火太旺，夏至以陰生，受春寒過甚，連同積鬱一道發作出來，便鬱久成癆；嗯！……」

文濤沒讓他說完，便攔住他說：「該怎麼治？」

「嗯，這個；降火，退熱，清補，是必要的。先用涼藥，火降了，再用溫平的，病輕些，體質恢復，再補。」

「照大夫說，我母親的病，是積鬱很久了？」

這個「參茸醫生」懷疑地翹了翹山羊鬍子，端詳端詳文濤；覺得這位公子爺一表人才，穿著一身錦繡，高聳的額角把烏黑細軟的滿髮垂在頸後；論這份人家該說不出有什麼麻煩事的！於是他順口說：

「這個我可不敢說，論這種病，都是由心病引起，加上時令季節犯沖，就來得快拉兮！」

「我母親病得很重，是不是？」

「吃付藥看看，」醫生說：「燒能退下去，也許好得快一點。」

文濤再問，覺得也問不出什麼結論來，心裡煩得亂得要命，胡亂封一包洋錢，打發了大夫。

一付藥熬兩水，藥吃下去，母親的臉卻漸漸地發黑發乾了，手腳也比平常僵直些，兩條腿，也有些抽搐。

文濤一急，便到處請醫生，中醫、西醫，請來七八個，大家不約而同聚在客廳裡，先經寒暄一番，各抒己見，會診結果，李家太太的病，是慢症急來，病因很複雜，難得一下子好；

不過這種病，到這樣程度，慢治是來不及了，急好，也似乎不可能！

三天過去，母親床前的藥方、藥罐子，擺成堆。可是，她老人家連茶水也禁口難嚥了；聲音啞得話也說不出，有時睜著乾涸的眼看著文濤，又重新閉上。

「娘！」文濤伏在床邊，輕微地叫一聲。

沒有回音。

眼看看，神已出竅了。而且，咳到最後，怕兩個肺葉兒也咳出來了。燒雖輕些，但脈搏卻低得摸不出，人也瘦得像一張皮，貼在被下面。

文濤知道母親的生命已無法強留，他噙著滿眼淚水，到市上去，想找一口好壽材，算是最後報答母親的恩惠。

「母親艱苦的一生，只落得這一點報償！」文濤從母親病後幾天，衣不解帶，人本來瘦，這就更瘦得沒譜了！

這一天，是乙巳（一九〇五年）農曆二月五日（國曆三月十日）。

他清晨到街上壽材店，總想選一件上材，等壽材訂好，再送到家。當他回家時，在門外一聽，妻子的哭聲卻從裡面傳出來了。許幻園家的男女老少也過來了，知道不好，一頭栽進門，母親的壽衣已經穿好，閉著眼躺在床上。臨死時，也沒留下一句話，因為一切都來不及了！

文濤一腳踏進門時，先看到妻子撐著床沿痛哭，幫忙的人則亂成一片；他木然靠在門上，張開嘴，想喊聲娘，可是嘴沒張開，晃幾晃，便暈倒在地上。

文濤的朋友們，得著噩耗，也都來了，這些人先把活著的救醒，文濤甩脫他們，踉踉蹌蹌，移到母親身邊，跪下來，捧起母親冰冷的手，只是無聲地，幽幽地哭！

「娘啊！二十六個年頭的養育之恩，只有在夢中報答您了！

「娘啊！您活在世間四十五年，除了帶走難忘的痛苦，世間有什麼東西給您安慰？

「娘啊！從今天起，孩子的幸福，已經伴著您的靈魂，一道離開了人世！

「娘啊！為了您這一生所遭遇的，孩子永不會忘記，永不會忘記！……」

母親去後，整天伏在靈前，懺悔自己寄情於聲色的過失，追念母親生時對孩子的千般信任，與她底一言一笑。

母親去後，他埋掉「李文濤」，刷去「李成蹊」，更名「李哀」，追念母親。

沒有母愛的生活，對一個性情真純的人來說，忽然如天空游絲，沒有牽攀，任情飄蕩，可是也沒有歸處了。母親一死，他竟把世相看穿了一部份！於是他也就放下那一部份，那便是所謂人間的「情愛」。

他在哀痛的母喪中，遵舊俗「守七」，就這樣過了四十九天。

七期之後，在中國古老的社會習俗下，如果死者棺木仍未下葬，那麼喪家必須要遵從舊習，選好墓地，看好吉日，守喪到死者入土為安。最少要滿百日之後，才算是盡孝。文濤在「守七」期中，便以信函與天津舊宅的次兄文熙商量，母親的靈柩，要送回天津東北郊李氏祖塋安葬；在安葬之前，於百日之後，由海路扶柩運回天津，靈柩應該安置在家中五間正廳中間，以供親友悼念，然後擇日舉行一次「追悼紀念」（告別式），再下葬祖塋。

他這封信發出之後，經過二十多天，才接到文熙的回函，語氣非常婉轉地表示：「在外地故世的家人遺體，依祖先舊規，不得安靈於家中正廳，最好另找一個地方安厝，然後再覓地安葬。」信中語氣，已拒絕了文濤的要求。接信後，文濤深感中國舊俗不尊重死者，便再度覆函強烈地要求文熙，「母親的靈柩必須供於大廳」，除此，別無選擇。不管舊規如何說，時代是向前走的，舊法也可以修為「新法」，他斷然說，「母親是李氏家族最後一位尊長了，請兄長尊重死者在天之靈吧！」由於文濤的詞嚴義正，文熙無言以對，只好回函承允這項要求，兄弟間這才消除彼此的忿意，和好如初。

文濤在這一年陽曆七月上旬，離母喪日已有一百二十多天，才把自己在上海的有關事務清理停當，便攜帶妻子家人，由吳淞上船，從海路回到天津舊居。

到天津以後，母親的靈柩安厝在前面大廳正中，供親友憑弔，而此時，叔同則在天津《大公報》刊登一幅〈追悼李氏王太夫人哀啟〉。

《大公報》於一九〇五年七月二十三日，以〈文明喪禮〉為題，披露這次喪禮的消息。

報導說：「河東李叔同——廣平，新世界之傑士也。其母王太夫人月前病故。李君特訂於本（七）月二十九日開追悼會，盡除一切繁文縟節，別訂儀式。」

七月二十四日，《大公報》又以〈天津追悼會及哀歌〉為題，公佈了這次「新式喪禮」的內容。當日除「備有西餐，以饗來賓」，並附〈哀啟〉三則：

一、凡我同人，倘願致敬，或撰詩文，或書聯句，或送花圈花牌，請勿饋以呢緞軸幛、紙箱紥彩、銀錢洋圓等物。

二、請君光臨，概免弔唁舊儀；倘須致敬，請於開會時，行鞠躬禮。

三、追悼儀式：甲、開會，乙、家人致哀詞，丙、家人獻花，丁、家人行三鞠躬禮，戊、來賓行鞠躬禮，己、家人致謝詞，並向來賓行鞠躬禮。

在這次「追悼會」中，孤哀子李叔同，自彈鋼琴，唱悼歌，袖帶黑巾。

當日上午九時「李氏王太夫人追悼會」進行中，各界來賓雲集。有當時駐天津的各國使館人員、日本駐天津代表、天津教育文化界首長，達四百餘人與會為李母致哀。

李家的「追悼會」，透過報紙，震驚了整個天津市古老社會。

在這一新潮派「告別式」啟事發表之同時，又附了兩首哀歌。這兩首哀詞之第一首，題為〈追悼李節母之哀辭〉。

辭曰：

松柏兮翠姿，涼風生德闈；母胡棄兒輩，長逝竟不歸？

兒寒復誰恤，兒飢復誰思？哀哀復哀哀，魂兮歸乎來！

這是二十六歲的李叔同，對母親最後的悼念。

「告別式」過後，叔同將母親靈柩安葬於天津北郊李家祖塋，到八月初，將自己準備東渡留學的事準備好，到八月中旬，便告別次兄文熙與妻子家人，由塘沽登輪。

在海輪上，這位青年唯一的消遣，是引吭高歌他自填的詞，在海風拂拂，海浪滔滔的浩瀚聲裡，他不由自已地唱：

披髮佯狂走，莽中原，暮鴉啼徹，幾枝衰柳。破碎河山誰收拾，零落西風依舊，便惹得離人消瘦。行矣臨流重太息，談相思，刻骨雙紅豆；愁黯黯，濃於酒；深情不斷淞波溜，恨年來絮飄萍泊，遮難回首。二十文章驚海內，畢竟空談何有？聽匣底蒼龍狂吼，長夜淒風眠不得，度眾生那惜心肝剖？

唱到「長夜淒風眠不得，度眾生那惜心肝剖？」戛然終止。兩行不甘於埋沒的英雄淚，直瀉出來，海風催著萬層海浪，海輪在海上奔騰……。

上野（一）

隨著一九〇五年八月的海浪滔滔，貴胄公子爺的李文濤時代，賈寶玉式的李成蹊時代，南洋公學的李廣平時代都成過去。在浩瀚太平洋的無際波濤上，也埋藏了另一過渡期的李哀時代；這個時代，是屬於燦爛的藝術慧星李叔同的！

李叔同到達日本之後，起初住在留學生會館。

此時，他的正名，已改為「李哀」。初到日本，因為日語還無法應對於社會，所以這一年便專心補習日語，並沒有直接申請人學。在補習日語之暇，他兼學鋼琴，自己又獨立創辦了一份三十二開的《音樂小雜誌》，寄到上海發行。此外，也參加了當時東京文化人，像森槐南、大久保湘南等所創辦的「隨鷗吟社」，從一九〇五年冬天開始，叔同便經常出席「聯吟賦詩」之雅集。到一九〇六年七月初，在一次雅集中，曾有絕句二首，以「李哀」之名發表於這個詩社的刊物——《隨鷗集》。

其一：

蒼茫獨立欲無言，落日昏昏虎豹蹲；
勝卻窮途兩行淚，且來瀛海弔詩魂。

其二：

故國荒涼劇可哀，千年舊學半塵埃。
沉沉風雨雞鳴夜，可有男兒奮袂來。

在這一年底，他又回到天津故園一次，在天津，寫下〈喝火令〉一闋。詞云：

故國鳴鸜鵒，垂楊有暮鴉；江山如畫日西斜，新月撩人透入碧窗紗。陌上青青柳，樓頭艷艷花。洛陽兒女學琵琶，不管冬青一樹屬誰家，不管冬青樹底影事一些些！

叔同在一九〇六年二月，到這一年底，陸續以「李哀」、「息霜」為筆名，發表於《隨鷗集》的詩詞，還有〈朝遊不忍池〉、〈春風〉、〈前塵〉等多首。因此，在東京的詩壇，已與日本漢詩名流，打成一片。一直到一九〇八年，因功課繁忙，才自詩壇隱身。

在一九〇六年秋天，他結束了日語補習，考入了東京上野區的「東京美術專門學校」油畫科，並將住所遷到「下谷區上三崎北町三十一番地」。他入學的正確時間，是一九〇六年九月二十九日。入學的正名，改為「李岸」，別署則以「叔同、息霜」，以文會友。

在他入學不久，於十月四日，接受了東京《國民新聞》記者專訪，突出點，是因為他是中國留學生中專攻西畫的第一人。當日見報的消息，並附以身著西服、理西髮的全身照片一張，風姿卓越。

不久，他的住所，再度由下谷區，遷到留學期的最後居住地，也就是歐陽予倩在〈春柳社的開場、兼論李叔同的為人〉一文中，所提到的「上野區、不忍池畔」。

他進入上野美專，沒有人知道李岸是誰，在二十世紀初期的東方社會，任何人都有天天換名字的權力；李叔同，一個傲岸的，長瘦的中國學生，在東京上野住宅區，一家公寓樓上，安住下來。

李叔同消滅了李文濤、李瘦桐的荒唐歲月，如今，安安靜靜、嚴嚴肅肅，可是依然多彩多姿地渡他的留學生生涯！

似乎藝術門裡，路路相通；詩不離書，書不離畫；因此，一個已有成就的詞家、書家、金石家、音樂愛好者，轉鋒習畫，自然就不必驚奇。

叔同進上野，目的是攻中西各派繪畫；但他天性深愛靜態美的中國畫風，而他底個性卻傾向動態的潑辣的西洋油畫。畫，不僅表達了詩境、情境，也表達了人類靈魂的深思——表達人類語言無法表達的語言。如達文西的「蒙娜莉莎」、「最後的晚餐」，米勒的「晚禱」，朗白羅的「畫家的妻子」，以及中國敦煌的壁畫，趙子昂的「馬」，八大山人的「寫意」，如果統一起來，不知成為什麼奇跡？這些用筆、彩色、油膏，和人底情感創造的東西，之後，成了人生的一部份，或者點出了人生哪一脈，令人如痴如醉，這便是叔同傾心它的原故！

但在學畫的餘隙，他以同樣的理由，愛上了鋼琴，也愛上戲劇，這個人腦海裡的空白多的是，任何一種藝術，只要擠進來，都能佔一席。

＊

由於他在東京已補習了一年日語，剛進上野，開始時語言上雖然還不夠應對如流，但日本人多的是漢學專家，文字上卻無問題，中國學生總算討了這方面的便宜，一面讀書，一面繼續學話，這樣一來，不到半年，普通的場面，便能應付了。

而且，李叔同天津的家裡，有的是錢，他名下的房地產、銀號裡的財富，足夠他讀一輩子書，搞一輩子藝術了。

畫，是一種重工具的學問，各式各樣的紙，各種各類的筆，紅黃黑白、青紫藍靛的彩色、油膏，還有調色板、寫生架，落款的金石，研究人體時，必須的「模特兒」，都缺不了！

照學畫的歷程，中國畫先寫「山水」，而西洋畫則首重「人體」。山水畫，大自然界有活生生的山、水，供人寫生；而「人體」，則不能弄個「死」的臨摹，或者活人的畫像去翻版。藝術，是生活的體驗，情意的表達，沒有實際的感受，便沒有藝術。為這，叔同便決定先做「日本人」。

到上野的第二季，便全部開始「日化」。他住的是「榻榻米」房子，吃的是「沙西米」生魚片，穿的是兩個大袖的和服，講的是「アイウエオ」日語，晨間起床，先沐個浴，喝起茶來，也是一小盅，說話的聲音，低如昆蟲，有客來訪，腰彎到地，滿臉是卑下的笑容。他的房東是本地人，附近，更沒有一個中國的留學生。他孤獨地一個人，生活在日本人的社會裡，絕不開玩笑，他逼真逼肖地做起日本人來。

怪啊！半年過去，公寓附近的人們，竟不知道他是個中國的學生。

他羼入日本社會，為的是求知識，對一種專門知識、藝術，不到入迷的程度，是不能得到其中三昧的！

一個初春的傍晚——

他託房東「阿卡米桑」（老闆娘），替他找個漂亮的女孩來。

「啊，找藝妓？」阿卡米桑沒有會意。

叔同搖搖手，「不，我請您找個普通的、健康而長得不難看的女孩子給我。」
「做什麼呢？」阿卡米桑神秘地一笑。
「替我找一個來就得了，我給她薪金，知道嗎？我要畫她的像！」
「我，可以嗎？」
「您？不行！」
「噢？」阿卡米桑像夢醒了一般，向叔同彎了個腰，「哈咦！哈咦！」
起初，阿卡米桑找幾個鄉下女孩，結實倒很結實，無奈都犯了日本姑娘的通病，全是矮粗矮粗，手腳又各不相關地「粗枝大葉」，如上了畫，說她是女人，怕令人懷疑。
這時，叔同也找，他經常遛達「職業介紹所」，一天，在一家身份不明的介紹所門前，被他發現一個素裝淡抹，身材適度，風度很美的少女。
他一眼發現這個女孩，覺得她不可能是「職業模特兒」，可能是個「新人」。
他沒放過機會，攔在門前的階下，等著那女孩過來。
這女孩看樣子，不足二十歲。走近門階，有點猶豫，有點羞態，又似乎有一股勇氣跳火坑似的，終於闖過來了。
「請問先生！這裡是介紹『模特兒』工作的地方嗎？」
「是啊！」叔同發現到目標之後，覺得這個少女的高度、曲線、臉型，都是上乘，質而言之，簡直超出了日本女孩子的遺傳之外。便直接地告訴她，他不是這裡的主人，但他卻急於要找個「合作」的女孩子。為了雙方避免出佣金，就不如私下商量的好。

「你願意嗎，小姐？我是上野的學生！」

「哈咦！」女孩聽了他這番話，臉開始泛白，後來又轉為羞紅。「哈咦！」她似乎沒有自己的主張。

「我是學畫的，請不必懷疑，有什麼問題，你直接講好嗎？」

「……」這女孩緊咬著嘴唇，兩隻手絞在一起。

「如果你同意，現在就到我那裡談談如何？」

少女望望他，睜著長長的水晶石似的大眼，點點頭。

叔同放了心，便在前面走，她跟在後面，一直到他的樓上。

這是傍晚五點鐘左右，夕陽染紅了窗幃，三月的東京，晚風還是砭人入骨。

*

叔同的溫厚、莊嚴的表情，足不致使一個孤獨無援的女孩感覺到人性的可怕。她跟他進了這一套很講究的房間，她覺得這個很瀟灑的瘦子，很有氣派，很特別，滿屋的書籍、字畫、花卉、金石、樂器，以及新式的傢俱，清淨無塵的氣氛，都令人謝絕一切邪念。

「這裡如何？」叔同與她對坐在分隔於一張日本式茶几的兩邊沙發上。

少女看他一眼，沒說話。

「我們的工作時間，是每週六下午三時到六時。——這是我私人作畫的時間。」

「哈咦！」少女輕微地應了一聲。

「你每週的薪金是銀幣五元。」

「啊！」少女失聲驚叫。

「是太少啦？」叔同深感覺五塊錢買一位少女的尊嚴，已經太菲薄了。不禁脫口說：「那麼，每週十元，請你考慮。」

「天哪！」少女失聲地說，「這超過了我父親一個月的薪金，我怎麼會嫌少？先生，我驚異您這樣支付我一大筆的錢，我真覺得太多了！」

「原來如此！」叔同平淡地一笑。

「我是『誠子』，先生！還有我的家……」

「那不關緊要！」叔同接住她的話，「只要你按時上班，我們為一項藝術，你獻出身體，我獻出精神就得了！」

「哈咦！」少女對於叔同這別開一面的處事手法，感覺奇怪，她緩緩地站起來，「我的父親京口先生，是京都鄉下一個小學教師，可是，他不久前死於醉酒，留下我和母親、弟弟、妹妹。……」

「你的父親死了？」叔同注視她一眼，這少女的臉上一片純潔無瑕。「家庭的擔子落到你身上來啦？」

這少女的側影，很像蠟人館裡的塑像，而她底性格卻是純粹的東方風。

「不！」誠子反駁，「家不靠我維持，我母親以洗衣養活我們，我還上學，我上的是音樂女校預科。……」

「哦，你讀書？你學音樂？」叔同從茶几上，抓過紫沙茶壺，沏一杯茶過去。

「謝謝您！」誠子受寵若驚，把頭俯到膝下。

「你學的是音樂？」叔同重複一次。

「聲樂！」誠子說。

「哦，那麼我們竟是同道！」

於是，叔同走近窗口，在新買的英製鋼琴邊坐下來，旁若無人地，放手彈一曲中國的「瀟湘夜雨」。

誠子凝神細聽，到「雨聲」淅瀝而終止時，她如夢初醒，怔怔地呆望著叔同，似曾相識。

「先生！您彈得比我們老師還要好！」誠子說。

「我正式學鋼琴的歷史，還不到一年呢！」叔同微笑。

「先生！」誠子興奮地說：「我該怎樣叫您，我？」

「我？我叫李岸，也叫李叔同！」

「您是東京人嗎？聽口音您是這一帶的人。」

「不，我是中國人，我家在中國的天津！」

「中國人？」誠子好像受了傷害一般，「您是中國人？」

「中國人不是很好麼，誠子姑娘？」叔同正色說。

「中國人……」誠子吶吶地紅著臉，「我們日本人對中國，正如我們對『朝鮮』和『琉球』一樣，中國是我們祖先的藩屬！」

「誰告訴你？」叔同溫順的表情完全消失了，滿臉凝霜，瞪看誠子。

「是我們上一代，我們的父親和教師。」

「那錯得太遠了！」叔同說。「日本之與中國，正如中國之與日本一樣，彼此並無藩屬關係，不過照歷史家的說法，日本國裡，倒有中國人的血液，和文化傳統。」

誠子對叔同開始懷疑、失望，她沒有再辯，她的眼睛充滿矛盾的情緒。

「不會錯，誠子！」叔同說：「從這週起，你到我這兒來，以後，你從我身上，便知道中國人是何種民族，將來，讓事實證明它！」

誠子站起來，太陽落山了。

「我們這就開始，照我所說的時間來，再見，誠子姑娘。」

春末，西山夕照，從窗口伸進叔同的畫室，長沙發上斜倚著一個凝思的美麗少女，附下放著幾本洋裝書，她的目光，正睇視著一張西洋油畫上一個半裸的畫像，那畫中的女人，胴體豐熟，長髮披肩，好像是古典派的作品。

現在，叔同便把誠子凝思的側影，用炭筆在畫布上塗，誠子的一顰一動，都得聽叔同指揮，直到初步投影完成。

這是叔同第一次用人體寫生，而誠子則是第一次供一個陌生男人作繪畫的模特兒。

這一天的工作，非常美滿，因為誠子的體態，無懈可擊。一種典型美，充份在她身上每一部份表達出來，這在別的女人身上，叔同沒見過。因此，他深深地欣賞了她。而誠子，覺得這個中國青年，態度的嚴肅，寫畫的刻意，和多方面的藝術成就，也使她極其傾服。

她離開畫家視線之後，再瀏覽瀏覽叔同的這一套房間，哦，原來壁上的字畫、金石、詩詞，全是叔同本人的傑作。對中國藝術、文字，誠子也有些底子，這一來，她發現叔同真正的不平凡！

「叔同，是個與眾不同的中國青年！」誠子想。

夏天來了，同時因為畫的習作程序，是由淺入深，由點到面，由靜到動；這時候，叔同作畫，誠子就常常要脫去衣服，從半裸，到全裸；從單一的面部表情，到全身動態美的表達。

由某一角度的表達，到全面的立體的表象；從寫實的人體寫生，到抽象的寫神、寫意、寫情；這都要借自然人體作試驗。

起初，誠子以裸體讓男人欣賞、複製，心裡總是想哭。但是叔同說：

「誠子，我們合作已經兩個月了。本來，模特兒——原是讓人作裸體寫生的，否則，誰要她呢？在藝術的境界上，你只能存著美與醜的觀念；藝術是求美的，而模特兒所表現的，便是自然人體美，如果，女人外罩和服，像一綑布，那又怎能看出自然美來？

「誠子，你既然學音樂，你就知道：音樂的美，寄情於聲；繪畫的美，則表現於色；兩者的共通精神，與其他藝術一樣，都是寫人的精神活動。人心如畫，你心裡想，裸體是可恥的，便不能見人；你心裡想，藝術是莊嚴的，你便感覺『模特兒』也不卑賤。——但是，你對你的莊嚴工作，如動了凡心，神聖也會變為邪惡，神仙也會成為魔鬼。

「假如——男女之間，有了情感，美色當前，一個凡夫俗子，自難承受！」

叔同說這些話時，並沒有看誠子，他的眼睛在畫布上，一面記憶著誠子每一部位的明暗度，一面認真地用筆鉤繪。

誠子，雖然十九歲了，還沒有經歷過人世風險，但生理上，情感上，都已熟透。叔同了解她。第一回，她作得很不自然，背向著他，像撕羊皮似的，一塊塊把衣服撕下來，但三次過後，便作得很自然了，以後，更很大方了。她隨時讓叔同安排角度、衣著，和調配光線。她深知，西洋畫家，大多成名於人體畫，不像中國人，成就於山水魚蟲之屬。這是兩個世界的不同處。西方的畫，多半是表現真實的人物，表達人類精神的衝力、野性和美感。唯有人體，纔顯出人類的愛和力、美和醜、邪惡與神聖。有人，世界上纔有別的東西。

中國畫表現山水魚蟲，在人物禽獸上的表達則欠缺力量。日本畫也開始循這條路走，但後來變為日本人的路，不西不中。看來很好笑，正如日本的風俗人情一樣，島國的和服、木屐、藝妓；比中國更遜一籌；好像沒有藝術。但是，他們在近代向油畫進軍，變了作風。

中國畫的山水，表現的是安靜的人生，知足常樂，缺乏動力，趙子昂的馬，看來沒有西洋航海畫上的水手更其英勇，令人感動。

時間從容地消逝，除了作畫，叔同與誠子也常常弄弄鋼琴，有時叔同奏琴，誠子低唱；一曲終了，兩人默然良久。

「誠子你想什麼？」

「叔同，你呢？」人類無論如何逃不開情感的羅網，無意中，誠子衝口叫一聲「叔同」，而她底內心，該早已是沒有樊籬了！

「我想，我們如做戲。」叔同淡淡地說。

「戲？」

「戲劇！」叔同從沉思的境界裡出來，「我想到一幕戲劇，我們剛纔表演的一幕，正似誰的傳記中一段相仿。我記不清了，是一個音樂家的一生，啊呀——貝多芬！他聾了耳朵，聽不見聲音，在大風雨之夜，沉醉在樂章裡，按著琴鍵，他的愛人，那個比他小二十歲的女人，我忘了名字——她站在一旁，風雨越來越大，最後，他終於完成了著名的〈暴風雨交響曲〉！」

「叔同，你什麼都知道！」忽然，誠子興奮得哭了，人向前方衝兩步，壓在叔同的肩上。

「請原諒我，我如此軟弱！」

「誠子！」叔同轉過身，扶住她，「你很好，你是個天生的畫家朋友，沒有天生的模特兒，可能就沒有天才畫家！誠子，假如換一個平庸的、缺乏情感、沒有知識的女性，你想，我的畫，應該怎樣？」

這時候，雙方都覺得情感在靈魂裡鼓動，感到又驚又喜。

——誠子怕的是：叔同是中國人，終於要回到他的祖國去；叔同，則受了母親畢生的創痛，他不敢再去想像，一個女人，如果沒有地位是如何地難堪！

另一方面，驚喜的，是互相發現在藝術上能結合到如此情境的異性知己，因此，雙方深深地吸引了。

「誠子！」叔同好像想到什麼，「我讀過世界上許多名作，每一種名作都表達苦難世間的一面，而令人感受相等的痛苦，像《椿姬》、《悲慘世界》、《黑奴籲天錄》，我忍不住想把書中人的情感發洩出來，心裡纔舒服些。但是，我不知如何去表達，我不知如何把他們的苦痛，表現給大多數人知道，去同情書中那些可憐的人。——今天，我們在這兒彈琴，當曲終時，那一瞬間，我突然想像到，我是不是可以去演戲，我不知有沒有那方面的才能。我和朋友，已經創辦一個『劇社』，集合我國留學的同學，我們正在排演那些名著劇本，讓那些苦難的人，藉著我們的身體上臺，誠子！我發覺我們剛纔好像在一幕劇情裡，我是男主角，你是女主人……」

誠子的眼正噙著淚，聽叔同這些話，不知是感激，還是懊悔。她設想，自己正站在懸崖的邊緣，所攀附的，竟是向高空發展的白楊——李叔同這樣的人。

「我不會演戲，叔同！」誠子默流著淚，「我只能無力地讓情感蹂躪，我想，你會演戲的，你經過處都有光，你搞什麼都有成就！」

「哦，誠子！」

叔同不禁也對誠子刮目相看了。

他把她挽過來，兩個人面接面凝視著，互相看到他們眼裡湧出而停留的淚，轉動的眸子，和嵌在黑色水晶體上兩個小小的人像。

雙方胸口的顫動，血液的奔騰，手與手的絞緊，如一場旋風，足以毀滅一座無駐防軍的美術城……。

上野(二)

這剎那間，僅僅是一剎那，如同走遍一座黑暗的地獄，經過一片破碎的墳場，面臨一次毀滅的決鬥，令人窒息而緊張；這時候，暗室相對，正是情感訴諸理性制約之時……。

「誠子！」叔同突然放下箍緊而沁汗的手，「你聽說過『宮本武藏』這個浪人嗎？」

誠子白皙的臉上，頓時變得血紅而羞慚了。

「不，沒有過！」誠子懦弱地避開叔同的眼，這雙眼如一潭久經澄清的水，再度從翻渾中，重新沉下它底濁物。

「沒有過？啊，誠子！你有看過『浪人戲』？——日本的浪人，就是中國《水滸傳》裡的人們；這些人，也是人啊！可是他們都有不平凡的遭遇，處在惡劣的社會，他們被『矮化』為亂民賊子！這些人哪裡有賊性呢？不過是逼上梁山罷啦！——我決心表達他們，唉，人生！苦難的淵藪。

「誠子！你，我，梁山泊上的英雄，日本的宮本武藏式的人物，都是如此。我們都是被『矮化』過的。小姑娘們，或許不懂這些，但做男人的我們就不得不懂，不容你不懂，過去如此，現在如此，將來也如此；每個時代都造就些浪人、盜賊、妓女、騙子；說是命，可以，你說是社會的病根，也是！」

「我從未聽說過，叔同！我好像在夢中，聽神仙說《天方夜譚》的故事！」

「總之，」叔同順手把誠子的肩一壓，便同誠子挨肩坐下來，「世間多的是苦難，夠人們享受的，比方說『瑪格麗特·哥吉耶』吧，她只代表某一階層人物的苦難而已；中國的林黛玉，為了痴情，熬乾了自己。世界上，還有比這更不幸的，那便是某一階層廣大的眾生群，如非洲的黑人，被英國的紳士們，賣到美洲去做奴隸。他們如一群畜生，被販來販去，女的被強姦，男的被槍殺，司空平常，而奴隸主，卻是文藝復興以後的文明人，我們要拯救的，便是這一群黑皮膚的朋友，他們因為種黑和缺乏文明人的奸詐而被出賣『人權』！」

誠子睜大眼睛，對著叔同一張痛苦的臉，如同對一本無字天書，迷惑而嚮往。

「我決心幹，現在就幹。」

「幹什麼？」

「演戲！」

「浪人戲麼？」

「嗯，無非都是浪人。」

「我能做什麼角色，我，叔同？」

「你呀，做我的模特兒，我的——」

誠子臉上抽搐了，哀傷地瞟著叔同。

「做我的『觀眾』如何？」

「觀眾？」誠子顫慄地默認。

「你是不能做『演員』的，誠子，演員的心境太苦！」

誠子聽叔同講人生問題，如同聽十三世紀的西方小說家，講《金驢記》的故事，這頭苦惱的驢，忽而變人，成為貴婦人的入幕之賓，忽而大現原形，成為馱夫的奴隸，被打得有氣無淚，欲哭無聲；而且，牠竟自認天性中，秉賦著「蘇格拉底」的智慧。

「我敬愛的觀眾！」叔同重複一句。

「再見！」誠子淒然一笑，起身告別。

叔同望著走在夕陽餘暉下，誠子窈窕的背影，不禁深深地嘆口氣。

「人類——難道一定要走回頭路，重蹈上一代的覆轍？」

正是「老病未癒，新病又生」。

要說人，是理性的動物，誰信？

一夜過去，使叔同輾轉不成眠的，並非誠子的問題，而是演戲的衝動。對於重複加於人類情感上的壓力，只有闖一關，過一關；這種事，實在說不到哪裡。

晨起，沐浴後，便去拜望藤澤淺二郎先生，他把他的衝動、理想，說給這位日本的文明戲專家聽聽，藤澤先生，因為上野黑田清輝教授的關係，知道這個中國籍的學生，天賦並不單純。

藤澤說：「憑你們學藝術的年輕人學演戲，自然沒問題，可是，目前演戲，卻是賠本的交易，西方的劇本，不是日本的浪人戲和傀儡戲，西方的戲，要一群人去合作演出，沒有固定的形式，它不似中國人的京劇，穿一樣的古裝，千篇一律的臉譜，走一樣的方步子，哼一樣的皮簧，排出的角色，用生、旦、淨、丑去象徵世相；像莎翁的戲，簡直包羅世界上一切人物、故事，在這種場合下，一個人演獨角戲沒人看；兩個人演雙簧，也令人作嘔。戲要打動人心，要一群人扮演一群不同的角色，翻版人間的苦難和不平，離合和悲歡……」

「哦，這正是我們的理想；」叔同的眼一亮，舒開兩道疏朗的眉毛，「本，我們不怕貼，只要有您指導我們，作我們精神上、技術上的支持者，我們就非常感激了！」

「你說得這樣簡單嗎，李岸先生？除了精神，還有物質上的條件呢，演戲不能叫幾個人上臺學學古人的話就完啊！」

「錢，我有辦法，請您答應我們吧，我們都在期待您，先生！」

「噢，哈咦，好，好。」

在日本學藝術的中國學生，也只有李叔同、曾孝谷、陸鏡若、馬絳士、黃二難、歐陽予倩這一夥人；當劇社開始成立時，也只有李、曾兩個學西畫的青年和幾個上野的同學作臺柱。

於是，「春柳劇社」於一九〇六年十月，便在李叔同、曾孝谷兩個青年人大膽的嘗試下，推出這塊響亮、富有青春氣息的招牌，和擁有一群熱血沸騰，獻身藝術的中國英才。

他們第一系列，排出的戲碼，是小仲馬的《茶花女》，以次便是大排場的史陀夫人名著《黑奴籲天錄》，雨果的《孤星淚》。

一九〇七年二月初，他們第一次在東京「留學生會館」上演的，便是《茶花女》，李叔同反串了劇中的女主角。

*

五月，薰風起了，二十世紀初葉的東京，有一種風氣，一方面灌輸他們下一代的侵略意識，把中國人當作第一塊肉；另一方面，對中國的革命黨新派人物，又似乎帶著同情與可畏的尊敬，這便是他們的「相對論」。

此時，已有了《茶花女》的演出經驗，他們便動員了《黑奴籲天錄》的試演。角色的分配，經過商討後列出來了。

莊雲石（法科學生）：飾喬治・謝爾比（白人），是黑奴湯姆叔的老主人。

曾孝谷（上野學生）：飾喬治的妻子。兼演萊葛立（白人），湯姆最後的主人。

黃二難（上野學生）：飾海雷，喬治的債主（白人，黑奴販子）。

李濤痕（國文教員）：飾一個黑奴販子，白人。

李叔同（上野學生）：飾愛彌麗，萊葛立家的女奴。兼演聖克萊爾（白人），湯姆第二位主人。

歐陽予倩（劇校學生）：飾販奴商人之子，小海雷。

其他的角色，如湯姆叔（本書要角，老黑人）、伊拉莎（女黑奴）、哈利斯（黑人，伊拉莎之夫）、小喬治（老喬治．謝爾比之子）……這些人則由「春柳」社員分別演出，凡是黑人，都得長相醜的，個子大的留學生扮演。

這一場五幕現代劇，在六月一、二兩天下午一時在本鄉座演出。

——這是一八三〇年的美國，肯塔基州一個農場主人喬治．謝爾比（莊雲石）家裡畜養一群黑奴，但他心地仁慈，從沒有虐待過黑奴；可是他正因寬待黑人，致負債破產；債主上門，逼著他賣掉黑奴作為債務的抵償。

債主海雷（黃二難），來自新奧爾良州，對販賣黑奴，有傑出的一手，並因此而發跡。所以，他硬要收買喬治家的兩個黑奴，這兩個黑奴一個是老湯姆叔、虔誠而忠實的老傢伙，另一個是女奴伊拉莎五歲的兒子，小哈利斯。

伊拉莎聽說主人要押掉她的兒子，就去告訴她的丈夫哈利斯（一個長得很棒的黑人），哈利斯是另一個農場上的奴隸。但他因受場主無理凌辱，久已蓄心想逃生去加拿大。於是伊拉莎同丈夫商量，便決定帶兒子逃命。

但老湯姆叔，並沒有打算逃亡，當老喬治與債主簽約要賣掉他那天傍晚，他正和妻子兒女，和一群難兄難弟在小屋裡唱詩，主人的兒子小喬治還為他們朗誦《新約》。

等到他們被出賣的消息傳來，湯姆的小屋裡，立刻充滿了悲哀的氣氛，而湯姆叔為了主人和黑奴兄弟的名譽，便寧願接受「上帝安排的陷阱」，去讓祂主宰一切。

第二天，債主海雷發覺伊拉莎母子倆失蹤了，暴跳如雷，便去追捕，但已來不及了，主要的，因為謝爾比夫人（曾孝谷）故意遲開了早餐，使債主耽誤了時間，等他追到俄亥俄州邊界河岸時，伊拉莎已抱著孩子，從一塊一塊正流著的浮冰上，逃入俄州境內。到俄州後，母子倆得到教會庇護，過了幾天，丈夫哈利斯也逃了過來，他們便繼續向加拿大逃生。

債主海雷雖沒有追上伊拉莎，還不甘心，他便僱了兩個追捕黑奴的捕手——馬克斯和洛克，去追捕伊拉莎，如果捕到，人便是他們的。

海雷沒追上伊拉莎，重回到老喬治家裡，他怕湯姆叔也會逃走，便給他上了腳鐐，押到新奧爾良去，臨走時，謝爾比的兒子——小喬治，偷偷地送湯姆叔一塊銀幣，以作紀念，這孩子申言，他有一天一定要把老湯姆找回來。

湯姆被押到新奧爾良的路上，救了一個小女孩愛娃的命。她父親聖克萊爾先生（李叔同）——新奧爾良的一個富豪，他們也同乘這條船，從北方回去。有一天愛娃失足落水，老湯姆便冒險跳下河，救起愛娃，愛娃便勸說父親把湯姆從海雷手裡買下，帶回家去。她告訴湯姆，以後，他便自由了，因為她的父親聖克萊爾先生是一位仁者。

果然，湯姆叔被留下來了，住在愛娃家裡，真很舒服。主人讓他做車夫首領，小愛娃天天晚上唱聖詩給他聽，又教他寫字。但是小愛娃天生弱質，不久一病夭亡，她死以前，曾要求父親釋放家裡所有的黑奴。聖克萊爾先生，便決心遵從女兒的遺言，可是還沒有來得及實現，他便因替別人勸架，結果誤遭刀傷不治身死，而他的太太——聖克萊爾夫人，天生頭腦頑固，又把老湯姆送到奴隸市場上去拍賣，把湯姆賣給地主——西門·萊葛立（曾孝谷）。

話分兩頭，當湯姆在愛娃家安住下來，女黑奴伊拉莎正帶著孩子同丈夫哈利斯，和另外幾個黑奴，一同逃往加拿大途中，結果被海雷手下的捕手馬克斯和洛克追上了，雙方展開一場槍戰，黑人哈利斯智勇雙全，打傷捕手洛克，馬克斯則棄甲曳戈而逃。於是黑奴們得以順利逃走。

再說，湯姆被賣到西門·萊葛立手裡，這個兩腮瘦削的地主，專橫殘暴，為富不仁，雖然他的田產已日漸衰敗，而他的黃湯卻越喝越多，整天酩酊大醉，醉後不是毆打黑奴，便是任黑奴忍饑受餓；而且他弄了一群獵狗，專一對付黑奴，以防逃走。

有一天，湯姆叔把一些棉花送給一個患病的女人，讓萊葛立看到了，他就命令湯姆叔鞭打那個婦人，老湯姆不肯，他就把老湯姆擊昏，恰巧，幸有老女奴凱茜救醒了他。凱茜是黑白種的混血兒，她在萊家作奴多年，並且熟知主人許多醜史，所以主人怕她三分，而萊葛立又迷信魔鬼，他覺得凱茜有一身魔氣，使他不敢近身。

而後，凱茜和另一女奴愛彌麗（李叔同）設計逃亡，她們知道，如讓萊葛立抓到，絕沒有好下場，於是這兩個女人便設法偽裝逃入森林，等萊葛立帶著人和獵狗追捕時，她們又溜了回來，躲在閣樓上；萊葛立在森林裡搜了幾天，毫無所獲，他懷疑老湯姆參與同謀，就毒打湯姆，終把湯姆打死。

湯姆死去的那天，他舊時的主人謝爾比的兒子小喬治長大了，特別趕到萊家，準備把湯姆叔贖回去，可是湯姆已死；小喬治便控告萊某「謀殺罪」，而萊某反唇辱罵，小喬治一時火起，把萊葛立殺豬似地捶了一頓狠的！

此時躲在閣樓上的凱茜和愛彌麗，使用白被單裹著身體，裝做鬼魂，下樓嚇唬萊葛立，萊某嚇得魂不歸竅，便灌酒拒鬼，一直醉得不省人事。凱茜和愛彌麗便趁機逃走，小喬治幫她們搭上一條船，開往北方。

她們在船上遇到一位蘇克斯夫人（黑人），她說她是哈利斯的姐姐，而哈利斯正是伊拉莎的丈夫，蘇克斯夫人談到哈利斯太太時，老凱茜纔知道伊拉莎就是自己的親生女兒，在多年前被奴販子帶去而失蹤的。

伊拉莎和丈夫已逃到加拿大，凱茜和愛彌麗也逃到加國，於是母女親友，得以團聚。最後，小喬治回到肯塔基州老家，老喬治死後，為紀念他的黑人老奴湯姆叔，便把家中所有的黑奴解放……。

*

中國人演西洋戲劇，這是歷史的開端。

叔同為了愛彌麗和聖克萊爾這兩個角色，他不惜一切造成黑人悲劇的氣氛。他全心全力烘托出黑白種族不平的悲劇。而這個劇本上的角色，各人的比重，倒沒有距離差等，你不能分別誰是主角，誰是配角，這一群黑人們，在全劇的份量上，都一樣重。黑奴，便是全書的主角。其中的老湯姆，不過是劇中一根貫穿的線而已，他使黑人的命運連貫展開高潮。

「黑劇」在東京樂座演出的晚上，同樣使日本人對中國民族造成一個深刻的印象，中國學生在戲劇上能演出這一手，不能不令島國的人民，有所警惕和覺悟。

浪人戲和黑人的悲劇，正在這個世界上到處串演著；浪人的生涯，和黑人的命運，不過是其中個體和整體的悲劇代表而已！

幕落，謝幕詞引用林肯的名言：

「只要有人的地方，絕不許有一半自由，一半奴役，並存於世界。……」

黑奴的命運與白種人的野蠻，正反映這個世界，一半自由，一半奴役，兩種不同的待遇。謝幕詞被一片潮水似的掌聲淹沒，當日本人的內心被自由、博愛、憐憫所感動的時候，他們同樣傾向人性光明的一面。

謝了幕，演員下裝，後臺被熱情的觀眾包圍，有許多素不相識的大學生、教授、知識份子向演員伸出手，因而許多年輕人便認為他們是黑奴的代表人，拼命地擠上前慰問他們。中國留學生，沒有參加演出的，則爭著要加入「春柳社」，一顯身手。

*

夜深時，人們陸續地離去，叔同和曾孝谷最後出來。到劇場外分手。這時一個女人的身影，從走廊的陰影下閃出來攔住叔同，向他彎下一百二十度腰肢，向他說許多卑微崇拜的話，說他是中國的「莎士比亞」。

「先生，願意我陪您走一段路嗎？」說話的女人，修長，美艷。

「啊呀——誠子？」叔同的心靈還浸沉在剛纔的戲裡，這正如他初演《茶花女》時一樣，他被「瑪格麗特」，那個淪落的女人蠱動，因為那個女人，要他這個男人來演，表達瑪格麗特，等於表達《紅樓夢》裡的林黛玉一樣，那種複雜的性格，困擾的心境，痛苦的現實，都使他不得不進入「劇中人」的情境。

今天，表演愛彌麗，亦復如是。

當誠子站在他面前，說了許多崇敬的話，他還不知道這個女人是誰？直到他從恍惚中清醒，這纔認清誠子。

「你入迷了，叔同！」誠子露出兩排貝殼般牙齒。

「噢，哪裡的話。不過，做一種工夫，不入迷，總難成功，你說對嗎？當我們繪畫時，你叫我，我常常如入夢境，忘其所以；其實，那一瞬間，我正把三魂六魄投射在那張畫的人物上，在演戲時，我的心則沉在角色的情感裡。我演《茶花女》時，除了我要研究瑪格麗特的性格、裝束、內心的情操；我還要對著鏡子，扮演她的表情。——否則，誰看你表演？換句話說，誰同情劇中人呢？要得我們的心血不白費，迷一下子又何關？只要不執迷不悟，就好了！」

「說起話來，你總是一套斷絕人間煙火的哲學家言，好像你看透了這個世界似的。別演繹你的哲學警語了，我恭賀你成功！」誠子說。

「好，我也祝賀你——誠子！」

在東京的月色下，誠子偎在叔同肘邊，走一段人間最寂寞、最有詩情的夜路。直到叔同的上野不忍池公寓，叔同說：「還回去嗎，這麼晚？」

誠子仰望半圓西垂的缺月，充滿涼意的深藍天空，幾顆閃爍的星辰，一抹淡寫的銀河，欲言又止。她背著月光，瞧著叔同。

「那麼誠子，你便在我這裡將就一晚吧。明天除了排戲，我們還要作畫。」

誠子無語。

「難道——誠子？……」

誠子搖搖頭，然後，柔順地跟叔同上樓。

畫室裡，交錯著月光和暗影；在月色裡也能看到陰影下景物，在陰影處，看月色篩過的角落，更清楚。

叔同拉一條薄被給誠子，安排她睡在「床」上，他自己則拼起兩張沙發，用毛毯蓋著身子，腳垂在榻榻米上。

靜靜的夜，輕拂著過去。

如水的夜，輕拂著過去。

*

對於誠子，在中國留學生的眼裡，這個漂亮而文靜的女郎，不僅是李叔同的模特兒，也是他的異域情侶。

雖然，叔同有誠子來往，但並不能證明他「文采風流」。叔同那張欠表情的瘦長臉，單調而嚴肅，除了演戲就很少見他笑，他會繃著臉訓別人，同樣，他也會寡情地虐待自己——唯一的例外，他和誠子相處時，溫和得像陽光一樣。

春柳社上演《黑奴籲天錄》以後，社員激增，日本的青年，印度的學生，也擠進來了。他們演戲，有時用漢語，有時用日語，言語只要統一，戲劇一如音樂繪畫一樣，總是不分國籍的。

中國的戲劇運動，從此萌芽了！

上海的「春陽社」也隨著「春柳」的腳步，站起來了！

中國的李叔同、曾孝谷這一班青年，在戲劇上的成就，正染紅了東京的文化圈，也啟迪了藝術上一個新的時代；但中國人天性不願為新風所鼓動，留辮子的人，還稱之為「異端」，「斯害也已」！這些人從沒有想到，演戲也如書畫，可以走進廟堂，睥睨大千世界！

上野(三)

古今一色，不管是二千年前的祭師，還是二千年後的梨園子弟，其浪漫的意味，多半在他們辛酸的生活上，塗上一層釉彩；在他們蒼白的皮膚下，注入些顏色；人生的悲劇，都在這種方式下演出。

叔同不是一個職業演員，如今西方的「演員」意義，又和中國的「戲子」意義不同；二十世紀以前的東、西方社會，「戲子」都是不入流的。活在十七世紀的莎士比亞，嚴格地說來，這個人也僅是會寫故事的戲子而已。請看留學日本六年後的中國戲劇先驅——李叔同，為這位戲劇大師譯為中文的〈自選墓誌銘〉吧：

「好朋友！請看上蒼的面上，請別掘我的骨灰！祝福保護這裡墓石的人，咒詛移動我的骨灰的人吧……」當時的莎士比亞，對自己所操的行業，似乎並不滿意，他的位置，最多也不過被封為「伯爵」，一個名不見經傳，多如過江之鯽的拖油瓶貴族。

但是一百年後，英國人說：「我們寧可失去印度的領地，也不願失去我們的莎翁。」想想看，也許今天有人會說，我們寧願失去一個美洲，也不願失去一個莎士比亞了。

——李叔同之愛好戲劇，正如他喜愛書畫、金石、音樂、詩詞一樣，他的靈光過處，便照亮了一個角落，發現了一種東西。對戲劇，他幹起來堅決、認真，直到有成就為止。如果說他演戲，想在這上頭成名，錯了，他僅僅是一個嚴正的票友。

在日本創立的「春柳社」，一方面由於新文化的浪潮，進襲東方；另一方面，則是一股新鮮的愛國意識的衝動。中國的黃河百害，兩淮水災，經常使千百萬同胞的生命財產，付之洪水。再加上清末王朝的彆腳內政——只要黃河的禍水淹不到紫禁城，與皇帝奶奶總是拉不上關係！

《茶花女》的上演，動機是「中國兩淮水災，捲走了無數同胞的生命」，身在國外的人，對祖國的災害，總比國內的官吏更敏感，於是《茶花女》在急籌賑災捐款義演的大旗下揭幕。

《黑奴籲天錄》則強烈地反映中國民族自決的心理；黑白種族的不平，正是世界上一切自由與奴役的對立。《黑奴籲天錄》的思想，不只揭發了美國種族歧視的黑暗面，也否決了世界上任何種族的歧視與不平，自由與奴役的對立！《黑奴籲天錄》上的黑人，由中國學生演來，正是中國青年苦悶的宣洩，面對列強的抗議。

「春柳社」不僅是中國戲劇運動的新芽，也是中國青年站在二十世紀尖端，從事愛國運動一種突出的表現。中國人的思想不平凡，正如中國人的性格不保守一樣。

＊

叔同一覺醒來，感覺兩隻眼裡直冒金星，再睜眼一看，自己身上正蓋著一條薄被，這床被不知什麼時候從誠子身上移過來了。

再看誠子，床上空空如也，不知什麼時候走了。

非常納悶，非常寂寞。

太陽已從窗帘外拼命向窗縫裡插腳，好像有人擠過來一樣。看看壁上的自鳴鐘，八點只欠五分了，這纔翻身坐好。

「奇怪？」他沒有說，只是想：「人到哪去了？」看著空下來的床褥。

但時間不容他想，想想，八點鐘，還有約會。要在這裡等朋友來——你總不能讓別人來了看，這個房間像一堆垃圾。

畫筆、畫架、顏料，演員的行頭，刻字的刀，女人的餘韻，名士的派頭，零亂地充滿空間。

他匆忙到盥洗間繞一遭出來，八點已敲過，「黑人販子」還沒有來，便把窗帘拉嚴，窗門關上，沏一杯茶，走到鋼琴邊，先用兩個指頭試試琴，在B調的鍵子上輕輕地點兩下，清脆。正待坐下練練柴可夫斯基的〈B短調第六號悲愴交響曲〉。

「喂喂，李岸先生！」有人在房門外叫。

是管公寓的「阿卡米桑」，從兩門之間伸進一隻手遞過一張名片。

「歐陽予倩」。

他看看鐘，八點七分，再看看琴，覺得太對不起柴可夫斯基先生了。

於是他別轉頭，走到窗口，把帘布拉到一邊，推開窗門，向下一望，一個面容嬌好，中等身材的中國學生，正在向上看。

「叔同，叔同！喏，怎麼啦？」

下面人很急，期待叔同的話。

「喲，予倩兄！我們約會的時間是幾點的？」他是壓根兒準備按時練琴了，而且這座琴，又是屬於兩個人的。他練後，得排出時間來讓誠子。

即使琴可以寬恕人，人，又何必強求寬恕呢？

火車開動前你晚到一秒鐘，都會造成你失敗，灰心。

「八點，叔同啊！但現在是八點五分了，看我從牛込區老遠跑來，又是假日，天還早咧！」

「可是這裡的鐘已是八點十分了，你延誤了十分。按照我的功課程序，現在正在練琴，予倩！對不起，我們改日再談如何！」

「哦，我這麼遠來……」

「對不起，歐陽兄——」叔同向這位學戲劇的朋友點點頭，便把窗門合上，隔斷了窗外的話。

「歐陽予倩？……」他在心頭重複一句，便轉身安然自得地坐上琴前的凳子，好像沒有發生過任何事，打開琴蓋，十隻細長的手指，伸直，先隨便在鍵上走一趟，正待奏出〈悲愴交響曲〉，他又似乎聽到什麼東西悉索在響，是貓，還是什麼？

想到這兒，便覺得人這東西，任他自生自滅，準不成材料，要成材料，除了折磨他，別無其他辦法！

人類的要求，哪裡有止境？

一簞食，一瓢飲，在陋巷，人不堪其憂，回也不改其樂——這是生活！

衣輕裘，乘肥馬，朱門酒肉，廣廈千間，還有無歸宿處的杞憂——這也是生活。

「叔同！」有人剪斷他的思緒。

「啊——誠子！」他回頭正對著端一盤熱氣氤氳的麵點的誠子姑娘。

誠子輕盈地，熟練地放下盤中的點心，滿盤的點心全是麵捏的，不是包子，又不是饅頭，這是一肚子孕育著甜食的點心，誠子把它送到叔同右首的矮桌上，這纔去沖兩杯牛奶。

「誠子，你把我震了一下，你變動了我生活的程序！」

誠子綻出兩排潔白的牙，嫣然一笑：「你還沒有吃早餐，吃完了，再讓你震我一下好了！」

誠子說話的表情，極其美麗；不是日本女人的被動美，也不是中國女人的拘束美；不知那是哪一種美質，從她身上馥溢出來，令人心意清涼。

她自己靠在一張沙發上，隔著桌子，待叔同講什麼。

叔同沒有笑容，也沒有什麼反響；在情感上，似一隻燕，穿過白色的梨花叢，靜靜地，平靜地飛翔。

「誠子！你走，沒告訴我，你來了，也沒打個招呼，這不好啊！」叔同說話了。

「請吃吧，李岸先生。」她把盤子推過來，叔同無法推託地吃了。

「我承認人心醜惡，亦復承認人心善良；我深深喜愛誠子，這正是一體的兩面。人，對內是醜惡的，對外則極其善良！」他說，只是心裡說，嘴裡吃著。中國的包子，最上乘的是一包「混水」；下乘的是一包「肉」。但日本的包子是一窩「甜粥」。

他們隨便說話，因為他們已沒有距離，誠子對叔同的身世已全部了解，譬如天津，他有一份家業，天津的家裡，有一個古式一點的妻子，和兩個孩子；他母親，則是他父親的繼室；過去他有過風塵上的知交，他是個放得下、看得破、重情感，而表達嚴肅的讀書人。他的性格如此，任何人都無法加他的帽子，說他「浪漫」，或者「寡情」。在這個時代，男權高於一切，英國的女人還沒有投票權哪，還談到日本和中國嗎？

他們中間最大的問題，是中國人和日本人的關係。

他有一天終要回到他的祖國去，誠子會如此想。

「對誠子，我有沉重的情操與責任。」叔同想。

練琴的時間已過去了，要練，只有明天；十點以後，便是習字。

「我承認，我非常欣賞你，誠子！」

「噢？」誠子一怔，然後一笑，「欣賞我，模特兒？」

「不，欣賞你音樂的品質，我過去見過的女人，有詩書素質的，有經典素質的，有繪畫素質的，只有你——音樂素質，並非由於我們是同好，而事實，你的本質，便是音樂；但又非因為你是學音樂的。」

「叔同！」誠子沉著面容，「你不以為我們是異國人嗎？」

「音樂，一切藝術無國籍。」

「假使我要去中國呢？」誠子說。

「我歡迎。」

「一個中國人的……」

「中國人的——」叔同重複一句：「我們人住著的世界，遲早有一天成為一個『大聯邦』，我們是同文同種！」

「我們貴國人民就不作如此想。」

「那真不愧是貴國的人民了，」叔同瞅她一下，「誠子，你什麼時候出去的？」

「啊，你說——我出去了？我沒有出去，也沒有回來過，我不去不來。」

「怪話，你還會打禪機呢！」

「什麼禪機？」

「不來不去，便是禪機。」

「這怎麼講？」誠子問。

「這呀——不來，便是不生；不去，便是不死；不來不去，便是不生不死；不生不死，便了脫生死，入無生死地，這豈不是『禪機』？」

「這好像鑽棉絮，使人有朦朧的感覺。」

「好啦，我們不說這些，我也不是行家，從知識上學來的，並不見得真能受用，你們日本人東翻西譯的東西可真多，從印度的奧義書，苦行婆羅門修持法，柏拉圖、蘇格拉底言論集，荷馬的史詩，中國的道德經，孔子，釋迦，乃至王陽明；張道陵的神符，吉卜賽女人的巫術，應有盡有。大學圖書館裡，讀不完的盡是這些東西，還有埃及木乃伊的配方，阿拉伯人的鍊金術，印度教苦行派的絕食，和瑜伽行持法……」

「我不喜歡這些東西，這些東西並非我所愛，我最喜愛的，是我最喜愛的東西，因為它能創造這些。」

「你們日本人哪！」

「我們日本人信天照大神，敬佩武士道，還有禪宗。但是，我依然不了解禪。」

「我知道。歷史告訴我們，隋唐之際貴國的『大禮』小野妹子兩度出使到敝國，結果把印度傳給我們的經典，裝許多船回去，便是你們今天的禪和武士道的祖宗。」

「我們扯到什麼時候？」誠子說。

「十點。」

「我得走。」

「走吧。」

「對啦，讓你寫字。我不能破壞你的生活。」

「這是什麼話？」叔同怔了怔。

*

誠子走了。

然而，一分鐘後，誠子又回來了，她忘了帶走一條手帕，同時她告訴叔同她早上並沒有走，只是上街等點心，現在真正是走了。

「我想到，人與人間，應該互相負責。」叔同自語。

「這便不是你說的話了！」誠子扭回頭，拋下一句。

「誰的話？」

「我便不要任何人負責，緣合則聚，緣盡則散；什麼負責不負責？我只對我自己負責！」

「互相負責，才有良好的社會。」

「這句話有點靠不住，向自己負責，才有良好的社會。」誠子說。

「走吧！」

「就走。」

誠子走了。

「我不必向誠子負責。」叔同望著擺在桌上的宣紙，紙上隱約地浮現著要他負責的層層疊疊的人像：從他早死的母親，他底妻兒，他的社會，乃至朱慧百，李蘋香，楊翠喜這一班人物，這些人，隱隱約約，面容所表露的，是悲是喜，因無法看清，但有一點最相似，便是「愛」。

不管知識上，還是情境上，有一種造作，到瓜熟蒂落的時候，你拒絕它，它也要自動地作一個或好或壞的結束。人類的一言一行一念，都包含著無數層「造作」的羅網；最後，束縛自己。

＊

上野的第三年，誠子與叔同開始同住，那是自然的結果；在法理上，自無法解釋；在情感上，如叔同先生這樣的人，卻無法不履行這種由友誼到情誼的過程；歌德活了八十歲，最後愛上一個十六歲的小姑娘，這個老頭兒，也結過婚，但他戀愛了幾十次，第一次他串演了「少年的維特」，在精神上，自殺了一次；但在西方，沒有人評論他；他的《浮士德》卻與日月同輝。

＊

上野的春天與秋天交替。

誠子來了，

誠子去了；

誠子去了，

誠子來了；

最後，誠子通過她母親的同意，終於與叔同共赴雙飛。

愛情最後的歸宿，便僅只如此。

「春柳社」一條美好的嫩芽，已從日本移到中國的南京和上海開花結實，成為中國戲劇與愛國運動的根源。

但在上野的第三年開始，春柳社的劇運，便隨著大學的課業繁忙而終止。代替春柳的，是學生的私人學術活動，與中國革命運動的發展，人們心靈被火一般燎原的龐大血花所吸引。叔同除了加深畫的研究與音樂的造詣，也把心寄託在中國的文化事業上；他想像中的將來，是把藝術帶給新的中國命運，一個國家的興盛，其藝術也一定是多姿多采的；一個積弱的國度，幾乎沒有新興的藝術，與天成之才可言。

從一九〇五年九月，到一九一一年三月，叔同在日本求學五年七個月，也消耗完了上野的全部時間；上野不僅造就了李叔同，也決定了他而後三十年藝術上的宿命與乎精神領空的成就。

沒有「上野五年七個月求學生活」，可能也沒有三十年後的李叔同。

更應注意的是，沒有誠子，也可能沒有「出世的李叔同」；誠子在這一方面高於「朱慧百與李蘋香」；她的質地影響了他。假使在上野沒有誠子出現在他的生命裡，而在他日，他的生活方式如何寫，思想過程如何演變，都無法預卜！

看過《盧梭懺悔錄》的人，都知道這位自由大師的少年「骯髒到何種地步」？但他畢竟洗刷了這些！

一九一一年的春天，正等待迎接學成歸國的李叔同！

學校只造就些璞玉，但並不雕琢。

「你終將要回到你的祖國去的！」誠子說。

叔同黯然。

「你走吧！」誠子說。「人在任何惡劣狀況下，都有生存的理由；好像人活在北極雪原上一樣。」

「你也同去，誠子！」

「我？」

「我把你安排在上海我的朋友那裡！」

誠子垂著頭，顯然，離開日本——她的故國與她的母親，這是重大問題。

「不嗎？」叔同問。

「我只要看到你，便可以活。」誠子說，「可是離開這裡，也令人傷心。」

「誠子！我以我的信誓保證，你會活得很好，你是知識份子，誠子。人總不要叫知識迷住了；除了現象界的差異，在本質上，萬有都不能分爾我！」

「我回去看看我母親，她老了。但我母親非常喜愛你的，叔同！」

「這我同意，但我是中國人。」

「這我了解。」

「怎麼決定呢？眼看就畢業了。——在天津，已由我的朋友，決定了我的差事。」

「等我母親贊成我到上海，我們便同去看看你們貴國的景況；我只當遊歷一番如何？」

「你這話就非常透徹了！」

「有時也並不透徹！」

「除了我當和尚，我想不會背棄你，誠子！我的病，將因你更形加重！」（叔同到上野第二年發現自己有了肺病的徵候。）

「這我知道。」

「我母親——」

「別再說了，叔同！對你——我不取任何報酬。我不要任何信誓。我只認為這是前世決定！」

「這——我還是扭不過宿命論，照我這個人的一生，便不應該再蹧踐你了，可是我又走了老路——唉，人生！想到這，便對不起我那可憐的母親！」

「別再說了，人總是如此的。人心都是肉做的，不提煉，哪裡有精華呢？」

「你很高明，誠子。委屈你，等於降低我一樣，我們的格調絕不會有差異；我們是平衡的；其實，對女人來說，我只了解你一個；我也只承受你一個，你永遠是明澈的。」

「可是，叔同——我要回去一下。」

「你走吧！」

誠子便收拾一點東西，下樓，回京都的家裡去。

叔同的內心越是接近行期，越苦悶；覺得帶誠子回國，不知是否正確。但留下誠子，也錯。

誠子回家了，三天後捎回來她母親的口信，到上海去她同意，但誠子每年要回國看她一次。三月末，上野的學生，終於結束了他們五年整的全部學術生涯。叔同辭別了教授們。黑田清輝，是他最崇敬的教授之一。

回到不忍池公寓，誠子正在燒碎紙。

人生，從許多角度的逐漸轉變，最後變為全面。

當行期已定，他便帶著誠子，這一雙異國兒女，由神戶同乘英國聖瑪利號郵船，駛過太平洋，由中國沿海，向南駛；叔同把誠子送到上海，住進法租界海倫路一棟寬敞的住宅裡，自己回到天津。

在上海有一架鋼琴伴著誠子。

因為在天津工業學校的叔同，在不久的將來，便會到江南來。

在人間離合悲歡的場面下，只有精神生活，才能使彼此有所慰藉，賦予期望。

轉捩

誠子孤獨地飄泊上海，對叔同，是一種新愁。誠子扔在上海，無異於扔在日本。

他在世間活了三十年，除了五歲以前，在深廣的院落裡，度過襁褓歲月，餘下二十五年，便活在女人與藝術之間。——誠子，是他最後一個——女人與藝術的總體。

過去，專為讀書、寫書、刻書而生活的日子，專為宣洩、孕育、製造情感的歲月，由於人生道路的突然轉道，而不得不與之訣別。過去，二十五年間知識的吸收，情感的儲藏，到上野歸來，都變為一種母性植物的花粉，並準備向下一代的中國青年傳播與嬗遞。

文學與藝術，現在只能算是生活的瓔珞，而不能作為傳道的工具。現在，誠子對於他，忽然間竟成為一種責任；可不是上野時代，模特兒的誠子了。

在人類開始覺醒的時候，生活便是責任。

*

天津的碼頭上，擠滿了歡迎叔同的人群，他的哥哥文熙——當年嚴厲而寡情的李氏嗣子，現在已是四十開外的忠厚長者。這位學醫的哥哥攜帶著一家人，和叔同的眷屬，李家的親友，一道來迎接海外歸來的弟弟。

生活的磨練，使人心的稜角變為光滑可愛；以往的「創傷」，似乎也失去了回憶的份量。文熙與叔同，這一雙同父異母兄弟，互相間都有著歉疚的表情，好像過去都犯了一種不可原恕的罪責；但他們的內心，實際已經完全寬恕了。

如果，古老的中國，有互相擁抱的禮節，文熙一定要撲上去抱住他這位年輕多才多藝的弟弟親吻——可是，事實不能這樣露骨地表達兄弟的愛，正因為形式上不能表達以往欠缺的手足之情，所以文熙的內心，也就更加熱愛著叔同。

這一群人，剛到家，文熙便把「工業專門學堂」的聘書，捧了出來。也許是由於文熙的至誠，與叔同的造詣，使這所學府為叔同開了一科「繪畫」課程，十多年前，叔同的書畫在天津已經出了名。但叔同在日本主修的，則是「西洋油畫」，這在中國畫界，則更為新鮮、稀奇。因為，中國畫用的是「墨、煙、彩色」，畫在紙上。西洋畫，則以「油膏、木炭」，塗在幅度不同的布上，而且塗得血淋淋地，不成名堂，可是，一旦懸掛起來，則赫然成為一種活的野的神乎其神的東西。

——這種畫經過畫家用手、用油，塗抹在畫布上，正如他用血、用靈魂，賦予那塊畫布以活的生命。

因此，西洋畫顯得野性、衝動、突出。——這正如航海人的性格與牧馬人的不羈。從畫的意境與理境去教育青年，這似乎決定了叔同這一生的路。藝術的路，沒有時間與空間；其成就，猶如滄海之一粟到大千世界。——而叔同，將來的路，並不在北方。

無論如何，誠子使他把半顆心，已寄歸江南。重要的，江南是新文化的搖籃。

*

一九一一年的秋天，叔同脫去留學生的洋服，換上了流行的教師服式；灰布長袍，黑呢馬褂，布襪布鞋；上講臺，第一次為人師表。

面對臺下眼睛會動、心裡會想、嘴裡會說的莘莘學子，他覺得，教師的肩膀，絕不可能同錢莊裡的掌櫃負荷相等。

站在講臺上的師表，不是戲臺上的跑龍套角色；花臉與花旦，也不能表達師道的尊嚴；嚴格地說來，只有唱老生的鬍子，坐有坐相，站有站相，走有走相，起心動念，都有尺寸，這種典型的人，才是真正的師表！

師表，不僅在外型上靜如止水，在內心裡，也應如老僧坐禪。若不能如此，便不能為人師，便不足為下一代楷模。

為人師表的感受，從踏上講臺起，便通過叔同的大腦；過去的生活，譬如死了，只有當下的生活，最真實，最有意義。

叔同，白天在工業學堂上課，晚間與暇時在家裡照他過去的習慣，繪畫、練琴、習字；但金石、詩詞，則是偶而試刀。

文熙現在依然照管家務，同時掛牌行醫。沒事兒的時候，則找叔同聊聊。兄弟間，興致一來，總是小酌一番。

一九一一年的初冬，北國大地，逐漸被寒冬所籠罩，一天傍晚，叔同從學校裡回來，正待寫一封信，給上海的誠子。

這時剛巧，文熙從門外神色匆忙地回來了。

「啊，叔同！事情糟了！」文熙走進他們古老的書屋，嗒然若失地，倒在椅子裡，呆呆地望著叔同。

「什麼事，哥哥？」叔同站起來。

「天津的鹽商通通垮了！」

「他們失敗與我們何干呢？」

「我們失敗也就在這裡了，叔同！我們也是鹽商哪！我們還是大鹽販子呢，我們入股的『義善源錢莊』，全部投資於鹽；它活活埋了大家五十萬！五十萬塊銀幣！」

叔同一愣。他從沒有想到做鹽生意也會失敗；而且為什麼要失敗？對於家庭經濟，他通常是諱莫如深。義善源錢莊，有他們五十萬兩銀子被吞掉，這是他突然地聽到；據他所知的，在天津、上海、北京都有他的資產，但這些資產的盈虧狀況，他也無法知道。他深知他的哥哥是一位理財專家，不僅是一個醫生！

但這次垮了。——鹽底失敗，是失敗於官價的劇降。

文熙攤開兩隻手，在椅把上。

「五十萬？」叔同重複一句。

「嗯。」文熙答。

「假使我們生活在北京呢？——就算遭了八國聯軍的燒殺吧！一座北京城比起我們的五十萬，也不算渺小了；哥哥，您平平氣；大難不死，必有後福。——我們還沒垮哩。垮了我們兄弟的家業，能垮了我們骨頭嗎？」

「你說得是，可是這都是祖先血汗慘淡經營來的財富啊！」

「逢到天災與人禍，就不能論及什麼人的財富該不該毀滅了。如果不毀滅的，那才是僥倖。」

「僥倖？」文熙直視著門外的天空，一片白雲浮了過去。

「人生總是變幻無常的。」叔同低喟一聲；「清廷的命運，已是朝不保夕。哥！我們弄杯酒來，我們與生而來的——除了赤裸著的身子，別無長物——」

於是叔同叫一個小廝，到後頭廚房裡，要幾樣小酌的菜，便無言地對飲起來，直到紅日西沉。

此後，天津鹽業的不景氣，如一排巨浪，向經營這一行的人們作無情的打擊；直到半個月之後，李家另一座錢莊「源豐潤號」，再度全軍覆沒；使文熙喪失了全部經濟動力，而李家的百萬財富，除了河東的一座住宅而外，在天津的財富全部流蕩了。

文熙被這種沉重的轟擊，已到面臨絕境的邊緣，叔同，則由於藝術的陶冶，更感覺世間的財富不可靠，簡直如同一堵糞土之牆；而藝術的創造，實際上則是創造了不朽的生命。從此，他的表情更嚴肅，教學更認真，衣著更樸實了；這好像一個人走路，本來前面有兩條路的，但此刻另一條路忽然阻絕了；因此，不得不一心一意地循這條路，向前奮進。

給誠子的信裡，他沒有提到家業的破產。

給上海朋友們的信裡，他沒有說到他的窘狀。

他面臨的，是一種更莊嚴、更刻苦的人生；這與過去的生活對比，過去的似乎糜費得過火了。當前的莊嚴、刻苦，剛好是對於過去的補償。

在教學的餘暇，他便專心於油畫的創作。

＊

一九一一年（辛亥）十月的革命火花，在大江中流的武昌爆發！革命的怒潮湧到祖國河山每個角落：愛新覺羅王朝在黯然無光不流血的政潮下，結束了二百九十年的辮子統治。孫逸仙先生，在南京就任民國的臨時大總統。知識份子從夢中醒來，叔同上過了清廷統治下最後的一課，便決心南下上海。

北方，比革命前更為悲慘，遍地流蕩著辮子兵，這種遍地招兵買馬的景況，使人悟到中國的老百姓，沉淪苦海，永無出期。

明代宸濠之亂，中國民間傳播著一段流言：「賊如梳，兵如篦，土兵如剃。」看來，天津城廂以外，土兵橫行，過兵如過蝗蟲，比剃還徹底！

一九一二年春天的一個傍晚，黃浦江碼頭，落著霏霏的細雨，一艘從天津開來的客船，載來南下的叔同，碼頭上擁擠著接待歸客的人群。客人們從扶梯魚貫地走下來，人群裡，有熟悉的聲音熱烈地呼喚：「叔同！叔同！」

叔同楞一楞，停在扶梯的中途，向人群裡搜尋，剛好有一小簇人向扶梯口湧到，有幾張多麼熱情、熟悉的面孔！

「幻園！孝谷！啊，誠子！你們都來了……」

「叔同！叔同！」

「叔同！快下來呀！」誠子歡呼著。

這是叔同初到上海結識的義兄許幻園，上野的同窗曾孝谷，和誠子組成的小小歡迎場面。

「天津還好嗎？叔同！」孝谷說。

「還好，但比光復前好不了多少！唉，說來中國的餘孽還沒有消滅乾淨。」

「我們這兒不同，叔同！」幻園插上來說：「我們這兒已與革命的人們結為一體了。——叔同哪，陳英士先生繼革命的《蘇報》、《民報》，將要創辦一家《太平洋報》！人們正等著你這支筆哩！」

「咳，上海的人才多如過江之鯽，我談不上呀！」

「你等著瞧吧！有你的份兒的！」幻園緊加上一句，「黃包車來四輛！」

於是幻園、孝谷、叔同與誠子，坐車回到法租界的寓所，誠子當下交代阿媽，弄些小菜和酒來，於是他們便從亡命的王朝，說到革命的民國。

叔同看到大江以南的新氣象，與古老灰色的北方，相差太遠了，不禁心有所感，當時誠子遞過筆來，一氣呵成〈滿江紅〉一闋。

幻園馬上接過紙，念道：

皎皎崑崙山頂月，有人長嘯：看囊底，寶刀如雪，恩仇多少？雙手裂開鼷鼠膽，寸金鑄出民權腦；算此生，不負是男兒，頭顱好。荊軻墓，咸陽道，聶政死，屍骸暴。儘大江東去，餘情還繞；魂魄化成精衛鳥，血花濺作紅心草。看從今，一擔好河山，英雄造！

「好一個『一擔好河山，英雄造！』」孝谷擊掌。

於是三個人揚聲，照著詞牌兒抑揚頓挫地唱起來，誠子站在叔同背後，低聲吟哦。

「怎麼樣，中國人不平凡啊？」叔同反視誠子。

「被壓迫的民族，形勢逼迫它奮鬥、創造，不然就要亡國哩！」

「誠子的話，誠然！」孝谷插上來。

「你們這一雙，才是珠連璧合！」幻園說。

「我們因緣前定，談不上珠璧！」叔同瞅著誠子，誠子眼裡潤濕著。

「叔同的話太悲觀些了！」孝谷說。

「叔同與曼殊上人，倒有幾分——」幻園忽然提到蘇曼殊，與叔同一比，又覺得滑了嘴，趕緊嚥下去，便低吟——「烏舍凌波肌似雪，親持紅葉索題詩。贈卿一缽無情淚，恨不相逢未鬀時！」

曼殊的身世，太悲哀了！

一席團聚的酒宴，從興高采烈開始，最後由興奮的〈滿江紅〉，到曼殊的詩句——「恨不相逢未鬚時」結束。

孝谷與幻園在春寒料峭中，叫兩輛街車告別。

誠子與叔同在燈下相對，直到三更——

＊

叔同到了上海，很快便傳遍了文壇。舊時「城南文社」社友們，決定三月十三日在愚園路的「愚園」集會，柬邀叔同入席。因為他的字、畫、印同樣在文壇著名，此時，他又加入了柳亞子所發起的「南社」。朋友們請他在《南社通訊錄》上設計圖案並題字（這時起，又署別名：李息）。之後，城東女校慕名聘請他為文科教席，三個月後，陳英士主持的「太平洋報社」，以叔同是一個藝術通才，請他主編副刊（包括廣告設計），叔同欣然就任。

曼殊上人以「比丘」身，撰長篇小說《斷鴻零雁記》，在副刊逐期與滬上文壇見面。

上海的文壇，曙光初現；蘇曼殊、李叔同、柳亞子、葉楚傖，聚會一堂，以《太平洋報》為中心，展開了文藝活動，由叔同發起組織「文美會」，編集名家書畫印稿，但不幸的是，搞文化事業，千古如斯，以喜劇始，以悲劇終，——《太平洋報》，場面大而收益少，到十月間，被警察查封大吉。

報社的文化人，走的走，散的散，叔同感覺世間無常，終於再度離開上海灘，進入杭州的「浙江兩級師範」，主持圖畫與音樂兩科。

李叔同的出家因緣，便在這裡醞釀成熟。

夏丏尊——《愛的教育》翻譯家——與三十年後的弘一大師，結了不解緣。

悲歡

一九一二年的濱滬歲月，花殘葉落。

上海灘，這塊殺人不見血的屠場，使叔同深深地印證到人世的離合悲歡，幻化無常。這個器世界，顛顛倒倒，真真假假；當你淚未乾時，歌聲起了；歌聲未落，枷鎖又套住了你的脖子。你是哭不得，也笑不得；從外殼上，你能決定誰是誰非呢？

「走了也——罷！」他幽幽地道了一句淒楚的「白」。

這是九月天。

太平洋報社剛關門不久，叔同到杭州去了一趟；為的曾經也在日本留學的杭州兩級師範校長經子淵的約。到杭州師範的因緣，其一：是經校長對這位藝術全能的上野天才，久已動了他的念頭；現在機會成熟，便決心把他請來。其二：由於夏丏尊、姜丹書、錢均夫，這幾位新知舊雨，在靜如處子的「杭州」，使他有「如歸故鄉」的甜美之感。同這些朋友抵足高談，足使你忘掉時間與空間的殘酷。

回到上海的家，已是晚間九點了。晚風蕭瑟地浸來一股輕寒，誠子正圍著一件絲絨的外套，坐在外間的長沙發上，低著頭幻想。

「突，突。」有人敲門了。

「誠子！誠子！」叔同的低音調，被迎面的夜風，嗆咳了兩聲。

「啊，叔同！」誠子圍著外衣，快步出了外間，穿過客廳，到前院的門口，抽下插門的門子，「學校的事，可安排好了？」

「嗯。咳！咳！」叔同忍不住又嗆了兩聲。

「你看，你又咳了！在上野時，你也是常咳的，咳到發燒，咯血。」誠子扶著他進去。在臥室裡，誠子抽出一條毛毯，把他圍上。

「小病！咳！人生難得的小病，何況這又是我的『老病』？」

「這又是你的哲理了！你的病也夠多了，胃啊，喉啊，胸啊，都痛過，還談什麼『難得』呢？」

「——拿我的『枇杷膏』來，唉，人生一世，離合悲歡，我們又要小別了！」

「杭州到上海，不過是咫尺之地，難道你一去——」誠子怔了怔，「要放寒假纔回家不成？」

誠子說著，從衣櫥的抽屜裡，取出一瓶「川貝枇杷膏」，撬開瓶蓋，把黑黑的膏汁倒兩瓢在杯子裡，再摻半杯滾水，遞給叔同。

「我母親，往年也咳。——癆病，誠子！好一陣，壞一陣。『春蠶到死絲方盡』，這句話，便是這種病的註腳。」叔同接下杯子，吞了一口。

「你離開家，也該有個安排！」誠子焦慮地瞅他一眼，聲音裡有點黯然，叮嚀著說：「快些吃枇杷膏，你的喉便不癢了！」

叔同仰頭，一口氣吞下所有的枇杷膏。

「我想想看，從上野開始，就吃上癮！噢，我記得幼年時，母親也給我吃過這東西，誠子，你說，我這個病，病在肺上，是不？」

「不要傷我的心，叔同！對你自己，總該保重！」

吃完枇杷膏，覺得喉裡清涼些，誠子又沖了一大碗滾燙的蓮子湯來。

「哦——為了我們的巢穴，我應該保重。可是我這身皮肉，卻偏偏反動。——我有安排。我的計劃是，家還在這裡，人在杭州，半個月我們聚首一次，小別，別有風味！」

「你先把湯吃了，每次你離開，我都有一種預感。這種心理，是無聊的。杞人憂天。而我，竟這樣愚蠢。想到傷心處，便忍不住打開鋼琴蓋，按一曲柴可夫斯基先生的〈悲愴交響曲〉。六年前，我們在上野常練的那隻悲愴樂曲。叔同，你看我多麼蠢！」誠子說到這裡，頹然倒在身邊的椅子上。

「並不愚蠢，誠子。人生無常，自古皆然。我們有一天會分手的！我活不長——你相信吧！我一身是病，但是看起來，神光外鑠，像好人一樣。這好似一盞油燈，這盞燈，雖然亮著，它肚子裡的油可不多了，油耗盡了，還不是完！」

「噯呀！叔同，你又說這些話了，這我怎麼受得了呢？」誠子低泣。「你這麼認真地，肯定你的壽命！」

「夜深了，誠子。啊，命運是創造的旅程。假如我會另外創造一個我呢？放下那種悲劇的想像吧，我們天長地久，睡吧！假如我要死去，我會告訴你，我們相約來生再見；假如我遠行，我也要告訴你，我們訣別是短暫的；我們的路，非常悠長！……」

＊

第二天黎明，叔同起來時，誠子正忙著為他整理行裝。

他的行囊，包括簡單的被褥、文具、雕具、畫具，必要的幾本詩詞、樂譜，還有兩身雲灰布長衫，黑嗶嘰馬褂；穿起這一身，加上他筆直高度的身材，高額、細眼、莊嚴的長型面孔，笑起來，只動嘴唇而沒有聲音，總令人想到儒家的正統派書生，與他們底殉道者，像文天祥、史可法那一流人物。——然而，他正在漸漸遠離那條道。——有一種神聖的、悲憫的神韻，這與那少年的李文濤，青年的李岸，有著根本的差異；看來幾乎脫胎換骨。如若有一面鏡子，這鏡子裡映下的，將有三種類型的影子，同時投射在一個軀體上。名士派，藝術家，殉道者，依次重疊。

這種改變，看來很突然，但在誠子眼裡，卻又沒有改變。誠子知道，他做一樣，完成一樣；他放下一樣，便永不回顧，這便是誠子悲哀的原由。

這種看得破，忍得過，放得下的斷魔腕力，是別人所沒有的。由於這種性格，他突然從一個藝術家，變為一個儒家的傳道者。如道不足傳，他便是殉道士了。

一切都收拾好了，誠子叮嚀囑咐，他默默地坐了一會兒，便叫了街車，把行囊拉到上海北站。古老的車廂，把他帶到一生重要的棲止處——杭州。

杭州師範的七年正規教書生活，從這一天開始。

他無聲無息地來了。在師表與學子之間，沒有引起人們的注意；原因是他教的科目，太平凡，太不足道了。

「音樂與圖畫」。平凡得無人問津的「遊戲科」。

但是，只有校工聞玉，因為替他搬行李，收拾房間，引起了他研究叔同的興趣。他覺得李先生這個人，與別的先生不一樣。安詳、嚴厲、友愛、不大說話，沒有笑容，但有一股奇異的引力，使這個年輕的工友對他起了懷疑、嚮往。

雖然，夏丏尊、姜丹書、錢均夫、堵申甫，這幾個朋友打破他教學上的寂寞情調，但他的眼睛，是雪亮的。圖畫、音樂，在中國的學府，自古便被人踩在腳底下，因此，使「戲子」與「剪財神」的賣藝人，永無翻身之日。除非在熱鬧的日子裡，點綴點綴歲月是無傷大雅的。如說：彈琴的，畫畫的，能治國平天下，豈不是罵人？

在幾百個學子的學府裡，熱是熱鬧的；但心裡很寂寞。他沒事的當兒，不是背著手在校園裡轉，便是在自己屋裡做範畫、寫字，否則，便走進孤獨的音樂教室，順手彈一章樂曲。

當他一動手彈琴，大筆地用油膏，寫血淋淋的大幅油畫時，才隱隱地，引起了學生們注意。

他把心底寂寞、情感與詩思，一齊用音樂表達了。他把自己的靈魂帶上課堂。起初一年多，他譜的曲，寫的詞，便震動了音樂界，正如他在一九〇五年寫的〈祖國歌〉一樣。「——上下數千年，一脈延，文明莫與肩；縱橫數萬里，膏腴地，獨享天然利……」——歌聲傳遍了中國每個角落，而作詞曲的李息霜，卻不為樂壇所了解。

在杭州的最初幾年，他又作成許多著名的曲子與歌詞：

長亭外，古道邊，芳草碧連天。晚風拂柳笛聲殘，夕陽山外山。
天之涯，地之角，知交半零落；一杯濁酒盡餘歡，今宵別夢寒。
長亭外，古道邊，芳草碧連天。晚風拂柳笛聲殘，夕陽山外山。

這是〈送別〉。

十里明湖一葉舟，城南煙月水西樓。幾許秋容嬌欲流，隔著垂楊柳。
遠山明淨眉尖瘦，閒雲飄忽羅紋縐。天末涼風送早秋，秋花點點頭。

這是〈早秋〉。

春風吹面薄於紗，春人妝束淡於畫。遊春人在畫中行，萬花飛舞春人下。
梨花淡白菜花黃，柳花委地芥花香。鶯啼陌上人歸去，花外疏鐘送夕陽。

這是〈春遊〉。

西風乍起黃葉飄，日夕疏林杪。花事匆匆，夢影迢迢，零落憑誰弔。
鏡裡朱顏，愁邊白髮，光陰催人老。縱有千金，縱有千金，千金難買年少。

這是〈悲秋〉。

纖雲四捲銀河淨，梧葉蕭疏搖月影；剪徑涼風陣陣緊，暮鴉棲止未定。萬里空明人意靜，呀！是何處，敲徹玉磬，一聲聲清越度幽嶺，呀！是何處，聲相酬應，是孤雁寒砧並，想此時此際，幽人應獨醒，倚欄風冷。

這是〈月夜〉。

……這些幽美的樂曲，在大江南北學府裡揚溢。

這位音樂家純粹為人類情感譜出的東西，在若干年後的今天，依然活在每個人的心靈！

紛，紛，紛，紛，紛，紛，……惟落花委地無言兮，化作泥塵；
寂，寂，寂，寂，寂，寂，……何春光長逝不歸兮，永絕消息。
憶春風之日暝，芳菲菲以爭姸；
既乘榮以發秀，倏節易而時遷。
春殘，覽落紅之辭枝兮，傷花事其闌珊；
已矣！春秋其代序以遞嬗兮，俛念遲暮。
榮枯不須臾，盛衰有常數；
人生之浮華若朝露兮，泉壤興衰；

朱華易消歇，青春不再來。〈〈落花〉〉

仰碧空明明，朗月懸太清；
瞰下界擾擾，塵欲迷中道；
惟願靈光普萬方，蕩滌垢滓揚芬芳，
虛渺無極，聖潔神秘，靈光常仰望！
惟願靈光普萬方，蕩滌垢滓揚芬芳，
虛渺無極，聖潔神秘，靈光常仰望！〈〈月〉〉

大地沉沉落日眠，平墟漠漠晚煙殘；
幽鳥不鳴暮色起，萬籟俱寂叢林寒。
浩蕩飄風起天杪，搖曳鐘聲出塵表；
緜緜靈響徹心弦，眑眑幽思凝冥杳。
眾生病苦誰持扶？塵網顛倒泥塗汙，
惟神愍恤敷大德，拯吾罪惡成正覺；
誓心稽首永皈依，瞑瞑入定陳虔祈。

倏忽光明燭太虛，雲端彷彿天門破；
莊嚴七寶迷氤氳，瑤華翠羽垂繽紛。
浴靈光兮朝聖真，拜手承神恩！
仰天衢兮瞻慈雲，忽現忽若隱。
鐘聲沉暮天，神恩永存在，
神之恩，大無外！（〈晚鐘〉）

叔同把「無常」表達在〈落花〉底「紛紛」「寂寂」裡，把宇宙底神秘，寄託在〈月〉底聖潔中，最後，在〈晚鐘〉裡才表出「佛家的靈境」。

這些歌聲飄蕩在校園底每個角落，他把思想的過程，通過音樂，注入年輕人底心靈。於是歌聲如春水，傾注流溢；使這座學府以「歌聲」成為它底「表誌」。另一方面，叔同大膽地，以裸體寫生，去製造年輕人的想像與活力。

一九一三年之後，浙江兩級師範，改名為「第一師範」。

二年之後，南京高等師範（中央大學前身），以同樣的原因，由校長江謙，聘請叔同教授音樂與圖畫兩科。叔同自此始，往返於京杭之間。

學校的佈告欄上，便經常出現「音樂李師」請假牌子。不是病，便上南京。學生們難得看到這位高瘦嚴肅的李師了。

但當他不請假時，學生們對音樂、圖畫教室，便起了特殊興趣，而且感覺嚴肅、新鮮。

＊

上課堂的預備鈴搖過了，因為音樂、繪畫兩堂課多半在下午第一、二兩節，年輕人的心情不免鬆懈些。大夥兒搖著頭，哼著曲子，結隊向教室裡漫步。

江南的氣候，帶著一種惱人的情調。斜陽發散著暈紅色的光輝。

那是慣常的，大夥兒一擁，把教室門推開，啊！講臺上有人端坐著，如同參禪一般。這叫人猛吃一驚。

在後邊的學生們嘴裡還叫著鬧著唱著罵著，跨進門猛一見「李師」端坐在講臺前，這一怔，唱、罵、喊、叫、鬧笑聲到門檻上，忽然戛止了！然後，低著頭，紅著臉，傴著腰，一個個溜上自己的位子，再等會兒，偷偷地抬起頭，這一群青年人裡，便有十年後成名的畫家豐子愷、音樂家劉質平、作家呂伯攸……。

李先生高而瘦，上半身穿著整潔、平滑的長衫，站在講臺上。寬闊的前額，細長的眼，垂直的鼻子，厚而大的嘴唇；動作時，有時作成深渦。這樣便使人覺得溫和，否則，便顯得嚴厲。

他的面前，放著點名簿、講義、粉筆，鋼琴已脫了外衣，蓋子開著，一隻金錶，放在琴面上。黑板上，已寫滿了密密的白字。

大家瞪著眼，凝視著臺上的老師。教室靜如無人。直到上課鈴噹噹敲了，臺上老師這纔站起來，向學生們深深地一鞠躬，音樂課便算開始了。

這種上課方式，有點新鮮、異樣，這屬於「李叔同教學法」。

叔同在臺上先說明「單元」的要點，講述歌詞；然後，便開始範奏。

清韻的琴聲，正從叔同的指縫間流出來，從鋼琴的平面上，俯視臺下的學生，有一個正在勾著頭，叔同注意到，這個大孩子，在看閒書。而他，卻以為老師沒看見他「偷課」；便繼續「偷」下去。

「噹噹！噹噹！」下課鈴聲響了。大家站起來。

「那位看閒書的同學請等一下再出去！」叔同聲音很低，輕輕的，鄭重地說。

那位「偷課」的年輕人紅著臉留下來了。直到大家走完。

「年輕人！下次上課時，請你不要再看別的書了！」叔同沉重地，溫和地說。

「是的，先生！」

於是叔同微微地向他一鞠躬，「你走吧！」意思是如此的。

於是「偷看書」小伙子，紅著面孔溜出去了。

＊

一次音樂課完了之後，最後出去的一個同學把門一帶，碰得「崩」地一聲重響，他有這種不尊重別人耳朵的毛病。走出教室十幾步，叔同跟出來，滿臉和善叫他轉來，進了教室，叔同說：「下次關門，請輕輕地！」向他一鞠躬，送他出門，然後自己輕輕地把門帶上。

因此，這種不尊重別人耳朵的暴君，才越來越少！

叔同「範奏」鋼琴的時候，一群學生圍著他看他「奏琴」。偏巧一個學生忍不住，放出一個屁來。空氣中頓時浸入了「阿莫尼亞」的臭氣，這時候，同學們個個屏息，叔同眉毛縐著，課上完了，同學們還沒離座，叔同說：「我有一句話，大家等一等。」

大家停住了，不知李師葫蘆裡又裝什麼新藥。

「——以後方便，要放出去，不要放在教室裡！」

說完，低沉地，嚴肅地，然後向大家一鞠躬。

「我怕李先生那一鞠躬！」一個搗蛋鬼在課後，吼著：「叫『夏木瓜』罵一頓，吃得消；讓『貝多芬』一鞠躬，我怎麼活呀！」

「我寧願叫老夏罵，不願讓老李嘀咕！」

「李師心慈色厲，從語言上看似嚴父，而那種細緻、愛學生如己出又像一位母親！」

杭州的流光，是一段悲歡歲月。

悲的是，歲月無情，器界無常，苦海無岸。

歡的是，得天下英才而教育，是人生一件樂事。

杭州是大江以南的「佛圖城」，叔同在教書生活裡，逐漸接觸到出世的思潮；在南京，他則以書畫、金石，借佛寺陳列，蔬食淡飯。

這是實踐佛家生活的開始。

一個儒家的傳教者，開始突出漢儒以後的樊籬，向釋迦牟尼的金色光環探試。

桃 李

命運，詭秘而彎曲地決定著人的一生；但唯有哲人，一生支配著詭秘而彎曲的命運！

看過杭州西湖全景的人們，一定會聯想到「極樂國依正莊嚴圖」，杭州，是人間的淨土，不是誣構！這裡的人物、山水、佛寺，都有幾分佛經上翻版的氣息。

叔同到杭州三年多，淡雅的西子湖，出塵的山僧佛寺，深厚的友情溫暖，還有幾個足以傳承藝術衣鉢的弟子，這都使他的心靈上植下了情感的根，亦如他之與誠子一樣。

每當他離開杭州時，回到上海的家裡，同誠子說離情，敘敘學校生活，一定要提到豐仁、劉質平、傅彬然、李鴻梁……這幾個突出的青年人。

「誠子！」這使他一再忍不住地稱道：「啊，天才！天才！年輕這一代還是大有可為！不管他們的天賦與器識——其實，當我們一陣怨氣上升的時候，總是認為中國人一代不如一代——說真的，這正是弄反了，下一代比這一代強過千倍！」他在誠子面前興奮地，熱烈地討論著他底弟子：「你打著燈籠還找不著呢，我的這些學生們。」

「你把這些學生說得像一朵花哩！」誠子看到他嚴肅的面容，片刻間添上一絲生意，也覺得心花大放了。

「——呵！仰不愧於天，俯不怍於人，一樂也；父母俱存，兄弟無故，二樂也；這第二樂，我是樂不全了！……」

「得天下英才而教育之——三樂也！」誠子莞爾一笑。

「正是如此。」叔同兩頜間，作了個深渦。

「太上忘情，天道無親；這是你最近幾年的思潮，可是你並不忘情！」

「呵呵！」叔同竟笑出了腔：「『情與無情，同圓種智』，這正是『無限之情』咧！」

「——叔同，你的思想又變了！」誠子忽然像發現了什麼。

「變了？青山常在，流水常清，誠子啊！變的不是叔同，而是隨著知識、智慧、季節而更動的榮枯得失，李叔同依舊是如此。」

誠子沉吟了片刻，搖頭說道——「叔同！這不是現象的變，在實質上，你也大大的變！」

叔同掀了掀寬厚的上唇：「拿證據來？」

「證據？——那便是你整天啃的《佛氏內典》呀！半年前，你還是埋頭於老莊哲學；日常間徘徊於燒汞、鍊丹、御精、養氣、化嬰的道術之間呢！」

「這個，不究竟！我追的是人生究竟的知識！」

從這一類知識探討上，叔同與誠子，嚴格地說，又不像夫妻了。

「那麼，什麼是究竟的知識？」誠子逼過來。

「——開始，我學詩，學書、學金石，回頭思量思量，不過是廟堂心理的反映而已。學得剛上路，便不屑於專一了！之後，我再追求西洋戲劇、音樂、油畫。我想，這才是『平民階級』的東西，戲，誰不愛哼哼呢？曲子，誰不愛聽？你順口溜一曲民謠，也會引動幾個村野的小姑娘。大約，這可以滿足我的『藝術』胃囊了，咳，剛進入這種境界，學他個皮毛，我又不屑了。僅僅是『畫匠的畫，賣春聯人的字，票友的戲，風花雪月的濫曲子』，能濟哪一門的世，滿足哪一點神聖的文藝心理呢？人類與生俱來的哲學質地告訴我們，我們必須有智慧、有器識、有定境，才能創造更美好的世界。而事實上，我自小便歡喜鬼怪仙狐之類的夜話，與乎神道仙佛的道聽塗說。可是，我並沒有著作《聊齋》的興致。等我到貴國日本，開始讀一些漢譯的巴利文與梵文的印度宗教經文，與少時不屑一顧的佛經，那只是為知識而瀏覽。想從那些古董裡吸收一些知識。回國以後，我重新拾起我們的『國寶』——排列於老莊門外的符咒，啊，我發覺我受了騙！

「在杭州，同幾個初相識的朋友，不相識的老僧，談起印度來的佛經，忽然勾起了我幼年時代的記憶：我父親是學佛的！誠子——我研究佛經，並非走我父親的老路，你別誤會這一點。我不是師我的先父。

「我想通了，一切世間的藝術，如沒有宗教的性質，都不成為其藝術。但宗教如沒有藝術上的美境，也不成為其宗教。佛經上的至理，足可說明它是一種藝術，一種精神界的藝術。一個人，死時能如脫衣服，甩去這物質的殼而不痛惜；死後，他可以像花蕾一樣，當花蕊落了，會留下一把種子——舍利子；同時，他靜坐、反觀自性，只靠精神，便能打開另外一個光華的世界，這些都是平凡人所不能的，他們有方法創造這種人底精神藝術境界，這種知識，還不究竟麼？

「一個人一生可以放棄一切，但錯過了這種迎面贈送你人生藝術的畫筆，你不可以失之交臂。你不能在這一剎那間，留下千古的悔恨——但這要靠自己用肉體和精神去實驗，不實驗，則等於向這份試卷，留下一片空白。

「誠子！佛經，可以說是藝術的經典，你遵從它，不僅別人可以欣賞你，而你自身也可踮著腳尖欣賞你自己，如同看一片雲，看一山野草閒花。

「佛典，最主要的是產生智慧，製造器識。

「所以，讀書人應具有智慧與器識，他創造的作品，充滿宗教氣氛，纔能傳之後世；否則，會貽害千年。因此，『文藝應以人傳，不可人以文藝傳』，有宗教虔誠的人，傳文藝，文藝的壽命，都是千年不朽的；如屈原、陶潛、杜甫，雖不是教徒，而他們的作品，足以令人感到像宗教的感染性；莎士比亞，如說他是『戲劇』的教主，無人反對。原因是，他們都以生命的虔誠與器識加上智慧，他們的作品才會輝煌萬世。

「現在呢，謅幾句人家讀不懂的一堆字，算是詩人；塗幾筆剛成形的魚蟲花卉，便是畫家；寫幾篇『怨女曠夫』的白話，便是作家；這種人的文藝豈能載道？我看哪，你先把話說明白，叫人聽起來像人說的，再說吧。

「以佛氏的經文，拿來作我的標準比量比量——像世間的文章、藝術、老聃、孔子、耶穌、莎士比亞、蘇格拉底，也要退一步了。——它是一種究竟的知識與智慧。它改變你，在剎那之間。它使你堅決、堅強、英勇、沉毅、犧牲、果斷、無我……一千多年前，一個慧可和尚，為了印證思想上的境界，去找達摩，達摩考驗他，讓他站在雪地上三晝夜，末了慧可斷臂，以表其虔誠。這在別的宗教裡是沒有的，在藝術上，也是辦不到的！這便是人底火候，已到聖境，只有這種人，纔有精神上偉大的魄力。」

誠子聽得定了神。叔同這一停頓，她恢復了官能的感覺。

「我對學生們都如此說，我自己也要這樣做！」

「這是說：你也不夠傳承文藝了？」誠子詫異地說。

「我——『先從人底藝術』著手，人類的心靈，是藝術的園地，人做得剔透玲瓏了，便是藝術。那時你可以捨身取義，你可以視死如歸，你可以視金銀如糞土，你可以視富貴如浮雲，你可以視色相如敝屣。這並不是高調，並不是那些以善行、以文章沽名釣譽的人底臺詞。你往歷史上注意一下：孔子、耶穌，在政治上，都是失意的。而孟軻、荀卿、老子，更不必說了。最可嘆的，時風日下，遍街走著的，寫文章的文人，寫十四行詩的詩人，誰不是紙上三從四德呢？這便是我要遵從的『士先器識而後文藝』的路線了。

「我自己也不夠格呢，我底惡德並不比別人輕些；但從現在起，我要學學蘧伯玉，徹底做人，洗淨這一心骯髒。不怕你見笑，誠子姑娘，我學佛了！」

「你學佛？」誠子失聲地。

「別驚慌，誠子！」叔同懊惱地說：「學佛也不一定削髮為僧啊，削髮為僧也不是與世隔絕啊！」

誠子忽然又破顏為笑。誠子還不到三十呢。

＊

叔同從家裡回到學校，每個假日，都是如此。到校之後，晚上要找幾個有器識的學生談談。

這是一九一六的初春，黃昏的校園內，有幾盞煤氣燈亮在教室裡，叔同打發聞玉去學生宿舍看看豐仁他們在不？

聞玉去了不久，門外的腳步聲便起起落落地響著進來了。

豐仁、劉質平、傅彬然他們都來了。

因為是星期天，李先生又是個教藝術的老師，所以師生間的心理界限也薄些。

「坐著談談！」叔同指著寫字桌對面的幾張椅子。

桌子上的書，擺得滿滿的。最上面的一本書，是磨損了的劉宗周寫的《人譜》。《人譜》的封面上，叔同恭寫著「身體力行」四個字，字旁加四個硃圈。

「我偶然地想起了——」叔同微笑一下，嘴角掀起一個渦。「當我在上海上車時，我想到為什麼不把這幾句話告訴你們呢？這幾句話對你們這幾個人，又是終身受用的！」

大家吃了一驚，又一喜，不知先生說的什麼？

「想到什麼話，老師？」豐仁是叔同最接近的門徒了，他與叔同，等於曾參之與孔子，阿難之與釋迦。

在短短的受教兩年中，豐仁的命運，便決定在叔同的幾句話裡。

一天下午課後，叔同告訴他：「……你的畫，進步得奇快，是我料想不到的。我在南京和這裡兩地教課，從沒有見過你這樣有天才、肯努力的學生；你，照這條路走，將來必有一番成就……」叔同低聲地，嚴肅地，和藹地告訴他。

從那時起，豐仁便天天偷懶、逃課，專一於繪畫。

——李先生緩慢地從案頭把《人譜》拿下來。他叫幾個人都圍過去，——劉質平是專於音樂的，豐仁專畫，黃寄慈、傅彬然愛好文學。這四個人湊起來，便是文藝的全格。——「李先生是留過洋的，學的是西洋藝術，而教我們的又是『琴與畫』；念起莎士比亞的戲詞來，比他說中國話更美；他肚裡的知識，是世界性的，但他沒亮過一手。卻想不到，他拿這本明代的古董，當經典呢。」學生們琢磨著。

「唐初——」叔同用左手理一理長衫的縐襉，輕咳一聲，指出其中〈裴行儉傳〉的一節，念道：「……王、楊、盧、駱，皆以文章有盛名，人皆期其顯貴，裴行儉見之，曰：士之致遠者，當先器識而後文藝。勃等雖有文章，而浮躁淺露，豈享爵祿之器……」

叔同吃吃地接著說：「像王勃這種天才，傳說在十三歲上作了〈滕王閣序〉——你們多數讀過《古文觀止》的——王勃那種鋒芒畢露，淺薄浮躁的性格，怎能有福德呢。於是，不及壯年，便以覆舟，死在洞庭湖上。——這便是說，弄文章藝術的，不能沒有量，沒有涵養；不能沒有方寸，沒有人格；德行陪襯著藝術，纔有綠葉扶持牡丹之美！

「沒有人品的藝術家，他的作品絕對沒有生命。有生命的作品，它底作者，一定有其突出的性格。所謂世傳『江郎才盡』這句話，正是點出江淹這個人，最後失品到不能自圓其說的時候，再也寫不出有風格的文章了。即使有，也不過是一堆繁詞雜典而已！請記住這一席話。無論如何，我是不希望你們這幾個人，落到『江郎才盡』的地步！」說這話時，叔同好像宣誓一般，極其莊嚴，沉重。

一身灰長衫，黑布馬褂，鋼邊眼鏡，使叔同簡直擺脫了青年時代的全部灰燼，而成為一個儒家真正的傳道者！可是，他畢竟不是個迂儒，腐儒，道學儒。

活過三十七個年頭的絢爛生涯，使他的朋友、學生，覺得他的生活像海上的浪，雪山上的峰，波谷深，波峰險，變幻奇詭；一變便是脫胎換骨。

圍著他的四個十八九歲的青年，馴服得如四匹良馬，他像母親，溫厲地教訓他底兒子們。從事他們這種藝術的人，應該以品德為基礎，文藝是品德的花果。

臨去前，叔同送他們每人幾個字，都是《人譜》與《人物志》的箴言。

*

「『母親』的思想、行為，愈來愈叫人擔心嘍！」豐仁出門之後，慨嘆一句。

「你說什麼？」劉質平插嘴問。

「我說的是李師。我嗅得出，他愈來愈變了。他每一次教訓我們的話，都有點像辦後事，留遺言的意味。」

「子愷你瞎說！」劉質平說，拍他一下肩膀。

自修室的煤氣燈通亮，照在方磚鋪的校園道上。

「我不是胡說。我是看他的表情！」

「還有什麼可變的？」寄慈說。

「他是最後一個娘生的！」子愷嘆息說：「變什麼？我數給你聽。他幼年時，是個門閥子弟；他父親有一串太太。他活在財寶堆裡，揮金如泥土。他學遍了北平天津所有玩樂的傢伙。到上海時，進南洋公學，但他的詩詞字畫，金石八股，已風行文壇，左右『南社』：早晚出沒於名士美人之間，是個風流文采的人物。到日本留學時代，演話劇，創劇社，念莎翁劇本，把戲劇傳到中國。而學繪畫，造人像，成了中國西畫的接力人。學鋼琴，又成了一鳴驚人的鋼琴家，他作詞也作譜。回國來呢，在天津先教西畫，不久，到上海接編《太平洋報副刊》及《文美雜誌》，成了滬濱著名的編輯人。如今，他做我們的先生，五年了，古穆如一尊塑像，我看，他又要變了。不知又向何處去變呢？這一變，似乎沒有痕跡。如拿他十八歲時同現在一比，你能找出他少年時代的影兒嗎？——也許啊，他要變為高髻道士呢！」

「那你便猜走了！」質平說。質平學鋼琴，他得了「李先生的心法」，他不僅承認李先生是他的老師，而且把自己當做兒子似地孝順他。

「我們看著好了！」子愷說。

「他不會變。上海，還有我們一個日本籍的師娘！」

「誰都知道！」子愷搖搖頭，「他能在乎一個女人？如果他要在乎，他便不是李叔同了！你要認清，質平，我們的先生！」

「他們有神聖的愛情！」質平強調。

「愛情？李師能斷！」

自修室的人愈到愈多了。他們的話歇下來。

不過，最後子愷說：「我們的李師，最不同於別的先生！他的日文好，但我們從沒有見過他說過一句日語；他在日本讀了五年大學呢！別走了眼，他的英文也比我們的英文先生棒，而我們沒聽他賣弄過一句英語；他的國學，不用說了。但他所主持的，卻是音樂與繪畫兩科。他拿各種知識來充實這兩科，質平！我們的李師深不可測！」

質平靜默著，沉靜地走進自修室。

「李先生的精神是獻身的！」子愷打算結束他的話。

「他除了吃飯、睡眠、作曲作畫，整天都準備功課，和個別指導我們。」傅彬然結束了最後一句話。

他們走進自修室，本想弄弄功課，但沒有弄成。人們成組的在討論什麼。後來一陣混亂，說宿舍裡一個同學丟了錢，夏木瓜（丏尊雅號）正在那裡查賊。因此，他們也就無心討論功課，大家不約而同地研究可疑份子。

自修時間看看快完了，聽人們說舍監夏木瓜要講話，嘴說著不迭，丏尊已在臺上開了腔。

「唉唉，大家靜下來。各位同學！現在我有幾句話向大家報告——不幸得很，我們校舍裡居然出了亂子，有一位同學，叫人家撬開箱子，丟了錢。這簡直是丟了我們師範學校的面皮了！真是辱沒念書人了！而我們將來卻又都是負著教育責任的人。各位，想想看！我們顏面何處放呢？我除了徹底查贓查賊，希望大家同心協力查賊追贓。把賊查出來，好洗大家的面子。同時，我要警告那位賊！你拿你同學的東西，快點安穩地把東西送歸原處，我不再追究！限你三天考慮。否則，我要查出你的證據，為了剷除一匹害群的馬，我是請你走路的！並且，我可以武斷一點告訴你，我已知道你是誰了，……」夏木瓜把每個字咬得崩崩響，以示痛心切齒。

——但是，一晃三天過去了，那筆錢如石沉大海，賊既沒出來自首，贓物也沒送出來。反而又有人掉了被子。這真叫做舍監的木瓜先生苦惱了！

——一個星期的時間，馬上過去了，賊影子也似乎愈走愈遠哩。

沒了主張，他便找叔同商討商討。唯一能使他佩服的人，便是他日本留學的前期老大哥。他們相知深，情感重。

他一進叔同的屋，就把這件事發生的經過，告訴叔同，希望這位「灰布衫」能幫他出個主意。話是丏尊先開口的：

「學校出了竊案，你聽說了沒有？」

叔同搖搖頭，寬厚的嘴唇掀動一個角。

「很不幸，我們學校出了賊。——我呢，又是這個學校的舍監，不破案，多丟臉呢！賊一去無蹤，像漏到地殼裡一般。苦惱死人，叔同，幫我想個辦法！」丐尊攤開雙手，搖著他橄欖形的前額。

叔同想了一會兒，突然說：「你宣佈自殺呀！」

「自殺？誰自殺？」丐尊嚇了一跳。

「當然是做舍監的人！」

「這話當真？」丐尊苦笑，「我希望是那個賊！」

「不，這是真的——你若出一張佈告，貼在校門口，說做賊的人快出來自首，如三天內不出來的話，足見舍監德不足以服人，便以死殉道，要真能這樣，那一定就使賊感動了，也一定有人出來自首了。你這話要說得誠誠實實的！」

「三天後要沒人出來自首呢，難道我真自殺去嗎？」丐尊苦惱地縐了縐前額。

「果真那賊還不出來，那你便得自殺了！否則你這話不成了假話了嗎？」叔同的臉一直是沒有笑容。

「我的天！」丐尊叫起來，「我的李老哥，你這計當頭棒，真叫我受不了哩！自殺，我的天，可下不了手啊。」

丐尊搓著手：「請你原諒我，叔同！」

「假如你真的自殺，那竊賊一定會感動！」叔同說。

「這真是大膽的嘗試！」丏尊作個揖，走出房，他們相知情深，知道叔同沒有戲言，他的心靈，如他的灰大褂一樣，沒有縐紋。

但丏尊心裡了解，要真是以身殉道，也許那顆賊心會感動得如喪考妣了！

空靈

丏尊的心裡，一直苦惱；竊盜案石沉大海，叔同又要走了！

他與叔同的友情，是世上一般的知交所無法了解的；要知道，也只有他們兩個人纔知道。那種情感，含有著一種骨肉的情份，魚水的相投，與乎「恍然隔世相逢」的奇異感覺。六年前，他們第一次在上海「文美會」上見面，猛然間，便深深地互相吸引了。那是一種心理的、哲學的、性靈的直覺，告訴丏尊，也告訴叔同，他們的情感，是「前定」的，剛開始便「肝膽相照」了。

然後，在杭州一師六年，一滴一點地注入著。

友情的基礎是平穩的，友情的況味是平淡的，友情深度卻不可測。

因為，誰也不能失掉誰；誰有心事，也瞞不了誰。

因為，叔同說要走，所以，丏尊便突然感覺寂寞、孤獨、生活乏味。

他想試試看，能拖住便拖住他，否則，他也走。

這是一九一七的初春，古老的中國大年夜剛過不久，學校也開學了。

叔同雖說要走，畢竟還沒有採取行動，只是口頭上告訴丏尊，他要走的動機。

每天傍晚，學生們上「自修室」，便是先生們圍爐聚首聊天的時光。

三月初的晚風，夾著陣陣砭人的奇寒，從棉袍的角縫裡，往上鑽。

丏尊從學生自修室巡視一週，便繞到叔同這裡來。他想徹底了解了解，叔同要走到哪裡？

叔同的門縫裡，篩出疏疏的燈光，輕微低抑的誦讀聲，從室內傳播出來。

丏尊停在門外，輕敲一下門。

「誰？」叔同的誦讀聲停下來了。

「丏尊。」

於是丏尊推門進去，正想在對面牆壁邊的椅子上靠下來伸腳烤火，剛巧，映入他眼簾的，是椅子背面壁上，新添了一張彩色鮮明的畫像；這尊像是黑髮、肉髻，眉間有盤起的白毫，眉睫下垂、方嘴、大耳，雙手平疊在胸前，座下是一片彩雲，身上則披著彩衣。似乎在冥想。

還有，一串黑色的念珠，赫然出現在彩色畫像右首的牆上。

這像，當然是「佛像」，那念珠，自然是「佛珠」。

「你讀書，是不？」丏尊望那佛像說。

「誦經。」叔同說，也跟著丏尊，看那佛像。

「《易經》？《道德經》？」

「《金剛般若波羅蜜經》。」

「噢？」丏尊似乎省悟。「你是學佛了，叔同！」

「嗯。」

「好像你對理學、玄學讀得不少，研究佛經，倒還不久吧？」

「研究理學、玄學，也不過是知識上的瀏覽；這類東西，還談不到『哲學的內容』，而且，它們本身也不是自己的。」

丏尊木然。對理學、玄學，他的知識沒有叔同多。但起碼的「朱程」之學，他是知道的。他們非儒非佛，亦儒亦佛；結果，成了當代的理學。玄學呢，無非是點金術、苦行、御女，乃至印度的瑜伽，吉卜賽人的星相，張道陵的神符，廣成子的「原人論」。

「學佛我不反對。」丏尊伸手摸摸前額，「像你上一年去大慈山斷食一樣，我根本沒有理由反對，是不是？只要與你有益。」

「不僅是如此的，丏尊！」叔同對他的老朋友從沒有放浪過形骸，他這一次依然笑得那麼小心，那樣淡泊。「我是說，你應該舉雙手贊成。——事實上我完全接納了近年來的思潮，放下音樂、金石、繪畫，乃至於教書生活，家室之累——打算在大慈山安住下來，長期研究佛經，從佛經裡梳出人生最上乘的理路！……」

「什麼？」丏尊吃了一驚，「你說得太快，你放下教書生活？」

「是啊。我想不幹了。暑假後，到大慈山去做居士。——出家，對我而言，還有障礙。要出家呢，也得像個樣。出家人要持二百五十戒哩。苦行僧，還有更多的『單行戒』。嚴格地說，要出家，便要對得起那一身袈裟。因此，我目前只打算做居士。茹素、念佛、看經……」

「照這樣說，你將拋棄我們遁入空門了？還有誠子，誠子如何處置？」

提到誠子，叔同微微一怔。

「這個問題，我還在想。然而這也不是問題，我還沒有出家哩。」

「即使如此，對誠子，對朋友，都是寡情！戒，戒什麼？何必如此刻薄自己？——居士大約也有『戒』囉？」

叔同點點頭：「只要學佛，便要持戒。」

丏尊覺得他的朋友竟為了信教，沒有為自己的情感留下一席地而煩惱。於是大聲說：「叔同！你這樣做居士還不徹底，索性出家做和尚多爽快！何必拉藤扯葛的做什麼居士？」

叔同看丏尊頭上青筋暴起，兩眼發紅，不由得動了情感，眼裡也覺得潤濕了。

「出家做和尚——現在還有障礙！」叔同重複他剛纔說的話。但他心裡卻爽快地答覆丏尊：「居士是在家的和尚，出家正是我最後的目的！丏尊啊，正給你不幸而言中了！」可是，他沒有說出口，怕傷了那顆沉重的心。

他也覺得，他一去，第一個是丏尊受不了，即使強忍住內心的情緒，也是柔腸寸斷。然而，除此之外，別無他法可想了，世間的葛藤太多，斬不斷，理還亂；還有誠子，是他更大的牽絆，對這種與生命、思想，有血肉關係的人，都要付出更大的力量。

他想，要出家，便不能庸庸俗俗，去做個庸僧，招搖撞騙，沽名釣譽，離經背道地污辱了佛門。他要做和尚必得一分一寸都是和尚。

「你想想？」良久，丏尊搖晃著映在牆上的身影。「到杭州六年了，你要掛冠而去，何止一次？」

「大約有三四次。」叔同想。

「前幾次，看我們深摯的友情份上，你都留下來了。比這裡更高的教席職位，你沒有走，難道這一次，不能看我的老臉，再留下來嗎？」

叔同回想到過去，南京高等師範的校長苦苦地聘他擔任音樂教席，那種求賢若渴的虔誠感動了他。他把聘書接下來了，誠子也贊成他換換地方。但是，丏尊那一關，他竟沒有通過。為了這，丏尊哭喪著臉苦說他，逼他。「叔同！你不能走！這裡那裡還不是一樣；請看看這一張黃臉吧，我相信，你不忍拂我，聘書退還他們吧——難道我們的友情抵不上那一張教席的聘書嗎？難道這裡你的心愛的學生們，你的舊朋友們都不能拖住你嗎？……」

三番五次的苦勸苦逼，聲嘶力竭地勸他，那怕是一學期都好。

叔同終於留下來了。老實說，丐尊那一關，是世間至深至厚友情的力，甚至比「愛」底力更難擋，使他不忍絕情捨此他去。

這一次，又面臨他底抉擇了。

「丐尊！」叔同終於帶著悲哀的，傷感的聲調說：「這回可不同以往的事了！以前，只是世間的名位逐鹿，那時，我走不走，都不足以跟現在比。——現在，我是投奔一個……」

「空門！空門！空！空！空！」丐尊幾乎帶著哭聲。

「空門，是的。世間無不散的筵席。丐尊，人遲早要死。入空門，我們好修得永生不朽的法侶，這不比世間短短幾十寒暑的友情，更能滿足你我的至性？」

「我深悔從前不該留你，留你在杭州，賣給空門！叔同，如果你從前走了，也許今天不會遁入空門！」丐尊沒有理會剛才的話。

「因緣很複雜，丐尊！這就難講了。我們還是建立個道友的情份吧。我不出家呢，你要常來廟上看我；萬一我出了家，還得你護我的法哩。只要你閒著，都可以到我的寺院來。我們一炷馨香，一碗清茶敘舊。」

「誠子呢？怎麼辦！」

「人總要死的，丐尊。嗚呼人生如朝露！從佛眼看人類的社會，是極其可憫。雖然，肉眼看人生，並不可笑，也不可憫。但是那一剎那，你看破了，一切問題都會解決——將來我要真的出家，第一個要通過誠子，誠子不通過，我不會出家。……」

「我希望你再想想，叔同！這個世界，還有可愛處，像你的成就，你的朋友，你的妻子，你的社會。……」

「這個世界之可愛，正如這個世界之可悲。我們都不能否認，好像我們愛大自然，愛銀河星系一樣。只是——結局，沒有好的。」

「你宗教的虔誠與決心，我是感佩的。但當暑假到來，前一天，能告訴我：『丏尊！我們開學再見，我在上海候你的信！』叔同？」

*

丏尊回想到過去一年間，叔同幾乎是秘密地，在著手一種計劃。他之研究某一種知識，都是在不知不覺間，突然放出光彩。丏尊幾乎不知道叔同過去除了教書，還研究些什麼別的？

從表象看，叔同一天一天嚴肅而沉默了。他底那顆心，幾乎逐漸地變為一種透明的結晶品，其中再也看不到人世的污髒。

丏尊最深悔的，是上一年秋天，他從一本日文雜誌上，看到一篇斷食治病的文章，他把那篇文章給叔同看了。今天的「惡果」，便自那時埋下。

「日本人真是一種奇怪的動物！」丏尊指著那篇斷食的文章告訴叔同：「他們不僅發明

了『天照大神』，發明了『武士道』，發明了『浪人』，還發明了『絕食療病』的方法。叔同！假如斷食能治病、淨心，我倒想斷一回試試看。」

「給我瞧瞧！」叔同把丏尊說的話看得似乎很認真，同時伸手接過雜誌。

「上面說得很明白，還介紹一本斷食的專著呢。在我們貴國，這是『今古奇觀』！」丏尊哈哈一笑。

「不過，」叔同略作沉吟，「好像斷食修心，是來自印度婆羅門教一個支派，他們斷食不是絕食。他們有斷食的方法。丏尊，我可想起了，當年我在上野讀書，便看過一種日本翻譯的雅利安語婆羅門經文；讓我看看，這本雜誌如何說？」

於是，叔同興沖沖地把刊物揣進了口袋。

「叔同！」丏尊驚奇了，「你早就知道嗎？」

「我似乎有那麼個印象，在上野圖書館涉獵過，我們倒真的可以試試看。只要能使骯髒的人心乾淨，何樂而不為呢？斷幾天煙火，算什麼？」

說著，叔同又莞爾一笑。

這話說過，直到陽曆年假前幾天，他們也聊過兩次，說要試試二十天不吃飯的滋味。那篇文章，叔同看過了。實質地計算一下，不吃人間煙火，也只有七天。

「丏尊，我們試試如何？」他們在一起時，有時總會提到這件事。丏尊，說過也就算了。

陽曆年假將到，老師和學生都要打點打點回家了。

照往例，丏尊回老家上虞，叔同回上海，與誠子相聚。丏尊在十二月二十三日下午先走了，叔同本應回上海的，可是他沒有；他一個人在臥室裡逗留著，想著心事。

到第二天下午三點多鐘，他望望窗外，一眼瞥見聞玉在校園，心一動，便向聞玉招招手。

「聞玉！聞玉！」

「哦？李先生！您沒回上海？」聞玉拖著掃帚，走近住在東廊樓上的叔同。

「沒回去。」叔同低聲說：「聞玉！我想請你幫個忙，有空嗎？」

聞玉對叔同先生，好像也有了前緣似的。這麼大的學校，十來個先生，唯一使他仰慕的，便是李先生。李先生，會寫、會畫、會唱、會彈；而且整潔、和氣、不多講話……最重要的，李先生對他——聞玉，也像對自己朋友似地。因此，學校裡發生什麼事，便會從聞玉的嘴裡，傳給叔同。

「要我給您做事？有空，這就來嗎？」

「我們進來談吧！」叔同說，伸手把簾子掀起，讓聞玉進來。

聞玉的樹葉也就不掃了，把掃帚放好，跟叔同進屋。

「我，這回要麻煩你的事兒可大呢。」叔同遞一杯茶給聞玉。

「那沒說的，您老！只要您吩咐，我沒說的。」

「這回，我不回上海去。這回我要上大慈山虎跑寺去住二十天，待過了年假，開學後再回來，你有空的話能幫我個忙，到虎跑來嗎？」

「那怎麼不能，您就去嗎？」

「這就要走了。你看，我的東西都準備好哩。你也去準備一下好嗎？」

聞玉一看，叔同的房裡，果然收拾了一個行李捲兒，一大包書筆紙硯什麼的；便匆匆回到自己的住處，收拾些換洗的鞋襪，又回到叔同的宿舍。

太陽已偏西了，校園裡顯得分外寂寞、荒涼。叔同提著一網袋文具和衣服，聞玉揹著行李，他們一同出了校門。

他們走到西湖大慈山虎跑寺，已是下午四點多了。

叔同踏進虎跑寺的山門，好像叔同與寺裡的和尚已有協定，並且已為他們準備好兩個房間。以便第二天，叔同開始斷食生涯。

他也準備寫《斷食日記》。

＊

斷食換心，是一種科學的、也是哲學的試驗。

叔同告訴聞玉，斷食中，不會任何親友。不拆任何函件。不問任何事務。家中有事，由聞玉答覆，處理完畢，待斷食期滿，告訴他。

斷食中，儘量謝絕一切談話。

整天定課是練字、作印、靜坐，三個段落。

食量：早餐一碗粥；中餐一碗半飯，一碗菜；晚餐，一碗飯及小菜。這是平日三分之二的食量。

晚間，準備筆、墨、紙，明天開始習字。

聞玉是一個虔誠的護法。以下《日記》依農曆紀事，這是民國五年，丙辰農曆十一月三十日。

三十日晨，命聞玉攜蚊帳，米、紙、糊、用具到處跑。室宜清閑，無人迹，無人聲，面南，日光遮北，以樓為宜。是晚食飯，拂拭大小便器、桌椅。

午後四時半入山，晚餐素菜六簋（簋：音癸，盛食物的圓形器具），極鮮美。食飯二盂，尚未饜，因明日始即預備斷食，強止之。榻於客堂樓下，室面南，設榻於西隅，可以迎朝陽。聞玉設榻於後一小室，僅隔一板壁，故呼應便捷。晚燃菜油燈，作楷八十四字。自數日前病感冒，傷風微嗽，今日仍未愈。口乾鼻塞，喉緊聲啞，但精神如常。八時眠，夜間因樓上僧人足聲時作，未能安眠。

十二月一日，晴，微風，五十度。斷食前期第一日。疾稍愈，七時半起床。是日午十一時食粥二盂，紫蘇葉二片，豆腐三小方。晚五時食粥一盂，紫蘇葉二片，梅一枚。飲冷水三杯，有時混杏仁露，小桔五枚。午後到寺外運動。

余平日之常課，為晨起冷水擦身，日光浴，眠前熱水洗足。自今日起冷水擦身暫停，日光浴時間減短，洗足之熱水改為溫水，因欲使精神聚定，力避冷熱極端之刺激也。對於後人斷食者，應注意：

㈠未斷食時練習多食冷開水，斷食初期改食冷生水，漸次加多。因斷食時日飲五杯冷水殊不易。且恐腹瀉也。

㈡斷食初期時之粥或米湯，於微溫時食之，不可太熱，因與冷水混合，恐致腹痛。

余每晨起後，必通大便一次。今晨如常，但十時後屢放屁不止。二時後又打嗝兒甚多，此為平日所無。是日書楷字百六十八，篆字百零八。夜觀焰口，至九時始眠。夜微嗽多惡夢，未能入眠。

二日，晴和，五十度。斷食前期第二日。七時半起床，晨起無大便。是日午前十一時食粥一盂，梅一枚，紫蘇葉二片。午後五時同。飲冷水三杯，食桔子三枚，因運動時，體倦故。是日舌苔白，口內粘滯，上牙裡皮脫，精神如常，但過則疲□□。運動微覺疲倦，頭眩暈。自明日始即不運動。

晚侍和尚念佛，靜坐一小時。寫字百三十二，是日鼻塞。摹大同造像一幅。原拓本自和尚假來，尚有三幅明後續□□。八時半眠，夜夢為升高跳躍運動。其處為器具拍賣場，陳設箱櫃几椅并玩具裝飾品等。余跳越於上，或騰空飛行於其間，足不履地，靈捷異常，獲優勝之名譽。旁觀有德國工程師二人，皆能操北京語。一人謂有如此之技能，可以任遠東大運動會之某種運動，必獲優勝，余遜謝之。一人謂練習身體，斷食最有效，吾二人已二日不食。余即告：余現在虎跑斷食，亦已預備二日矣。其旁又有一中國人，持一表，旁寫題目，中并列長短之直紅線數十條，如計算增減高低之表式，是記余跳越高低之順序者。是人持以示余，謂某處由低而高而低之處，最不易跳越，贊余有超人之絕技。後余出門下土坡，屢遇西洋婦人，皆與余為禮，賀余運動之成功，余笑謝之。夢至此遂醒。余生平未嘗為一次運動，亦未嘗夢中運動，頭腦中久無此思想，忽得此夢，至為可異，殆因胃內虛空有以致之歟？

三日，晴和，五十二度。斷食前第三日。七時半起床。是晨覺饑餓，胸中攪亂，苦悶異常，口乾飲冷水。勉坐起披衣，頭昏心亂，發虛汗作嘔，力不能支，仍和衣臥少時。飲梅茶二杯，乃起床，精神疲憊，四肢無力。九時後精神稍復元，食桔子二枚。是晨無大便，飲藥油一劑，十時半軟便一次，甚暢快。十一時水瀉一次，精神頗佳，與平常無大異。十一時二十分食粥半盂，梅一個，紫蘇一枚。摹普泰造像、天監造像二頁。飲水，食物，喉痛，或因泉水性太烈，使喉內脫皮之故。午後四時，飲水後打嗝篤，食小梨一個，五時食粥半盂。是日感冒傷風已愈，但有時微嗽。是日午後及晚，侍和尚念佛靜坐一小時。八時半眠。入山預斷以來，即不能為長時之安眠，旋睡旋醒，輾轉反側。

四日，晴和，五十三度。斷食前第四日。七時半起床。是晨氣悶心跳口渴，但較昨晨則輕減多矣，飲冷水稍愈。起床後頭微暈，四肢乏力。食小桔一枚，香蕉半個。八時半精神如常，上樓訪弘聲上人，借佛經三部。午後散步至山門，歸來已覺微疲。是日打嗝兒甚多，口時作渴，一共飲冷水四大杯。摹大明造像一頁。寫楷字八十四，篆字五十四。無大便。四時後頭昏，精神稍減，食小桔二枚。是日十一時飲米湯二盂，食米粒二十餘。八時就床，就床前食香蕉半個。自預備斷食，每夜三時後腿痛，手足麻木。（余前每逢嚴冬有此舊疾，但不甚劇。）

五日，晴和，五十三度。斷食前第五日。七時半起床。是夜前半頗覺身體舒泰，後半夜仍腿痛，手足麻木。三時醒，口乾，心微跳，較昨減輕。食香蕉半個，飲冷水稍眠。六時醒，氣體甚好。起床後不似前二日之頭暈乏力，精神如常，心胸愉快。到菜園採花供鐵瓶。食梨半個，吐渣。自昨日起，多寫字，覺左腰痛。是日腹中屢屢作響，時流鼻涕，喉中腫爛尚未愈。午後侍和尚念經靜坐一小時，微覺腰痛，不如前日之穩靜。三時食梨半個，吐渣。食香蕉半個。午、晚飲米湯一盂。寫字百六十二。傍晚精神稍差，惡寒口渴。本定於後日起斷食，改自明日起斷食，奉神詔也。

斷食期內，每日飲梨汁一個之分量，飲桔汁三小個之分量，飲畢嗽口。又因信仰上每晨餐神供生白米（上句疑為「每晨餐，供神生白米……」）一粒，將眠，食香蕉半個。是日無大便，七時就床。是夜神經過敏甚劇，加以鼠聲、人鼾聲，終夜未安眠。口甚乾，後半夜腿痛稍輕，微覺肩痛。

六日，晴暖，晚半陰，五十六度。斷食正期第一日。八時起床。三時醒，心跳胸悶，飲冷水桔汁及梅茶一杯。八時起床，手足乏力。頭微暈，執筆作字殊乏力，精神不如昨日。八時半飲梅茶一杯。腦力漸衰，眼手不靈，寫日記時有誤字，多遺忘。九時半後精神稍可。十時後精神甚佳，口渴已愈。數日來喉中腫爛亦愈。今日到大殿去二次，計上下廿四級石階四次，已覺足乏力，為以前所無。是日共飲梨汁一個，桔汁二個。傍晚精神不衰，較勝昨日，但足乏力耳。仍時流鼻涕，晚間精神尤佳。是日不覺如何饑餓。晚有便意，僅放屁數個，仍無便。是夜能安眠，前半夜尤穩安舒泰。眠前以棉花塞耳，並誦神人合一之旨。夜間腿痛已愈，但左肩微痛。七時就床，夢變為豐顏之少年，自謂係斷食之效。

七日，陰復晴，夜大風，五十四度。斷食正期第二日。六時半起床。四時醒，心跳微作即愈，較前二日減輕。飲冷水甚多。六時半即起床，因是日頭暈已減輕，精神較昨日為佳，且天甚暖故早起床也。起床後飲桔汁一枚。晨覽《釋迦如來應化事迹》圖。八時後精神不振，打呼欠，口塞流鼻涕，但起立行動如常。午後身體寒益甚，擁被稍息。想出食物數種，他日試為之。炒餅、餅湯、蝦仁豆腐、蝦子麵片、十錦絲、鹹口瓜。三時起床，冷已愈，足力比昨日稍健。是日無大便，飲冷水較多。前半夜肩稍痛，須左右屢屢互易，後半夜已愈。

八日，陰，大風，寒，午後時露日光，五十度。斷食正期第三日。十時起床。五時醒，氣體至佳，如前數日之心跳頭暈等皆無。因天寒大風，故起床較遲。起床後精神甚佳，手足有力，到院內散步。四時半就床，午後益寒，因早就床。是日食欲稍動，有時覺饑，並默想各種食物之種類及其滋味。是夜安眠，足關節稍痛。

九日，晴，寒，風，午後陰，四十八度。斷食正期第四日。八時半起床。四時醒，氣體極佳，與日常無異。起床後精神如常，手足有力。朝日照入，心目豁爽。小便後尿管微痛，因飲水太多之故。自今日始不飲梨桔汁，改飲鹽梅茶二杯。午後因飲水過多，胸中苦悶。是日午前精神最佳，寫字八十四，到菜圃散步。午後寒，一時擁被稍息。三時起床，室內運動。是日不感饑餓。因天寒五時半就床。

十日，陰，寒，四十七度。斷食正期第五日。十時半起床。四時半醒，氣體精神與昨同。起床後精神至佳。是日因寒故起床較遲。今日加飲鹽湯一小杯。十一時楊、劉二君來談至歡。因寒四時就床。是日寫字半頁。近日神經過敏已稍愈。故夜間較能安眠。但因昨日飲水過多傷胃，胃時苦悶，今日飲水較少。

十一日，陰寒，夕晴，四十七度。斷食正期第六日。九時半起床。四時半醒，氣體與昨同。夜間右足微痛，又胃部終不舒暢。是日口乾，因寒起床稍遲。飲鹽湯半杯，飲梨汁。夕晴，心目豁爽。寫字百三十八。坐檐下曝日，四時就床，因寒早就床。是晚感謝神恩，誓必皈依。致福基書。

十二日，晨陰，大霧，寒，午後晴，四十八度。斷食正期第七日。十一時起床。四時半醒，氣體與昨同，足痛已愈，胃部已舒暢。口乾，因寒不敢起床。十一時福基遣人送棉衣來，乃披衣起。飲梨汁及鹽湯、桔汁。午後精神甚佳，耳目聰明，頭腦爽快，勝於前數日。到菜圃散步。寫字五十四。自昨日始，腹部有變動，微有便意，又有時稍感饑餓。是日飲水甚少。晚晴甚佳，四時半就床。

十三日，晨半晴陰，後晴和，夕風，五十四度。斷食後期第一日。八時半起床。氣體與昨同。晨飲淡米湯二盂，不知其味，屢有便意，口乾後愈，飲梨汁桔汁。十一時飲濃米湯一盂，食梅乾一個，不知其味。十一時服瀉油少許，十一時半大便一次甚多。便色紅，便時腹微痛，便後漸覺身體疲弱，手足無力。午後勉強到菜圃一次。是日不飲冷水。午前寫字五十四。是日身體疲倦甚劇，斷食正期未嘗如是。胃口未開，不感饑餓，尤不願飲米湯，是夕勉強飲一盂，不能再多飲。

十四日，晴，午前風，五十度。斷食後期第二天。七時半起床。氣體與昨同，夜間較能安眠。五時飲米湯一盂，口乾，起床後精神較昨佳。大便輕瀉一次。又飲米湯一盂，飲桔汁，食蘋果半枚。是日因米湯、梅乾與胃口不合，於十一時飲薄藕粉一盂，炒米糕二片，極覺美味，精神亦驟加。精神復元，是日極愉快滿足。一時食薄藕粉一盂，米糕一片。寫字三百八十四。腰腕稍痛，暗記誦〈神樂歌序章〉。四時食稀粥一盂，鹹蛋半個，梅乾一個，是日不感十分饑餓，如是已甚滿足。五時半就床。

十五日，晴，四十九度。斷食後期第三日。七時起床。夜間漸能眠，氣體無異平時。擁衾飲茶一杯，食米糕三片。早食藕粉米糕，午前到佛堂、菜圃散步，寫字八十四。午食粥二盂，青菜鹹蛋少許。夕食芋四個，極鮮美。食梨一個，桔二個。敬抄〈御神樂歌〉二葉，暗記誦一、二、三下目。晚飲粥二盂，青菜鹹蛋，少許梅乾。晚食粥後，又食米糕飲茶，未能調和，胃不合，終夜屢打嗝兒，腹鳴。是日無大便，七時就床。

十六日，晴，四十九度。斷食後期第四日。七時半起床。晨飲紅茶一杯，食藕粉芋。午食薄粥三盂，青菜芋大半碗，極美。有生以來不知菜芋之味如是也。食桔、蘋果，晚食與午同。是日午後出山門散步，誦〈神樂歌〉，甚愉快。入山以來，此為愉快之第一日矣。敬抄〈神樂歌〉七葉，暗記誦四、五下目。晚食後食煙一服。七時半就床，夜眠較遲，胃甚安，是日無大便。

十七日，晴暖，五十二度。斷食後期第五日。七時起床。夜間仍不能多眠，晨飲瀉油極少量。晨餐濃粥一盂，芋五個，仍不足，再食米糕三個，藕粉一盂。九時半大便一次，極暢快。到菜圃誦〈御神樂歌〉。中膳，米飯一盂、粥二盂、油炸豆腐一碗。本寺例初一、十五始食豆腐，今日特因僧人某死，葬資有餘，故以之購食豆腐。午前後到山門外散步二次。擬定出山門後剃鬚。聞玉採蘿蔔來，食之至甘。晚膳粥三盂，豆腐青菜一盂，極美。今日抄〈御神樂歌〉五葉，暗記誦六下目。作書寄普慈。是日大便後愉快，晚膳後尤愉快，坐檐下久。擬定今後更名欣，字俶同，七時半就床。

十八日，陰，微雨，四十九度。斷食後期最後一日。五時半起床。夜間酣眠八小時，甚暢快，入山以來未之有也。是晨早起，因欲食寺中早粥。起床後大便一次甚暢。六時半食濃粥三盂，豆腐青菜一盂，胃甚脹。坐菜圃小屋誦〈神樂歌〉，今日暗記誦七下目，敬抄〈神樂歌〉八葉。午，食飯二盂，豆腐青菜一盂，胃脹大，食煙一服。午後到山中散步，足力極健。採乾花草數枝，松子數個。晚食濃粥二盂，青菜半盂，僅食此不敢再多，恐胃脹也。餐後胸中極感愉快。燈下寫字五十四，輯訂斷食中字課，七時半就床。

十九日，陰，微雨，四時半起床。午後一時出山歸校。囑託聞玉事件：晚飯菜，桔子，做衣服附袖頭，轎子油布，轎夫選擇，新蚊帳，夜壺。自己事件：寫真，付飯錢，致普慈信。

按：在日記中，所提到的「福基」和「普慈」是同一個人，這個名字，便是叔同為他的日籍夫人誠子所命的私號。誠子，在她的故鄉，生於一個天理教的家庭，因此，叔同也會引用天理教的傳道書，像〈御神樂歌〉來感謝「神恩」了。但誠子的身世，直到李叔同出家以後，多年，依然是一個謎。

*

陽曆新年假滿後，夏丏尊從家裡回校，先到自己房裡休息一會兒，便去找叔同。叔同從年假以後，便沒信給他。

平時，他與叔同分別後，都是賡續地往返書信，如果環境不允許誰寫信，也得先寫信說明。否則，丏尊會以為叔同不是病了，便是死了！因為叔同有慢性病在胸腔裡燃燒；他的肺，又出過血；他的氣管也經常失靈；一旦斷了消息，不能不令人懷疑？

星相家說：叔同活不過三十七歲！

叔同十天的年假，加上兩週的事假，沒信給丏尊，這使他心頭起了疙瘩！當他用手推叔同的門，門鎖著，室內闃無人聲，這纔垂頭喪氣地掉頭，在校園裡蕩兩圈。末了，走到傳達室，一打聽，聞玉也跟叔同走了，這更使他迷惑不解。

開學以後十幾天，丏尊僅知道叔同和聞玉請了事假，但行蹤不明，令他困擾！

直到一九一七年元月十二日（農曆十二月十九日）下午三時，叔同回來了，丏尊便匆忙趕到他的房間，看看叔同是否走了模樣，如果他生了病，那也該有消息纔對。

「叔同！叔同！」丏尊老遠地叫過來，其實，這位以文學見長的翻譯家，還是三十一歲的年輕人。一頂「舍監」的帽子壓在他頭上，使他老了二十歲，不由地顯得道貌岸然。他比叔同小六歲。

叔同剛回來，卸了行李，抹過臉，聽丏尊叫他，便探頭到窗外。

「丏尊，丏尊！」

「啊呀！息霜老哥，這麼多天你到哪兒去啦？害得我以為你病倒了呢。天爺！這還好，你只瘦了些，黑了些，精神還好。叔同！病了嗎？」

「哦！沒病過！」叔同分辯。

「那麼，你怎麼啦？」

「斷食去咧！」叔同欣喜地，嘴角邊，作成兩個深渦。

「怎麼?」丏尊以為耳朵聽錯了字音。

「到大慈山斷食,二十天囉。」叔同說。

「你斷食?真的?」

「正是。」

「啊!老哥!你怎麼不告訴我呢?這麼神神秘秘的,這還是我開的頭。」

「告訴你,我也想告訴。」叔同順手撩起一根雞毛撣子,把桌上灰塵拂兩拂,叫丏尊坐下。「只是我告訴你了,又怕你下不了決心,索性也就不講了。而且,這種宗教性質的事,叫別人知道,大驚小怪的,也會發生波折,別人會以為我去自殺哩!我們倆一同去自殺,你說嚴重不嚴重!」

「哦!我們的軍師爺!你這錦囊妙計,害得我這『周公瑾』好惱啊好惱——」

「你聽我說!」叔同攔過丏尊的話:「我去斷食,人家不會說我去『斷食』的,人們會說我離了經,背了道!人們不罵我發瘋?還是秘密些兒吧!你說是不?」

「斷過食,怎樣呢?」

「這個,我不敢作主了,丏尊!我在虎跑二十天,有此為證。」於是,叔同把他寫的字,搬上桌子,又擇了兩方印出來。

那兩方印,便是:「一息尚存」,「不食人間煙火」。

「丐尊，還有哩，我記了日記，你閒時再看。那簡直是精神界的開荒。這兩顆印，這捲字，將來留給你！還有，日記看看再給我。」

丐尊凝神端詳著叔同，又看看印，看看那疊一尺多厚的宣紙，不由得呆了一呆。然後坐下來。

*

陽曆年假過去，接著便是舊曆年。

叔同給誠子寫了一封信。

誠子：

舊曆除夕，仍有大事待辦，未能回滬聚首，至用歉然。

——岸　丙辰除夕

舊曆年，叔同決心再到虎跑，隨老僧了悟學靜坐工夫。這時候，他入佛的心靈，已逐漸深入堂奧，雖欲罷而不能，即使捨棄壽命，也在所不惜。

叔同在除夕當晚，又到了虎跑。事實上，虎跑寺的比丘僧，對音樂家李息霜，已久仰大名。

叔同進了虎跑山門，先往大殿參拜佛像。再走進後面的院子，參拜老和尚。剛巧，他的好友杭州名士馬一浮也來了，同時帶來一個朋友到這裡學佛。

「息翁！」馬一浮居士首先作介紹：「我來介紹一位朋友給你見面。」

叔同抬眼一看，一浮身後站著一個高大的漢子。

「這位是息翁，便是我們久已聞名的李叔同先生。這是彭遜之先生，我的朋友。——息翁！如不是你斷食，我們還不知道這裡幽靜呢。」

叔同斷食後，確實和馬一浮說過，虎跑不僅幽雅，而泉水又好。這是姓彭的朋友到這裡的因緣。

他們經一浮介紹，互相作禮一番。

這位彭先生，體型高大，重眉，方臉，滿腮短髭。看到這個人，便令人感覺到，沉穩、厚重、堅決。

這個人與叔同相比，叔同反而顯得平凡、清淡、落落無情了。兩個人互看之下，都發現不了對方的本質美。如不是叔同在中國音樂界有了成就，彭先生無論如何不會相信，站在他面前的瘦削人物，便是名垂大江南北的音樂家李息霜。

年一過，虎跑寺的退居方丈了悟老和尚，為叔同安排每日的功課，另一位法輪長老，則為彭先生說法，他們各自用自己的工夫。

一晃日子過了八天。

彭先生揀一個清早，突然說：他要削髮出家了。

這位彭先生的突然決心「出家」，使叔同心靈震了一下。

然而，這是鐵一般的事實。

彭先生便在正月初九早上九點鐘，請法輪和尚，為他剃度為僧。

「這倒看不出，這個看來沒有宗教氣質的中年人，會放下世情而出家！」叔同默想。「這須要大智、大勇的！」

彭先生的出家，變為和尚，高大的外型，突然顯得莊嚴而溫厲了！使人不由得泛起一種欣羨仰慕的情操。

「這倒叫他佔了先機！」叔同想。

本來，要削髮，他也能跪下來。

然而，他的世緣未了。

「請和尚慈憫！」就在第二天晚上，他面對老僧了悟，頂禮膜拜：「我李叔同願盡形壽，皈依三寶，宏傳佛法，誓成佛道，請您為我接引吧！」

「你我有緣！」了悟老和尚說：「佛門有幸接引像你這樣的大知識！老僧倒有福哩！」

於是了悟老和尚，為叔同正授三皈依，成為一個正式的佛門弟子。

當時的法名，便是後來的律宗大師「演音・弘一」。「大慈演音」，這是李叔同先生未出家前就用過的隱號。

水月

一九一八年，春寒籠罩杭州城——

叔同從虎跑大慈寺回校。他的朋友、學生起初沒有覺出什麼異樣。只有校工聞玉，發覺李先生突然轉了轍！

原因是——叔同回校，靜悄悄地，把聞玉叫進屋。

「聞玉！」叔同面帶欣喜的、莊嚴的淺笑說：「從明天起，我又要麻煩你哩！」

聞玉覺得，李先生好像有一場喜慶事，託他安排。

「喏，李先生，您的事，也就是我的事，有什麼麻煩？」

「我說，聞玉！你看看我這間小房子裡的佈置！」叔同用手劃了個弧形，引聞玉看去。

聞玉雖然那麼敬愛叔同，他的房間，也去過很多次；可是，房間裡什麼東西擺在什麼地方，倒沒有記在心上。他經叔同這一指引，這才仔細瀏覽。

「噯唷，李先生，您這兒擺設得像個和尚的禪房！」

聞玉一面注意那牆上掛著的佛像，一面出奇地凝視佛像旁掛著的黑色念珠，四壁纖塵不染。

「呵！」叔同笑吟吟地：「這真叫你看準了。住禪房，還要有福的人哩。聞玉啊！也正因為我供佛、拜佛、念經，所以，從明天起，我的菜飯，請你關照廚房一聲，不要葷腥，明天，我開始素食！」

「素食？」聞玉瞪著眼：「食素？」他把這兩個字顛倒一番。

「對啊！」叔同說：「念佛的人，原該素食。」

「那，那，素食，……」因為叔同一向吃沙西米、芥末、日本料理慣了的，今天突然改吃中國素，聞玉也驚住了。

「對了，素食，沒有什麼花樣。你想想，去年我在虎跑，二十天斷食，結果，還不是一樣。人同皮球差不了多少，不打，它不會向上！」

「真的，李先生！我總把那件事當做你治病的方兒，我們肉眼凡夫，看的總是眼前事！」聞玉仰望著高而且瘦的叔同，如仰望一尊塑像。「明天，我記著了！」

「聞玉──」叔同又想說什麼，話到嘴唇邊，又止住了！

他想說：素食，是佛教行者，水到渠成的自然行徑；從理論到實踐，素食是它底分水嶺。

他涉獵佛學雖不算深，不聲不響，也已經三年。在論理上的瓜熟蒂落，結果，他正式皈依了佛門，正式做了佛教實行家；他所實行的，便是「慈悲」這兩個佛教徒唱破嘴皮的字，沒有比這再平凡了。

這些，咬文嚼字的東西，聞玉不了解。

從此——他自自然然地，在自己的生活圈內，素食、讀經、拜佛，做朝暮功課。

直到清明節，學校放了春假，他沒有再去虎跑。離開家，已有兩個多月；他覺得，這一次回家，應該向誠子宣佈他的心事。

清明前一天晚上九點鐘，做完晚課，坐夜車，回到上海法租界的家——

*

誠子還沒有睡，百葉窗內，透出乳白色的燈光。

叔同敲門。

誠子知道叔同回來了，隔著窗問：

「是叔同？」

「誠子——」叔同說：「你還沒有睡？」

「我來開門！」家裡的女傭，聽到敲門聲，便從偏房裡走出來把門開了。

「我看書。今晚讀的是《斷鴻零雁記》！」誠子從房間裡，迎出來。

「曼殊的——《斷鴻零雁記》?」叔同重複一句。

這時候，由於「起信」後的宗教虔誠，由虔誠、急進，而產生的感悟，一點一滴地抵銷了他的凡俗之念。相對地，出世的徹悟力，迫切地在意識間造成一種「形勢」。

當他與丏尊為「辭聘」事辯論時，那時他確實想到誠子，想到天津的家，想到他在世間藝術的造詣，還有些攀藤扯葛的俗念未消。那時，他僅僅想到做一個在家的居士足矣！至於遁入空門為僧，心裡雖有浮泛的衝動，但是，能不能創造一種出家的機緣，那是大有問題的。

皈依了悟老僧之後，僅僅兩個月，內心的構想，突然起了變化。——他想到，放不下，世間一草一木，一瓜一葛的牽絆，都使你放不下。假使放得下，即使脫下這張人皮，也不足痛惜；世間還有比生命更重要的東西麼?此身之外，如不是牽你上天堂，入地獄，還有什麼使你牽罣的?因此，他的腦際急速通過一項決定：便是這一學期結束，暑假去大慈山出家！

至於天津的家，沒有什麼不了。誠子，先要在心理上，作個安排。誠子，他想到飄泊異國的誠子，心靈間不能不懷著一絲如縷的懺悔之情。然而，業緣如此，夫復何言?在不久之前，他告訴過丏尊：「要出家，也必先通過誠子！」

——他相信，誠子的眼睛是雪亮的！不過在情感上放不下，她太深情了，情深必墮，佛氏名言。他不禁為「情」字，這個苦惱千古聖凡的根絆而哀傷。

因為回家時，已經很晚，所以也沒有同誠子多談。他吃了枇杷膏之後入眠。

假期是三天。

他把準備好的話，留第二天談。第三天，用來平衡誠子劇動的悲哀。第四天，他可以在不傷情感之下離開。以後幾個月，讓誠子作深一層的，哲理上的考慮。在暑假前，他還要回家兩次，處理身外之物，處理誠子問題。

放下情感上的重擔，百痛不如一痛。但願他日，蓮池會上相逢，讓今生斬卻「地獄」根。平時，叔同與誠子相守，多是談些文學上、書畫上、音樂上的知識。誠子也算得半個音樂家。誠子愛好音樂，這是他們相契的焦點。

自叔同去杭州教書以後，或許是這塊「人間淨土」感染了他。近二年，使他鑽入佛學的故紙裡；之後，每逢回家，話鋒轉向，總不離「佛經」的故事。

誠子與世俗兒女千古一轍之處，便是放不下那份夫婦之情——與叔同那份性靈的結合關係。假使誠子重視所謂世間的「名份」觀念，她不必遠離故國。但也正因她情深意重，所以對叔同的情感，一直是難捨的。

他們在上海一住就是八年，誠子也不過三十歲。她受叔同那種孤高而不可及的情操所薰習，在觀念上，對世間名利，已感覺平淡無奇。可是，相左的，則是對叔同的那份情感，更加深刻。叔同學佛後，佛家的「立」與「斷」的魄力，又自叔同的行為上傳給她幾許。於是，她對世間的變化，也感覺「空門」，有它的深邃哲理！

第二天白天，在朋友們訪晤中渡過。直到晚上誠子把藥弄好讓他吃了，便在燈下對坐。她對叔同的宣佈素食，略略表示了一點意見。

「叔同！你的素食，我原沒有異議。不過像你這種體質的人素食，不能不令人懷疑，素食能拯救多少生靈？」誠子說話的聲音很沉痛。但她的容貌，好像沒有老，還同東京上野時，那種模樣。

叔同的嘴角，習慣地作個淺渦：「誠子，你這種素食見解，剛好同丏尊他們差不多！你們都會說，素食會把我埋葬！我不能相信這種生物學上的論調。為什麼呢？如果素食會吃壞人，那麼照理：肉食，應該青春永駐了。可是，這又不可能！所以，肉食，素食，對人體的能力，都沒有人實驗過，證明哪種更能接近人體的健康。這種爭論，如兩個小兒爭『日出』，那是沒有道理的。——我只證明，素食，因為我要這樣做而已！」

「像我們國家的僧侶，肉食、娶妻、住廟的，大有人在。」誠子說。

「這在我的眼睛裡都見過。誠子！你們貴國那種肉食、娶妻的和尚，不過是一個宗教蛻化的樣本，佛教在日本，也如武士道在日本一樣，都是文化的變形蟲！論歷史，我們只能如此說。你們日本有肉食的僧侶，黑社會的浪人，我們中國何嘗沒有『肉食』的和尚，『黑社會』的『袍哥』？」

「你是居士，叔同，素食會為你招來無端的煩惱，是不？」

「這個——」叔同略一停頓。「我有一勞永逸的辦法，誠子！」叔同那一雙抑鬱的眼睛，突然間傷感地看著誠子，很久很久。

誠子似乎覺得有什麼事要發生了！

「什麼事，叔同！什麼辦法？與塵世隔絕，與社會絕緣嗎？」

「在生活上永遠隔絕！」叔同的話堅定又傷感。

「那為什麼呢？在家，我可以維護你的素食生活，可是，在外面，便不能隨心所欲了！你可以永遠守在家裡，放棄社會的生活嗎？」

「誠子，這還不是我的意思。千言萬語，一個偏愛肉食者，素食自然有問題。你要了解，即使素食，也要勇氣、決心、毅力！人們可拿『損害健康』、『特立獨行』，這些辭窮理拙的幌子來壓制素食運動。但是他們沒想到比這更重要的宗教徒的原則總要建立！一個人，自必要有與人不同處！這個不同處，才是真正的你！否則，你僅只是別人的『積層』！孔子之與人不同，在乎他能『作《春秋》』，司馬遷之與世不同，在乎他有勇氣『寫《史記》』，他們有膽子，用史家之筆，使亂臣賊子懼！我們要效法先賢，也要求得一個與人『不同處』！

「我的素食歷史很短，可是，我很欣慰！我實行素食，也是以一生為準。中間沒有折扣，沒有偏私，沒有假定。為的只是完成一個與人不同的『我』！」

「呵！」誠子說：「這只是你素食的道理，但不是辦法！」

「還不止此呢！」叔同看看誠子燈下的眼神，晶瑩而光潔；在這個世界上，她是一個最賢惠的女人，最美好的伴侶。於是，他放膽說：「你贊成我學佛嗎？」

誠子驚異地表示贊成。這不是問題。

「是出自內心？」

「是出自內心！」

「如果你真心同意我學佛，認為我做得對，請相信我。也許今生不能獲得什麼，這不是一種馬上兌現的工夫！」

「叔同，」誠子打斷他的話，「我們倆只有上蒼知道！」誠子眼角，落下一滴清淚。

「假使——」叔同想一想，覺得必須要講下去了。「你要注意到一樁事情，那便是一個盡形壽學佛的人，一個倔強的佛教行者，很可能，他會遺世苦行，走上出家那一條路！」

誠子的臉色一變，忍不住打了一個顫慄。

「你現在是個居士，居士不也就夠了！在家學佛，並沒有人阻礙你。在家學佛的人，不是很多麼？」

「在家學佛的人很多！可是，在家學佛牽絆也多；《華嚴經》道：『家宅猶如火宅』，『女身』猶如『蛇身』，這沒有一絲侮辱女性的成份，女人也有佛性，女人也是人生的。然而，過來人都知道。在一個學道人的眼裡，家是無辜的。但那顆意識著家的心靈，卻壞了事。

並且，我學佛的念頭，自與別人不同。誠子啊，我在佛道上，是發了大願的！我要在佛道上，苦修一番；假如李叔同有一天成佛，將來第一個我度的人，便是你了！」

誠子聽到末尾這句話，破顏一笑！

覺得叔同蛻變得太突然了。但是，他那份崇高的至情（非夫婦的情份），足以令人感動。她說：

「我期待著你！」

「如果，」叔同這才言歸正傳；「我要決定出家呢？」

「這，這個，這個，叔，叔同，……」誠子的身子一軟，拋開手上那本樂譜，傾倒在沙發上！

叔同站起來，在誠子身旁，輕按著她顫抖的肩膀：「平靜些，平靜些，誠子！」

「叔同！我的耳朵有沒有聽錯？」誠子嗚咽地哭。

「你沒有錯。」叔同解釋說。

「你為何要出家？」

「便是剛才我說的目的，成佛道，度群迷——這個大前提！」

「好了，出家前，請先毀了我！叔同，你學佛，素食我都同意。只，只是你出家，我，我不能……」

「平靜地想，誠子！平靜些！我即使要出家，一定要通過你，不通過你，我絕不出家。誠子啊！一個用功的人，工夫成熟時，你應該考慮考慮，他進一步該怎麼樣？你能否定你最摯愛的所堅決從事的深行大願麼？誠子！我至少有這種要求，要求你，為李叔同想想。我，是你所深知的。請你平靜深思，然後，通過我的要求。我們十年的夫妻關係，不過鏡花水月罷了！想想看吧，如果我的決定正確，你通過我。我，正從事一種精神上艱險的奮鬥。我以為，最低限度，在知識上，你會知道我，在認識上，你也會了解我，我為什麼放棄世間藝術？

「在上海這個家，誠子，我所有的身外物，全歸你。事實，我是孑然一身的！這點東西，足夠你一生之用。至於去日本，或者留在中國，都任你選擇。不過，我不管身在何處，精神上都永遠在記念你。為我犧牲的你。誠子！你是我生命上握有絕對權力的人，因為你的同意，我才能心無罣礙，過我的雲水生涯……」

「不，叔同。讓我想想。如果沒有你，那是什麼日子……！」

「不，誠子。在精神上，你沒有失去什麼！我的鋼琴、樂譜、書畫，……與我們生命有關係的東西，都是你的精神寄託。你想它們，便想到李叔同，一個出家為僧的李叔同！啊，誠子，忘了這一切吧，每人都有一條自己的路，中國人說得好：『人人頭上都有一顆露水珠兒！』誠子，珍重！」

誠子伏在沙發背上，起先是失聲痛哭，之後便是顫慄、嗚咽、低泣。她並非不了解叔同，也並非說叔同之斷然棄俗，便是恩斷義絕。她捨不了的，是她的情愛，他們十年多來，甘苦與共，心靈交感的深情，一旦絕緣，她會瘋狂！

叔同反覆地解釋著，安慰著。終於，她平靜下來。仰起頭，遠遠地凝視著叔同。

「讓我想想——」誠子雙手攏著頭髮，身向後傾，「讓我想想。——現在，我沒有勇氣，因為，我是女人。我不能捨棄我愛的人……」

*

叔同第三天晚上回到學校去了。

他也想到，當他決定出家時，誠子的心情是如何地絕望；一個平凡的女人，丈夫便是她的「世界」；她們寧願失掉世界，也不願失掉丈夫；不平凡的女人，在失去丈夫之後，會重建她們生活的信心；在「絕望」的剎那間，除了聖賢，沒有人會擺脫那一關；一種情感的絞刑所加的煎熬；誠子，即將面臨那種煎熬。過了那一階段，她將會活下去；平靜地，帶著一種悲劇的心理活下去；假使她能全部接受佛法——她將可能活得更好。

在學校再過短暫的三個多月，便是叔同離俗為僧的日子。他在這三個月間，寫兩封信給他天津的哥哥和家屬，說明他堅決出家的原因；任何牽攀阻止不了他。

他的哥哥文熙，為他即將出家，著實為叔同的下一代苦惱一番。「一子入佛門，九祖盡升天」的玄遠妙論，他不了解，他站在世俗的兄弟之情上，詞嚴義正地說：「你人不做，為什麼做和尚呢？」而叔同也乾脆地回答：「你們只把我當作『虎列拉症』死了，也就完了！」

此事出乎意外者，他的俞氏夫人竟沒有表示意見。

在學校裡，有些要好的朋友，像夏丏尊、姜丹書、經子淵，他們依然能希望挽留他放棄出家那一途，那一種為人所不屑的途徑。

叔同沒有理會這些。他認為做得對，便是對。也沒有同誰研究。

他在這一段時間，把身外之物分配停當，準備去虎跑前一天，請他的朋友、學生，到房間來宣佈他的決定。

這中間，他把世人對佛學的迷惘處，慢慢灌輸些到學生們的耳鼓裡。他同時希望誠子在這一階段，能完全「起信」，接受佛法，等他出家後，做一個「優婆夷」。

直到學期結束前，最後一個假日，他託人帶了一封信給誠子，意思這樣說：

誠子：

我的決定出家為僧，目前已在事務上向有關人們交代清楚了。現在你已考慮了兩個多月，如果你認為我作得對，請你告訴我！你絕望的心情，與失去一個生命關係的人所受的摧殘，我並非沒有想到。可是，你是不平凡的，請吞下這一杯苦酒：忍耐，忍耐，靠佛力加被你，菩薩護持你。誠子，你的光輝永住！我想你體內住的不是一個庸俗、怯懦的靈魂。

這在我，並非寡情絕義——人同此心，心同此理，唯一的不同，我為了那更永遠、更艱難的佛道歷程，我不僅放下了你，誠子！我也放下世間的一切已享有的名譽、藝術的成就、遺產的繼承（我可能還有三至五十萬的遺產可繼承），可見，我並非厚彼而薄此；世間的一切，都等於煙雲；我們要建立的，是未來的光華無垠底世界，在佛陀的極樂國土，我們再見！

誠子！永別了，我不再回家，免得你目前痛苦加深，我們那個家，還有足夠你維持生命的東西；我們的鋼琴、貴重的衣物、金錢，悉數由你支配，作為我們的紀念。但望你看破這一點，人生幾十年，有一天我們總會離別——現在，我們把它提前幾剎那而已！大限總要到來。

在佛前，我祈禱佛光照耀你，永遠如是；請你珍重，念佛的洪名。

——叔同　戊午七月一日

叔同的信回去三天後，誠子的信來。

叔同：

我知道萬事不必勉強，對你，我最崇愛的人，亦復如此；請放下一切，修行佛道吧！我想通了，世間竟是黃粱一夢，夢醒時，什麼都是一場空。將來，我能否去看你一次？我希望如此，至於今後，我的行蹤還無法確定，在貴國，除你、我沒有第二個可以聊解愁苦的人。——目前，我要試著念經、念佛；這一切都是宿世前緣？

為了那種聖與凡之間一層蟬翼似的隔膜，我同你一起走，去追求那個遠似銀河星宿般遙遙的佛道，望你珍重。

——誠子

接到誠子的信，叔同的心，完全放下了。同時，他已把誠子的「去留問題」，作妥善安排。六月中旬，有一天他把心愛的學生豐子愷、劉質平……，叫到房間裡，把東西分類，準備分贈朋友與學生。

暑假來臨的當天上午九點鐘，叔同叫聞玉到房間來，要他把丏尊，和學生豐子愷、劉質平、黃寄慈、李鴻梁，他們都找來。

丏尊剛一到，豐子愷、劉質平、黃寄慈……，還有聞風而來的學生吳夢非、王平陵都來了，擁得滿滿一屋。

叔同身上只穿一襲蔴質長衫，黑色布鞋，坐在床上。要請的人都來了，便笑吟吟地站起來，請他們坐下。

「今天麻煩丏尊兄和大家，非常慚愧！我馬上便要離開這裡了，在這裡七八年，沒有別的供養，現在只留些身外之物，奉贈——」叔同停了停，大家互相看一眼，楞楞地等叔同接下去。

「這裡，是丏尊的，這是我歷年所藏的書法，以及往年寫的摺扇、金錶——我還要交代的，我所作的印，已在半個月前，全部封在『西泠印社』石壁間，建一個『印塚』。以前所作的油畫，則已寄到國立北京美術專科學校；丏尊，後會有期了！」

丏尊黯然一笑。「這些東西都是你心血的結晶，你都不要了？」

「身外之物，出家做和尚用不到，藝術創造，也不能為，給你們，還有個用處！」叔同說。

「這些——」叔同又告訴子愷與質平幾個學生。「我所有的畫譜及自己作的畫，畫的理論作品，全給子愷；所有的樂理、曲譜、音樂界名著，給質平；所有的世界名劇、南社文集、和我自己東西，給平陵……我這些用不著的俗家衣服，給聞玉！」

「啊呀，李先生，我怎麼敢當呢？」聞玉嚇了一跳。因為叔同的衣服，差不多全是上乘的品質。

現在大家也不能說什麼了。

各自心頭壓著一塊沉重的石頭。還有些別的東西，叔同又託丏尊送給校長經子淵了。把俗家衣物典籍，都分散給每一個來送別的人，叔同的心情也覺得蕩然一空；使心靈上負擔卸去了許多。剩餘的，便是一小捲兒行李。

中午飯後，請聞玉挑著，便向大家告別，他們都跟著送出來，在校園裡，學生沒走的，知道李先生去大慈山學佛，下學期不再來了，從校長，到學生，圍著一大群，問長問短，最後，由丏尊陪著他出校門，走了一程。

「丏尊，不必再送了；這樣驚動如許人，後會有期吧！」

丏尊慘然裂裂嘴。「我永遠護持你，叔同！我們的交情不同尋常！現在……珍重！……」下面，是一串眼淚串成斷續不清的別意。

站在校門外的師生，遙看著一個高瘦奇特的身影，在夕陽照耀的人行道上，隱沒。

永訣

兩個被夕照拉長的人影，走在湖濱人行道上，太陽已經落在叢山的谷裡。黃昏的迴光蕩漾在西子湖上，湖光山色，晚寺鐘聲，帶給人無限出塵的幽情。這時候，遊人如鯽，扁舟停在湖面，柳堤幽境，時時出沒三三兩兩的少男少女，欣賞湖上的景色。

叔同和聞玉，默默地走著，彷彿世間踽踽獨行者，只有這兩個人，直到大慈山——定慧寺的山門，叔同先進去，在大殿上俯地三拜，然後要聞玉把行李放在階上，他自己便悄悄地到一個小院落見了退休的了悟老和尚。

老和尚住在最後一座小院落裡，這裡是虎跑寺為退居方丈所準備的一間單房。老和尚為了李叔同的出家，特地從他的別院——接引庵回來。老和尚退居的院內花木扶疏，叔同穿過兩進院落，剛越過一道白石砌的月形門，老和尚已知道他來了，坐在小禪堂的階前等他。

「師父！」叔同猛然看到老和尚，倒身便拜。

「啊，你來了？」老和尚欣喜地站起來，合著掌。「我們真有緣啊，佛門有你這樣的人立志出家，真難得！」

「我孽障深重！」叔同謙遜地彎彎腰，站在一邊，等老和尚開示。

「你的行李呢？」

「在前院大殿上。」

「那就趕快拿來吧，我們為你準備一間僻靜的小房子，在未薙度前，先了解了解出家人的生活，然後再擇個吉日——披剃。」

「謝謝師父。」

說著，老和尚便叫一個沙彌通知方丈法輪長老，派人引叔同去他自己的寮房。

叔同跟一個年輕的沙彌，在老和尚附近的一排僧寮裡，找到一間幽靜的小屋，——事實上，那是一明一暗兩間屋，內間「掛單」，外間「供佛」。

叔同心裡非常歡喜，之後，他要聞玉把行李拿進來，在這個境況下，他已經兩袖清風，剩下的，只是一套被褥，和隨身穿的單衣幾件，外帶文房四寶，洗盥之具而已。但是，等他剃頭之後，恐怕這些世俗之物，也有一半以上要「四大離散」了。

這座幽靜雅寂而以泉水著名的佛寺，對叔同而言，雖然在一年多以前，在這裡斷了二十天的「食」，那時緣於他是作客，並且急於「實驗斷食」，斷食後又急於回校，所以寺裡每個角落，都沒走遍。在一塊佛土上，東張西望，到處走動，總不像個樣。因此，對定慧寺，還等於第一遭來。西湖的定慧寺，遠沒有野史上寫的濟顛和尚那個「靈隱寺」來得顯赫。但比起國內一般的寺院，可也並不寒酸。這裡出家人有四五十個，常來常往掛單的遊方僧侶，總是有的。雲水堂上，座位常滿。

寺院的房子，曲曲折折的好幾進，在這裡安住下來，只要你心不亂，意不煩，便等於做了隱士。

安住下來，遍禮佛像以後，叔同便作了內心的宣言，縱使肝腦塗地，也不准任何人把他從這裡拖出去。

在寮房裡第一晚，思潮起伏，如心電圖上的曲線，蛇行鼠竄地把塵封記憶，一一挖掘出來，從十九歲到上海，二十六歲出國，三十七歲斷食，三個階段，勾出他半生如幻如水的夢境。他覺得越想越多，想到他無辜的母親，無辜的俞氏，無辜的誠子；乃至風月場的情懷，文字相上的舊事，……突然，他意識到這些都應該被劃除的，它們來了，便是「魔障」。便當下長念一聲佛號，深深地呼一口氣，一切心理的對立境界都一掃而空！

當晚聞玉便回去了，叔同也交代他幾句話。

「我能出家，你的功德是不少的，聞居士！」他感激地叮嚀著。

「咳，李先生！那怎麼可以？」聞玉閃在一邊，吃吃地說。

「一年前，你還在這裡照顧我斷食哩，不是那一次斷食，也許還沒有這一次的出家。喏，這一回，又是你送我來，真是緣啊！」

聞玉痴痴地點著頭，他對叔同，像一個小頑童，對他的父兄一樣。說話時，總是一片恭敬、虔誠。

「我們後會有期，聞玉！」叔同彎下腰，向聞玉合掌。

「噯唷，那怎麼行？」聞玉說。他對叔同的合掌、彎腰，感覺有一種難當的重量。

「我走了，李先生！要是您用著我，只管寫信叫我來就是！」

「阿彌陀佛！」叔同送他出了寺門，聞玉走了。

轉身回寮房，忽地大殿通明。

「晚香」開始了，他這纔想到，這一生，在今天竟是一個急轉彎。

這一晚，叔同和老和尚一同吃飯，又談說了半晌，回屋裡，整理整理，閉上眼，坐一會兒，前觀後照一番。覺得活在世間三十九個年頭，像從上海的馬路上走了一趟相仿。往事如煙，輕輕地消逝。這後半生，看將如何處斷了。

＊

西湖南濱，大慈山陰，定慧禪寺幽幽地深藏在湖山的一角；這裡有著名的冷泉，風景幽邃，可是天晚遊人為了路遠，愛熱鬧的年輕人倒很少到這裡來。這裡對一個追求靈性生活的修士來說，是潛修的好所在。

叔同來後第二天，寺裡的僧眾，都知道音樂家李叔同要在這裡出家了，因此，也是從第二天開始，他便隨著比丘們，一天兩堂功課，三堂靜坐，魚板梵鐘，開始了他的僧侶生活。

農曆七月十三日——是「大勢至菩薩」的生日，這前三天傍晚，老和尚叫一個沙彌負責招呼叔同。

他跟著那個沙彌，到退居的院子裡，走進丈室，見了老和尚。老和尚瞇著蒼老而多紋的笑眼，叔同向他恭恭敬敬地頂了禮。

「李居士——」老和尚說：「七月十三，是大勢至菩薩生日！」

「是的，師父。」

「你是要決定出家麼？」老和尚瞅著叔同。

「我決定出家了，師父！只要師父叮嚀，在哪一天削髮，都是一樣！」叔同說。

「噢？那麼我們就擇這個日子好不好？大勢至菩薩生日。」

「謝謝師父！」叔同聽老和尚要在大勢至菩薩生日為他剃度，又仆下來虔誠地頂禮。

由於心情的激動、歡欣，與乎突然而來的悲劇情懷，使得他顫慄地傾瀉著淚水。

「——就在我們寺中的大雄寶殿上，好麼？」

「這，這看師父的意思。」

「你是大根的人哪，李居士。」老和尚鄭重地說：「這次我為你披薙，你是我最後一個剃傳的弟子哩！」

「師父度我的恩惠，永不能忘。」

「能直下承當佛陀的正法，便是！」老和尚懇切地叮嚀。

「是的，師父。」叔同辭退出來，心裡落下一塊石頭。

回到自己的住處，悲喜交加地念了一陣佛號，把眼淚念得傾注如泉湧，等心靈重歸平靜，又想到上海的誠子；並非說「器世間」使他罣念的只有這一個女人。問題是：在世間使他仍然沉重地頂戴懺悔之情的，便是誠子——這個異國的女人。要說這一段業緣是「罪」，那麼他該背起這人生旅程上最沉重的責任。過去在十里洋場的上海，飛觴醉月於李蘋香、朱慧百、楊翠喜之間，那段回憶使他了無遺憾；人生的過程本是一種曲線。

對於誠子，則是無辜的；比起他死去的母親，更為悲慘。就世間的假相說，與他相廝守十年，落得個什麼呢？天啊，想到這裡，又不禁為這個犧牲了自己半生的「女性」湧出感激之淚來。雖然，在行動上，他那麼冷漠、堅定；而這顆心，未嘗不是浮動的。也正為這層緣故，他必須決絕一切，向精神界尋個落腳處，去懺悔、深思；乃至把「無明」、「煩惱」、「劣根」，淨化為純粹的，至上的「佛性」。

不這樣，便談不上救世救人。

然後，又想到夏丏尊、豐子愷、劉質平、李鴻梁，這一些淵源深厚的朋友和學生。自己一旦出了家，不知他們將以何種眼光相視？

短短的一個月，霎眼間便過去了。在這一個月當中，他把出家人要用的衣具都準備好，在家的衣物，都分散給窮困的人。

*

大江南岸，西子湖的秋色，已由幾枝垂柳，數度金風，帶到人間。湖岸上被秋風吹落的柳葉，悠悠地飄在湖面，緩慢地沉入水底，積成厚厚的腐葉的積層。

定慧寺隱約在山坳間，秋來得早，而色調更深；這一天高照的秋陽，給人一種高爽的快意，既不炙人，也顯出秋的溫存；碧天與湖水相接處，長空如鏡。

叔同在寮房裡，披好「海青」，穿上「芒鞋」，九點正，便到前一進大殿上等著。那座大殿上已擠滿了觀禮的出家人。

佛龕前，紅燭高燒，爐香乍爇，金身佛像前新換了新鮮的「香、花、水、果」。叔同到殿前靜穆地向佛像頂禮三拜，然後，向觀禮大眾頂禮一拜。

停片刻，一個「引禮」的出家人，「噹——」一計大磬長鳴！接著是，鐘聲震響，寺院裡所有的僧眾，都急急地趕到這裡來了。

老和尚從禪房裡莊嚴地踱出來，身披金紅色袈裟，面色在嚴肅中帶著喜悅。走進大殿的佛龕前，斂神閉目。

第二聲大磬長鳴，僧眾與叔同就位，瞬息間，萬籟俱寂。

第三聲大磬再響，於是大眾隨著引磬聲禮佛三拜，梵音佛曲，「戒定真香」開始嘹喨而幽遠地響徹山間。——接著是〈大悲咒〉，《般若波羅蜜多心經》，三稱「摩訶般若波羅蜜」，大眾面對而立，叔同則面對了悟老和尚，老和尚就「叔同出家的因緣」而說法，然後稱念：「金刀剃盡娘生髮，除卻塵勞不淨身……」偈文，之後，侍者獻上一個托盤，裡面放一刀、一帖，老和尚拿過刀，在叔同先已剃光了的頭上比劃：三稱「誓斷一切惡心——；誓除一切苦厄——；誓度一切眾生——」。然後為叔同說「皈依佛，皈依法，皈依僧」這三皈依。上供。最後，叔同向披薙師頂禮三拜，向大眾頂禮一拜。

叔同於「剃度禮」完成後，展開那張「帖子」，老和尚替他起的法名，正名便是「演音」，法號「弘一」。

他從這一天起，正式成為釋迦牟尼傳法的「沙彌」了。

這時，全寺僧眾圍著他，恭喜祝賀，他一面帶著慚愧而興奮的笑容答謝，一面向大家作禮。

等大家散後，他又回到自己的世界——那間小房，伸手摸摸削了髮的頭頂，默默地自念：

「假使，你今天僅僅是削了髮，便是和尚，那是不必為的！因此，願佛菩薩加被你！給你堅定的信心，勇氣，與願力！要用你的一切，堆積在學佛的工夫上，直到形壽銷盡！」

*

叔同出家那天，丏尊沒有來，子愷、質平，在剃度前來過幾回，看看他們已披僧衣尚未出家的老師。

「丏尊——也許有什麼事故纏住他了！」他數著念珠，默默地想。

七月十四日下午三時，叔同從大殿上「坐香」出來，剛下石階，忽然丏尊來了。兩個老朋友相見之下，做和尚的欣喜地一笑；而丏尊則茫然楞住半天。

「丏尊！」叔同說。

「啊呀！」丏尊看他薙光了的頭頂，身披著「染污」的飄然長袍，手上拿一串念珠，儼然一付「僧相」，脫口說：「叔同——」他是那樣吃驚地：「你還是出家了？」

「咳，是昨天落的髮，大勢至菩薩的生日，老和尚選的日子哩！」

忽然間，丏尊覺得他的朋友跌入「迷信」的深淵裡去了，可是，他把那種對釋迦牟尼的信仰，看得那麼認真！他居然以生命供獻給他那一身袈裟，不由得傾其至誠而感動了！

「叔同！我倒以為你來這裡學佛，也不過學學佛算了，又何至於落髮為僧呢！」

「噢，」做沙彌的叔同，一面把他引著，穿過幾個院落到一間小佛堂裡，「我出家，也是你的意思哩，你不是說出家比在家更好麼？」

「這個——」丏尊眼裡一陣熱，一陣潤濕，有千言萬語阻塞在心裡。好似叔同當了和尚，像被他推上斷頭臺一般，使他萬分苦惱。

「丏尊！」他拍拍地上一個蒲團，「你看，你苦惱哩！這不過如此說說而已。一個月不見，倒很記罣著你，你在我出家的這一天，偏偏沒有來。」

「我早就想來的。只是家父病了，不很輕，所以耽擱住了！」

「尊大人病了，這卻是一個覺悟的關節，有許多人都是由此而入佛。可是，可是，丏尊！」他想說什麼，終沒出口。「你在這兒小坐片刻，我回房裡拿一幅字給你作我出家的紀念！」

丏尊點點頭，他心裡一直感覺叔同那一身灰色的僧衣，像千萬里外飛來無邊際的雲，軟軟地，窒息地壓在他心上，一種沉重的、痛苦的責任，使他卸不了，放不下。

「假使，當時我不賭那口氣呢，也許他還不致這麼快便出家，拋下飄泊異鄉的誠子和他的藝術生涯。如今誠子與他的藝術，都將一併埋藏了！」

這聲猶在耳：「學佛，學個什麼佛呢！拋棄妻子，摒絕社會，做居士不徹底，索性做和尚，豈不乾脆！——我的天哪，不幸而言中了！」

片時之後，叔同手上捧著一幅字出來了。這幅字上，上下有款跋，和後記。

丏尊強抑心頭剪不斷的紛紛妄想，看著那幅三尺長、一尺多寬的條幅，叔同念道：

大勢至法王子，與其同倫五十二菩薩，即從座起，頂禮佛足，而白佛言：「我憶往昔恆河沙劫，有佛出世，名無量光；十二如來相繼一劫，其最後佛，名超日月光，彼佛教我念佛三昧。譬如有人，一專為憶，一人專忘，如是二人，若逢不逢，或見非見；二人相憶，二憶念深。如是乃至從生至生，同於形影，不相乖異；十方如來，憐念眾生，如母憶子，若子逃逝，雖憶何為！子若憶母，如母憶時，母子歷生不相違遠；若眾生心，憶佛念佛，現前當來，必定見佛，去佛不遠，不假方便，自得心開；如染香人，身有香氣，此則名曰：『香光莊嚴』。我本因地，以念佛心，入無生忍，今於此界，攝念佛人，歸於淨土。佛問圓通，我無選擇——都攝六根，淨念相繼，得三摩地，斯為第一！」

叔同抑揚地念完這一幅字，說：「丏尊！這幅字，是我出家後第一次以字贈人，這一章，非常重要，將來，我亦將於半生中竭誠奉行！這是《楞嚴經》中的一節，不僅這字作你紀念，萬一你做居士時，這經文也可奉行終生！」

丏尊逐句看完這幅字，他對這一小段簡潔扼要精緻的述理小文，非常欣賞，只是所謂「念佛三昧」，「香光莊嚴」，「入無生忍」，「得三摩地」這些奧義之文，頗為茫然。

文之末，寫的是：「願與丏尊，他年同生安養，共圓種智」，什麼是「同生安養，共圓種智」，這不經譯過，也不是可以了解的。

「這是大勢至菩薩得證佛果的一個小故事，」叔同說：「大勢至，用的是『念佛方法』，證得了『佛性』，它底方法則是『都攝六根（眼、耳、鼻、舌、身、意），淨念相繼（沒有妄念浮沉）』，便可獲得『三摩地』了！」

叔同作一點扼要的解釋，丏尊還是迷惘，因為——佛學，你不實行，總是迷惘。

「叔同！」丏尊望著他這位多年老友，如隔著一層霧，看一幅故人遺像，「你的出家，是我想不到的……」言罷，淚如雨下。

叔同看丏尊悲傷不已，便道：「丏尊，不必傷神了！我的出家，豈是平常的因緣？我們這麼罷，在我有生之年，你能從世間的觀點護持我，也便夠了！」

「我護持你，叔同！我願以我的生命護持，我願立志素食一年，紀念你的出家！」

「阿彌陀佛！」叔同合掌、默念。

「誠——誠——」丏尊脫口想說「誠子」，又吞下去了。

「誠子還在上海，」叔同說：「我做了和尚，那個俗家便不能應用在此身了。」叔同的嘴角作一個渦，好像做和尚，是一種了不起的榮譽！

「好吧，弘公。」丏尊說：「我這就走了。」

叔同高興地笑了，「阿彌陀佛！丏尊，假如你到上海去，請告訴誠子，李叔同——已出了家，異鄉總沒有故鄉泥土香，在上海，不是長遠的辦法！……」

丏尊看著他，覺得叔同——這個和尚，真是不可思議。

他們互道一聲「後會」！丏尊向叔同彎腰合掌，留下淒苦的一笑，他們在山門前分手。

丏尊走出叔同的視線，覺得思潮一直起伏不定，他想到像誠子這樣的女人，不知如何纔能渡過未了的殘生！

誠子獲得叔同的消息，不是得自丏尊，而是從上海一個朋友處，知道叔同出了家！一個藝術家一旦棄俗為僧，使許多報紙，都刊出了李叔同的出家新聞。

這一向，誠子的心情一直不定，她已有兩個多月，沒有接到叔同的信，這是不常有的事。除非他真正地出家！

叔同的出家，這是她一場春夢的覺醒；晨夕的枕邊只落得一灘清淚。——等到她證實叔同在杭州一個寺院裡出家，她一生唯一可信任的夢，終於化為灰燼。然而，她知道叔同，如同她了解自己的一樣，她知道叔同，永不會給她片紙隻字！在中國，這塊令人傷心的異域土地上，還有何留戀？——人生是如此罷了！

在那個朋友口中，好像暗示她，住在上海倒不如回到日本去。「這似乎在逐客哩！叔同何嘗會生這種心呢？」她說：「我留在這裡，與不在這裡，你我的緣已盡，又何在乎世界上多一個誠子呢？」想到這裡，誠子又不禁為叔同的寡情絕義而悲痛，但靜下來之後，她想到叔同的性格絕不會這樣。可是為了她自己，離開上海，倒是較好的選擇。叔同遁入空門，她的世界已宣告破產，夫復何言？即使學佛以了殘年，也得回到故國！

她要決定到日本去，但那顆放不下的心，總要想見見出家後的叔同，作最後的訣別。她要到杭州去，她從叔同許多朋友那裡和報上，抄下杭州大慈山定慧寺的地址，然後，擇一個絕早清晨，僱車到上海北站，乘四小時火車到杭州錢塘江邊閘口車站，下車後，便叫了人力車，循馬路，向北走。

太陽已逐漸接近傍午，人與車穿越在柳明蔭暗底路上，湖山的景色，峰巒的青翠，都沒有引動誠子的心。這時她萬念俱灰，只想見叔同最後一面，便值得此生回憶，除此而外，別無所求！

他們十年多的性靈結合，她以為有權要求叔同給她最後一面！

車到大慈山下，在山坳裡找到了定慧寺，從山門前向那廣闊的寺院內一望，寺院裡，空寂寂地，闃無一人。

誠子付了車錢，輕移腳步，走進前殿。穿過院落，越過一個鐵製的焚香爐，邁上大殿的石級，她那顆破碎的心忐忑地急跳著，她似乎預感到，叔同實在沒有出家，他的出家，只是出諸人們口裡的謠傳。另一方面，她覺得叔同並不在這個空落落而淨無纖塵的寺裡。因此，她急切想見到叔同一面，同時她暗中祈禱，叔同不要在這裡出現。

她不能承認一個光頭、黑衫、露孔鞋，手持黑色念珠的長瘦人影，會在她面前出現，會是當年留學日本飾演「茶花女」的李叔同！

她的眼淚在三個月前，為叔同的出家問題已流乾。現在已沒有眼淚可流，唯有血在心房澎湃。

大雄寶殿上，也是空落落的，莫說李叔同，除了幾尊一丈多高的佛像，閉著眼坐在殿中央若有所參，連一個僧人都沒有。

誠子走到大殿中央，強忍內心的顫動，痴痴地望著佛像，她實在不知道那是什麼佛，小立片刻，面對佛像，忍不住傾倒身子拜下去，那乾涸的淚泉裡，竟然又湧出熱淚，落在光滑無痕的石板上。

「請佛慈悲！讓我——見李叔同最後一面，死也瞑目！我這一生沒有做過一件絕事，佛啊！您能照顧我，成全我麼？……」她眼淚盈盈地抬起頭，忽然，微閉的佛眼，似乎一亮，誠子的心跟著一顫：「我與叔同廝守十年，一無所求，亦無所有，那只是上天的安排，如今，他出家了，我也要回國了，在離開這裡以前，我要求的，是訣別的一面！……」

她又伏在地上，反覆地抽泣、禱告，直到有人的腳步聲從佛像背後響過來，纔抹去淚水。

一個出家人，穿著過膝的「羅漢衣」，手裡撥著念珠，走過來。他看看誠子，是這麼蒼白、瘦削、荏弱。便說：「女居士，有什麼事！」

「請問您，這裡有一位李叔同先生嗎？他在這裡——出家……」

「李叔同？我們這裡的人太多，一時也分不清哪位是李叔同？這裡時常有人剃度。——請你等一下，我去替你問問！」

「謝謝您，師父！」誠子說：「我是他上海的——家人——來看他！我叫——誠子！」

「好的！請您在這裡稍歇一會兒。」

那位出家人從大殿的側門走向後一層院落。

誠子在大殿前的左角休息的地方，坐不安，立不穩，來回地蹀躞著。這個寺院比日本式佛寺顯得相當大，以大殿為基點，向前後左右延伸，都有院落深藏著，因此，也不知叔同在哪裡！

眼看天色接近正午了，大殿後側鐘樓內鐘聲蒼茫地震響起來，山谷都震動得直抖，從大殿側門向裡邊覘視，後進左右兩邊側房裡有許多出家人聽到鐘聲都走出來了。他們有的往後走，有的上大殿，有的繞過大殿，走向鐵香爐，跟著大殿上的磬聲響了，有幾個出家人披著黑色的海青上殿，另有人端著新鮮的飯菜，換下佛前的供品，幾十個僧眾排列著，開始唱念。

約莫半個鐘點，那個出家人還沒出來，誠子急了。

這時有一個身材高大的僧人，從她身旁走過，她問：「請問您，能請您幫助我找一個人嗎？」

那僧人聽她這一問，楞住了。

「找誰呀？」是北方的口音，他打量著誠子。

「李叔同，剛在這裡出家不久！」

「李叔同？」那個出家人又一怔，端詳著誠子，「你從哪裡來？」

「上海。」

「噢——」聲調裡若有所悟地一聲長喏。

就在這時候，那個找人的年輕僧人遙遙地從後院出來，臉上沒有表情，顯得單調而歉然。

「那位師父來了！」誠子說：「剛才是他幫我去找叔同的！」

那位年輕僧人臉色很沉重的走向誠子——「女居士！你找的人見是見到了，只是——只是，他不見俗家人！你是他家裡人嗎？」

誠子心中像挨了重重的一擊！

「他拒見一切親屬！」那出家人無可奈何地說。

「您有沒有說，他的家人來見他呢？……」誠子的話悲傷地吐不成聲。

「居士！我都說了，什麼人都一樣。請珍重！我們這裡很方便，吃一餐粗茶淡飯再走！」

「那末——」那高大的僧人，覺得情況很尷尬，插過來說，「請你等等，我去瞧瞧！」

說罷，大踏步走了！

但不到十分鐘，又回來了！

他搖著頭，「居士！真想不到。他剛出家是不見俗家人的，您得了解他！珍惜自己，用過齋再回上海去！」

誠子孤單無助地斜靠在大殿一根柱子上，手中緊緊地絞著一條手絹，臉色蒼白，目光迷濛地看著那兩個出家人，駭在那裡。

這兩個僧人想要誠子吃過飯再走。但是快要暈倒的誠子，終於咬著牙，強撐著身子，大殿後面「魚板」響了！寺院裡的僧眾開飯時間已到。誠子向大殿上的佛陀聖像，凝視最後一瞥，吞下滿懷絕望與辛酸，向那兩個出家人點一下頭，搖晃著身子出了山門，沿著西湖山邊的小路，也不知是向哪兒摸索，一直走到天黑盡，星火滿天滿城，依舊徬徨在西子湖畔。

她的幽幽哭聲，直哭得湖水嚶嚶如泣。她把一生所有的眼淚，都灑落在西湖之濱了。

杭州艮山門開出的九點夜快車，快要過去了！

最後，她在迷茫中，僱了一輛車，拖著麻木的軀殼，到車站。

回上海後，第三天便買舟離開這碎夢的異域。

「久客不歸無異死，故人入夢尚如生！」誠子終於又回到她久別的故鄉——日本，埋名在她的故居。

*

叔同在自己的寮房裡，正在讀《華嚴經疏鈔》，忽聽有個婦人來要見他，已知道是誠子來了！這給他吃了一驚，但瞬間便平復了那種突然而來的起伏情緒。而後，那個高個子僧人——從前的彭遜之居士，來對他說：「弘一師兄！上海——您的——」話只說大半，叔同起身向他深深一躬：「阿彌陀佛，慚愧！」

「她要見你最後一面！」

叔同搖搖頭。

「難道不成嗎？」

叔同垂目同意。嘴角邊浮出一絲淒涼的抑鬱。

「師兄！我出家不久，恐業力牽絆，斷失佛種，因此禮佛發願，不見一切眷屬，此時一切眾生均無不是同體之親，再存個夫妻父子之情，豈不留一條地獄之根？……」

「哦哦！」這位僧人睜大著眼，「這倒是確實的見地！」

「拜請師兄，請她回去！弘一恕難接待，未來際，她自會體念此中因緣。」

僧人走了。

叔同心底一陣酸楚，悲從中來。便直起身，走到明間佛像前，焚上一炷香，翻開《地藏菩薩本願經》，為懺除自己宿業，為消除誠子的積欠，虔誠地持誦一卷。

「願一切有情，共生安養，同圓種智，佛陀的光輝，照耀這苦難的世間……」

祈禱畢，大師掩卷，默然良久。

空門(一)

思想上的毛蟲，蠢蠢欲動地不由人意，在潛默間，又回到剎那以前的活躍……。

誰能控制思想，誰便能執持這血肉之軀的靈魂。

披著灰色的僧衣，光著發亮頭頂的叔同，想到一個多月以前，還沒有離開那座浙江第一學府。將近暑假，一天傍晚，與丏尊、丹書，幾個知交對坐；叔同在沉默中，忽然站起來說：「愚弟明天將入山學佛了，相聚只有今夕，盼兄等珍重！……」

叔同入山學佛的事，在師生之間已傳播很久，大家知道他志不可奪，想到相契七年，一旦別離，相對不禁泫然。

「叔同！你出家何為？」丹書是一個佛學門外漢，他以為叔同之出家，與世俗相悖，儒學相左，究竟不是「正道」。

「無所為——」叔同垂著眼簾，淒然地道出這三個柔如無骨的字。

「喔？」丹書頓一頓，以為叔同的「無所為」是搪詞，其內容抽象而空寂；實在不及儒家之道來得近乎人性。他接著說：「你是個重情感的人，怎能拋棄夫妻骨肉之情而不顧？」

「丹書！譬如一個人罹急症死了，他的至親骨肉將怎麼樣？」

「那是出乎假定，這個假設不能成立！」丹書想一想。

「那是一個通例，丹書。我們在一切事物間找一個通則——這便是哲學上的『歸納法』，何時何地，皆有天災人禍臨頭的可能，你怎能說，這是假設呢？」

＊

「三界猶如火宅」！這火宅的源頭，便是骨肉之情，夫妻之愛。——叔同觀察到這一點，於是回到現實中來。

「出家乃大丈夫事，非匹夫匹婦所能為也！」叔同套了兩句老話，不過他覺得人間「卿相」，與乎匹夫匹婦在情感上，是一而二，二而一的。

「從今天起，你可不要再彈『弦外之音』了，不是佛意的語言、文字，一切皆斷盡、戒絕；譬如基度山隨法利亞長老被活埋在馬賽那座人間地獄十四年，他底結果，是軀殼的突變，靈魂的更新，他不再是十四年前那個被謀害的水手鄧蒂斯了，他已神化成一個超人！——要得精進，便要苦練，除了『佛事』，別無所求，別無所有，以此為誓！……」

叔同從沉思中整衣而起。

農曆八月十九日，靈隱寺開壇傳戒的第一天、報到日。他將尋求這一次機會受比丘大戒。於是他從容地收拾衣物，準備接受一次三十天的身心薰陶。

「一切的塵緣已盡，所有的宿因現前，在這種萬劫難逢的關頭，有四事，當為我明鏡，不作一個碌碌於歲月輪下碾得魂消魄散的噉飯僧——

「第一——我必須放下萬緣，一心繫佛——寧願墮地獄，不作寺院住持，不披薙出家徒眾。

「第二——我必須戒除一切虛文縟節，在簡易而普遍的方式下，令法音宣流，不開大座，不作法師！

「第三——我誓志拒絕一切名利的供養與沽求，度我的行雲流水生涯，粗茶淡飯，一衣一衲，鞠躬盡瘁，誓成佛道。

「第四——我為僧界現狀，誓志創立風範，令人恭敬三寶，老實念佛，精嚴戒律，以戒為師！」

他在心靈間起誓畢，並再三叮嚀——「你不要忘掉前人的創痛，做歷史的瘡疤！——時時刻刻，觀照自身，如臨深淵，如履薄冰——我的罪，已深重如海域，既現僧相，能不懺悔力行？……」

靈隱寺、虎跑寺、玉泉寺、白雲庵，與許許多多大大小小的佛寺構成了翡翠般的西湖——

一幅莊嚴極樂的畫面。蘇堤兩岸的榆柳，湖心亭、雷峰塔、三潭印月、錢江的遠景近境，如沒有暮鼓晨鐘的佛寺，隱藏在碧山綠水之間，西子湖也不過是一潭清水，幾座峰巒；但由於柳蔭深處的拂曉鐘聲，與乎梵音繚繞，才使平凡的西湖美如西子！

仲秋八月中秋已過，柳葉片片飄落，叔同以一個「沙彌」的身份，打好行李，在十九日下午四時，辭別了「了悟上人」與寺中同參，背起衣物，拜過大殿上的佛像，便出了山門，沿著小徑，向靈隱寺漫步走去。

走到靈隱寺的山門前，要經過西湖西濱小徑，未出家前，他與丹書、丏尊、子愷、質平這些知友弟子們，結伴而來，湖上泛舟也不止一次。然而，湖山的景色，每來一次，都給人各有不同的感受，當他出家後，這是第一次側行湖濱，覺得西湖景色又不同了！

這天傍晚，雲高水碧，棲鴉疏落，晚寺的鐘鼓已蒼然低鳴，好像這個世界正向塵寰之外的星空移動。

靈隱寺也是一樣。靈隱是西子湖的靈魂，它在西湖千百年的史實上，有著特殊的位置；它現身於西湖之濱，使湖山跳出人類血肉之心，與西子的幽魂，成為地理上的精神標誌。

*

叔同跨過靈隱寺那道與大殿相隔遙遙的山門，他底身後——湖濱平坦的石道上，零落地走著三三兩兩雲水僧，和求戒而來的戒子們。他們掮著行囊，踽踽而來；到山門口，匯合成一種疏稀的散列隊形，走上一條青石鋪道。頭頂上，古木參入雲杳，夕照，從濃密的樹葉間，篩下金紅色的不規則投影。這條從山門到大殿的石徑，越來越幽深，越走越寂靜；飛來峰下白色如緞的瀑布，從峰頂飛下紅塵，沖激在古老而平滑的岩石上，迸出無數浪花。

頭上是蔽日的松、柏、梧、柳，腳邊是飛瀑流泉，一群戒子們踏落西下的秋陽，一直走進大殿，恍如身遊化境。

這正是息心學戒的好去處，戒子們在一片明湖幽林之中，接受佛家生活基礎的陶冶。

「戒律」的定義，是制心守身的規範。沉心靜慮，純化氣質，才能產生智慧。追求佛道最重要的前提便是「戒」。它在日常生活上，使每一個獻身於佛道的人們，從衣食住行育樂上，化除「掉以輕心」的積習，使那些樂於嚴格自我陶鍊的人們，由形式的戒文，軌正那顆瞬息萬念的心。沒有嚴持戒律的佛教行人，如談到高深的定力與大智大慧，那便是一片謊言！佛言：「佛滅度後，以戒為師！」是千古不移的真理！

叔同夾雜在戒子群中，同寺裡負責總務的比丘，辦好求戒一切手續，他便被分配到大殿後面一間側殿的樓上，得到一份受戒期中生活上應遵守的規約。他晚間是一人獨居一室，但與大夥兒同吃同坐，倒也覺得這種受戒的生活，頗富詩意。

在幾百個戒子群中，聽到許多南蠻北傖的方言，見到許多張端正醜陋的面容；他們已犧牲了世間一切可征服的東西，到這個刻苦自己、洗鍊自己的地方來，這能說，這一群棄俗出家的人，沒有自己的理想麼？

戒期從第二天開始，高僧如雲，被安排作他們的得戒、說戒、羯磨、教授與尊證諸師。虎跑寺的現任方丈法輪長老——也是尊證師之一。

這一群人們所接受的，如果外界人不了解，一定以為他們在接受一種神秘的巫術引誘；其實，佛家戒律的過程，百分之七十的時間，用在生活教育的磨鍊，使他們在生活上養成一個遵守佛教教制的傳教者、修道者；其餘的時間，便是在戒壇上，熟悉戒文，接受「教授師」的薰陶，最後，便是接受戒文上的規定，燃頂香以表起誓的虔誠，終身奉行，盡形壽而不渝。末了，得戒和尚鄭重莊嚴地把一個正式比丘所必備的袈裟、戒牒、鉢、錫杖，頒給他們。此後，他們便脫去「沙彌」的名義，成為一個遵守二百五十戒的比丘了。

叔同在靈隱寺住了三十天，在整個受戒期中，他為那種細密而針針見血的戒文感動過，他覺得能確實不渝這二百五十戒，這個人在聖賢的路上，才算起了步！一個和尚，能遵守不渝這二百五十戒，那個和尚才活得有點意思。否則便是一個「破比丘」、「垢比丘」、「旃陀羅比丘」……

佛律的戒文，每一條都有分寸，都有嚴格的規定，它不是一部柔性的「佛教憲法」，只表出原則性的義務與權利。它是剛性的，不可曲解的。它只限於一定的時間與空間，錯了一毫，便是犯戒！在任何一頁戒文上，都有「寧可犧牲生命，誓不殺害一蟲一蟻……寧可犧牲生命，誓不妄取一草一木，寧可犧牲生命，誓不……」的字樣；歸根結底，它硬性地律定了一個出家比丘的行為與身份。

戒律亦不同於儒家的「仁愛孝悌忠信」那些抽象倫理觀念。所謂「仁愛孝悌忠信」，沒有一種實踐的準則，在何種情況下都可確定一個冠冕堂皇的字眼，沒人敢大膽絕對地加以界定。

在靈隱寺戒期中，叔同的老友馬一浮，到戒壇上訪晤他；這位朋友，先他而服膺佛法多年，叔同之傾心於佛道，毋寧說這位馬居士站在主動的「因地」。他獲得叔同受戒的信，便趕到這裡來，專為他送來兩部戒律方面的著作。

其中之一，是明代藕益大師的《靈峰毘尼事義集要》；另一部，是清初見月律師的《寶華傳戒正範》。

「弘公——」馬一浮這樣改口稱他的老友：「這兩部戒律著作供養您，以表我這份虔心與敬意。……」

「多謝多謝！」叔同恭而敬之地雙手接下來，並且先把書供在佛案上頂禮三拜，默禱片刻，再和馬居士敘談。

叔同在這一個月中，除了演習「披衣」、「持具」、「托鉢」、「請師」、「長跪朗誦戒文」，乃至一切僧家日常生活的瑣事，閒下來，便是專心凝志於這兩部戒律的研究。

從這兩部看來尚有許多地方不完備的律典中，他發現這個時代，販懺、付法、隨俗，已粉碎了佛陀崇高的救世救人底目標！

古德有言：「秀才是孔夫子的罪人，和尚是釋迦的叛徒！」

他想到僧林的德行破產，現實的一片黑暗，去佛遺教一千二百萬里，不禁悲從中來，難怪知識份子們，從表象上把沙門列入「三教九流」的江湖人物！

為此，重建佛門的戒律生活是迫切的！

為此，復興佛門的戒律之學是必要的！

為此，佛門的清淨應自比丘個人做起！

他想：「律學到今天一千年來，由於枯寂艱硬，而成為絕學，無人深究力行；於是佛門的德行敗壞，戒律成為一張白紙，令人悲嘆！

「如我不能誓願深研律學，還待誰呢？佛菩薩啊，請加被我！我如破壞僧行，願墮阿鼻地獄！……」

他這一片天性的流露，虔誠的抒發，瀝血的表白，使他在佛像前淚流滿面，不能抑止！

同時，他想到人人如遵行佛陀的戒律，絕沒有什麼難渡的歲月。那種戒律生活力行之後，只有使當事人覺得，他的人格更潔白，他的德行更崇高，對金身佛像而無慚無愧，心地如一臺明鏡，無罣無礙，除此而外，有什麼更令人滿足的呢？

——人類精神生活的最高點，便是自身的自愛與愛人！

叔同既然發心學戒，便立志「實踐」，便「過午不食」。

恰巧，戒期中馬一浮走後，夏丏尊也來了，丏尊為叔同受戒，特地來看他。本來佛教對他無瓜葛之親，自叔同出家後，佛門忽然與他結不解緣；於是，他漸漸了解佛家的內容——他漸漸覺得佛道對他也有了吸引。

這次丏尊來，表情很抑鬱，叔同知道他的身上有什麼嚴重的事發生了。

「受戒的生活還好嗎？」丏尊說。他們坐在一棵梧桐樹下。

「好。非常好。」叔同含蓄的眼，看著丏尊，「你有什麼不如意事？」

「家父在上個月中逝世了！」

「——阿彌陀佛！」叔同馬上合掌默念幾聲佛號，「等滿戒後，我要為尊大人念幾卷《地藏經》，祈老人早生安養！」

「謝謝，弘公！」丏尊說，悲苦地用袖子沾沾眼角。

他們又默坐了片刻，每人都沒有什麼話，只覺得人生很悲苦，丏尊這時在感覺上更銳敏。他們傷感地把時間拖延下去，直到丏尊站起來，告別。

「滿戒之後，我寫一章經文給你，丏尊！你在服喪中，恭敬誦念，可以為老人消業滅罪！」

「噢，是的。」丏尊漫應一聲。他們便在寂寞中分手。

農曆九月十九日，也就是觀世音菩薩成道這一天，戒期圓滿，大家都揹著行囊，離開靈隱寺，如同一群學子離開學校，走入社會；在社會那口大染缸裡，近朱者赤，近墨者黑，你能不能保持白璧無瑕，那只有靠「戒行」的甲冑去披堅執銳。

受戒後的叔同——弘一大師（我們為了崇敬這位偉大的高僧、藝術家、行者，從這裡開始，使用這個德號）重新回到虎跑寺，整理整理簡單的衣物，為丏尊的父親誦念一天《地藏菩薩本願經》，又寫了《地藏經》的一節，贈與丏尊誦念，這一節，錄的是〈囑累人天品〉：

爾時世尊，舉金色臂，又摩地藏菩薩摩訶薩頂，而作是言：「地藏！地藏！汝之神力，不可思議！汝之慈悲，不可思議！汝之智慧，不可思議！汝之辯才，不可思議。正使十方諸佛，讚歎宣說汝之不思議事，千萬劫中，不能得盡。

「地藏！地藏！記吾今日，在忉利天中，於百千萬億，不可說不可說，一切諸佛菩薩、天龍八部、大會之中，再以人天諸眾生等，未出三界，在火宅中者，付囑於汝，無令是諸眾生，墮惡趣中一日一夜，何況五無間，及阿鼻地獄，動經千萬億劫，無有出期？

「地藏！是南閻浮提眾生，志性無定，習惡者多，縱發善心，須臾即退；若遇惡緣，念念增長。以是之故，吾分是形，百千億化度，隨其根性，而度脫之。地藏！吾今慇懃，以天人眾，付囑於汝。未來之世，若有天人，及善男子善女人，於佛法中，種少善根，一毛一塵，一沙一渧，汝以道力，擁護是人，漸修無上，勿令退失。「復次地藏！未來世中，若天若人，隨業報應，落在惡趣，臨墮趣中，或至門首，是諸眾生，若能念得一佛名，一菩薩名，一句一偈，大乘經典，是諸眾生，汝以神力，方便救拔；於是人所，現無邊身，為碎地獄，遣令生天，受勝妙樂！」

恭寫了經文，仔細誦念一遍，覺得這一節對丐尊很合適，便摺起來，請寺裡的同參，轉給丐尊，他自己便應嘉興佛學會范古農居士之約，去精嚴寺「閱藏」。

弘公與范古農相識於未出家前。他在春假間，回上海時，路過嘉興，拜訪了這位當代佛學大家，他們相約，弘公於出家後，到這裡來閱藏。

為了閱讀藏經，弘公於農曆十月二十以後，到「嘉興佛學會」掛單。

這時，大江南岸，已是遍地飛霜時節。

到嘉興精嚴寺佛學會，會長范古農居士，精嚴寺常住僧人，與一大群居士們，在山門前恭候，弘公連稱「不敢不敢」，合掌回敬，入寺後，上香、拜佛；天色將晚，整理寮房之後便入「藏經閣」，參禮經卷。

他初次接觸到這套線裝的浩繁佛典，深覺得茫無頭緒，便動一個整理的念頭，按照「目錄學」的方法，分函夾註簽號，這樣便省去許多時間上的浪費。——這一點小小的方便，於有志讀藏的人們，是一種很大的功德！

在佛學會，除了偶而之間，范居士有事相商，所有的時間，完全埋頭在寫標簽與翻閱佛經上。

冬日顯得極為短暫，向陽的藏經樓，冬天的太陽剛剛曬進朝南的窗口，一瞬間便滑下地平線消失了。

一天，太陽剛滑下藏經閣，忽聽說，有一個青年人來找他。他從藏經閣走下來，到大殿上，看到走廊下，站著一個陌生的青年，手上拿一捲紙，木然地向佛殿上看。

「你找人麼？」弘公走下大殿問那陌生人。

「我找李叔同先生，聽說他出了家。……」

「在下便是。」

「那，那，我很冒昧。」那人呐呐地說：「久仰您的高風，並且很想得到您的一幅字，能賞光嗎？」

弘公沉吟半晌，然後說，「居士請坐，稍等一會兒。」

師走回大殿，轉一個走廊，到後頭寮房來，剛好范老居士從方丈室裡出來。

「范老！」弘公笑盈盈地合掌說：「剛才大殿前廊，有一位居士，向我索字；本來，文藝上事，我已決心摒棄，不再重作馮婦，可是，總不免有人找，而後，也難保無人問津，您看，這將如何處置，才能皆大歡喜？」

「這個，」范老捋著長髯，笑道：「這正是植淨因的好機會哩，師如慈悲，不妨以墨寶接引眾生，令未入佛者植佛因，已入佛者，佛道令增長，豈不是功德無涯，皆大歡喜？」

「您老說的是——這麼，我便去寫一幅字來，贈給那位居士。」

「您的墨寶，我與我友，此間常住，佛學會道友們，莫不歡喜讚嘆，也請師慈悲！」范老大笑。

「好，好，悉皆如願。」師點頭入室。

回到自己的房裡，拿出一支筆來，潤筆、磨墨，約半小時，恭寫楷書「應無所住，而生其心」八個字。上款寫戊午冬月，下落「大慈一音」。字跡稍乾，便捧出寮房，到前大殿，贈與那陌生人。那人感激零涕，滿臉欣喜，合掌為禮之後，捧著那幅字，走出山門。

弘公目送那位陌生人走後，這才想到，以字結緣，有意想不到的大用。在潛移默化間，便給人們以佛性的覺醒。

因此，他請寺中人，買了幾支規格不同的大筆，與墨硯宣紙，首先供養精嚴寺常住一聯：

這付聯是——

佛即是心 心即佛，

人能宏道道宏人。

以字結緣，這是一個開始。精嚴寺的常住，雲水僧，范古農老居士，及其佛學會的會友們，皆如願以償，獲得一代書家的墨寶！

弘公想到，最簡賅的義理，要以書法表達，便想到許多短句，用橫額、條幅應人們索書。例如——

無住生心

是心作佛

老實念佛

無上清涼

慈悲喜捨

以戒為師

阿彌陀佛

南無阿彌陀佛

……

在精嚴寺短短兩個月中，寫了幾百個單幅，贈與有緣人！

到十一月底，忽接馬一浮居士自杭州來信，說：

「弘公！您去嘉興閱藏，忽忽兩月，此間至好，懷念殷切，今適逢海潮寺法一禪師主持禪七，盼師速歸，同往打七！……」

弘公放下信，同時放下閱藏之念，便與范古農居士作別。他原是一個誓志於實行戒律的雲水僧，浮雲白日，飄泊何地，都是學佛。因此，心中無罣無慮，便逕自回到杭州，先回虎跑，習靜一天，然後與馬一浮居士，同赴海潮寺。

「參父母未生前本來面目」，已成為六祖以後禪宗的老調，如果不是意識的差別，把話頭與靜坐分開，便成了空門的「止觀」，與有門的「念佛」了！

這種千百年的老調，由菩提達摩東來，到六祖思想的大放異彩，成了中國化的「絕對觀念論」，也造成了中國近一千五百年的禪學世界。它使中國思想界從泥古不化的領域中解放，使中國文學界獲得生機；由於所謂「禪思、禪意」，中國式的詩、詞、歌、曲，染上了一種豪邁而奇譎的色彩；由於禪語，它使中國文字跨過僵死的古典棺槨，走上白話的文學活路；但是，一千多年以後的今天，它漸漸被簡易的淨土宗代替，佛家的思想方法，在基本學理上，完全是「禪」底分身；用不著再抱著經典，在「空與有」的「相對論」上短兵相接，這原都是一家人。

由於人類文化史、思想史、進化史的演進，在最近的明天，世界不僅成為一家，世界的文化不僅是一個源頭，世界上的人類也必將被發現來自一個祖先；中國的佛教，勢必走上思想界進化的老路，形成一個統一的「念佛禪」，而代替過去的祖師禪！

弘一大師未出家前，從定慧寺斷食時起，那時他對坐禪的傾慕，形成一個高潮；但他一經遍讀經籍，便忽然會悟「條條大路通羅馬」，所謂「耳根圓通」、「念佛三昧」、「一心三觀」、「拈花微笑」……都是禪化了的最高親驗的表現。因此，他選擇了「念佛三昧」。

可是，隨緣參一次禪七，對他而言，卻並不是平泛的！

七天坐禪，使他的心靈專一而澄靜，思想堅定而周密；這是初履空門，一個急進的高潮！佛學雖如萬花筒，但被他所發現的，被他珍重的，都全力去追究！

七天過去，除夕將臨，便與老友分別，掛單在西湖玉泉寺，與程中和居士（二年後出家的弘傘法師）相聚。他們是純道友的關係。

*

殘冬歲底，大雪紛飛，師住玉泉，除加深修持外，開始注意到比丘的「戒相」問題。這是一種須要詳實而明暢的文字表達，令人方便，做來易行的工夫；但在古代，律本上的文字，不是抽象、含混，便是複雜、繁瑣；要補正的很多，不適用的也不少。這種「戒文」實用起來，使後來的戒子，如背重負；因此，必須經過一番分析、整理、註解，才能發揮它實際上的功能！《四分律》的時代，在時間與空間上，已經滄海桑田哩！

這種動念分析《四分律》的願望，便是《四分律比丘戒相表記》最初的胚芽！大師的全部著作中，最偉大的一種，它決定了中國比丘「戒相」的模式。

＊

除夕前，南洋公學時代的老友楊白民，懷念過去的李叔同，帶著濃郁的興趣，到杭州來與這位方外友共渡舊歲，他因為李叔同的學佛，對佛學引起了一股冒險精神！

一九一九年的元月下旬，正是戊午的殘冬，過了年，這位學律的大師便是四十歲。——為這個原因，白民居士帶了一堆素果與素食來供養他。

師為老友的至情，便恭寫一篇格言，與白民結方外文字緣。弘公寫道：

「古人以除夕當死期；一歲末了，如一生的盡頭。往昔，黃檗和尚說：『你事先如不準備一番，等臘月三十來到，恁你手忙腳亂，也嫌晚了！』

「因此，一年開始，你便準備除夕的大事；初識人間悲歡，便準備生離死別的來臨！

「人生是一場斷夢，荏荏苒苒，悠悠忽忽，誰知道哪一天，死神來臨！因此，生命無常，不要把美好的歲月蹉跎！」

另外是一個附記，師寫道：「我與白民是二十年的知交，今年，我棄俗出家，白民依舊埋首濁世，歲在暮尾，白民來杭州玉泉寺相聚，寫上幅古人語，我與白民共勉之！」末了，署名「戊午除夕。雪窗。大慈演音」。

藝術家李叔同的一生，從三十九歲這一年，遁入空門，形成後期「人類精神藝術底嶄新創造」，這不過是人類中最傑出的演員，一場戲，兩幕登臺，這在歷史上，是一條越過天幕的「彩虹」，令人驚奇、讚美、傾服！

空門(二)

大師老友——上海城東女學校長楊白民與師渡罷除夕歸去，過了古老的中國年，便是民國八年己未的新春。曉霧從湖面升起淡淡的氤氳，時間的輪迴下，又開始另一個空間生命的萌芽。

有人承認：人類生命的連續，也像時間與空間脈絡的交流，春天，是一切生機的初朔與成長；夏天，萬物形成一度最飽和的欲望高潮；秋天，壯年的光輝開始走下坡，下一代的熱力，沖化了上一代的深謀遠慮，惆悵不前；冬天，瑞雪飄揚，世界開始突變，生命從這裡埋下了種，形成一個死亡期、冬眠期、蛻變期；它與春天嚴格分為兩個極端；這僅是造物者底神奇手法。蟬底蛹，在地層下生活五年到十二年，待牠底生理成熟，掘開地層，爬到樹梢，經過一夜露水，鬆解牠透明的外衣，然後受到白熱的陽光鼓舞，便展開雙翼，翱翔太空。

人類從死的剎那到生命創新那一關，恰同自初冬進入冬眠的蟲，當他底假合之身變為白骨，他底生命已表現為另一種形式。

生命是不死的，流轉的，輪迴的巨流。

現在，弘一大師開始鑽入律藏的故紙裡。他潛居玉泉，遍讀「南山遺學」，並以《四分律》為中心，展開輻射式的演繹研究。

玉泉寺的長老印心、寶善，為這位藝術大師持「過午不食戒」，特地把午齋提到上午十一點來，以便使這位剛出家不足半年的比丘，維持他嚴淨的戒行；同時，午齋之後，好使他小憩片刻，然後開始埋頭苦修。

這些日子裡，正是他捨俗後鑽研佛乘、刻苦修道的巔峰，其態勢是一日千里的。

以大腦如李叔同這種多樣天才，遁入空門，弄起佛學，僧林中任何角色，都只有呆望著那一條瘦長的身形，疾逝而去。那是所謂「望塵莫及」的！照佛家的輪迴觀說：只因夙慧深，善根厚，多生多世植慧植福，到今天，才有多方面的成就，這也不過是他多生來所儲蓄的一頓豐美果實而已！

他日日如是，刻刻如是，除了早粥、午齋，全部時間支配在那間小佛堂裡，他對佛學與學佛，每一分每一秒都是供獻的！

雖然，他對自己的修學生活，排得如此謹嚴，而依然有許多新知舊雨，慕名與懷念而來看他，欣賞他！

杭州、西子湖、李叔同、弘一大師，是一串詩句連成一組動人的念頭。往日，當弘公未出家前，本已斷絕音書的朋友，道路遙聞李叔同出家的消息，也不禁蠢蠢欲動，要來看看這位藝術家了。這是一種新奇、迷惘、關懷、與憐憫的混合情緒；這使許多知識份子與藝術工作者，對西湖有更迫切的理由動心！

袁希濂，是他初到上海，加入城南文社時代的老朋友之一，他們二十年故舊，在天涯海角，僅僅三度相逢，平常是魚雁鮮通的。

第一次，他們相逢在日本求學時代，他們同在日本讀書，但研究的卻是不同的知識。而且各搞各的，老死不相往來。

第二次，相逢在天津，弘公的俗家，他們都是學成歸國，在天津，一個做官，一個傳授知識。

第三次，他們在民國三年，又在杭州相逢，加上貢院師範的夏丏尊，便成三角知交。

這一次呢，是民國七年（一九一八年），做法官的袁希濂，又調到杭州來了。其中一半是因為無緣，一半是法官沒空，所以整整的一年，他們沒會過面。到這一年三月初，西湖白蘇二堤的楊柳已抽出新芽，袁又要隨官位而走了，在臨去前夕，他忽然念頭一閃，想起了在西湖出家的李叔同來，二十年前，他們與許幻園、蔡小香、張小樓，還是金蘭之交呢！

有人說，出家後的李叔同，現在的弘一法師，還在杭州西湖玉泉寺掛單。「去看看他！」

他想，這也許是一種緣吧！他一個人乘車搖出西城，心裡帶著一種慚愧的情操，找到玉泉寺的山門。他告訴一個和尚，要找李叔同——弘一法師。

「弘一法師？他正在誦經，你自己去吧！」出家人說。

於是，他便悄悄地向裡走，拐彎抹角，穿過幾條幽徑，找到一排僧舍，又找了一個出家人把他領到弘公的佛堂前。這時，正是下午三點敲過，春天的陽光，透過院中稀疏的新枝，跌落在佛殿的階前。

佛堂很小，僅可容三五人跪拜之地，但談到靜修，參究經藏，也只能容納一二人罷了！佛堂的禮佛蒲團上，長跪一個僧人，上身筆直而瘦削，身披栗色袈裟，光頂，芒鞋赤腳，正凝視堂上的佛像，低念某一種經文。

從背影看去，恰似多年前的李叔同。可是，這位和尚似乎未聞人聲，袁希濂走進去，他依然長跪不起，口中低沉而清晰地隨著手中小木魚底篤篤聲，一字一唱；袁希濂似乎為那種靜境所折服，沒有驚動他。

時間無休止的流走，袁希濂這時不由得懷疑起來。「這位和尚究竟是不是李叔同呢？」他想問問，可是他不能那樣放肆——在一座清靜的寺院，擾亂了出家人的清修。

他向前走兩步，站在和尚的右後方，只有幾步。貪婪地，掃視佛堂一週。小佛堂，淨潔無塵，二尺高的佛像、供桌、蒲團、青石鋪的地面。

他等了快到一個鐘點，和尚唱了一首偈子，起身了，向佛像頂禮三拜。之後，熟練而無聲息地卸下身上的袈裟，折成長方形，搭在左手臂上，便轉過身，往袁希濂看看，淡淡地傾出一臉笑意。

「呀！叔同！」袁看出這位和尚正是當年的瘦桐——李叔同！

「希濂！」和尚說：「我們到裡面小坐。」

說這話時，和尚便走到佛龕左側，推開一扇小門，把訪客引導入內。

這是一個最簡單的單人房。

房裡有一張木板床，床上疊著一套灰色布質的被褥。一張古舊的方桌，代替寫字檯，一個小書架，兩個掛鉤，吊著洗面巾。除此而外，四壁蕭然！

他們進去，和尚把袁希濂邀到唯一的一張帶扶手的木椅上坐著，他自己趺坐在床上。

「我們又是四年多沒見了！」袁感嘆地說。

和尚沒作聲，臉上浮現一絲沉默的笑意。

「那還是民國三年的秋天，你到浙師不久——」

「……」

「真想不到，四年後的今天，你在這裡落髮遁入空門。」

「——這，倒是稀有的緣！」弘公終於道出了這句話，臉上頓時顯得歡欣鼓舞。

「官場裡的事，絆住了我；去年我便到杭州來了，一拖便是一年，可是，現在又要走了，現在，我特地來看看你的生活，同時告別。唉——人間離合悲歡，真像一場夢。」

袁希濂說到這裡，師忽然抬起眼，向他睨視一剎。

「你前生也是個和尚！」

「我嗎？」袁乍聽這句話，心頭一怔，瞬息若有所悟地說：「我作過和尚？」

「請珍重！忙裡偷閒，晨昏念佛，自有歸處。」

「噢，不錯，不錯！」袁連聲諾諾。

「在佛書裡，有一種《安士全書》，不可不讀，那是一部為居士們開闢思想棧道的名作。」

「《安士全書》，《安士全書》！」袁一再地默記。

「你點破了我的黑燈籠！」袁希濂感激地站起身，「我未能脫俗呀，老朋友！我這樣叫你可以嗎？」

弘公放下袁的一席話，莊嚴地從書架上層，取下袈裟，「我的下一課時間到了——人身難得。是萬古一瞬的因緣；佛法難聞，是歷劫不遇的際會；錯過了，沒有人能承擔這份過失，阿彌陀佛，珍重！」

袁手足無措地退出佛堂，「叔同，後會有期了。你的照應，使我永誌不忘。」他們在暮色蒼茫中告別。

師送袁出門，站在石階上，待袁希濂走出他的視野，不禁嘆息一聲。

「菩薩也有隔陰之迷，何況一個根基未深的凡夫？」他這悚然一念，通過腦中；然後，便匆匆走下石階，向大殿走去。

袁希濂走後，回家想了一晚，終於五年後，在江蘇丹陽任所，無意中檢得一部《安士全書》，經細讀之後，第六年便皈依了當代淨宗印光大師，成一個入門的佛子，但他皈依不到半年，又再度皈依了西藏持松金剛上師，改「行」學密，這使老實修行的佛學行者，有一種欲速不達的惋惜之感。

密宗，這種「毋庸甚解」的心法，與顯學的念佛在理論上的差異，究竟在何處，一時還不能斷言其基本的分野。

在玉泉寺，弘公所行的，是律、淨兩鋒併入的工夫，他以持律的工夫，作為專治時代病的清涼劑。問題是，末法時代的獅子蟲，雖為佛子，而做的卻不是「了生死」的大事，他們把「追名逐利」搬上佛殿，並把它變為一種「真理」；這是佛門「鄉愿」的溫床，佛法破產的絕症；沒有律學，無人行律學，都不足以救這種「歇斯的里亞」性的精神衰弱症！最重要的是：比丘滅盡，白衣傳法，那是連鬼神都要訕笑的！

另一方面，大師以念佛的工夫，作為「明心見性」的資糧；他深信，念佛與一切法門毫無二樣，能深入這一門，便足夠了！你多跨幾門，除了白費精力，好高騖遠，則一無是處；雖然，古今「禪淨雙修」、「禪密雙修」、「淨密雙修」，乃至「禪淨密三修」的比丘居士們多的是；但成為一代偶像的，卻都是那些一門深入的龍象！

弘公，每天在那間小屋裡，摒除一切，除了研律，便是寫經、念佛。

到清明節前後幾天，日課改為專誦《地藏菩薩本願經》，並持「地藏王菩薩」聖名。——如有人問，地藏是誰？他便是宏佛法於九幽地府，以「我不入地獄，誰入地獄」的誓願，常住地獄的那位身騎怪獸的大士！

正值弘公在清明後一天，念《地藏經》為亡母加被，恰巧嘉興范古農居士帶著佛學會的道友們，到玉泉寺來了。

范古農居士與玉泉的印心、寶善兩老熟稔，他們這一行人，進山門，在大殿上禮佛後，便逕自來找弘公。

小院裡寂寥無聲，弘公正在焚香、伏地膜拜，范老已走上臺階。

這時師已做完第一堂功課，轉身便看到了佛學會這些人。

「呀，范老，各位居士，阿彌陀佛！」師合掌敬禮。

「我們參見法師！」范老說：「我們請法師開示念佛法門來了！」

「啊！」弘公避開正面，居士們頂禮一拜之後，各各環座而坐。「——念佛法門，慚愧，我還是非常淺薄；這是行起來簡單，說起來是非常深奧的法門，這個，范老是功德中人，請范老開示開示吧！」

「噯唷！法師言重了！您夙慧天來，我這個痴漢那敢放肆，還是法師慈悲！」

師默然很久。

「當代普陀山的印光大師，是一時龍象，弘一不敢妄充善知識，念佛一門，唯佛與佛，才能究竟。這裡，有一部《華嚴普賢行願品疏鈔》，請范老帶回，與諸居士結緣可好？」

范老看弘公要他承擔這樁公案，便只好偕道友們告別了。

從春到夏，柳絲、梧葉、池水、白色的石板地，幽靜的禪院，又使玉泉回復到幽美出塵的莊嚴世界。

大師住在玉泉寺，到端午前後，聽說虎跑寺了悟上人，集眾僧結夏安居，便欣然離開玉泉，回到定慧，準備以這三個月的時間，實地過一過佛制的生活：靜坐、聽經、念佛。……多一分修持，少一分罪報，增一分福慧。

到定慧結夏，是己未四月十六日，弘公與出家後的彭遜之居士——現在的安忍法師，又再度成為同參的道友。

這段生活，安謐而寧靜，淡泊而幽長，使師體會到念佛上許多實際工夫。而從這開始後，二十多天，丏尊來了。

這時，夏丏尊對佛學，已有一段「嘗試」性的體驗；他在弘公的堅苦卓絕的行為感動下，素食、讀經、念佛，都虔誠地做了；不過，在他那個知識份子社會，還沒有擺脫「知識上」的障礙，他衷心敬佩弘公，也對佛學發生了濃厚的興趣，但是，他未能獻出生命。

面對父親的死，與李叔同的出家，使丏尊感覺人生處處坎坷。

他想到歌德，這位日耳曼的精神象徵，平生沒有見過釋迦牟尼（像）一面，然而他也埋怨，活到七十多歲，沒有在連續二十四小時以內真正地愉快過。人生的意義究竟在哪裡，這位寫《浮士德》的大文豪，也覺得諱莫如深。

夏丏尊，面對中國知識界的李叔同，他放棄了已成就的藝術光輝，卻默默無聞地遁入佛門，這種與千萬人背道而馳的行徑，越發使他感覺人生是難熬的；但是，你必須熬，末法時代眾生顛倒，血是白的，淚是黑的；這便是人生！

他這一次來看弘一法師，與每一次看他的意思完全一樣。他們把簡要的話說完，便是無語對坐；坐到晚霞歸山，暮鴉入林，丏尊便向弘公合一個掌，轉身而去。

他每一次看弘一法師，是他一生千篇一律的「愛的教育」（夏譯有《愛的教育》及《續愛的教育》）。他感覺到，與老友見一次面，便增加一次無限的深意摯愛與留戀；除非他圓寂了，他死亡了，便斷絕這種神聖的往來。

他知道弘公在虎跑結夏，從弘公給他的信中，他第一次見到「結夏」這個詞兒。

「結夏」，不過是出家人在夏季三個月，閉門集眾潛修而已。在古代印度的佛制，佛寺為了夏季雨多，蛇蟲遍地，不宜出門托鉢，為了避免殺生與生活上的困難，便撙節出這九十天的日子，下一番工夫。

丏尊見了他的老友，通常是簡單的三言兩語「好嗎？」「好！」「近來生活方便嗬？」「好極了！」「要換什麼衣物吧？」「暫且不需要！」

話完了，便是默坐，然後分別。

定慧寺的僧人與夏丏尊也熟了。他見了弘公之後，看看他還「安然無恙」，便在大殿前後院落裡走走。那些出家人，一個個默不作聲，靜坐的靜坐，讀經的讀經，念佛的念佛，而唯一的妙處，卻在沒一個人扯閒話！

他徘徊一匝，回到大師休息處。師也從他的寮房拿出幾幅字來，要他帶回去，在生活上作個體驗。這是弘公從《大佛頂首楞嚴經》摘出的幾段文，弘公念著經文，丏尊展開字，看下去——

佛言：「善哉阿難！汝等當知，一切眾生，從無始來，生死相續，皆由不知常住真心，性淨明體；用諸妄想，此想不真，故有輪轉。汝今欲研無上菩提，真發明性，應當直心酬我所問！十方如來，同一道故，出離生死，皆以直心……」

「文殊！吾今問汝，如汝文殊，更有文殊，是文殊者，為無文殊？」「如是，世尊！」（文殊答言：）「我真文殊，無是文殊；何以故？若有是者，則二文殊。然我今日，非無文殊，於中實無是非二相！」佛言：「此見妙明，與諸空塵，亦復如是……」

「富樓那！想、愛同結，愛不能離，則諸世間父母子孫，相生不斷，是等則以欲貪為本。貪、愛同滋，貪不能止，則諸世間卵、化、濕、胎，隨力強弱，遞相吞食，是等則以殺貪為本。以人食羊，羊死為人，人死為羊，如是乃至十生之類，死死生生，互來相噉，惡業俱生，窮未來際，是等則以盜貪為本。汝負我命，我還汝債，以是因緣，經千百劫，常在生死，汝愛我心，我憐汝色，以是因緣，經千百劫，常在纏縛。唯殺、盜、淫，三為根本，以是因緣，業果相續……」

「若我滅後，其有比丘，發心決定，修三摩地，能於如來形像之前，身然一燈，燒一指節，及於身上，爇一香炷，我說是人，無始宿債，一時酬畢。……」

這是弘公從《楞嚴經》摘出的四節經文。

「丏尊！《楞嚴》，是佛法中一部富於戲劇性，結構最謹嚴的經。由於這部經，是武則天時代從一個和尚口中譯述，因此，千百年來，一些愛挑剔的學者們，以為它與其他佛經的格調不同，懷疑它是一部偽經。其實，印度的佛經，都傳自口述。也有人說一部《論語》，是孔夫子後人偽造，《老子》是秦漢時代所謂『集體創作』。

「世間許多知識份子在思考時，往往忘了『依理不依人』的辨證原則，而且，『邪人說正法，正法也成邪；正人說邪法，邪法也成正』的心理病普遍地存在知識份子的心中，所以世間的邪說謬論，被普遍地引為真理。——這一切的原則，都被『主觀地彎曲化』了，因此，輪到真正辨是非的時候，是非往往不明……這就不用談下去了。

「這幾節經文，從哲理的說到實體，在哲理部份，還能被知識份子接受，但在實體方面，如『輪迴觀』，『宿業論』，便不免為知識份子認為迷信與狂妄了。

「釋迦牟尼在這本經上大膽地稱頌『燃指供佛，乃至燃於其身』，是一種功德，這是知識份子們攻擊的藉口，這一點，沒有身體力行的人，是無從想像的；宇宙萬有，你從表象上斷定它底本質，是不可靠的！……」

「哦，是的。」丏尊說。他看著一行行與瘦削的弘公兩相逕庭的字，不禁心生歡喜。他底案頭，擺著歷年來為他寫的詩詞銘諺經文，何止數百幅？

丏尊每來看弘公一次，總有一次收穫；這次他走了，又帶回四幅經文。他走後，弘公回到佛堂，在靜中便觀想丏尊在佛的光環中走在一條硨磲與瑪瑙鋪成的路上，兩側鳥鳴風拂，都是如來法音，他觀照出丏尊已是一個淨域中的行者，前生歷劫，已接種過無數佛苗，今天才有緣與佛門往還。

*

九十個炎炎夏日完了，師又移錫到以風景著名的靈隱寺，他之遍歷西湖各寺，無非想實地體驗佛家大門內的遺風。同時，他也可以遍參佛門長老，博審群經！

剛到靈隱寺，正是初秋，西湖又恢復到一年一度的遊客如雲的季節；弘公在太平洋報社時代一位朋友，聽說大師已移單靈隱，便追蹤而到。

這位朋友——胡樸安居士（《中國文字學史》的著者）每到杭州，總要訪師晤道。照他自己想像，他也是「佛門中人」！

在靈隱見到弘公之後，首先，他以一個詩人的姿態，呈上一首詩給弘一大師。

「法師——」他說：「我沒有別的相贈，這首拙詩或可表我崇敬之思吧！」

師說：「多謝，阿彌陀佛！」

於是，胡居士先朗誦自己的詩，詩曰：

我從湖上來，入山意更適。日澹雲峰白，霜青楓林赤。殿角出樹杪，鐘聲雲外寂。清溪穿小橋，枯藤走絕壁。奇峰天上來，幽洞窈百尺。中有不死僧，端坐破愁寂！層樓聳青冥，列窗挹朝夕。古佛金為身，老樹柯成石。雲氣藏棟樑，風聲動松柏。弘一精佛理，禪房欣良覿。豈知菩提身，本是文章伯。靜中忽然悟，逃世入幽僻。為我說禪宗，天花落凡席。坐久松風寒，樓外山沉碧！

師一看這首五言二十八古的直韻詩，文意雖雅，可惜是一串歌功頌德的糟粕，不禁心生悲戚，嘆中國文化的衰落，不是無因的，就憑胡樸安而言，他還是一個儒家的正統派，出筆竟是「滿紙荒唐言」，怎麼能叫人心服！一種學說，到它底思想無法再支配人心的時候，你無論怎麼宏揚，如何喧嚷，但年將就木的人，死期總是不遠了！

有人說：整天招魂似地「忠孝仁愛信義和平」，剛好，那東西久已不翼而飛！

弘公看罷這首詩，就身邊的紙，大書「慈悲喜捨」四字，以報胡樸安居士崇敬的心。

師說：「胡居士！學佛不是要通佛理便算完，何況我又不是禪宗，更沒有為閣下談禪鬥機，閣下的詩為何打妄語？」

胡樸安一聽，這位老朋友覿面便揭開他幾十年來浮偽的面目，不由得滿臉緋紅。

「唔——唔——這詩，也，也不過信手拈來罷了，原來我也不通此道……」

「那便是了！……學佛的人，貴在一個『實』字：文章的誇大性並不是病，病的是文章變了主題的原質；正如寫悲劇小說的作者一樣，你把『羅蜜歐與茱麗葉』那種深刻的愛，如果一旦寫成庸夫俗婦的淫行，那出入該多大呢！照佛說，這該背因果的呀！」

這位胡居士挨這一餐嚴厲而溫和的教訓，多少感覺到自己的靈魂裡，有不少垃圾。他也算從此造了一個因，到二十年後，因半身殘廢，再想到民國八年的杭州那段故事，使動機再度顯現，從此長齋禮佛！

胡樸安走後，不兩月，師又回玉泉，繼續苦修，到十二月八日——釋迦牟尼佛成道日，與程中和居士，共結佛七，在佛前依《楞嚴經》文，燃臂香十二炷，揚聲高唱「南無本師釋迦牟尼佛……」

一連串悲愴淒涼的誦念釋迦牟尼佛的迴聲，激盪在香雲裊繞的弘公佛堂內，由低沉，轉入宏亮，由鏗鏘，轉入蒼茫……。

凡是一個入佛門欲了生死的漢子，起信後，必將要依他底修證理想，發大誓願：上證佛道，下救含識；如法藏比丘（阿彌陀佛前因）的四十八願，普賢菩薩的十大願王；願願無非是以千百劫的修證，與盡形壽的功德，迴向到成佛那一個終極；可是願裡不願成佛的也有，便是地藏王菩薩，「眾生不度盡，誓不成佛道，眾生無盡，我願無窮！……」

弘一大師與日後的弘傘法師——招賢老人程中和，依西域大詩人天親菩薩的《發菩提心論》內容，發十大誓願，唯一與人不同處，便是大師願以自己的戒行，接引眾生入佛門，以自己的血肉之軀作犧牲，一滴一點，奉行佛道，直到此身銷燼！

空門(三)

一九二〇年的春寒料峭，弘公在玉泉寺冷石板地上伴著一小盆火，白天到深夜，把自己獻身在浩瀚的佛典中，本來，他那一付骨瘦嶙嶙的身體，與寒流對抗，總是撐持的成份多，憑著那一股精神上犧牲的血誠，便挨過了春天，雖然有時咳嗽幾聲，仗著不休止的拜佛，又恢復了血液在脈搏裡激急的流動。

同時，程中和居士，在這個死心塌地入佛道的法侶感動下，也削髮出家了。因此，弘公有了道友，越發把人類脆弱的色身倒大看輕了。誦經時，他緩沉而鏗鏘，唯恐念錯經文中的一句一字，念佛時，不躁不急，綿綿如平沙細流；寫經時，則蠅頭小字，一字一端詳，唯恐不慎褻瀆佛法的尊嚴；雖然，他切入佛道的工夫深了，可是，這種須要消耗生命力的生活，都要賠出他蘊藏得太少的血汗。

奇怪的是，他卻沒有發覺到自己的精神正在加劇地消耗，有時，他卻以為這正是精神旺盛之年，當他著手寫一本經，不到精緻、完美時，絕不放手。

在這一年的春天，他研究的重心，依舊放在戒律上。

他每逢想到「戒律」二字，便痛心地想到，有一種人學佛，越學越不像人。向「地獄道」勇敢進軍，豈是佛陀的悲願？

佛陀真義，是創造一種「完美」，而並非製造粉飾後的「太平」，難道這真是末法時代，人人的心靈間，都裝著一個醜惡的靈魂？

佛菩薩！真是一念「四生六道」，為什麼有些人一面爭著要學聖賢，卻又在聖賢道上扮演魔鬼的角色？

每逢靜下來，讀起律學，便不能面對現實；面對現實，便只有痛哭流淚……。

春寒過去，便是初夏來臨。

農曆二月五日，是弘公亡母的忌辰，天朦朧亮，便起身盥洗，然後拜佛，誦《無常經》為母親迴向；早課完了，點起油燈，研好濃墨，便趺坐在一張寬闊的木椅上，開始寫《無常經》全文。經文也不過幾百個字，但前後的偈子，倒不少。

這本經最早譯在「大唐三藏法師義淨」手裡，藏經裡雖有，但極少流傳，這是一本小型「經典」，佛典的律部，有諷誦《無常經》的記載。

經文說：

如是我聞，一時薄伽梵，在寶羅伐城逝多林，給孤獨園。爾時佛告諸苾芻，有三種法，於諸世間，是「不可愛」，是「不光澤」；是「不可念」，是「不稱意」。何者為三：謂「老、病、死」。汝諸苾芻，此「老病死」，於諸世間，實不可愛，實不光澤，實不可念，實不稱意。若老病死，世間無者，如來應正等覺，不出於世，為諸眾生說所證法及調伏事！是故應知，此老、病、死，是不可愛，是不光澤，是不可念，是不稱意。由此三事，如來應正等覺，出現於世，為諸眾生，說所證法及調伏事。爾時世尊，重說偈曰：

外事莊彩咸歸壞，內身衰變亦同然；
唯有勝法不滅亡，諸有智人應善察；
此老病死皆共嫌，形儀醜惡極可厭；
少年容貌暫時住，不久咸悉見枯羸；
假使壽命滿百年，終歸不免無常逼；
老死病苦常隨逐，恆與眾生作無利。

爾時世尊，說是經已，諸苾芻眾，天龍藥叉，揵闥婆、阿蘇羅、皆大歡喜！

這部經文，佛陀在世，本專為比丘死後諷誦，說「老、病、死」法，不可留戀。

日後弘公在兩千字的敘文上說，這部經流傳世間，有三種利益。

一、經中說老病死法，不可愛，不光澤，不可念，不稱意。誦經人痛念無常，精進向道。

二、此經正文僅三百字，偈頌八十句，諷誦便利。

三、佛許比丘，惟誦此經，作吟詠聲（佛律規定：比丘誦經，不應吟詠。唯讚大德，及諷誦《無常經》），妙法稀有，佛曲幽美，聞者喜樂。

經文前面，有讚美「佛法僧」的偈文二十八句，然後是描寫「老、病、死」苦的頌詞四十句，弘公完全以工整的楷字，寫到早齋梆響，這才住筆。

放下筆，搓一搓冷僵了的雙手，默坐良久。

這一天，他不說話，沒有笑容，只是淒涼地誦《無常經》，心裡想到他的生母，如果不死，也只有六十歲，忍不住，熱淚滾滾而下，現在，他削髮已經兩年，世壽也四十出頭了。

＊

亡母忌辰過去，他有一念之動，這便是在感覺上，杭州還是不能徹底的清淨，徹底的思考，徹底深究律學。於是，在一個機緣中，富春江畔，新登縣境的貝山，附近有一位樓居士，供奉山地一隅，可築屋深居。因此，他便當下決定去新城貝山掩關，於是約弘傘法師作護關使者，相伴入山，這無非是藉此避免舊日「名」上的騷擾，這時已是六月初，大江南北，罩在炎炎夏日下，但山中總是比較清涼些。

在去富春江畔前夕，弘公虔寫「南無阿彌陀佛」六個大字，摘錄蕅益大師名言一節，與三皈依，五學處；臨走時，又寫「珍重」二字，留給他的老友夏丏尊。

在他撰寫的「南無阿彌陀佛洪名題記」中，只是佛學上最平凡的幾句，蕅益大師說：「念佛工夫，只貴真實信心。第一要信我是未成之佛，彌陀是已成之佛，其體無二。次信『娑婆世界』是苦，『西方安養』可歸，熾然欣厭。三信現前，一舉一動，皆可迴向西方，若不迴向，雖上品善，亦不往生。若知迴向，雖誤作惡行，速斷相續心，起殷重懺悔，借懺悔之力，亦能往生，況持戒修福種種勝業，豈不足以莊嚴淨土？……」

這幾句話，佛門之外的人，或許看不出什麼道理來。在一般傾西方的知識份子眼裡，這又是一套中國的「翁姑哲學」，一種「直覺的唯心論」，與「玄想的淨土天堂」；並且出現了「迴向」這兩個令人迷惘的字，這兩個字被引用為這段名言中的主要構架，使學佛未深的人，不可想像。

「迴向」為什麼有這種強大的勢力，能令一個作過惡的人「往生」？

丏尊的心上，已領略念佛的滋味。他不僅在欣賞弘公的書法，也以藏有這位苦行僧墨跡而內心歡喜。學佛，他不希望是「感動」下的產物。成佛不成，在所不計。

嚴格地說起來，這一節話，卻是淨土宗的全部「哲學」，迴向倒有點像「思想箭頭」，有點像「電子」連續地擊中一個點，而成為電視上的影像——於是功果圓成。

要認識「念佛哲學」，你不能仆在它面前看，你要拿著望遠鏡去思想，而不是看，這才有點意義。一個小孩子看星空只是點點滴滴螢火；但天文學者看銀河世界，便成了宇宙的奧秘。……便有一種皈依宗教的情緒。

這，弘一大師了解如自己掌紋。迴向給人性以新生的機會，去惡從善，把善集中起來，重重地投注在一點，可能湧起波濤。因此，不管三歲童子，八十老嫗，只要是學佛的人，他都會「迴向」，但學者不懂，專家不屑懂，學邏輯的人可能了解，但不明白何以要非得這樣做？

＊

弘一和弘傘兩位法師，到了貝山，起先只能住在別人家裡，一面等待著築屋，一面深研唐代律學大師道宣和尚的遺著；六月底，又寫了一封信給丏尊，告訴他，關房已準備動工，快與世間絕緣潛修了。「丏尊！人世是一盆爐火，瞬息便化為灰燼，此身蹉跎，來生也無望，快努力吧……」總而言之，他把夏丏尊當作一個兄弟，一位法侶。

但事實上，是「道高一尺，魔高一丈」，時間如流水，一去不回；關房的興建，總是遲遲不能動土，似乎變成「海市蜃樓」，讓人想像而已。這件事雖小，但總有許多牽絆，使條件不能具足，地皮、工料……本來不成問題的，現在都成了問題。尤其地點選擇，成了這樁工程的阻礙中心。因此，弘公寫信給師友們，只好說是「障緣深重，不能遂願」；暫時住在那裡，一面放棄苦修生活，一面等待，等待。

然而，二千多字的《佛說無常經》序，便在這裡寫成，在七月中，為弘傘法師亡母寫了〈梵網經菩薩心地品〉。

本來，他決定農曆七月十三日，在剃染兩週年這天掩關，當他發現不可能時，乾脆便息心寫經，在薙染兩週年，又虔書《大乘戒經》為宇宙生靈「迴向」，這個月二十九日是「地藏菩薩生日」，再寫《十善業道經》。

七月天，江南的秋風起了，過了月半，富春江畔的天氣又慢慢地轉涼了，由於季節的轉變，這位大師的支氣管，總是不斷地出問題，病魔與他一生結了不解緣，大病小病總是不離身，入秋以來，枇杷膏便成了清早唯一的補咳劑。

貝山之中，濕氣重，早晚陰寒，因此，為這種緣故，便在八月中秋過後，到衢州參訪城北三十里的蓮花古剎，並在那裡掛單。

弘公每到一個地方，便為「常住」（寺裡）整理經卷，加以標註，好使讀經的人，多個方便。

他的色身裡，似乎裝著兩個對立的靈魂，越是被病魔侵襲，越是以精神來作犧牲，在佛道上，他以眾生的救渡為己願，隨時準備為佛陀底教義殉身，這種令人擔心的不休息，便是他的弟子豐子愷說的：「是一種獻身！」

在蓮花寺，除了日常鐵定的研修，便是孜孜不斷地寫幾十卷《阿含經》，寫好後，再把它分冊裝輯起來，這一年秋盡冬殘的歲月，多半在寫經中過去，最後，寫完了《印光大師文鈔》的敘言和題詞。

這一連串埋頭寫經的工作，直到年根歲底，因為經寫得太多，每天午後便覺得眼前發黑，天地旋轉；由於整天伏案寫工筆字，使他的胸部更削，臉色更黃；弘公的苦行不是我們下一輩人所能想得到的，因為他是經常的過午不食，早餐一碗粥，中餐一碗菜。奶粉、維他命針進補，則又是幾十年後才有的享受，他當然談不上「營養」了。

這使他的色身遭受到「四面楚歌」，不得不接受印光大師的勸告。

印祖在信裡說：

弘一大師：

昨接手書，並新舊頌本，無譌勿念。信中所說用心過度的境況，光早已料及，故有止寫一本經之說。但因你太過細，每有不須認真，而不肯不認真處，所以受到損傷。觀汝色力，似宜息心專一念佛，其他教典與現時所傳布之書，一概不看，免得分心，有損無益。

……書此

順候　禪安

蓮友印光　九年七月二十六日

「善養色身，以續慧命」，弘公實在沒有理它，也正像印光大師所說，他底性情如此，他對佛道是無我的。因此使他對每一本經，每一章節，一個字的不周全、不妥當、不工整，也要勞瘁到必須圓滿而後可。

印祖是當時弘公的「偶像」，他們在佛法上是依從的，而且弘公從印光大師那裡得到既關切又嚴厲的信札上的指引。印光大師這一封信，使他不得不放下筆，稍稍休息一下，等到快到農曆的除夕，便掮荷一捲行囊，回到新登貝山，翻過了年，終於放棄「閉關」的念頭，回到杭州來。

這時已是一九二一年初春，弘公掛單在杭州閘口「鳳生寺」，不過，他底性情使他堅持一項原則：便是對佛道獻身還不夠，他進一步，便是要「刺血寫經」，為一切「生命」懺悔，用他血寫經文的利益為眾生迴向。然而現在要做的，則是律學上的工夫，律學的權威不建立，一百年後，中國便沒有真正的佛法。這裡，必待有幾個獻身的人，以犧牲生命的決心，去實踐律宗生活，宏揚律宗學術，才能使那些終日以佛法為工具的拖屍鬼，感到世間對他畢竟有一種威脅，那便是「弘一法師」，及其「衛道士」。

其實，他沒有那份爭強鬥勝的閒情，而他所想像的那些「獅子身蟲」，遍佈在整個佛教徒之間，出家人逃不了因果的責任，白衣居士，也逃不了因果的責任！

只要你以「釋迦牟尼」的聖域作為終身追求的目標，你必須服膺佛底真理，不要使他痛心，不要使他的經典成灰。

＊

弘公正在著手檢閱《四分律》的當兒，他的學生豐仁，已從杭州師範畢業出來走入社會，這個年輕人，家裡沒有讀書錢，又不甘屈伏，便借錢想到日本看人家的東西。無錢讀萬卷書，只有作流浪兒，「行萬里路」，來聊解寂寞。

二十剛出頭的微胖的豐仁，是弘公「繪畫」藝術的接替人，大師不僅把繪畫「遺產」全部給了他，當年在日本精讀批註的原文《莎士比亞全集》，也成了這個學生書架上的珍品。

豐仁，同樣如弘公對待印光大師一樣，把弘公當作世間唯一的榜樣；灰大褂兒，黑粗布鞋，清茶淡飯，平淡莊嚴，一毛一髮，都學他這位做和尚的老師行徑。

因為他要馬上離開祖國，聽說老師已回杭州，便到鳳生寺來向老師話別。

這是正月底，殘雪還沒有消融，他在一天晚上到閘口來。向寺裡和尚一問，最近弘一法師有沒有來？

寺裡便有個出家人把他領到弘公掛單的「雲水堂」，一間簡陋的屋裡，那裡沒有太多的陳設。弘公正在燈下寫字。

略形前傾的側影，正照在粉壁上；堂上靜肅無聲。

「法師！」豐仁踏進門，先叫了一聲，那聲音是顫慄地，充滿了情感的震動。

弘公一轉身，「啊呀，子愷！」說著便站起來了，「來吧，這兒坐。」

「法師，我要到日本去了，前幾天才探聽到您在這裡駐錫，所以……」

「哦？」弘公慈切地望望他苦學的後生，「到日本去，能看到許多國內看不到的東西。」

「我去遊歷，去日本各地藝術館、博物館、畫廊……去看一番。老師，您看我去得冒險不？」

「青年人走路，有時比讀書還要緊，在你這種情況，既不讓你讀書，那麼看看別人能吸收不少新的東西。年輕人記住這番話，你必須讓自己鑄造成一種東西，不達目的，除死，不要終止。」

「日本的畫風很『島派』。」子愷說。

「那裡有許多中國人沒有的西洋藝術，能更正這個缺點，日本人性情如此，女人好哭，男人心狠。結果，形成了一種悲劇的激進的文化，他們也許會亡國，但是很快會站起來。」

一粒燈光如豆，師生分別半年多，弘公的面頰瘦削了很多，但是精神還旺盛，從微弱的燈光下，弘公的臉有一半埋在陰影裡，只覺得他的話聲，比以前更低沉更緩慢，有一種與世無爭的平靜感，有一種遺忘世界的飄逸。

子愷的日文，一半學自弘公，一半學自丏尊，所以去日本可以通行無阻。「去吧！」師說：「但是別忘了自己，去學習別人，不要忘了創造。」

然後，師生同時沉默在一種靜肅的氣氛中，很久，子愷才懶懶地站起來，向老師一躬合掌到地，退出門外。

「法師，我這便走了，明天——」

「明天別再來了，埋下頭去體會別人……。」

子愷怔怔地看著弘公，一瞬間，便躡手躡足順著雲水堂的牆壁，轉過大殿，出了山門。

＊

現在，弘公這半年多從參研律學工夫體念出一種作為後人持戒較好的方法，便是把「戒律的條文」加以整理、註記、歸納；什麼戒犯了該怎樣，什麼戒無心犯了又該如何，去把它底「戒相」確切地分條標定出來，列成表解，不必待後人去判斷、猜想。那種含混不清的字，表不出「戒相」，更易令人製造犯戒的機會。

含混不清，觀念不明，是中國人沒有「思想」的病症。

為這，他又得離開杭州，想找一個斷絕外緣的地方，去著一本「戒相」的書。

他既有了這個動機表示，便馬上有玉泉寺吳建東居士，舊時學生林同莊，他們說溫州山明水秀，氣候溫和，同時，那裡又有吳璧華、周孟由兩位護法居士禮請，便決心料理行裝，在三月中旬，乘船到溫州，掛單在城南慶福寺。

這個俗稱「城下寮」的古寺，以清規謹嚴，專修念佛法門得名。

弘公一到慶福寺，便感覺到這裡幽靜過於西湖的靈隱，寺僧生活嚴謹過於玉泉；這裡整天聽不到一點塵俗的音響，進了深廣的寺院，便覺得與塵世隔絕，住下來之後，便決心禁足，著手編著律學上光輝千古的《四分律比丘戒相表記》。

為了寫這本書，大師告訴同道說：

我弘一出家時短，修持淺薄，急於摒除外緣，悉心先辦自己願力要辦的事，因此，請諸位慈悲護持我三章規約：

一、如有舊雨新知來訪，暫緩接見。

二、如有來索書法序文，不能動筆。

三、如有要事囑咐，暫時不能承當。

弘公雖然是僧侶界中的新人，但是因為他在俗時，已有藝術上的高名，入了僧界，這點世間浮名已不脛而走，乃致使「追名逐利」的庸夫俗子間起了騷動，因此，他每到一地，不管是真正愛好此道的人，還是附庸風雅之輩，有志一同，趨之若鶩。向他求到一幅字，便自詡是弘一大師知己，藉此自我陶醉。這些無非是世間的浮名碰上了利鬼。所以為防避凡俗的困擾，先把這個洞口堵上，便於專心著作。

弘公在這裡禁足一個多月，草底已完成一半，四月間，又由意外因緣，老友楊白民，請師到上海洋場過幾天，因此，放下筆來，乘船到上海，逗留在十年前做過國文教席的城東女校。

師來上海，正是四月初夏，帶的衣物不多，他打算緣了便走。

剛巧，十年前在城東女校受過大師薰陶的女弟子朱賢英，聽說出家做和尚的老師到上海來，便在一天下午來到女校見老師。

「老師！您身體可好呵？」賢英居士來了，見到弘公便伏地叩拜。

「一拜便好！」弘公站起來，莊嚴虔誠地合掌回禮。

「老師，您入佛這些年了，學佛應該以何入手為好？」

師生多年不見，相形之下，一個已經進入而立之年，一個成了方外沙門。

「你學佛了，是麼？」師說。

「老師學佛，感動的不是我一個人。」她說，「不過，我也只是初入門而已，佛典深奧，難在它是一種哲理，徒然望洋興嘆。」

師沉吟片刻，點點頭。

「學佛，如果你對它已具信心，高深的道理，你可以漸修，可是人生一去不復回，現在先把握住，便以專心『持名念佛』作為一條穩妥的路。你知道麼，上海洋場，多的是拿念珠的老太太，照她們那樣，下決心，念下去，便可證『念佛三昧』！」

這時，朱賢英這位初入佛門的居士，懷疑地看著老師。

「老師不是以苦行、持戒為宗麼，難道也念佛？一個知識份子學佛，不學唯識，也該參禪的？」她說。

「我是專心持名念佛的，我念南無阿彌陀佛！」弘公已窺探出這個女弟子的心意。

「噢？」她恍然說：「老師也持名念佛！」

「我崇拜印光大師，他是當代持名念佛的倡導者。他開創了『持名念佛』這條最簡捷的路。相信他，永遠是真理。」

「什麼是持名念佛？」

「不幹別的，比如說：不參禪，不打坐，不觀想，僅用口念、耳聽、心唯，念的方法，隨你選擇，直念到一片佛聲，在你的心識上勝過一切紛亂的妄念，念到一片佛聲掌握了你心靈世界，朗朗清清，到你不出口而心自念，一天二十四小時，隨著你呼吸出入流轉。……」

「這如何能？」朱賢英說。

「起先，當然不可能，做任何工夫，都是這樣，日子久了不斷工夫，不懈怠，不出花樣，最後便是一心不亂的境地；時間久了，從一心不亂，再漸斷無明，於是念佛三昧現前，五蘊皆空被親證，那時候……」

「我知道了，法師。那最後的境界，便是『菩提』。」

「不錯。」弘公最後下了個結論。

之後，大家沉默下來。

這天下午，在片刻沉默與斷續問道中過去。

當朱賢英居士走後，第二天，弘公便返回溫州關中。這一年五月二十八日（農曆四月二十一日），是大師亡母六十歲的冥誕，仍舊寫經三部，作為薦亡的功德。過了母親誕辰，重新開始每天以三小時的時間用在《戒相表記》的編寫，直到六月底，完成了中國一千多年來「戒相」的初步整理工作。第二步，便是鑑定、修補、刪削、繕寫的工夫，他將以最大的寧靜、忍耐、與精細的功力去完成。完成一種著作，並非用以自豪，當黑字印在白紙上，便無法更改。它對歷史背負著沉重責任，比當時著作人的嘔心瀝血更為神聖。因此，弘一大師對自己手中產生的每一個字，口中說出的每一句話，都經過千磨百鍊。正因為如此，他終天可以不說一句話，他可以放棄生平愛好的角刀和畫筆。而為宣流佛法所寫的經文佛語，則是他全部的心血精萃。

六月以後，他的學佛生活又納入了寫經、靜坐，與念佛軌道。當這一年冬天，他寫出《增、雜兩阿含經》，和《佛本行經》。

他想，只要一息尚存，便決心獻出壽命、精力，要寫完佛說的全部經文。這沒有別的意念，只基於自度度人的學佛虔誠。

當農曆十二月底，丏尊有信來，他寫道：

音公法師：

我自發心素食以來，在心理上，還覺得信佛只是信了一半，信得不夠虔誠，每次看到你那種赤誠、犧牲的宗教家風，獻身於佛道的不休息精神，再回想你往日在藝術上的成就，以及青年時代的生活，前後對照，如揮鞭斷流，便使我汗顏無已。因此，我現在開始實踐佛家的修持生活，每天早晚持「阿彌陀佛」聖號，願師在光中加被。

我今天在佛道上剛剛起步哩。

仍要枇杷膏否？如用宣紙，以及其他雜物文墨，請示下，以便供養。

敬頌

道安

丏尊　民國十年除夕寄

弘公接到丏尊來信，乍看之下，真是歡喜不已。當晚，便恭寫「蕅益大師名言」一幅，連信一同寄給上虞的丏尊，勉勵他早證菩提。

沉潛

弘公回到溫州的城下寮——慶福寺來，一晃便是半年消逝；生命無常，與律學上的工夫，需要他對自己再刻苦，再歷練！一個人的色身算得什麼呢？如果人類有靈魂，即使為佛法殉身，再過二十年，又能出家為僧了。因此，他對持律底刻苦生活，過午不食的歲月，粗茶淡飯的素食，所抱的觀念，只是為「生命而生活」，卻沒有為「生活而生活」的意念。

他認為色身是不足惜的，只要精神上能有所堆積。當一九二三年元月二十八日、農曆新年初一，他沒有想到什麼是俗人世界的禁忌話語，便寫了一幅「辭世詞」，贈給他上海的舊友楊白民，這首偈子，有海闊天空的大禪家作風，是慶福寺的首座法常和尚圓寂前的留言：

此事楞嚴嘗露布，梅花雪月交光處；一笑寥寥空萬古，風甌語，迥然銀漢橫天宇，
蝶夢南華方栩栩，斑斑誰跨豐干虎；而今忘卻來時路，江山暮，天涯目送飛鴻去！

——這真是大解脫的手筆，難怪禪家和尚，有玓足泊化的公案。弘公看中了這闋詞，便寫下來，作為新年的警語。

由於慶福寺的寧靜與佛典的浩博，使得弘公深深地覺得，這裡不僅是潛修佛道的好去處，也是埋頭寫經、著述的世外幽境。因此，他繼續著禁足閉關生活，如果可能，他便斷絕一切外緣，沉潛在關中，寫經、念佛、著作……。

到慶福寺駐錫以來，使他感念不忘的，便是這裡的住持寂山老和尚，把他的戒律生活，點點滴滴看在眼裡，覺得這一位喝過洋水，在藝術上曾締造過黃金時代、百萬富豪的公子爺，一旦削髮出家，便選擇律宗為他盡形壽的歸命處，生活上則如時鐘一般地準確，平時在佛道上，又是那麼不惜形銷神悴地苦修，如果——這個人不是佛菩薩乘願再來，以一個平泛的人，照他那樣為道忘軀，這個世界上，恐怕絕無僅有；因此，老和尚對待這位掛單的雲水僧，關照寺裡的上上下下，都要恭敬虔誠。

同時，因為弘公「過午不食」，寂老便關照把全寺的午餐，提到上午十點鐘，如此，對於弘師來說，更為方便。

弘公感覺寂山老和尚對自己如此關懷、慈愛；又在律學上尋到一條根據，便是雲水僧在一個寺院安住下來，依律要拜寺裡的負責人為「依止阿闍黎」（即依止師父），他是一個學律的和尚，應該怎樣做，他心裡便有安排。

於是選擇一個稍為溫暖的上午，特別到寂山老和尚的方丈室裡，閒談整理寺裡經卷標簽的事，當這兩個敬愛情摯的方外人談得正高興的當兒，弘公忽然從袖中抽出一張新年用的紅紙來，捧給寂山老人。

「呵，師父——」弘公自駐錫到這裡，便把寂老稱作師父的。而寂老則聽到「師父」二字，便陡然起立，避身一旁！

「呀！弘師，你不能這樣呀！這樣會折罪我的！……」寂老在說話間，便感覺弘公這番閒談，與往常不同；他注意這張紅色的紙，帶著懷疑的情緒，接過一看。

原來，這竟是一張登報的啟事，這是弘公禮拜寂山老人為依止師父的啟請全文。

「啊呀！」寂山老人大吃一驚。愕然半晌；「我有什麼德望作仁者的師父呢？請千千萬萬不要這樣吧，弘師！你能在這裡駐錫，已使常住感覺福緣不淺了……」

「師父！您，您這太謙虛哩，弟子以溫州為第二位故鄉，慶福寺為第二常住，如果我仍狂妄自欺，何以能安心辦道？請老人不要推辭！」

「那是無論如何不敢當的，請安心潛修佛道，只要慶福寺能做的事，都要為仁者奉出一切，但，以老衲為師，則是萬萬不敢！」

「這這這，弟子已經決定，如果蒙老人不棄，便在明天行拜師禮……」

這時寂山老人一方面感覺慚愧，同時也興奮；他覺得弘公無異是人間大菩薩，因此，對弘公的要求，不敢答允；對其為人則更加敬愛。

弘公把這番意思轉達給老人之後，便告辭回到關房，他假定寂山老人，依舊謙辭未允，便寫一封信給這裡的護法——「淨密雙修」的吳璧華、周孟由兩位居士，託這兩位向寂山老人再度表達自己的虔誠，這纔得到寂老的默許，於是第二天——正月十二日上午九點鐘，自己帶著氈子、衣具，披上袈裟，便逕自到方丈室，把氈子鋪在座位上，請寂山老人就座。

寂老說：「既然仁者謙遜地要老衲遵命，那又何必看重形式呢？」

弘公說：「不如此，不足以表佛門尊嚴，請師慈悲接受！」

寂老堅不就座受拜，弘公便向空座頂禮三拜，寂老則在座旁合掌答禮，從此，弘公便尊老人為師了。

當禮師後不多天，弘公接到天津俗家次兄文熙的信，提到俞氏夫人在正月上旬病故，要弘公回津一次。本來弘公想到俞氏夫人為他已犧牲一切，在十九世紀以前的中國女性，已忍盡了一切不人道的折磨，從漢代民歌〈有所思〉這篇歌詞裡，可想到中國女人在古代，幾幾乎除了義務，就沒有權利，到今天依然如此，這首歌詞，是漢代民間的俗調：

有所思，
乃在大海南，

何用問遺君？
雙珠玳瑁簪，
用玉紹繚之。
聞君有他心，
拉雜摧燒之，摧燒之！當風揚其灰！
從今以往，
勿復相思，
相思與君絕！

雞鳴犬吠，
兄嫂當知之，
妃呼狶，
秋風瑟瑟晨風颸，
東方須臾高知之。

這歌詞道盡了棄婦的幽怨，要寫為白話，便是——

我有相思，
遙寄天涯。
啊，那棄我而去的人呀！

當新婚之夜，
我有一支心愛的玉簪。
現在聽說他底心變了，
恨起來我把它踏碎焚燒，
燒成灰吧，讓大風吹去！
從今以後，
不再相思，
我這顆心已經破碎了！

雞鳴犬吠，驚破了哥嫂的清夢，

哦，苦命的人啊，我又該餵豬了！
秋晨的曉風清寒，
天色已將破曉。

弘公的心念，剎那間掠過這些淒涼的故事，俞氏雖不似這位〈有所思〉中的婦人，既貧窮又受生活煎熬，但她們的命運是相同的！

他出家前，已拋棄她十多年了，她呢，卻把生之苦埋在心裡，結果，換來的，卻是一場毫無意義的青春之夢。又當不該死的年齡，撒手人寰。

為了過去的「積業」，弘公想到這裡，便覺得應該回去，為她超度超度，為她種一點佛緣。

但是，這個年頭，正是北方軍閥混戰的關頭，從清代嘉慶以後，中國人便一直互相殘殺到現在，為了北方的「直奉之戰」，他只有望白雲嘆息！

在關中，他上寂山老人一封信，說明他現在的情況——

恩師慈座：

前時命弟子寫的字帖，已寫好奉上。請檢收。前數日，得天津俗家兄長來信說：

弟子在家的妻室，已於本月初三病故，囑弟子回津一次。但目前北方變亂不寧，弟子擬想緩待數月，再定行期。

再者，吳璧華居士不久便由北京返溫，弟子擬請吳居士授神咒一種，或往生咒，……便中請師與吳居士道及。弟子目前雖在禁語，但為傳授佛法，乃方便與吳居士晤談一次，俾面授咒文。

順叩　慈安

弟子演音頂禮　正月二十七日

這封信由送飯的人，轉送給寂山老人。但弘公並沒有照信中的計劃，到北方去。因為中國的北方，一直亂到他圓寂之後，在二十世紀，中國的北方，是一個非常殘酷的鐵蹄市場。

弘公想就吳璧華居士學密咒，也不過企圖仗神咒力，加被死者的亡魂，可是亡魂能否仗念佛念咒不墮地獄，這也是心靈上的問題。印光大師對這種「觀想式」的超薦，並不表示樂觀，一個活人念佛、潛修，還不能決定掌握自己最後的命運，何況一個與佛無緣的死者？

要學佛，還是趁年輕的時候！

正月過去，吳璧華居士回來了，弘公便從這位學過密的護法授〈往生咒〉，而後，為俞氏夫人設靈，在關中虔誠莊嚴地念幾天咒，和《地藏菩薩本願經》。

想不到，他的女弟子朱賢英，學佛不久，也在舊年歲尾於上海寓所病故。一個發心學佛的人，剛開始念佛，無常已到。

朱賢英的舊日同學，在二月初，為紀念她，便收集她生前的書畫，影印成冊，請弘公作序。

在這年春天，除了關中寫經、念佛、整理《戒相表記》，又為知交夏丏尊刻五方印，全是「陰文」，這五塊印，鐫的是：「大慈、弘裔、勝月（一說為胤）、大心凡夫、僧胤」，全是弘公的法號。

同時，師又題了一篇跋文給丏尊。跋上這樣說：

> 十數年來，久疏雕技，今老矣，離俗披鬀，勤修梵行，寧復多暇耽玩於斯？頃以幻緣，假立匠名及以別字，手製數印，為志慶喜。後之學者，覽茲殘礫，將毋笑其結習未忘邪！於時歲陽玄黓吠舍佉月白分八日。予與丏尊相交久，未嘗示其雕技，今齋以供山房清賞。
>
> ——弘裔・沙門僧胤並記

弘公雖然在關中，與丏尊則一直保持衣食保暖上的信件往返，丏尊則有時到溫州來作客一日半天，再乘船歸去。

甘泉。

夏初，師在關中又把蕅益大師的警語，撰輯一小冊，題為《寒笳集》，作為學佛人的

＊

也許是這一年夏天熱得出奇，或者是七月底的海上颱風驟雨帶來氣候的反常，弘公在關中，靜多動少，他對學佛各方面的工夫又太認真，當七月過去，忽然有一天午後，覺得小腹痙攣地痛了起來，不到兩小時，便連瀉了兩三次，師以為不過是偶然的腸胃不適，沒有在意，依然是拜佛寫經。可是到第二天清早，已轉成惡性赤痢，無休息地瀉了！從頭至尾，不到二十四小時，已被痢疾折磨得倒在床上。可是他沒有告訴誰，拖了三天。

這時，他的病，被侍者傳到寂山老人耳朵裡，老人便跑到藏經堂的關房來看看，這一看，把老人嚇呆了。

原來弘公的臉，已瘦得脫形，一張薑黃色的皮，枯澀地貼在骨頭上，兩隻眼深深地陷下去，那付瘦長的身材，蜷臥在灰色的僧袍裡，顯得嶙峋可怕。

「你病了，弘師？」寂山老人苦惱地站在窗前。

「是的，師父？」

「幾天哩？」

「大約是三天，也許不到。」

「現在找個醫生來看看，吃一付藥！」寂山老人說。

「我念佛哩！」師呻吟著說：「我的病，看來很兇，隨他去吧！……」

「那怎麼行呢？」

「小病求醫，大病求死。請求師父，到弟子將要臨終時，把房門窗戶都鎖上，請幾位法師幫弟子助念佛號，斷氣六個鐘點以後，再，再……把屍身——用被褥纏著，送到江裡，與水中動物結緣，也就是了……」

寂山老人一聽，弘公要一心求生蓮池世界，心上一陣痛楚，忍不住老眼裡迸出淚來，伸手執著弘公瘦削的腕骨，覺得手裡握著的像一節冰冷的石杵！

這時，老人忍不住想到「孔子探冉伯牛病」的故事。

「伯牛有疾，子問之，自牖執其手，曰：『亡之，命矣夫！斯人也，而有斯疾也；斯人也，而有斯疾也！』」

大概冉伯牛也生了像痢疾、霍亂一樣的惡疾吧！

可是一個冉伯牛，恐怕還抵不上一個弘一法師啊！

寂山老人回來，便打發人為弘公看病。

不過，說也奇怪，當醫生還沒有理出病底頭緒，弘公卻強撐著念佛，強撐著在床上拜佛，到一個星期左右，痢疾又漸漸而癒了。

病好之後，在關中開始為念佛工夫，與印光大師通信求教。——原來，他在關中寫的經文，有少部份竟以刺血落筆。他為了佛法，即是肝腦塗地，也是一笑置之的。八指頭陀的另外兩個指頭，不也是為佛道而燃禿的麼？

——到中秋節前夕，身體已復原，又寫些小東西給老友丏尊，鼓舞他精進念佛。

這一年殘冬，又為慶福寺已故的廚司陳阿林，寫了一篇傳，作為這個老實人的生西紀念。現在用白話寫下來：

陳阿林，法名修量，是瑞安縣下林鄉人。幼年時燒窯過活；後來，在城下寮廚房做齋菜，民國十年三月，我來溫州時纔認識這個平凡的人。

這個人蒼黃的一付面孔，瘦削的顴骨，下巴無肉，是一付貧窮而短命的模樣。可是，每逢我們進齋時，他便合掌敬禮，等吃飯後撤碗筷時，他總是呆呆地看著我很久，像一個痴騃的小孩。

他見我吃得稍少一點，便現出一臉愁容，必定問我：「呀，法師！怎麼吃得這麼少啊？您的身體不舒服麼？……」這麼追根到底的問。

誰知，這個人哪，原是有哮喘病的，逢到春天便大肆爆發、咳嗽起來。但是，他依然一樣勤苦地工作。

每天晚餐後，他弄清廚房的事，便隨著大眾念《阿彌陀經》，持佛名號，聲調淒淒切切，比任何人都來得虔誠。

當今年正月，他忽然辭職了。過了兩天，他來寺把衣物檢在一起，戀戀不捨地看看這，問問那；剛巧，這裡又碰著佛事，要人幫忙，他又留下來了。

一連許多天，他都沒有一句話，到十六日中午，他捧著盛麵的托盤，到我關房來，身穿新做的棉襖，瓜皮帽子，新黑鞋，居然一付清秀相。我們相互地看看，都高興地笑了。他說：「法師，我不再走了！」

想不到，後來我聽人說：阿林在那天晚上，他還是回家了，老病復發。到二月初七的早晨，告訴他的家人，燒一盆沐浴用水，自己起來洗了個浴，便回到床上念佛，蒼蒼涼涼地在念佛聲中去世。

陳阿林死時，不過三十一歲啊！

*

這時，在杭州的夏丏尊，已在一年前，離開第一師範，到上虞白馬湖畔春暉中學教書了。這時的春暉，擁有當時許多最著名的教師，豐子愷也在這裡駐過腳。

為了看看丏尊，與到上海之便，作一個弧形的浙東散腳。一九二三年的春天，天氣已漸漸溫暖，大師在此時便辭別了慶福寺，揹著一捆行李，行腳到上虞，在丏尊處掛單一天，然後到紹興，掛單在城南野外一個小庵裡。當他坐船到紹興時，第五師範的教師——昔日的學生李鴻梁他們，便到碼頭上接他，這些老學生們，所接下船的和尚老師，帶著一張破草蓆包的小行李捆，另外一隻網籃，裝著木製的面盆、草鞋一些雜物。……當時隨這群學生去接他的，還有日後入佛的蔡丐因居士。

當時蔡冠洛（丐因）看到這位方外的藝術家，原來是這付兩袖清風的模樣，不禁嘖嘖稱奇。因為他曾見過弘公出家前作的樂曲，看過他東京時代的豪華照片，同時，在他的同事中間，聽到過這個和尚青年時代羅曼蒂克的故事。

他既然到紹興，又決定掛單在野外的小庵裡，於是擇定星期天，大家一同去看他。

李鴻梁、孫選青、蔡冠洛，一行人到了城南「草子田頭」的一座小庵裡，因為這所庵，本身便很小，一進庵門，便知道有人來了。弘公便把他們請到寮房裡坐下來，帶著一付默默的笑容，靜靜地坐著。

這時，有許多問題，在年輕人的心裡很想衝出來，請做和尚的老師答覆，可是當他們看到大師那種平靜、慈祥、虔誠的笑容，忽然覺得一切都解決了，一切都明白了；大師的無言、默默、寧靜，正是人生最上乘的禪思，這也便是佛法的終極；如果一落語言，反而損害了那瞬間的「密意」。

當時發生這種感覺最深刻的，便是與佛有緣的蔡丐因。

他們回去之後，蔡丏因第二次又來了，因為他對佛家的唯識學有了強烈的興趣。

他曾在杭州聽過一位法師講經，當時發生了一個問題，便問那位法師：

「法師，我請問您：世尊在因地，為了傷害一隻鷹，竟至受盡苦報，但為什麼又說，念阿彌陀佛的名號，就會帶業往生呢？這裡問題是——理可通，事卻有礙，請您開示。」

於是那位法師對著他說了很多很多念佛的功德，說了很多很多佛經的理論，他心中的疑問卻依然梗著。事實上，是「定業不可轉！」只要作惡，便逃不了惡報，說千說萬，如果帶業能往生，豈不是便宜了大奸大惡。

這第二次，隔了一星期，蔡冠洛先生又到草子田頭小庵，見了弘一大師，一見面，大師依然無語，只是作個請坐的手勢。

「法師！」他又照本宣科說：「世尊在因地時，為了傷害一隻鷹，竟至受盡苦報……請法師開示！」

他把話說完，希望弘公能有一番更動人、更通理、更令人滿意的答覆。

「……」他心裡捉摸著，弘公應該如何展開這件公案的序曲。

可是，大大出乎他意料之外，即連這樣的公案，弘公竟沒有說一句「為什麼」、「怎樣」的結論。

弘公聽後，只是微微一笑。

這位初習佛學的居士，靜靜地在弘公慈光氤氳的默默裡，坐了半個鐘點。然後，若有所悟，又若有所失地回到學校。他覺得這疑問，已不是問題的解決與否，而是他再領會一次人生最奧秘的嘗試了。

他忽而想到「靈山會上拈花微笑」的故事。

當弘公離開紹興去杭州之前，留下一幅「南無阿彌陀佛」的橫額給他，這幅篆書的佛號背後，全是蠅頭小楷，寫的是靈峰蕅益大師的法語：

「佛為初入門的人，首先深談理論，企圖以理融事，而不滯於事。但為深位菩薩，必廣說事相，企求以事攝事，而不滯於理。不滯於事相，則一事通達一切理，事理無礙；不滯於理，則一事通達一切事，事事無礙。」

「啊！」冠洛看罷大字，再看小字，這才明白那天的公案，在這裡找到了根據。

*

弘公到杭州，是飛鴻一瞬，把自己帶在身邊的慶福寺碗筷，請便人帶回還給慶福寺，然後，再轉返上海，駐錫「居士林」。與無錫尤惜陰居士合撰《印造經像之功德》。當時在這裡，遇到五年前南京高等師範校長江謙，談到佛學。弘公說：「居士如息心學佛，《靈峰宗論》不可不讀，讀了以後，便有所悟。」

師離開上海，又到杭州，掛單靈隱寺，這時，又是初夏。便決定在這裡參加一次「結夏安居」，息心放下一切，誓證念佛三昧。結夏圓滿，到九月深秋，雲遊舊地衢州蓮花寺，遍參那裡的大小佛家禪院，隨緣所到，不是為寺裡整理經文，便寫經、寫字與常住結緣，他是永不休息的長流水，精神與大地同在。

當這一年除夕前數日，行腳的因緣結束，重新又回到溫州城下寮關中。

對於「念佛」，前人中，他崇拜靈峰蕅益大師；但活著的菩薩，則以印光大師為唯一的典範，逢到念佛上的問題，便請示普陀山的印祖。

因為他雖然發誓專心念佛，但依然忘我地寫經、寫字與眾生結緣。同時他另一個心願，便是以血代水墨，遍寫釋迦牟尼的「聖言量」，留給未來人。

印祖在弘公屢次請益後，覆信說：

> 座下勇猛精進，為人所不能；又將刺血寫經，可謂重法輕身，必遂大願。然而，光願座下先專志修念佛三昧，待有所得，然後行此法事。倘最初便有此行，或恐血虧神弱，難為進益。
>
> 入道多門，唯人志趣，了無一定之法，其一定者：曰誠、曰恭敬；此二事雖盡未來際，諸佛出世，皆不能易也。……（以下刺血寫經之利弊及方法略）
>
> 又：寫經不同於寫字屏，僅取神筆，不必工整；若寫經，宜如進士寫策，一筆不

容苟簡，其體必須依正式體，若座下以書札體格，斷不可用。……

對於大師刺血寫經的動機，印祖不表苟同，他知道弘公的身體，抵不上他的精神，同時寫經必須付出更高的血汗代價。

但在另一封信中，對弘公在慶福寺中，決心剋期閉關誓證念佛三昧，有所指點——

接手書，知發大菩提心，誓證念佛三昧，剋期掩關，以期遂此大願。聞之，不勝歡喜。所謂「最後訓言」，光何敢當？……

光謂座下此心，實屬不可思議；然於關中用功，不二為主（弘公當時在關中除念佛外，依然寫經），心果得一，自有不可思議感通，於未一之前，切不可以妄躁心，先求感通。一心之後，定有感通；感通則心更精一。

所謂明鏡當臺，遇影斯映，紛紛自彼，與我何涉？心未一而切求感通，即此求感通之心，便是修道第一大障，況以躁妄格外的希望，或能更起魔事，破壞淨心，敢為座下陳之。

——印光

大師修道的急進心情，犧牲一切不惜生命的奮進，這一段光景，為印光祖師稍稍澆熄一些。這似乎是一切追求真理者，必經之路！

聖品

當一九二三年（癸亥）的殘冬，正是淨宗印光大師與弘公函件往返最緊密的階段，這兩位人間龍象，一個居於師摯的地位，一個站在受業的份上。因為弘公正潛沉在關中寫經念佛。「持名念佛」，該是淨土宗印光大師的「宗外別傳」，這位北方老人堅決而強項地提出了「持名念佛」「單刀直入」的方法，直證「念佛三昧」。

在念佛功深的印祖來說，正是閉關期中的弘公接引者。何況，在民國十二、三年，正是印祖在國內法緣始盛初期。關中的弘公，逢到讀經、念佛、深修上的疑難，便通函請示印祖。事實，他對印祖已當作自己的老師，只是心照而不宣。可是到這年歲底，他深受印祖的薰陶，已到登堂入室的地步。並且，他自削髮以來，便陸陸續續，與印祖發生了文字因緣。

因此，他決心懇請印祖把自己納入弟子行列。如果此願不遂，他決心焚指燃臂，以表示自己的赤誠。

就這樣，他在這年「阿彌陀佛」的聖誕日，極早便自關中起身，以冷水盥洗以後，便在佛前上香，虔念一百聲「南無本師釋迦牟尼佛」，然後長跽、合掌，低聲虔念：「我弟子弘一，今晨發願，禮請當代印光大師為師，列弟子門牆，祈佛慈悲照我，滿我微末的意願。弟子當下以香燃臂，表白血誠，請佛悲憫！請大師慈光照覆！……」

祈念完了，便開始以事先準備好的「香炭」三粒，放在左手臂的內側，以香火點燃，讓透紅的火，在瘦削的臂上燃燒。這時，他心中只有一念，便是喃喃的「阿彌陀佛」聲繚繞在關裡。

臂香燃畢，之後，回房伏案，虔寫「請列弟子門牆」函一封，寄給潛居普陀山的印光祖師。他這麼寫著：

印公師父慈鑒：

弟子自蒙受聖德薰陶，益感師恩無涯，久思請列弟子門牆，師均以緣未備而謙卻，因此，弟子益形感覺福薄慧淺。師如慈憫弟子，謹以糞土之牆，朽木之器，跽待攝受。弟子於今晨已在佛前請求加被，想佛陀必當垂憫。謹候慈旨。

弟子弘一頂禮

這封信去了之後，所得到的回音，竟是印光大師的再度謙謝。這位嚴厲剛直的大師說，他還沒有福德做弘一法師的師父。首先，弘一座下便是乘願再來的菩薩，做菩薩的師父，豈能草率承當？弘公看過那封信，心頭不免冷了半截。然而，他確信印祖是靈峰藕益大師以來的第一人。以他的品格而論，絕不會這樣草率地掛上一個師父的名。同時，就這件事的意義，對弘公本身，則是一番考驗，一種琢磨。這與他專注戒律的生活，是一個極美好的榜樣。因為，這上一年，他同樣碰了一次壁。

——彌陀聖誕之後，一晃到了年底，他第三度泣血哀懇，並且幾乎動了「刺血上書」的念頭，決心在這次信上，取得印光大師的一句話！這封信意思是與前幾次大同小異。但是，他的話，把心也嘔出來了，任誰來看，也知道弘公懇請列入印光大師門牆的心情，是一樁莊嚴的事。——最後終於獲得印祖的「印可」！

得到印光大師默認為弟子之後，弘公在信中對一位居士說：「印光大師的聖德，不是平常人可以測度的。大師中正似蓮池，善巧如雲谷，專宏淨土，密護諸宗……折攝皆具慈悲，語默無非教化，二百年來，第一人也！……」

他高興極了。

也正由於印光大師的攝受，他的這一願已滿，因此念佛更加精進。不過，即使如此，每天仍有兩個小時，為《比丘戒相表記》的編著而抄寫。

在這個時候，慶福寺的住持寂山老人，因為弘公在關中潛修淨土，有許多地方需要護持，便派一位年輕的侍者，專職侍候。

這位年輕的侍者，原是一個在家居士，在侍候弘公的歲月裡，受到弘師一言一行的感染，不禁感動得五體投地，便暗裡告訴弘公，要削髮出家，弘公便將侍者的意思，轉稟寂山老人。老人說：「這位居士年輕，性情不定，將來是好是壞，還不能預料，如其向壞的方面發展，這罪過豈不太大？我看還是過些日子再看吧！……」

這番話傳入弘公耳裡，心裡非常為這位小侍者難過，因為，人人都有一種秉賦；先天的傾向，正與先天的智慧一樣，只要觀察一番，便知道這個人，將來究竟能鑄成什麼材料？而弘公對這位侍候他的年輕人，是深知的。從年輕人「護關」不久，便開始模仿他的生活，在偶而的空閒，也臨摹他的字！這正是一塊可琢的璞玉。可是，這並不為寂山老人所知。

這是一九二四年（民國十三年）春天的事。

弘公對這件事，未能達到年輕人的願望，心中耿耿不安，便叫那位年輕人請慶福寺護法周孟由、吳壁華兩位到關房，自己破例出關，與他們道個明白，便一同去方丈室，見寂山老人。

進了方丈室，大家把侍者立志出家的事，請求寂山老人再次慈悲，當老人還沒有表示什麼意思，弘公便伏身長跪，向老人說：

「恩師，請您老人家無論如何慈悲，讓小居士出家吧！出家後，如有破戒違犯寺規的事，一方面由弟子負責，而周吳二居士也可保證。對這位年輕人，我知道得不少，出家後，我相信他至少不是一個庸俗的和尚！如果師父不能攝受印可，弟子又有何顏面回關呢？……」

這番話懇切地說來，是如此地嚴重，寂山老人一看弘公如此認真，不由得莞然笑了。

「好，請起來吧，弘師！我也不過如此擔心而已，年輕人不可靠的總是佔多數呀！」

因此，寂老想到弘公的一言一行，全是照經文寫的聖言量做的，他與平常人不同的地方，便是欠缺他們的「善揣人意」。他對這種「人情世故」是絲毫不留意的。正如他自己所說——實在是一個「書呆子」。

那位侍者的出家問題，既然解決，年輕人歡喜固不必說，而弘公自然是了卻一樁心事。結果是——年輕人，請求弘公為他剃度。他是受他的感召而出家的。可是，這卻沒有得到弘公的同意，這，破壞了他持律修身的諾言——終身不為出家比丘剃度。

「我介紹一位有德行的法師為你剃度！」弘公說。

「啊？」侍者說，「還是請恩師別開一面，收留弟子！」

「不！不！」弘公說得很堅決，「我介紹這位法師，也等於我為你剃度一樣。你知道不，我的師兄——弘傘，他在杭州！你削了髮再來護我的關，直到我完成《戒相表記》。」

「？……」侍者怔怔地看著莊嚴的弘一大師。

「沒有錯，就這麼做！」

「是的，法師。」

「你的法名，現在便叫『因弘』！」

「謝謝法師！」侍者伏地頂禮。

當這位年輕人剃度之後，法名是「因弘」，法號便是「白傘」，名號中各有「弘一」「弘傘」中的一個字。當弘公著成《戒相表記》之後，因弘法師便以臨摹弘公的書體，為「表記」寫題。

*

弘公閉關在慶福寺，為了鑽研佛道，他拒絕了溫州專員林鵾翔及其後任張宗祥的多次拜訪。這些服官的人，對於弘一大師李叔同，都是慕名而來。

但是寂山老人，深恐得罪了地方首長，親自到關房與弘公商談接見，忽見弘公面目緋紅，如燃夕暉，剎那間，又見弘公轉而合掌急念「阿彌陀佛」聖號。兩眼迸淚，顫慄地說：「師父！弟子棄俗出家，為了生死大事，妻子已棄而不顧，何況世俗的應酬？請告訴他們，弟子抱病，不能見客……」寂山老人終於感動地離開關房。

事實上，弘公每逢家人來信，總是在封背批著「本人他去，原信退回」八個字。他不拆信，不看信，不作任何想像，一顆心，破釜沉舟，念佛、持戒、了生死！

進一步，為了參證念佛上的工夫，當六月間，取得印光大師的認可，便出關桴海，直航南海普陀山，上「法雨寺」，參見印光大師。

這兩位大師相形之下，印祖是巍巍如遠山，弘公則高標如白楊。

弘公見師後，頂禮三拜，印祖則默立昂然領受！然後便在寺中設一個雲水床位，每天早上四點起，到印祖房中親侍左右，體察一代祖師的生活。

印祖雖專弘淨土，並不標榜宏律，可他也是「過午不食」，每天早、午兩餐，每餐一大碗。早晨沒有菜，中午「羅漢菜」！從早到夜，念佛不輟！那是一種世間最簡陋的生活，印祖整天沒有笑容，床頭板上寫一個「死」字，好像「死」在等著他。但似乎也為這而準備一切。印祖為自己料理生活上的一切，絕不要他人插手。

弘公親侍這種生活整整七天，啊！他這才領悟到，一代師表，在平穩篤行的歲月中，不放過一秒時間，不浪費一寸空間，印祖的床在佛龕下面，一張舊凳子，一張舊桌子。低床、舊被；與世間正常的生活，無疑地落後若干世紀。

——這便是真正的戒行，莊嚴的戒相；因為他底心中已沒有物質觀念，所以他底生活境界已成一片空靈明淨。

印光大師實際沒有精研戒律，但是，他是一個苦行僧；一代高僧絕對是嚴守戒律的。從釋迦文佛以來，沒有一位放浪形骸的菩薩應世！

*

弘公參禮印光大師之後，回到溫州城下寮關中，到八月間，苦心創作四年的《比丘戒相表記》，終於在侍者因弘最後的襄助下，原稿精繕完畢！

這一部全本一百十四大葉的原稿，如何地偉大、莊嚴？只有讓學律的人去領會，讓棄俗出家的比丘僧，去揣摩弘一大師的精誠、細密！而他那種示範後人的心胸，又是何等的無涯？

《表記》：一是根據《南山行事鈔》疏解為「表」，二是採用「靈芝」「見月」大師的註解，三是弘一大師自己的「案語」，四是恭敬虔誠一分不苟的楷書，五是從頭到尾「持、開」分明。

這部獨步當代的律學創作，已被收入中國《普慧版大藏經》，當它被當時上海的穆藕初居士發現，供養了全部影印資金，由上海中華書局縮印一千部，分贈國內大叢林，與日本佛學界，原稿則由穆氏保存。當這部《表記》付印時，弘公並為它留下遺言，鄭重宣佈：「衲身後不必建塔，做功德；只要此書得以流傳，我願已得！……」

*

《表記》寫成，印製工作到數年後才完畢，弘公半生研究律學的工夫，對中國佛教界已足可傳世。這一年冬依舊住在城下寮，當一九二五年開春，便出關拜別寂山老人，開始他的雲遊生活。

不過，他依然以「城下寮」作安居地，在江浙行腳，離開些時，再回來住些日子。

本來，一九二五年的秋天，他有心到南京看看，再由南京去安徽九華山，參地藏王菩薩聖地。

九月上旬，天還有點寒意，他事先告訴老友夏丏尊：他要到九華山朝聖，路上經過寧波，假使見見面，在寧波七塔寺，他也許掛兩天單。

*

自決定後，他掮著一捲行李，由海道坐船，飄飄蕩蕩，到了寧波，下船後，天已黑盡，一個人孤獨地走在街燈下，搖曳著纖長的身影。店面裡的煤氣燈光，偶而掠過他被海風吹黑的面孔，不由得顯出幾分憔悴、蒼黧。

他計劃中是到七塔寺掛單，可是摸索到這座佛寺之後，誰知雲水堂客舖已滿，知客僧愛莫能助的表情，只有使他另覓棲止處。

出了七塔寺山門，他臉上兩道淡眉深深鎖著，高闊的額角，輕微地疊著幾條縐紋。肩上的行李捲兒，在夜風下，更顯得淒寒，令人感覺一股淒涼的氣息。他腳上的芒鞋是蔴織帶孔兒的，灰大袍兒令人嗅到寂寞、空曠的滋味。

他摸索幾座小廟，也遭了閉門羹。最後終於穿過幾條小巷，擇一個骯髒的小客棧安頓下來。

「小二哥！」進了店門，弘公向茶房打個問訊，「還有客舖嗎？」

一個十多歲的小茶房，透過煤氣燈，向門外一看，他幾乎不能相信，來住宿的，竟是一個瘦兮兮，光著頭的和尚。

「——唔，有是有一個房間，只是地下濕一些，床是板床；師父要得吧？」

「好啊，好極了，阿彌陀佛！」

「那麼我帶你來。」

於是，店小二帶他進了店門，轉兩個陰黯的牆角，找到一間沒燈沒火的小黑屋，把他塞進去。

「喏，這便是，師父。牆上有菜油燈，用水，廚房裡有，方便囉！」

「好，好的。」弘公說。

說著，他摸到火柴，把燈點亮。

房間僅擺著一張床，還有半張小破桌，燈掛在牆上。幾個蚊子嗡嗡地在腳底下鑽來鑽去。牆角裡有一股沖鼻子的霉味。

弘公把行李捲兒往床上一放，輕飄飄地，打開繩結，裡面現出一條舊棉被，被裡兒由白色到灰色的過程，大約十多年。

他喘口氣，搬過角落裡破籐椅，兩手端起，先向地下頓幾頓，如果有臭蟲什麼的呢，坐上去少不得軋死。頓了之後，輕輕地坐了。

小客棧，原是沒有帳子的，但不是說這裡沒有蚊蟲。出乎人們的想像，已到深秋九月，蚊子卻愈來愈多。

弘公晚上是不吃飯的。偏偏小茶房覺得欠缺什麼，又踅回來，笑嘻嘻地說：

「和尚師父！你吃什麼？」

「不，我沒有吃晚餐的習慣。」笑呵呵地，聲音在C調以下，低得比蚊蟲高不了多少，但是極為清晰。而且使人了解他正在真誠地笑。之後，他輕輕地拍拍板床，先警告臭蟲提前搬家，這才鋪了行李，取了木屐，無聲無息地摸到廚房，洗了腳，回來，便連衣歪在床上。這個當口，蚊蟲成群地來了，弘公感覺有點什麼刺痛，便用手向空中拂拂，搧搧。好像碰傷蚊蟲，也要犯罪。也不知是否揮走那些小魔卒們，他便平靜地睡了。

他一連住了兩天小客棧——原因是七塔寺一直沒空位子。這兩天，他的生活被茶房明白了，原來他只吃早午兩餐，而且每餐只用一道菜。這是一個窮困的和尚，小茶房總是這樣看他。

「一個人，不做人，偏去剃頭上廟！可能是這個人從小便是沒爹沒娘？」平凡人的心裡總是這樣猜想。

等到第三天，弘公告別了小客棧，臨走，除了給店錢，還笑嘻嘻地遞給小茶房一份零錢。

「呀！這？……」小茶房不由得怔了怔，楞楞地看著他眼裡的和尚，「還看不出來哩？」他想。沒有說什麼，便恭敬地接下錢，向弘公卑下地笑笑，彎腰把弘公送出門。

弘公出了客棧，一路直奔七塔寺，結果，這座著名的佛寺到底有空了，可是被分配到雲水堂上，空位是有，床位卻不比客棧高明。舖位是兩層樓的。他僥倖地弄了個下艙，同四五十個遊方的和尚擠在一道，一同打坐，一同打鼾。

弘公在這裡住下了。早晚跟著同道們一同拜佛、念經、掃地、擦床。第二天，他剛吃完稀如濁水的早粥，回到舖上，理理隨身的書籍，一轉眼，雲水堂外，端端地站著一個穿長大褂兒的俗家人；橄欖形的面龐，文質彬彬地，兩隻眼透出濃重書卷氣。這個人望他笑笑，拱拱手。

「丏尊！」大師看到老友到了，便微笑著拾起一張木凳走出來，兩個人在走廊上坐下。

「到寧波幾天咯？」丏尊問他。

「三天。」師說。

「一直住在這裡？」

「噢，這裡的人很擠，前兩天住的是順通客棧，昨天趕上這裡的單。」

「那家客棧不怎麼清爽吧？」丏尊帶著愁苦的微笑：「那家客棧是有名的骯髒！」

「啊，還不壞。」弘公笑瞇瞇地說：「臭蟲不怎麼多，不過三兩隻。蚊蟲過半夜便沒有了。茶房倒非常客氣哩！」

「那你真會忍受！」

「那裡那裡！」大師一口純粹的北方官話。

「這兒好嗎？」

「好，好極了。大鋪呀，還是第一回睡呢，睡得可真美極了，就像睡在雲端裡一樣。飯也好，菜也好。這裡的常住待我們雲遊的沙門，可比自家人還親近……」

「噢？」丏尊呆了一呆，然後淒涼地笑了。

*

丏尊到這兒來的目的，是有意要弘公到上虞白馬湖畔，他教書的地方過幾天。上虞白馬湖，由於「春暉中學」在那兒，丏尊到春暉教書，在那裡他也蓋了幾間房子安了家。

他說：「弘公，走吧，到白馬湖去！」

於是不容分說，便去收拾他的行李。

「呀！」走到大鋪邊，一看，弘公的行李捲兒，只是個灰色的小布包，便嚷道：「你的行李呢？」

「這不是，我自己來。」弘公說：「要你動手，不是鬧了我麼？」

丏尊順著弘公坐的地方一看，那行李一總是一條窄窄的褥子，又薄又舊；被子，已描寫過了，灰白破舊，是沒出家時蓋的。包行李的東西，是一張破舊的蒲草蓆兒，別的，除下兩本佛書，什麼都沒有。

弘公挾著行李，丏尊為他提著那個小布包，僧俗二人，同知客說一聲，弘公又拜了佛，便跟著丏尊出了佛寺，在一座碼頭上，上了小船，第二天傍晚到白馬湖濱一個小村上。

丏尊把弘公安頓在自己左鄰不遠的「春社」裡。校長經子淵也是弘師的老友，他在春暉右首湖邊有幾間新屋。

到春社的客房裡，弘公自己動手打開舖蓋捲兒，但首先把那張破蓆子小心鄭重地理平、鋪好；再把兩件灰色的羅漢衣捲成捲，當作枕頭。以後，再拿出一條灰黑而破舊的手巾，到湖邊洗臉。

「啊——水真美，這水真美！」

他一面捧水往臉上拂，一面讚美著。這一片明淨的湖水，映著他清瘦的倒影。

丏尊是同他一起漫步到湖邊，因為他們每逢聚首時，話總是像幽谷裡的溪流，潺潺不斷地——沒有完。

「這手巾太破了，太不成形了，我替你換一條怎麼樣？」丏尊忍不住了，只覺得李叔同出家以後，變得赤貧如洗。

「換一條？那兒話！還好哩！」弘公把那條毛巾提起來一揚，「醜嗎？這也還不算舊。」

「唉——」丏尊嘆口氣。「晚上，吃飯麼?」

「你記錯了!」洗過臉，他們走在路上，弘公說：「你知道，我自出家以來，便是過午不食的。今年是七年了。」

「唔!」丏尊漫應一聲。

於是，當第二天十點鐘過後，瞅著學校裡沒事的當兒，丏尊便親自從家裡提著菜籃子，送一盆飯和兩盆素菜去，讓弘公吃著，他在一邊陪他。

「——菜太多了。我說只要一樣，你偏要弄兩樣來。」弘公叮嚀著。

「素菜呀，又沒有什麼好的供養你!」

「這就好極了——」弘公夾著一塊萊菔，那種欣喜的神情，把飯和著菜喜悅地划進口裡，用筷子輕巧而鄭重地捉住每一葉菜，每一粒米，一面欣賞，一面陸續地吃著，真令人懷疑，他吃的不是人間煙火，而是仙界瓊漿。

丏尊陪在一旁，呆望著他吃，眼裡噙著興奮而感動的光。

第三天，又逢到經校長家供養了，他用四樣菜來服侍老友弘公。經子淵校長也在桌上，他們一同吃。

這四樣菜，無非是白菜、萊菔、豆腐、慈姑之類的東西。但是不幸，「百葉」燒萊菔太鹹了，鹹得令人麻到舌根。

「這盤菜太鹹，太鹹！」經校長嚷了起來。

「——鹹，是鹹了一些。鹹，不過也有鹹的滋味！」弘公讚美。

這便沒話說了。弘公歡歡喜喜地把菜飯吃完，他對這兩位老友說，第二天不必再勞師動眾送飯來，他自己可以去吃。

「乞食，出家人是在行的。」他說。

「那麼逢雨天呢，還是送吧！」丏尊插嘴。

「雨天，啊？雨天我還有木屐哩，不要緊！」嘿，他說到他的木屐，好像他有一雙澳洲皮的皮鞋一樣。

「每天走走路，天天三千步，也是一種很好的運動。」弘公接下去說。

「那我便無法反對了，弘公！」丏尊說：「在你，世間沒有一樣不好的東西。一切都好。骯髒的客棧好；七塔寺的通艙好；破碎的蓆子好；陳舊的手巾好；白菜好，蘿蔔好；鹹死人的菜飯好，木屐好，跑路好；……老天爺，什麼都有味，什麼都好！」

弘公聽老友嘮叨，他一方面感覺朋友如此深摯地關切著自己，不由得直直腰，更顯得瘦削而孤高了！

「——明天！」弘公說：「我們要分手了。我本來去九華山雲遊的，看來江浙起了戰爭，我的九華山也去不成，我看我還是回溫州吧。」

「這便走嗎？」丏尊說。「我看再住幾天！」

弘公默默地考慮片刻。

「從民國元年起，我到浙江第一師範教書，到今天，剛好是十四個年頭，這十四年，在剎那間消逝了。」弘公慨嘆地說。

「一切有為法，如夢幻泡影；如露亦如電，應作如是觀！」丏尊記起《金剛經》上偈子，輕輕地低念出聲。

過了好幾天，弘公在這裡又為丏尊和學校裡師生們寫了不少佛經上的偈子。終於在一個夕照滿湖的下午，乘船飄然而去。

望著那遠去的孤帆遠影，那便是民國初年的大音樂家李息霜啊，如今竟是一個雲水孤僧。丏尊不禁回憶到他們在杭州貢院師範的舊時情景，一晃人事全非。再看這位削髮為僧的老友李叔同，在白馬湖畔小聚十天，老友這種以生活當藝術的空曠心地，是何等地令人傾服？感動？

但是，這種視大千世界如一幅畫面的詩意生活方式，不是真正地藝術是什麼？只可惜，凡夫俗子，不能領略其中的況味。

前塵

弘一大師揚帆而去，留下落寞的丏尊，在湖邊徬徨良久，悵然走上歸途。人生，是如此荒涼……。

因為九華路斷，弘公便在浙東雲遊了兩三個月，可惜的是，這時是晚秋，美好的江南，已沒有前人詩中「南朝四百八十寺，多少樓臺煙雨中」的詩情畫意。這首詩，正是形容江南佛寺多，山川秀；而這兩句詩，又蘊藏著多麼濃厚的畫中景色！

等到大師行腳回到溫州舊居城下寮關中，已到殘冬。過了冬，到一九二六年春天，他有兩個計劃，第一：是去杭州玉泉寺，整理《華嚴疏鈔》。第二：是江西廬山之行，參加「金光明會道場」（是密宗法會），寫經與世人結緣。

因此，開了春，便從溫州乘船到杭州西湖招賢寺，會合他的同參老友弘傘法師。

這一向，弘公的身體似乎有異乎尋常的健康，精神也顯得充沛。當他二月中旬到玉泉寺，便著手整理《華嚴疏鈔》，這部前人的疏注，充滿著佛學的無盡知識，但是由於它底複雜，所以也就顯得繁亂、缺乏條理，由於前人寫書，不分段，不標點，後人讀起來，也就如入五里霧中。

於是弘公便對它加以釐訂、修補、校點……也正因為，這是佛門一部豐富的鉅著，如果不整理，便會因為它的蕪雜而埋沒它底光輝，所以，他要把這部書的精神發掘出來。——這是千百年來佛學界第一個和尚做的修補知識的工作。

當他移居到這裡，有兩個多月，他底老朋友、學生們，又聞風而來了。

首先，是夏丏尊、豐子愷，接到他的信。他們同時從上海會齊，到杭州來，而豐子愷於六年前去日本後，一直沒有和弘公見面。

他們獲得弘一法師到杭州的消息，坐車到杭州已是萬家燈火，滿天星辰。

他們當晚便住到西湖邊的一家小旅舍裡，第二天早上七時，便坐著黃包車，到離湖不遠的玉泉寺。當這兩個人進了山門，穿過大殿，便看到一位身材高大的和尚出來。這位和尚的面容，彷彿八尺高的立身佛像，眼簾低垂，面容豐滿，面容呈珠黃色，一臉慈悲的氣氛。

「阿彌陀佛，夏居士！啊，豐居士！」原來他們是九年前，弘公出家時，便相識的。

「弘傘法師您好！」子愷說：「我們九年不見了！」

原來這位便是自號「招賢老人」的弘傘法師。

「請坐吧！——要看弘一法師麼？」

他們同時謙遜地說了聲「是」。

「弘師在白天是閉門念佛、寫經，只有送飯的人，才能出入他的房間，下午五點以後見客……」

「那麼我們五點在山門口會面吧，子愷！」丏尊說。

「哦？」子愷有點失望。

於是，他們便坐了片刻，與弘傘法師扯了些舊話，便搭車到杭州城裡，在一家飯店吃飯以後，分途拜訪他們的朋友，到下午五點鐘，當那位年輕的後輩豐仁帶著三個朋友趕到玉泉寺門前，弘一大師已與老友夏丏尊對坐在山門口的石凳上聊天了。

弘公一看薪傳的弟子豐子愷到了，便立起身來，帶著無限的歡欣，說：「子愷！我們到客房裡坐……」

弘公說著，便領著這兩位生平得意的知己與學生，與幾位來訪者，走進寺門，進入一間擺設簡單的客房，大家坐下，那一瞬間，寂寞無言，片刻以後，才由丏尊打破了沉寂。

「啊，法師！這幾位都是子愷的朋友，要來看看您。」

弘公向這幾位年輕人，浮起一片深意的微笑！

「這一位是楊先生，他有些學佛上的問題……」丏尊說。

「……」弘公依然是沉默地微笑。

於是那位楊先生便垂手起立，面對弘公說：

「法師！我的家庭，是傳統信佛。我的幼年便隨著祖母念菩薩名號，直到今天，依然使我對舊時堂上焚香禮佛的情景，記憶鮮明。……」

這時，弘公輕舉右手，示意他坐下談。但是這位年輕人依然直立著。

「——法師，誰知到了今天，讀了幾天『洋書』，吸收了一些新知識，忽然使我覺得幼年的舉動，非常可笑。雖然，近來因為某一種原因，又對佛學窺探了一部份，可是，我對『念佛』這種行徑，依然懷著一種疑問。其次，便是儒學與佛道，在本質上是否是『對立的』？因為，凡是自稱儒生的人，多數反佛。第三，佛教終於給人們蒙上一層迷濛的煙霧，無法徹透看清它底面目。所有的經文、語言、行為，與人們的現實生活、知識，有一段距離，請法師指示一二。……」他一口氣說完，這才爽快地坐下。

這時，姓豐的後生，正在欣賞他老師絆著草鞋帶兒的一雙芒鞋與赤足。他覺得老師與九年前的形質又不同了。

弘公的神色是一種自然的安寧，眉目鍾秀，眼睛不時環視室內其他的人。

「嗯——」弘公接下那位楊先生的話。「對學佛，你既然有過最初的概念，那麼談到你受的教育，反而使那一段信仰變質，這是『知識上的障礙』，不足奇。人人都是如此。等你再從頭研究，便會回到以前的態度——假使從前的態度是正確的！

「其次『念佛』是學習佛道的一種『方法』，沒有什麼可懷疑的。念『佛』是『至善』之念的專一。意念專一，才能親證智慧之境。」

「『阿彌陀佛』，這是什麼意思？」有人突然問。

「阿彌陀佛，便是阿彌陀佛；正如釋迦牟尼，便是釋迦牟尼一樣。阿彌陀佛，那個『阿彌陀』是無量光明、無限壽命的意思；『佛』，是充份的覺悟，這不過是梵文中譯。阿彌陀佛，是西方世界那位佛陀的尊號。」

「原來如此。」

「念這個『阿彌陀佛』，便會成仙嗎？」又有人問。

「念佛目的不是成仙，念佛目的是成『佛』。」弘公說。

「您過午不食，肚子是否很餓？」有人問。

「習以為常，已經沒有餓的感覺。」

「那麼，法師！」有人指著客室牆上掛的一幅咒文。「這不是英文，也不是日文，這是什麼，是符？」

「是梵文。佛經的原始文字，一種雅利安民族的語言符號。那是『六字大明咒』。」

「學『佛』應當怎麼學呢？」又有人說。

「這便是剛才楊居士問題的一部份。

「初學佛道，最好是每天念佛的名字。開始不必求多、求長。半句鐘，一句鐘便好。但要專心，不要攀想他事。要練習專心念佛，自己可以暗中計算，以五句為一個單位，念滿五句，心中告一段落，再撥念珠一粒，如此心不暇他顧，便可專心念佛了。

「初學者這步工夫最要緊。同時，念佛時，不妨省去『南無』二字，略念『阿彌陀佛』，可依鐘的『滴答』，人底『呼吸』的強弱、迴聲而念。一個節奏的四拍合『阿彌陀佛』四個字，這樣繼續念下去，效果與五句單位念法是一樣。……」

「念到什麼時候，便算有了工夫？」有人說。

「念到你耳裡聽著，好像你在聽別人在你耳裡念的一樣，爽朗分明，綿亙不絕，便見了初步的工夫。」

「什麼是『佛』的階段？」有人問。

「照初步工夫，向前無休息地念，那時候，你自己便會知道，在何時面臨精神上峰迴路轉，柳暗花明的情境。

「——至於儒佛對立，這是人為的對立，不是理論的對立。那是一種『唯我主義』作祟。大家都希望建立一個理性的世界，那如何會對立呢。除非是沒有知識的人，才會偽造這兩家矛盾。那些反佛的人，他們不會反那尊釋迦牟尼像，而是反釋迦經典佔據了中國儒家的書庫，這是真正的原因。

「最後，要說的，便是佛家外表上有一層霧，讓人迷糊了。不錯！佛教界也有些人不能把佛經的真理，盡情表達；廟堂上，煙霧濛濛，中國歷代相沿的經懺生活，使未入佛門者，對佛經的目的，發生懷疑；另外是來自儒佛的相抵，造成起始的成見，使知識份子，不能深入經藏。使和尚成為世間悲觀、消極之人。……

「但是，嚴格地說來，對一位真正學者，一位真正的行者而言，這些障眼法是不足道的。所障礙他的不是別的東西，正是他本身的成見、誤解、與缺乏知識份子的深度。……」

由於楊君的疑問，引起了弘公這一段現身說法。

在談話間，豐子愷也曾打岔問問他老師最近的生活情形，又說到弘公贈給他所主持的「立達學園」《續藏經》的事。

那部《卍字續藏經》，原是上海黃涵之居士贈送弘公的，因為弘公已有了一部，所以要把這一部轉送別處，以法宏人。這件事，當上一年，由夏丏尊為立達學園向弘公請到了。可是，在這以前，另外也有兩個人向他要過，但久久沒有領去，因此，當大家圍著他問道時，他便叫子愷寫信給那二位，說明原委，謝絕他們。

這時，弘公便回到禪房裡，拿出通信地址及信紙來，便坐到豐子愷這邊來，告訴這個老學生，應該怎麼寫才合適。

如此這般地叮嚀片刻，突然間，把做學生的豐子愷，又拉回十年前耳提面命的情境。他此時，也只有唯唯哦哦地順從師命，草了兩封信稿。

信寫好，「道」也說了個段落，殿外，微微的細雨飄進窗帘，他們這才起身告別。

第二天，他們回到上海，不久之後，丏尊接到弘公一幅「南無阿彌陀佛」的長卷，下款並且註了題記。但在豐子愷的手裡接到的信，則是這樣寫著——

「……音出月將去江西廬山參與『金光明會道場』，願手寫經文三百葉，分送施主。經文須用朱書，舊有朱色，不敷應用，願仁者集道侶數人，合贈英國水彩顏料 Vermilion 數瓶。——欲數人合贈者，俾多人得布施之福德也。」

果然，子愷遵命，便與夏丏尊居士等七八個人，合買了八瓶 Windsor Newton 製的水彩顏色，又附十張宣紙，當天寄到杭州，附上一封信。

信上寫道：

「師赴廬山，必然道經上海，請預示動身日期，以便赴車站迎候。」

可是，他得到的回音是：「上海恐不逗留，秋後歸來再晤……」

＊

這一晃，暑假又快到了，子愷也曾回到石門老家，把當年弘公遺贈他的一大包照片帶到上海，給他「立達學園」的同事、學生們欣賞！

這一干人，看到這許多張光怪陸離的照片，那是大師的青年留學日本時期拍攝的。

居然有人說：「嚇，像這樣一個花花公子，將來定要還俗！」

又有人說：「他有那麼高的本領，一個月準賺二百塊銀元，不做和尚豈不更好？」

「他為什麼做和尚啊？」那些年輕的學生們感慨地說。

他們不了解弘公，子愷只有淡淡地一笑。

不久，有一天早晨，子愷正在家裡與一位姓吳的朋友，坐在椅子上翻著「李叔同先生」的照片，吃著牛奶，忽然有一個學生從外面跑上樓來，嚷道：「豐先生！門外有兩個和尚找你，一個——很像照片上見過的李叔同先生！」

「啊？哦？那好——」

豐子愷便慌忙把腳插進鞋子裡，跑下樓一看，「哦，原來真是法師！」

來者，正是弘一、弘傘兩位方外人。

子愷把兩位法師引上樓給朋友介紹，這才問起，原來弘公是兩天前已到上海，住在大南門靈山寺，等江西來信再決定動身的日子。

「子愷！」等大家坐定之後，弘一大師起身走近主人的身旁，低聲說：「我們今天要在這裡吃午飯，不必多備菜，請早一點。」

「是的，法師。」於是做學生的便急忙走出來，差妻喚兒，買汽水買菜，並限定十一點把飯開上來。

弘公過午不食，是大家知道的。

這時，鄰近的朋友們，姓李的，姓吳的，姓丁的，聽說豐子愷出了家的老師李叔同，翩然而來，他們便一個個聚到豐家，看看「李叔同」究竟是什麼樣兒。

連豐子愷在這一天也沒有想到，那些五光十色照片上的「主人翁」，會坐到這間小樓上來，在興奮的當兒，他便捧出弘公出家前那一大包照片，送到大師的面前。

「法師！這都是您過去的照片呢！」

「哦。……」弘公接下照片，臉上溢出一種靈明而潔淨的笑容，一張一張，把照片翻開，像欣賞世間景物般地，把每張照片的故事，告訴人們。

——這一張是在日本上野演飾「愛彌麗夫人」的劇裝。

——這一張是上海南洋公學時代扮演「白水灘」十三郎的扮相。

——這一張穿古裝的，是出家前斷食之後照的。

……

其中吳先生是研究油畫的，剛好遇到這位中國藝術界的先輩，便拿出些油畫來，與弘公討論抽象派、印象派、浪漫派、野獸派的趨勢。而弘公也突然隨順當時濃厚的友情氣氛，說出自己的意見。

飯吃完後，還沒到十二點，在寂寞的午後，二僧二俗，浸沉在從窗外射進來的陽光鋪地的客廳裡。

這時，子愷突然說：

「法師，您的故居，這多年來可曾去過？」

「哦——沒出家之前，曾去過一次，那時這間小屋已換了主人，牆上的黃漆塗為黑漆，如今出家已快八年了，恐怕已經景物全非；不過，聽說那邊新近建了一個道場，叫做『超塵精舍』。」弘公愴然地說：「唉——那時候，我真有無窮的感觸……幾時我可以陪你們去看看，人間處處都見辛酸……。」

這幾位僧俗，談到下午四點，便由子愷引導，去參觀「立達學園」，又看了弘公所贈的《續藏經》。到五點鐘，弘一、弘傘二師，與豐子愷分手，回到靈山寺，同時約定第二天早晨，同去南門，看弘公昔日「舊居」。

*

第二天九點，豐子愷與另外兩位朋友到了靈山寺，見了弘公，這時弘公說：「江西的信已到了，我們今天晚上就要上船，弘傘法師已去買船票。我們這就走吧！」

說著，他便換了芒鞋，左手挾了一個灰色的小包，右手拿了一頂破舊的傘，大家便動身到「城南草堂」去。

只要走到每一個巷口、衖堂，弘公便說，這裡是他當年行過千百次的舊道。

「——這是一條通過我家門前的小溪，上海人俗稱為『濱』的流水；㗅，那小溪上正橫臥著一道石鼓形的小橋，是我走過千百次的。

「哦，只是那棵老槐樹，已不見了蹤跡。」

當這一行人，快走上草堂的正面石板道時，「超塵精舍」四個金字，赫然出現在人們眼前。弘公面對昔日舊居的草堂，真想不到突然變為自己未曾見過面的佛教精舍。

雖然屋宇是依舊，而形式已變，從大門外，看到舊居母親所住的那間樓房，已供著佛像，有一位老僧正在那裡木魚聲篤篤，低誦經文。

他們走進「精舍」，大師便愴然倒身拜在佛前，頂禮、俯伏半晌，纔淒涼地站起來，面對佛像注視良久。

這時沒有一個人說話，只有弘公淒楚的面容，對著慈憫的佛像，小佛殿上充滿一種肅穆冷漠的寒瑟。

兩串汩汩的淚痕，從弘公的眼角垂下來。

當年故交許幻園，已不知去向。

這時，那位出家人停了木魚聲，從樓上走下來說：「各位請坐呀！」他操著一口寧波土音。

「謝謝！」弘公說：「這裡我二十年前住過。——這間佛殿，當年是我的客堂，左廂是我的書屋，我母親住在樓上，……哦，主人呢？許幻園先生！……」

那位和尚打量一下弘一大師：「你也住過這裡？」

「那是二十年前了，我與我的家人……」

「噢？」那和尚睜著眼，楞了片刻。「許先生把這裡賣給我們，改成佛殿，他自己已遷到隔鄰賃屋住了。便是那邊。……」

「能否請師兄引導我們去看看？」

「好的！」

於是，便由精舍的僧人，引導他們到衖內另一間磚屋裡，看到一位半百以上的老人，正伏案疾書。

「呀，這位不是許幻園兄麼？」弘公愴然地說。

可是，那個老人沒有反應。

「他有點耳聾。」出家人說。

這時弘公大聲些，再叫一聲「幻園兄！」這纔得到這位耳已聾、髮已半白，昔年上海文壇盟主的注意。他擱下筆，傴僂著身子，兩手支撐在桌上，透過銅邊眼鏡，細細端詳著來訪他的這位清瘦的和尚。

好久，纔迸出——「瘦！瘦桐！你是瘦桐？」當他認清了弘公，於是急走過來，抓住大師的雙手，搖撼著。「瘦桐！你出家？你出家了？……」

然後，是一陣破空的悲愴笑聲，「你出家了，瘦桐！……」

「我們是做夢呀，幻園！這是一個夢！」弘公握著許幻園的手，「小香呢？幻園！」

「小香早已不在人世了，你多年來還好？」

「人生無常，談不到好！你府上的人呢？」

「唉，不是老了，便是出外求生去了，我這兒現在，還在筆耕哪，依人作嫁，換升斗之食，……」此時大家都陷入沉默中，只聽到大師與許幻園互稱珍重，一行然後出了「城南草堂」這條小巷，弘公與他們到附近的叢林「海潮寺」。拜了佛，參觀一週，然後到城隍廟素齋館吃飯。

飯後，弘公便談到世界佛教居士林的尤惜陰居士。

「子愷！」弘公說：「尤居士真是菩薩乘願再來，他半生為社會、為佛教犧牲了一切的時間與空間的享受，去做一個淡泊勤苦的佛教行者，真是了不起！」

「是的，法師！尤惜陰居士我久已聞名，他在上海做過極多慈善事業，是一位知名的聞人——那麼，法師下午沒事，便帶我們看看尤居士好麼？」

「好的。」弘公說。

離開城隍廟，他們便直奔居士林，在豐子愷來說，這是第一次來。

他眼中的居士林，是新建的四層樓大廈，裝璜得璀燦奪目。居士林的第一層，是可以容納五百人以上的佛堂；佛堂裡，擺著許多拜墊和坐椅；頂上的日光燈、電扇、堂上的佛像，堂內壁上的裝飾，都極其美觀。這時有許多男女居士都在那裡拜懺念佛。

他們問明白尤居士住在三樓，便直上三樓去。

每層樓都寂靜無聲，每層樓的壁上都掛著「緩步低聲」的牌子，看來令人更覺得嚴肅、寧靜。三樓以上，全是房間。弘公從一個窗口，看到了尤居士，於是伸出細長的手指，篤篤地輕叩了幾下門，便有一位五十多歲的老人開門出來，見到面前站著弘一大師，便伏身頂禮。弘公略略退半步，站在那裡，淺淺地合掌答禮。直到尤居士起來，把大師央請到屋裡去。這種頂禮的虔誠與謙虛，使豐子愷呆了片刻，纔恢復了知覺。

尤居士的態度、表情、衣著，以及房間裡的一切，都是一致的——簡單、潔淨；幾乎與弘一大師相去不遠。這使成名的畫家兼作家憬然省悟，原來最生動的佛教，還在這裡。這便是佛教最有力的示範。

形式的堂皇與實質的刻苦，這是現代佛教的一體兩面；他看到尤惜陰，與他自己的老師——弘一大師，纔覺察他們動員那麼多的物力與精神力量完成的輝煌建築，原是對待世俗的方便！

當下，弘公便為尤居士介紹了子愷這幾個人，並為「立達學園」請尤居士講演。然後，是參觀舍利。舍利子，放在一座玲瓏的金色小塔內，塔的每一個角，懸著許多小電燈，最上層，有一個水晶似的球體，球體內，供著一粒舍利。

——這種景象，並沒有引起這三位在家人的情感，他們不知道舍利是一種礦物，還是植物？僅僅在知識上告訴他們，這種東西像珍珠、瑪瑙一樣。

舍利子，是戒、定、慧所薰修而成，這更是世俗所不了解的。

當子愷他們走後，弘公重回居士林，受一位姓龐的居士啟請，在上船之前，向居士林的道友們，講一次「在家律要」。

師對在家人最重要的持律要點，開示說：

「第一、初發心學佛的人，既受三皈，便應續受五戒。

「第二、五戒無法全受，可先受四戒、三戒、或二戒、一戒。

「第三、在家居士既聞佛法，便要嚴格檢點，不可犯戒。可是在社會上工作、殺生、邪淫、妄語、飲酒四戒，或能堅固自持，但盜戒，極為難持。

「依理，在法定的或意理的、習慣的原則上，自己份內的、與別人的、公有的、國家所有的財物，應該在觀念上弄清。——比如信中放鈔票，以函件當印刷物交寄，在法理上不許可，做了便是犯戒。凡是心靈上取巧的痕跡，都結盜罪，不可不加注意。

「因為，居士應該嚴淨心靈，猶如明鏡，勤加拭擦，微至一草一木，片紙寸線，應待許可而後用，以莊嚴自己的心跡。

「結論：持戒，是一種拭拂心靈的莊嚴行為，正是聖賢路上的工作，五戒能不犯，受百十戒，才能如意持執。

「佛說『以戒為師』。這是今天社會，我們應該尊為金科玉律的。

「因為，我們如果蔑視戒律的尊嚴，則全部佛經與一個行者的全部行持，便形同廢紙，這是何等重要啊！」

弘公說法之後，便回靈山寺，稍事整理，與弘傘法師，登船越海，上溯長江，直達九江，然後由九江換車，直上匡廬。

這年農曆七月上旬，弘公到了廬山，掛單大林寺；八月十九日移單牯嶺五老峰後的青蓮寺，在參加「金光明會」的餘暇，念佛、研律，並寫下他生平最精緻的《華嚴經十迴向品初迴向章》。這是中國近代寫經史上，最精美的傑作。

註：尤惜陰於民前七年與弘公在上海文壇建交，後又同門，皈依虎跑了悟上人，法名弘實。

龍象

弘一大師不僅在牯嶺青蓮寺，完成他自己生平寫經的精品──《華嚴經十迴向品初迴向章》，同時又寫成了流傳到若干年後的《地藏菩薩本願經見聞利益品》。

他完成《華嚴經十迴向品初迴向章》，一經影印之後（由上海開明書局影印，他的寫經及著作大半由開明書局印行，這是由於丏尊的關係），同時代的太虛大師便說：「弘一律師這部經，饒富道氣，含蓄敦厚，上比《黃庭》，為近百年來僧人寫經的傑作！」

而弘公本人，後來也說：「……邇來目力大衰，近書《華嚴集聯》，體兼行楷，未能工整，昔為仁者（著者按：此指蔡丏因居士）所書《華嚴初迴向章》，應是此生最精工之作，其後無能為矣……」

不過，他以後寫的經，依然是若干年後佛學行人所無法比擬的。

弘公每當寫到經卷的尾部，落款時，都註了寫經的時間、地點、寫經人名氏。

像《地藏經見聞利益品》，便是落下「歲次析木（即丙寅）江州匡山寺沙門月臂書」。活在二十世紀末期的人，如看到大師手寫經卷的影印本，一定發現卷末所寫的款格，都不一樣，落的名號也不一樣。其原因有二：一是因他怕虛名的困擾，所以，他的別名、別號，也多得到二百多個。第二，他住的寺多，事實上，他沒有固定住在哪個寺裡，他過的是一種合乎佛律的「雲水生活」，到一個地方，便落一個地方的名字。何況他的身外物也不多，除了一肩破行李和隨身的經卷，便是赤腳芒鞋，掛單到哪裡，哪裡便是他的寺院。

即使那些珍貴的經卷，一旦離此而他去，他也把這些典籍供養給常住，等他到第二個地方，再重新整理，身外之物，生不帶來，死不帶去。

他出家後飄泊九年，從沒有把哪個寺院，當作他的財產，當作他的命本；即使在溫州城下寮，也只是「客鄉」，暫住靜修而已，一旦離開，此緣便了。

到另一個寺，又是他的安身立命之處了。這正是「處處無家處處家」的態度，從未掛心於死後沒有哀榮，生前沒有場面。

一個出了家的人，一旦為家忙，釋迦佛能說什麼呢？弘公似乎註定他流浪式的命運，他在牯嶺幾個大寺裡，都參些日子，在殘冬酷寒以前，便再度回到杭州；這一次回杭州來，不是住在西湖招賢寺了，而是住在一個從沒有住過的杭州清波門外城隍山常寂光寺。一到那裡，便是「閉關」。這「閉關」呢，在實質上，也與一般比丘的關期不同，弘公閉關，只等於嚴律自己刻苦追求佛道而已。只要有緣遷單他處，他便隨緣而去，並不因關期的限制，流作以寺為家。

照道理，他住到招賢寺不是更好嗎，那裡是他的老友弘傘法師的寺。但是他不，他是一個雲遊的沙門，但又不同於一般雲遊的沙門；他處處閉關，但又不同於一般人的閉關；他有一種自己的學佛原則，使他形成一個性格突出與眾不同的典型比丘，使他成為每個在家居士、出家比丘所崇敬與參學的榜樣；便因這樣，使僧界在那一度時間內，發生了心理上的清涼作用，使比丘的凡夫情境，頓時放下許多，即使一千年後，有人讀到他的傳記，研究過他的事跡，也會使「懦夫立、貪夫廉」；在比丘而言，更待何說？

弘一與弘傘兩位法師，連袂回到杭州，這時剛逢革命軍北上，中國國民黨內部潛伏著相對的勢力，「清黨」的行動在若有若無間醞釀。也正為「革命」這兩個新鮮字，曾使中國人獲得自由，年輕人獲得理想；在北方，基督將軍馮玉祥見廟便拆，見佛像便毀；黨內激烈份子，見和尚便要勒令還俗，見到寺廟，要改做學校、工廠，見了有香火的地方便說是迷信，也從這時開端。

這正如「自由、自由！有許多罪惡，都假汝之名以行」一樣，「革命」被廉價的利用，這兩個字變成雙鋒的利刃，一面剷除罪惡，一面錯斲真理。

於是，在不明原委之下，「消滅佛教」的議論，在江浙兩地囂張。

這時候，滅佛教、驅僧尼、辦學堂的高論，一旦從知識份子的嘴裡吐出來，從官府的衙門裡發出佈告，可糟了，使滬杭兩地的佛教界，突然像著了火一樣緊張起來，這關乎佛徒全體的命運，如果一旦由當權者幹下來，少不得「三武一宗」的災難重演。因此，在上海南京一帶，已有印光、圓瑛幾位著名高僧與政府間交涉，呼籲奔走。

——當一九九五年以後的今天，憲法上已把「宗教自由」的字樣標明，要知道那個時代連「自由」真正的定義，人們還蒙蔽著；在目前看來，那個小風潮，有什麼了不起？可是在那個時代，佛教的菩薩們，誰都有搖搖欲墜的危機，勢如「山雨欲來」；隨著革命的風潮，在大江南北，處處的寺宇，已有地方的土豪劣紳官僚，把佛菩薩搬家，硬改成洋學堂、看守所；像印光、圓瑛、太虛、弘一這些當代的龍象，還能忍心坐視？

在浙江方面，能面向「革命的知識份子」說話的，怕也只有弘一大師——李叔同先生了。

對世間一切的應酬、來往，弘公視之如野火燒身，避之猶怕不及，但對這把野火要燒及佛頭的把戲，便挺身出頭了。在高級知識份子群裡，他的朋友多，學生多。主張對和尚們大施冤獄的，其中也有那一班的朋輩。

他在殘冬前閉關於「常寂光寺」，本是繼續他的苦行生涯，可是不到三個月，關外的世界，已亂成一團，便顧不得掩關的自我規律，在一九二七年（丁卯）二月底一天，首先在關中把分寫各方面的信寫好，交給浙師老友堵申甫居士，要他轉發，並且在第二天出關，然後再開出一張會客的名單，請他們到寺裡來，就「滅佛逐僧」問題，有所商談。

——從這一問題的普遍性看來，毀滅佛教的計劃，當然不是局限於浙江一省。弘公所邀請的人物，主要的是地方黨內重要負責人宣中華這一輩青年。

在發給教育當局人物的信裡，也竟有當代國學大師蔡元培，以及省教育界的官員——他的老朋友經子淵、馬夷初、朱少卿。這些知識份子，所指定要滅的目標，自然不是他的朋友——弘一大師李叔同。他要毀的、滅的，據說是形同廢物的迷信寺廟，和整天不事生產敲敲打打的和尚，這些人形同中國的「吉卜賽」，當然比「猶太人」還是不如的。這種號召，沒有考慮到宗教自由的問題，中國文化問題，人類心靈問題，至於「基本人權」則更沒人管他的了。這些「人權、信仰」，自然是後來人們的事。那時候的人，不管是誰，都有權辱僧罵尼。

和尚在中國人當中自然是「少數派」。何況他們實在軟弱得沒有資格成一個派。除了託託人，哀告哀告，抗議、請願，在當時是行不通的，否則殺頭、毀寺，更快。問題嚴重到如此，纔逼得弘一大師出關，纔一股腦兒插身於社會。

他在致當時教育界首要——他的師友們的信中寫道：

子民吾師、子淵、夷初、少卿諸居士道席：

昨有朋友來敝處，欣聞仁者已到杭州，從教育方面建設中國，至為感佩。又聞子師在青年會發表演說，對於出家人的行徑，有不能滿意處（是個人印象上的不滿意）。

但仁者諸君對出家人情形，恐怕還不明白，將來整頓之時，或可能有欠考慮，而鑄成大錯。因此，敝人想請各位另請僧眾二人為整理委員，專責改革佛教，凡一切計劃、辦法、方案，皆與諸位商酌而行，比較妥貼。

我提出的這兩位整理委員人選，願推薦當代名僧太虛、弘傘二位法師擔任，這二人都是英年有為，有見識，有思想；而且他們還出國到日本考察過，久有改革僧制的理想，因此這兩人任委員，也最為適當。

至於將來實施步驟，統通請諸位與他倆協調。

對服務社會的一派僧侶（指創辦各種社會事業機構者：如學校、醫院、孤兒院等等），應該如何提倡、鼓勵？對山林修道的一派，應怎樣保護（這一派指專事修持的僧眾而言）？對既不服務社會，又不能辦道修持的僧眾，應如何處理？對於「應酬的一派」（趕經懺的和尚），又該如何辦理？對於受戒的資格，應如何嚴格限制？這很多問題，都請諸位詳為商酌，妥貼辦理，以企佛門興盛，佛法昌明，則功不唐捐了。這一辦法由浙江一省開始實施，然後遍及全國，謹陳愚者一得之見，請惠賜接納……。

弘一　三月十一日

這是弘公對當局整頓佛教的原則性意見，要照他們的辦法，如激烈派，便是乾脆命令和尚、尼姑還俗，男婚女嫁，最好是一個和尚配上一個尼姑，把寺廟改成學校、監獄、工廠。……天下便太平大吉！

在寺裡舉行「衛道協商會」之前，弘公已寫好許多張「經語銘言」，及「護持佛法的功德」，勸年輕人息心想一想，熄滅一時的衝動。

當應邀的客人們陸續來時，便由堵申甫居士每人分贈一幅。

這些衝動、熱血的動物們，第一嗜好是「愛國」，不愛國無以成名；第二嗜好則是「愛名」，不愛名則不會發瘋；但同時他們也崇拜已經成名的人物。

李叔同是成名人物之一，何能例外？他雖當了和尚，這個和尚同別的和尚，自然是涇渭分明。何況他的字是天下出名的，他的朋友，都有響亮的招牌？

能弄一張李叔同的字，掛在屋裡，風雅一番，也能幫助自己成名。

當每一幅墨蹟鮮活的條幅，送到他們的手上，他們肚裡已經心花微綻了。

待來人坐定，還有些人負約未到的，也不再等了，這時墨蹟已分發完了，剛好是人手一幅，是偶合也是心感。在這座寺院的會客室裡，一場低沉、安靜的辯論，於焉開始。

從當時情況中看，那些人已把大師手寫的字看過，那些紙上究竟寫什麼東西，後人無法知道。那似乎像每人受下了一個錦囊，等到打開一看，個個在春寒中，熱氣從毛孔中上升，臉上也充血蘸紅，好像他底祖先當中的一個，做了虧心事，沒來以前那股衝動不知弄到哪兒去了！

那是春天的上午十點多鐘，十多個黨方及主政的人物，都是年輕人——不像如今，這麼多老氣橫秋的遍衙門亂跑——被招待坐在客廳的一週，弘公以清茶招待他們，然後帶著悲戚的心情，從關房裡走出來，一露面，便看到這些人物中，有幾個是他在浙江師範時的學生，這時他們已經成了人物發號施令哩！

弘公看看那些人物，有幾個都是他的後輩，衝勁是有，可是向牆上衝，豈不頭破血流。這位向來謙遜得連見蚊蟲也要讓坐的弘一法師，對這些人居然收回了他那種淡泊謙和的一臉笑意，而換上一股嚴霜般衛道者的森肅。

他就了座位，首先向大家示意，然後緩慢的坐下來。

大家寂然無聲，有的手中還捏著那張紙條，瞪著發直的眼，心裡胡思亂想。有的則感覺抱歉之至，等聽李叔同先生的高論。

「——各位先生！……」弘一大師帶著愴涼的聲調，向在座的人物致詞了。

「今天，我以個人的名義請各位先生到這裡來，事情是諸位知道的。這件事，說起來是關乎中國榮辱問題的，和尚容或游手好閒，一無所事，不守清規；從現象看，這本是該殺的，廟也是該毀的；不過，現象的背後，卻也並非如此簡單。請各位曲諒，假如和尚們該殺，廟也該毀，則讀書人也有該殺的，夫子廟也有該毀的；何況道士、女巫、城隍土地？

「諸位都是國家的棟樑，視觸的範圍也比乞食的和尚大得多，所謂高瞻遠矚，站在一個縣長的位上，一定關懷全縣人民的生死辱榮；一個省長，也必定關懷他那一省人的甘苦禍福；如果身為當國大政的人，全中國的老百姓能不能活得平安，活得自在，也在乎主政者的作為了。

「不過，我們說的，也許太抽象，問題是——和尚是一個人，不犯罪，便不該強迫他作什麼。寺院，是佛教徒的公有產權，佛教在中國流傳二千年，還沒有誰憑一把鏟子，把它鏟掉。可見，它並不是洪水猛獸；因為它要真的如同李闖王、張獻忠，當然等不到現在。何況佛經也是中國人的文化遺產，由我們祖先流傳下來的。要燒佛經，也不必輪到民國時代的人們。滿清以前，最懦弱的皇帝都有權滅佛教的門，然而，他們都沒有那樣做。

「現在西洋人講『人權』了，和尚無論如何與別人一樣，和尚既不犯罪，又同是中國人，既不是漢奸，何必殺他的頭（迫他還俗也等於殺他的頭），封他的廟（封廟等於剝他的衣服），把他們不當人呢？

「中國人活得本夠可憐了，各位又是滿懷拯救中國人的心願的人，和尚既作為中國人，何妨救救他們？他們也曾被古代的皇帝尊崇過，何況有些皇帝自己還作和尚呢。

「現在的政府中人們，領導著一個新的三民主義的政體，當然更要開通得多。各位都是讀過洋裝書的，學問都淵博，比和尚不知高深了多少倍，為了生存的原故，讓他們選擇自己的生存方式吧！

「像洋教的神父、修女、牧師們；像道家的廟祝、祭師、女巫們；像儒家的游手好閒的秀才們，和尚與他們相比，幾乎也竟不差什麼。——其實呀，中國的行屍走肉，不知比這多多少倍，要說這些都是無用的人，寺廟是浪費了中國有用的財產土地；但中國人浪費的——真不知比和尚廟要多浪費多少倍。阿彌陀佛，這本賬是無法清算的，從古至今，和尚浪費中國人的錢財不能再少了，然而，他們在善行上，卻獻出的更多。」

「呃，」弘公心平氣和地，可是他一臉悲壯、痛楚，望望他身旁坐的一位青年，他是黨部的一位要員，做過李叔同先生的學生，「宣先生！和尚是無辜的，你是知道的。無論如何，和尚不像北方的軍人，割據地盤，剝削百姓，什麼都來。挨殺的人，怎麼也輪不到和尚第一；財產充公，也輪不到和尚慷慨輸將。請先生同情也是中國人的和尚，他脫了一身袈裟，同任何人沒有兩樣，難道穿上袈裟，便會使中國陸沉？假使和尚真有那麼大的法力，誰要殺他，佔他的寺產，他倒不在乎了。」

弘公說話，是低沉而有力，和緩而婉轉。

他知道坐在他身旁的宣某，是毀廟害僧的重要份子，因此，把話多灌一點給這位青年的耳膜。

「各位先生：救人一命，勝造浮屠七級。如照佛經上說，諸位能維護一下佛法，讓佛法能傳下去，這功德可就大了。大到什麼樣，沒人能用數字可以計算，印度人通常用『恆河沙數』來比喻功德的浩大，與罪惡的深廣，我只能說，維護佛法，功德如恆河沙世界之大、之廣；如毀滅佛法，則罪惡也如恆河沙數世界浩瀚，永難回贖。

「雖然，維護佛法與毀滅佛法的功罪，容或當時沒有親證，你不相信它可以，但是歷史便是承認，凡是毀滅佛法的暴君——古時只有權力才可以滅門九族——沒一個能活上十年。實質上，毀滅一種宗教，等於毀滅人類中一部份人的崇高靈性。在這兒，為中國人的德性與文化的光輝，請在座諸位接受我的誠意！……」

然後，弘公沉默下來。

這使在座的許多青年幹部們受不了，因為講話者，正是他們當年授業的老師李叔同先生。他們覺得混身沁汗，滿臉慚紅。一個個都站起來，嚅嚅囁囁地說些不著邊際的廢話，他們對毀寺逐僧之議，完全風馬牛不相關。

在全部談話過程中，弘一大師的話佔去些時間，而參加商談的「闢佛論」者，是理拙氣餒，也就沒什麼可說的了。會散了，弘公把他們送出門外。

半年之後，那位「闢佛論」主角宣中華，在一九二八年（民國十七年）初的「清黨」案中被殺了事。

然而「倒佛教」的運動，大火已經被幾位高僧制止，可是暗流仍舊時時激盪，這一直延續到抗日戰爭開始。

＊

「滅佛論」在一個月後稍稍沉默，弘公便準備再度入關，不過這次卻移錫在「本來寺」。

在這裡，他與弘傘法師，論過《八十華嚴》的讀法，但由於身心受了煎熬，肺病在他的胸腔中，已時時蠢動。

雖然那種體力上的衰落，使他感覺形同八十老翁，但精神上，他依然是不達三昧，誓不終止。

在信裡，他告訴弘傘法師說——「……音近來備受身心兩病的煎熬，但道念卻因之增進，佛說『八苦為八師』，實在是苦口良言。因此，我準備再度閉關用功，謝絕一切外緣，以後如有道友詢問音之近況，請以『雖生如死』四字相告，不再通信晤面。音近幾年致力於《華嚴疏鈔》。……如能精研此書，於各宗深義便可通達。仁者有暇，請細閱一番。……丁卯四月二十八日」。

這以後，便是「以生當死」，潛居關內念佛、寫經、研律。精神仍放在念佛三昧上。

直到七月上旬，革命元老李石曾到西湖三訪不遇。李石曾一訪於玉泉寺，再訪於招賢寺，三訪於常寂光寺。不遇原因，因為弘公說過他是「以生當死」，謝絕外緣，下死工夫念佛。

但李石曾先生，得弘傘法師陪同，終於在本來寺——一個小型的寺院裡，見到了「李叔同先生」。他們兩人年齡不相上下，見面之後，有一番平靜的歡談。因為李石曾先生雖不信佛，卻信仰「素食」。因此，弘公便贈送他許多佛經。

到這一年的深秋，弘公因為印光大師駐錫上海之故，便出關去上海請益，並寫信告知他的摯友夏丏尊，他的弟子豐子愷。誰知弘公還未到上海，消息已由他們兩人口中，傳遍上海文壇，於是要看弘一大師的人也紛紛與夏、豐兩人約定。

弘公這次準備住在江灣豐子愷家中，因此與弘傘法師到上海下車之後，便由豐子愷到車站接回家。

同時與夏、豐兩位約好要看李叔同先生的人，則有哲學家李石岑、作家葉紹鈞、周予同、日本出版家內山完造……。

他們在一個巧妙的際會裡，準備著滿腔渴望，去看方外奇人——弘一大師。

葉紹鈞（聖陶）先生，則單獨由家中出來，向他的學校路上漫步。

弘一大師來上海的消息，是由豐子愷告訴他的。

他有一個熟悉的概念，便是弘一大師，是當年的「李叔同先生」；提起李叔同，那便毋須解釋，誰都唱過他譜的曲與寫的歌。

那是誰都知道的，在民國誕生不久，李叔同先生曾在《太平洋報》做過藝術副刊編輯。還有，他的油畫、書法、金石、戲劇、音樂，全不是市井的賣字人、刻字匠、教書先生可以趕得上的。

一直到後來，他忽然沒了消息，很久很久才被人發現，他已在西湖一個寺院做和尚。他遊西湖時，曾看到過由葉舟署名題字的李叔同藝術遺產——印藏。後來，在夏丏尊為豐子愷的畫集寫的序文上，知道弘一大師就是李叔同先生。

啊，原來弘一法師，便是李叔同先生！

見到李叔同先生出家後的生活上種種文字，使這位賣文兼教書的作家葉紹鈞，對弘一大師發生了異常濃厚的興趣。

當他與豐子愷見面時，不由自已地說：「喂！子愷，叔同先生麼，有緣我要見見他，我要見見他！」

「好的，好的，有緣我同你去見見他。」提到這個「他」字，豐子愷的聲調，便格外地莊重、低沉。好像他也被和尚傳染了一樣，這幾句話，也說得像個和尚。

同時令人興奮的，在一封弘公給豐子愷的信裡，竟然稱他為「葉居士」，這使他受寵若驚。居士雖不是什麼了不起的「寶號」，但是寫在弘一法師的筆下，竟然是道貌岸然，不可犯侵。這更動了他見見出家後李叔同先生的念頭。

葉先生正在盤著心事，恍惚間，劈面忽然來了幾輛黃包車。第一輛，也是最先的一輛，坐著一位高大的和尚。在上海，街上遇到個把出家人有何稀奇？車子過去了。第二輛車子呢，咦，坐著的，卻是豐子愷。「子愷！子愷！」他迸出驚奇的呼喚。

然而，這位畫家卻不回答他，同樣地，一臉是驚喜的情緒，只望他猛猛地點一陣頭。後面還有一輛車，他再留神一看，又是坐個和尚，車子滑得飛快，那個和尚的樣子，似乎是仙風道骨。「啊，後邊那個難道是李叔同先生？」他想。

那個和尚，清癯的長臉，高闊的前額，頷下，留著幾根疏落的髯。「果然，是他！」葉先生激動著，不時回頭看那三輛越去越遠的車篷後影。

第二天，豐子愷給他的信來了，約他在星期天到「功德林」相見——見見李叔同先生。

*

星期天的上午九點鐘，葉先生帶著許多種複雜的情緒，走上功德林的路。在路上，他無端地想到李叔同先生那種枯寂、苦行的念佛生涯，不知是怎麼挨的。過去，他是藝術之宮的探寶人，深嘗著世間一切況味，創造了他豐富的藝術生命。可是現在，作為一個和尚，他將何去何從？

他與豐子愷約定在功德林會齊，這是一場歡迎弘一法師的齋宴。在未到功德林之前，他一個人是寂寞的，等到走上功德林樓上的扶梯，才知道他已一步步接近到這位方外高人。

他被一個侍者引導，走進一間專為弘一法師準備的房裡（那時他們稱弘公為弘一法師）。有上十位的訪客，已先他而到了。他們如同約好似的，沒有一個人講話，全都帶著恬靜的笑容，站起來用親切的表情歡迎他。

靠窗的左首，光線比較明亮，那裡站著一位和尚，嚇！那就是弘一法師！法師的臉上，浮著稀有的聖潔的笑容，好似一面鏡子被拂去灰塵一般。那兩隻細長的眼，藏著晶瑩慈切的光。啊！訪客們在一剎那間，都領會了弘一法師那種笑，那種默默無言的笑，是含著那麼多的深意。

夏丏尊先生見到葉先生來了，便引他走近弘一法師：「這位是弘一法師！這是葉紹鈞先生！」

不料，李叔同先生竟沒有說話，望葉先生端詳一瞬，臉上綻開一片燦爛的微笑，丏尊讓他坐在法師身側，他坐下，弘公也坐下，便悠然地數起手上的念珠來。

他想：大約數一顆念珠，便是念一聲阿彌陀佛吧！

只有那一串念珠嚓嚓地移動聲，一屋人都在同一意境下諦聽著無聲的佛號，像一首幽美的樂曲在進行。原來，沒有什麼話要說的，這真是一個奇妙的約會！

言語是多餘的了。

在座的，有弘公的摯友、學生，與他的崇拜者，在這人生難逢的頃刻，本應該有許多抒情的話要訴出來，然而，大家沒一個人作聲，這樣坐下去，坐下去！

秋陽在靜默中爬出窗外，這一群——在中國的上海，都是有名人焉，他們默默地相聚而無言，真是美極了！妙極了！

隨後，又來了幾個人，也是李叔同先生的訪客。

「什麼時光來上海？」其中有人問。

「昨天。」和尚透出低微而大家都聽得到的聲響。

「還要到什麼地方去？」

「沒有一定的行蹤。」和尚恬靜地回答。

「這一向好吧？」

「好。……」

全篇簡潔的短句；但是聽話的人，都覺得舒泰得很，因為在和尚口裡所迸出的簡短語句裡，全蘸滿了情感，有如傾出整個的心靈。

弘一法師過了十二點，是不吃飯的。

這餐齋宴在十一點就開了，於是大家開始吃齋，有人是生平第一次嘗到平淡的齋宴，大多數人，也是第一次與弘一大師共餐。

這是一席奇妙的餐會。

昔日能說會講的教授，舞文弄墨的作家，乃至吹法螺振法鼓的哲學家，全像忘失了自己。大家帶著一種欣賞藝術聖品的心理，看那雙曾經彈奏過貝多芬、蕭邦、柴可夫斯基的長手，挑起兩三隻青艷艷的豆莢，滿懷欣喜地送入口裡，細心地咀嚼，那種神情，真要令一些肉食的凡夫俗子們愧煞！

「這碟子裡是醬油不？」和尚說，在場的，只有李叔同先生是和尚。

「嗯。」有一位先生肯定，便把碟子移到弘公面前。

「不，」和尚說，「是這位日本的居士要。」

那是內山完造先生。

果然，內山完造先生道了謝，要了醬油去。日本人為何沒有說話，而把要醬油的意念表達出來，沒有人看出來。

這時，接下去便是哲學家李石岑說道：「關於我們人類生命探討的問題，能請您發表一點意見嗎？」李的哲學著作，已在國內負有盛名。

「慚愧！」和尚莊嚴而恭敬地說：「沒有研究，不能說什麼！」

這句話，在他的嘴裡，可能是真的了；如果換了另外一個人，要說他「沒有研究」，豈不是損人？然而，這位藝術家的和尚說：「沒有研究，不能說什麼！」沒人懷疑，但是，又沒有人不懷疑。和尚一心持戒，一心念佛，一意學佛，哪有工夫搞「知識的形上學」呢？或許，他滿懷謙遜？

葉先生研究和尚已入佳境；他這時從側面開始看弘一大師疏落的鬍子，以及眼角邊細緻的紋，口邊微漩的渦，出神很久。

他覺得李叔同——弘一法師，像一座青翠的遠山，可望而不可及。

飯後，和尚說：「現在我們去看印光大師，願意去的我們一同去！」提到印光大師，和尚的眼睛突然神光燦爛了，好像他要領著在座的人們去見活菩薩一般。

印光大師，在座人們的耳朵裡，不少人聽到過。他是當代佛學大師，想去見他的人，當然不少。

「我們這就走吧！」弘公說。於是大家便魚貫地出了功德林大門，和尚拔腳便走，大家看李叔同先生走了，便七零八落地跟上去。和尚是瘦長個兒，走起來好像沒有負荷似的，他赤著足，穿一雙透孔的行腳僧鞋，輕飄飄地快捷地走在一群人前面。

和尚的前半生——李叔同先生的時代，可說是「文采風流」；現在的弘一大師，他的行止坐臥，卻是自然而謹嚴的戒律行為。夏丏尊先生說過，和尚是為了中國佛門戒律委地而持律的，所以他的戒律生活極其嚴肅，在他生活上的一言一笑，無不動念於戒律原則；可是，持戒如不到意念純青，不由外鑠的境地，是不能令人感覺他一切的行徑，都是出乎天性！

看起來，出家越久，他便越像一座清靜的古寺，湖山底畫影，天空底行雲，悠然自得，忿意全消，萬念俱盡，他把萬物劃出心地之外，這是一種何等超人的生活方式？

＊

到了新閘路的太平寺，這裡正在做佛事，那些吹打樂器傢伙的人們，以為弔客來了，正預備吹吹打打，迎接一番。但偶然發現這群人裡有一位和尚，他們來這座寺裡所要訪問的印光大師，也是和尚，便洩了氣，放下傢伙。

這時有個侍者到裡面去通報，於是，弘一法師便乘機從身上帶著的包袱裡，拿出海青和袈裟，恭恭敬敬，一絲不苟地穿上，眉宇間，異常神聖莊嚴。

侍者進去，在靠街這邊的寮房裡，正有一位魁梧高大的和尚，剛洗過臉，他的背部微微傴僂——那便是印光大師了！

弘一法師第一個先進去，見了印光大師伏地便拜，這種如崩山的膜拜動作，首先令些未見過佛門禮儀的人，吃了一驚。他們絕沒有想到，在佛門中居然還有比弘一大師更高深的和尚，要令李叔同先生也要俯伏下拜；而弘公那種不顧地下灰塵，如視無物的拜的動作，極其美妙；那是由合掌、伏身、起身、再合掌的冉冉地虔敬過程，令人感覺李叔同先生是如何地敬人敬事。

印光大師的皮膚是紅褐色的，頭頂已全禿，光亮而碩大；在寬大的額角下，兩道濃重的眉，覆著一雙光芒、嚴厲的大眼。眼睛看人時，如同戴著眼鏡，從玻璃鏡片上射出的光，極其銳利。他的嘴唇微癟，下巴寬闊；是典型的北方人——北方和尚。年紀大約有六十歲！

弘一法師拜過以後，便坐在印光大師一側。

啊！一個蒼松古柏，一個山明水秀，真是一幅絕好的圖畫！

弘一法師說話了：「這……幾位居士都喜歡佛法，有的看過禪宗語錄，今天來拜望您老人家，請慈悲開示！」弘公是合掌、低聲請求的！

「嗯，看語錄，看哪一家語錄？」印光大師聲音很粗厲，很深沉。

「是這一位居士看過的！」弘公指著哲學家李石岑。

「……是！」李石岑先生接著說：「語錄是看過一些，只是沒有專門研究哪一家的，但對唯識的義理，曾經少少涉獵過。」

「噢？」印光大師眼一睜，嚴厲的光，突然向四周環射。「學佛麼，問題是先要得到益處，光是嘴裡說說，筆下寫寫，是沒道理的！人的眼下，最要緊的便是了生死，生死不了，那危險太大……有人說，念佛是迷信，我問你，世上哪一種東西不迷信？……」印光大師聲音越說越厲，厲聲裡還帶著呵責的棒喝；不管在座是什麼人，他不留一絲情面。——可是很奇怪，在座的，並沒有一個人面有慍色。

然後，他又說：「做佛之前，先要做人；人做不周全，便休想做佛……」他連綿不絕地，講了一段倫理學上的警語，並附以因果律解釋的故事。

席間，印光大師講，大家靜坐著聽。

彷彿，他便是釋迦牟尼的接棒人，他便是西方淨土世界的使者。

最後，由於弘一法師的請求，讓居士們請幾部經書回去看看。於是，葉紹鈞先生獲得了一部《阿彌陀經白話註解》，一部《般若波羅蜜多心經述義》，還有一部《印光法師嘉言錄》。

等大家各各獲得了應得的經文，弘公再度伏地頂禮，辭別後，他們一群人走出了房間，和尚在末了，鄭重而輕微地把兩扇門拉上，隨手又脫下那件寬大的袈裟和黑蔴布海青，拿到門外，仔細平穩地摺進包袱。

這位出家十年的藝術家，就要回到江灣他學生豐子愷家中去了。於是，哲學家李石岑，作家葉紹鈞他們，向夏丏尊、豐子愷拱手道別。

唯有葉紹鈞先生，他是一位作家，也有一般文學家愛想的氣質，不知由於哪一種理由，也許是由於一種凡夫俗子崇拜哲人的念頭吧，他對弘一大師有一種特殊情感。對印光祖師，則感覺形同一片沙漠。

但在佛家的史蹟裡，這兩位大師卻是神龍與白象，他們的身後，都有璀璨奪目的光環。

晚晴

弘公到豐子愷家，另一個因緣，便是豐子愷編選的《中文名歌五十曲》裡，要選載大師的歌曲，這要與他老師商討一番。

豐子愷選的作品，共有五十首，其中多半是西洋民間通俗的名曲，因此，他在這冊名曲的序文上寫道：「……我們把平時所諷詠而憧憬的歌曲纂集起來，成這本冊子，這冊子裡所收的曲，大半是西洋通俗 (Most Popular) 的名曲；曲上的歌詞，主要是李叔同先生（出家於杭州大慈山的弘一法師）所作或配的，作為我們選出的標準。對於曲，我們要求旋律的正大與美麗；對於歌，要求詩詞與音樂的配合。西洋名曲所以傳誦於全世者，因為它們都有幽美的旋律；而李（叔同）先生有深大的心靈，又兼文才與樂才，據我們所知，中國能作曲又作歌的音樂家，也只有李先生一人。……」

豐子愷所選的作品，屬於當代音樂家的歌曲，有李叔同先生的〈朝陽〉、〈憶兒時〉、

〈月〉、〈送別〉、〈落花〉、〈幽居〉、〈天風〉、〈早秋〉、〈春遊〉、〈西湖〉、〈夢〉、〈悲秋〉、〈晚鐘〉……近三十首。

當他們把歌與曲選定了，後來由上海開明書店付梓印行。

弘公在豐家住了幾天，辦完事，又回到杭州。當這年冬天與第二年（一九二八年）春天，則往返於溫州與杭州之間。凡是他到過的寺宇，只要有藏經樓，藏經樓上的經文，便獲得了一番整理的工夫；但在這位藝術與佛學大師的生涯中，有一點——世人應當注意的，便是他不論到何地，一住下來，只要十天內沒有遷移的動向，便是「閉關」，不管是一個月、三個月、或者半年；他的目的，是堅決與塵俗斷絕往還，下死工夫念佛、誦經、寫經。也許要到若干年後還有人懷疑——弘一大師除了戒律謹嚴，而他那種雲水生活與方外加諸他的應酬（見客與寫字），對他「行持」的工夫是否發生阻障？如果了解這位大師生平的後來人，從他的性格、決心、行為上體會，便知道他，從沒有浪費過一天歲月；在念佛上，他雖沒有著書立說，像印光大師那樣給眾生注入一種新的修持法門，但從未出家前，到出家後若干年，他始終在「打破沙缸問到底」的堅決行動上，向自己的本來面目挑戰，他閉關的次數可能比寫經的次數多，而閉關的目的，則是潛心念佛，誓證「念佛三昧」！弘公的聲譽，成就在出家前十年，並把他那種藝術成就帶到佛門，然後在佛門再度建立了二度精神上的藝術碑銘，使世間的藝術，與出世間的藝術揉合成一片，成為一代「弘一大師」。

一九二七年（民國十六年）的冬天，他從杭州又回到永嘉城下寮——慶福寺，越過一九二八年的春寒（由於弘公的體質不適於酷寒，所以每至嚴冬，便遷單到較南地區），到春雪化盡，初夏在柳色蔥鬱中到來，他便選定溫州近郊的大羅山一處空地，行「誅茆宴坐」（註），趺坐中仍以念佛為主。因此，在大羅山，坐化了炎炎盛夏，直到九月初，又為《護生畫集》的編印，再從溫州經水路到上海，這次依舊住在豐子愷家。

在我們後來人也許要詫異，李叔同先生與豐子愷的師生情感究竟到什麼程度，當他出家後，每次去上海，常常到江灣豐家落腳？後來人便要回到那個時代，並且體會一下那個時代中畫家豐子愷的情境，便可了解，他們的關係是建立在「親情」（豐少年失父，師對他既賞識，又愛護）、「師情」（弘公是豐成名於畫界的引路人）、「友情」（弘公對豐則以小朋友相待）的三重深度上。另外，還加上弘公明鏡的胸懷，坦蕩的品性，視萬物如畫圖的生活態度，這都使子愷敬之如神明，愛之如父兄。

所以，在豐子愷家，如同在自己廟上一般。

「呃，子愷！今天少弄點菜啊！」弘公常常這樣交代他的學生，一來怕豐子愷為他花錢，二來是天性中便有一種悲天憫人的情操。

「唔，法師。」豐總是這樣回答老師。（自叔同先生出家後，他便改稱弘公為「法師」了，但在人前則稱他的老師為「李叔同先生」，或「弘一法師」，當一九四二年弘公圓寂之後，豐子愷便改稱他的老師為「先師」了！）

從耳聞目濡的薰習中，他逐漸浸染了許多弘一大師的小動作和生活方式。

比如說，弘公聲調低而緩，豐子愷先生的聲調也低緩了。

弘公常年是一襲越洗越白的大袍，而豐子愷也以布衣布鞋為伍了。

弘公是經常無言（念佛），一坐半日，豐子愷也常常獨處半日而無言。

弘公每天太陽入山便入眠，睡前習慣於黑暗；於是豐子愷也常常在太陽下山後入睡。

……

「豐子愷變成弘一法師的影子了！」在上海文壇，便流行著這句話。學李叔同先生，豈止豐子愷一人？夏丏尊、劉質平、堵申甫這些在俗的師友，誰不是或多或少在學著弘一法師呢？

弘公從溫州到上海，在豐家住定，便和豐子愷研究「護生畫」的設計工作。因為這些畫，全是弘公授意他畫的，畫上的字，則由弘公書寫，再加當時李圓淨居士的選材，便構成僧俗三人的集體創作，在這一年深秋完成。

在上海這一段旅中歲月，是念佛、寫護生畫的詞，偶而也在市區的寺中聽經。

當九月二十這天早晨，這是畫家豐子愷提起來的——這一天不是弘公四十九歲的生日麼？因此，便聯想到，六天後，又是自己三十一歲的生日；於是，在日積月累的靈性交感，與德行之光的照耀中，豐子愷的靈魂裡有一種念頭發生了。

他除了在暗中叫妻子去準備壽麵、壽桃、素菜為弘公暖壽，他自己覺得在這幾天一定要做些什麼？弘一法師總不能老是住在他家啊！

「子愷！出家人是不過生日的！為了生死，又逢『母難』，有什麼心情做生日啊！可是，你既然費了心，便少花費些！我們在這兒誦誦經，為生者消愆與死者加被，也就心安理得了！」弘公已了解他學生的心意，再三叮嚀。

「唔，法師！我的意思也是如此。」

「你這些日子為了佛法也夠辛勞了，又放下你很多自己的事，事情固然功德無量，在我也就很慚愧哩！」

「那裡，法師。這也是我的心願之一咧。哦——再過五六天，便是弟子的生日了。多少年來，受了法師這麼多的慈光薰沐，我想我也該做一個正式的佛弟子的。法師！能請您為我授皈依嗎？」這一番話，居然說得這樣囁嚅，是畫家豐子愷沒想到的。說這話時，又回復到他十多歲時杭州讀書時代，面對著莊嚴慈愛的李叔同先生。但今天，李叔同先生已是「弘一法師」了。而那時候的豐仁，已成了今天的畫家豐子愷，同時又是立達學園的負責人。

「子愷，你要皈依？」弘公顯然是意外地高興，嘴角不由得揚起一個小渦。

「是的，法師。我要正式皈依佛法！」

「很好，子愷！」

因此，待弘公生辰過後，子愷三十一歲生辰那天上午，於是師生二人便把備好的果品與香花，在樓下「披霞娜」（鋼琴）傍的一張桌子上擺好，弘公說：「我們諷誦《地藏菩薩本願經》吧！」

於是，由子愷點起香，香雲飄渺地開始繚繞，然後弘公翻出隨身的《地藏經》來；子愷在自己的書架上取下另一本，於是，師生二人，開始由弘公引聲，唱一段佛曲：「爐香乍熱，法界蒙薰……」這柔美、悠揚的曲子，聽來充滿這靜靜的空間，無異令人首先皈投佛陀的懷抱。唱完了讚，便繼續念了一些佛號，然後再翻開經文，朗朗爽爽地念下去……。

在諷誦《地藏經》的過程中，他們停下來休息了片刻，後來，一直把經念完。末了，念「迴向文」、「警眾偈」、「三皈依」……。

這一部經完了，已快到十一點，看看時間，弘公說：「子愷，我們這便舉行皈依式吧！」

「是的，法師！」子愷答得也很低沉。

「先上香啊！」

於是子愷把香燃了，插在香爐內，再回身到拜墊前，合掌長跪。

弘公將備好的「說皈依文」展開，面向子愷念道：「今有中華民國浙江省崇德縣（即石門）信士豐仁子愷，於中華民國十七年九月二十六日正午，發菩提心，盡形壽，皈依三寶，永歸佛道，並由沙門演音弘一，代表本師釋迦牟尼佛，授予皈依，取法名『嬰行』，而今而後，永誌不渝。——祈諸佛菩薩慈憫納受。……」師將簡約的皈依文念完，依法授畢三皈依，向子愷說：「子愷！從今天起，你正式皈依佛門了，望你以已有的成就，護持佛法；並以已具的深願，行持佛法；以所有的知識，宏揚佛法。……」

「是的，師父！」

「——在佛法上，有下列數事，要居士謹記！」弘公深沉而嚴肅地說：「第一、做一個佛弟子，不能在形式上接受了皈依儀式，便算完了！當你作為佛教的宏揚人以後，你的人格必先經過自我洗滌一番；過去的，譬如昨日死；以後，猶如今日生——直心是『道』！嬰行居士，請在任何情況下深深記牢，不要為習慣所欺，作欺心、欺人、蒙蔽良心的事；人做端正了，才是學佛的開始。

「第二、受過三皈，雖未受五戒，但要行持五戒。因為學佛，便是根本的『淨心』行為；淨心的方法，便是『持戒』，如若不持戒而學佛，去佛便路遙了。因此，盼望居士先從少分戒行開始律己，如居士者，不妨先從『邪淫戒、偷盜戒、殺生戒、……』持起，然後再擴及『妄語戒、飲酒戒（豐嗜酒）。』在世間唯一難行的，不是殺生戒，也不是邪淫戒，而是妄語戒；有許多無辜的災禍，不幸的糾紛，與悲慘的遭遇，都從『妄言』而來。說到『妄言』，唯一能控制它底工夫，便是一顆誠心。對人對事的恭敬，不掉以輕心！

「第三、要試圖放寬心量，包容世間的醜惡。人家讚美我，我心生歡喜，但不為歡喜激動；也許這歡樂之後，便是悲傷。人家辱罵我，我不加辯白，讓時間去考驗對方，如果在那種時空下，須要表白，最多也只能表白一次；對第二次，便會形成口舌的紛爭……。

「世間的形形色色，我們所愛的，所憎的，所苦的，所怕的，所憤的，所悲傷的，乃至令人難以忍受的煩躁、感受、接觸，我們要學著試圖包容：它們來了，我們淡然處之，它們從我們身邊滑過，我們也不可幸災樂禍。人生，便是一場既悲且喜的過程，但中間沒有一件事足以任人們輕視；世間每一個動機，每一種事物形態，不管強者、弱者、女人、小孩，他們的心靈感受，都會發生不可想像的力量，原因是他們既是生物，自然有情感，有情感便有動力，有動力，便可毀滅事物，也可成就事物。復次，他們也有聖賢的情操，企圖被尊重、被崇愛、被同情；但唯有一點，不願被欺騙，不願被蒙蔽；因此，他們那顆形式上是驕傲的心，在實質上，便是赤子之心。你欺騙一個小孩，如被他發現了，他小腦筋裡，將永遠拂不掉你醜惡的影子，即使你再神聖，再被人謳歌頌揚，也不能獲得孩子的愛。當孩子的時代，沒有名利觀念，不曉得什麼是利害，他只知道『愛』。你對他一百件好，有一件欠誠心，欠情感，他一旦發覺，一切便完了！在佛法修持上，是善不抵惡的；在世間的名器上，是功不抵罪的……。

「因此，嬰行啊，我們要學著包容一切，這樣方能養成不分親疏厚薄的悲心，才能平靜地看世界。只有如此，人間才有無限的美麗展開；佛陀不在內，不在外，而在你的靈性中間；你的靈性有美可圈可點，世間自然有美皆備，無美不收。」

「子愷——」弘公稍歇一下，又說：「你的世間成就，是我所不及的，但是，我們都是一樣，都還須要試圖學習，在學的過程中，才有善的累積。在樹的年輪之外，那外圍的粗皮，雖不美好，可是它有保護作用，但結果，它連燒火的價值也低微。僅僅那一點作用，也是功德無量呀！……」

這是弘一大師對他在家弟子豐嬰行居士一番開示。

在情感上，受皈依時，都有痛哭的傾向，也不知是什麼原因，人們在接受宗教信仰的一剎那，那種情感是如何地脆弱？子愷滿眼潤濕，混身的熱血沸騰，心靈顫慄；而弘公則悲欣兼有，感慨萬狀。以前豐子愷是他在家時所器重的學生，今天，豐嬰行則是他佛殿前的白衣弟子，加上這一層的關係，使情感的成份，空間變大、變重。

弘公在試行斷食後，也曾經把自己的名字，改為「李嬰」，「嬰」這個字，是「嬰兒」，今天子愷的法名，命為「嬰行」，是有其深意的。

當十餘年後，在弘公六十歲生辰時，子愷有一封信給他的老師道：「……今為師六十壽辰，弟子敬繪《續護生畫集》一冊共六十幅，起草完成，聊供祝壽微忱。……回憶十餘年前，在江灣寓所，得侍左右，欣逢師壽辰，後六日為弟子生辰，於樓下披霞娜傍，皈依佛法，多蒙開示，情景憬然在目，而今，天涯海角，欲禮座而未能。……弟子豐嬰行頂禮中華民國二十八年九月二十日。」

當豐子愷在家中皈依弘公以後，因為《護生畫集》一直在積極繪製、設計中，而弘公也一直在他家住著，直到十一月底，那時弘公在豐子愷家中已住了兩個多月，畫集大部已繪就、寫好，僅待接洽出版了。在出版方面，有夏丏尊居士，當然可以放心。在工作接近完了時，弘公聽說無錫的尤惜陰居士又來上海了，他住在世界居士林，便擇一天下午三點多鐘，去居士林看尤居士。

正是「有意栽花花不發，無心插柳柳成蔭」，世間哪有照著人們計劃上的日程表過日子的事呢？當弘公到了居士林三樓，在一間小客房裡看到昔年南社老友尤雪行，不由得楞了楞。原來，客房裡擺著不少行李，似乎尤居士將有一番遠行。

「呀！尤居士，你有遠行嗎？」

雪行居士見弘公來到，伏地頂禮之後，便向師說：「還有謝仁齋居士哩，法師！」這時謝居士從另一間房裡出來，向師頂禮。（師與謝亦相識，後亦出家。）

「你們二位收拾行李到哪兒去啊？」弘公一眼看到謝仁齋居士，與尤雪行的行動似乎是一致的，有幾分神秘的感覺。

「法師！我們在這兒候船，準備到暹羅去宏法，船票已經訂好，明天便動身了！」

「你們要到暹羅宏法？真是功德無量！」弘公一聽這兩位居士要遠去海外宏法，不由得心中一陣歡喜，便突然想到——到暹羅做一個化外之僧不也好麼？「那太好了，明天我也同你們一起去，方便嗎？」

這兩位遠行的居士猛一聽弘公也要隨他們到海外宏法，心中當然歡喜萬分，便道：「只要法師慈悲，我們萬分歡迎，那麼便請您準備動身吧！」

「好！」師與二位居士只在三言兩語間，便決定離開上海南行，於是當下便與尤居士分手，回到子愷家中，先告訴子愷。他的學生聽了一楞，但是再一想，弘公本來是一片浮雲，到哪裡不是一樣呢？便再打電話給開明書局的夏丏尊，以及美專劉質平，然後，大家便忙著為弘公南下而準備起來。

其實，又有什麼好準備的，弘公這一身無罣無礙，所謂準備，也不過把自己的意思向他的朋友、學生、弟子表白一番，其他時間，便是整頓行囊，買一點文墨紙張，再交代《護生畫集》的出版和分發事宜。到第二天拂曉，便由子愷伴送，找黃包車拉到黃浦江碼頭，與尤雪行居士上了海輪。在船樓上的汽笛短聲連連呼嘯後，船舷緩慢地離岸，岸上的丏尊、子愷、質平……搖著手，與船上的弘公合掌相對，直到船速加快，岸上的人物逐漸模糊，這才回到艙裡……。

現在船行黃浦江中，約一小時後，由吳淞口納入長江，到上午十時，已在浩瀚無涯的大海上飄流了。

弘公想想這二十四小時內的際遇，不禁覺得啞然。所謂「朝宿蒼梧，暮棲崑崙」，人生哪裡有定所？

在海上飄游了兩天，船到廈門靠岸、卸貨、下客；弘公因開船還有兩三天，便到廈門大學創辦人陳敬賢居士家中看看，這位陳居士昔年在杭州，與弘公有過從之緣，起先學禪，後歸淨土。

他見了弘公到廈門，不由得想到這真是廈門的福緣不淺，在中午齋宴時，陳居士說：

「法師有緣到閩南來，也是地方的法緣，希望法師能留在這裡宏法傳教。」

「我本來是到暹羅去的，我還有同行的人呢！」

「法師去暹羅——那裡是南傳佛教國家，可是佛法倒是興盛的。法師！何樂而不為在這裡為閩南眾生播一些佛糧？而且，這裡的佛教界對法師的渴望與景仰，是很迫切的！……」

師默然良久。

「這樣也好，但我還是要與船上二位居士交代，即使如此，也要令他們掃興呢。」

當弘公把留在廈門的意思告訴尤居士，請他們先走，弘公過些日子再去，那兩位居士便揚帆海域。尤居士，若干年後，便是駐錫馬來西亞，法名演本的法師，謝仁齋居士也在不久出家，為寂雲禪師。

弘公留在廈門後，便由陳敬賢居士介紹到當時頗負盛名的南普陀寺，在那裡，他遇到太虛大師門下的芝峰法師——是弘公筆談的好友，同時有大醒法師，有閩南名宿性願法師。尤其在這裡與芝峰法師相遇。

芝峰法師與大醒法師受太虛大師命，在這裡主持閩南佛學院的教務。

在廈門，參訪了當地著名的佛寺。棲息之所，則在閩南佛學院的小樓上，由於幾位相契的道友挽留，弘公便滯留在廈門，終於打消去暹羅的念頭。

在閩南佛學院住到了一九二九年的春天，過的依然是禁足生活，平日是寫經、念佛、整理院裡古本藏經，加以編目校正。

這是弘公第一次到閩南，默默地過了三個多月。

這時候，弘公的友生經子淵、夏丏尊、劉質平、豐子愷、穆藕初、朱穌典、周承德，則為了大師行無定所，雲水萍蹤，健康狀況，又時好時壞，再加上日益風聞的滅佛風潮，時時蜂起，因此，徵得弘公的同意，在丏尊故鄉白馬湖附近，覓地結廬三椽，作為弘公棲息處，這座小屋，直到一九二九年春末落成，也是大師五十歲時，它在等著大師遊罷南閩歸來。這座小屋，弘公以李義山詩句「天意憐幽草，人間愛晚晴」中的「晚晴」二字為名，題為「晚晴山房」。這算是大師一生唯一落腳處。

註：誅茆宴坐：便是斬草架茅屋，做幽居靜坐念佛的工夫。

閩緣

一九二九年四月間，弘公在中國南方第一次接觸到亞熱帶的火燄，向他那瘦削的形體上侵襲而來，他在閩南佛學院的小樓上，已耐不住初來的炎熱，便有意回到春寒未退的溫州城下寮。

這時，他與南閩的因緣還沒有成熟，因此，還沒有動念頭在這裡長期住下去，他內心真正要把那一塊地方當作荼毘色身之所，不是群山鬱鬱的南閩，而是夏丏尊為他建造小屋三椽的「晚晴山房」。

熱——是他急於儘早離開南閩的第一因；他的色身之脆弱，不僅酷寒使他無法強撐，而太烈的長夏也同樣令他如坐熱風之中。

因此，在四月下旬，便買舟北上，可是，因為海輪要經過福州，福州以「鼓山」聞名於佛教界，當代禪宗大師——虛雲老和尚，便是鼓山的中興人物。

當時與弘公同時北上的，有佛教界知名的居士——蘇慧純陪伴，他們在福州下船，便趁興參禮鼓山佛剎，掛單在湧泉禪寺。

鼓山在閩江之北，林森的東郊，也是福州風景區。

由於湧泉寺是歷史上著名的佛剎，它底藏經樓上藏書極多，又不乏古代的珍本、手寫本。因此，弘公便在此盤桓、留戀，除了欣賞名剎景物，便把自己埋身在經書之間，從事短暫的整理工作。——每到一寺，整理經卷，是弘公獻身於佛法之一端。在儒家因果律上說，這自然是功德無涯的，在學問上，又何嘗不是有益於後代。

在湧泉寺的藏經樓上，他無意中發現了這所名剎中，藏有當代最古老的、最精緻的刻本。同時，有世間不可一見的佛學著作：《華嚴疏論纂要》。這一發現，使他動念要影印這部藏經中未收入的珍品。

在這裡，他對中國刻經事業，作了如下的研究：

◎當敦煌石室未發現以前，世人對佛經在中國古代的刻本，概稱「宋刻」，而不知有唐、五代。

◎敦煌石室之秘被揭開，乃發現中國刻經事業，自唐末開始。可是，該要令人注意的是：日本國內，當他們神護景雲四年，已刊刻過《無垢淨光經陀羅尼》等四種，這古經的藏本，還收在日本東京法隆寺的書樓上。由此追索，日本的刻經時代，當在中國唐代大曆五年，這比敦煌所發現的古本更早，這該是世界上最古的佛經版本。

◎自那時以後，日本的刻經事業，日益精盛，他們的古本藏經，即使是斷簡殘編，也是視如珍寶，這該是日本的學者博學深修，對刻版佛經，有深濃的修養與體認的結果。

◎在鼓山，弘公發現那裡所藏的《法華》、《楞嚴》、《永嘉大師集》等雕本，是楷字方冊，精古無比，書法可上追唐宋，在技巧上，已登峰造極。在那一堆古藏書中，發現清初刻印的《華嚴經》，及其《疏論纂要》、《憨山大師夢遊集》，為近代的珍品。

——基於上述的研究，弘公當這一年由溫州再度經過白馬湖小住，到上海時，請蘇慧純居士發心印《華嚴疏論纂要》二十五部！「二十五部書」的印行，恐怕是歷史上印量最少的一種書了。這是弘公對佛學典籍保存的一種心願。

書出版之後，其中十三部，送給中國的學術界及佛教叢林，另十二部，送給日本人保存。

那時，弘公另一位崇拜者——日本出版家內山完造在所著《上海霖雨》中寫道：

……夏先生將這位和尚向我介紹，我才知道他是弘一法師，他清癯如鶴，語音如銀鈴，……據說，他是中國戲劇革命先驅「春柳劇社」的主幹，在東京演過《茶花女遺事》……直到今天為止；他油畫的造詣，竟無人可及。留學回國後，他在浙江師範教音樂與繪畫，後來以種種因緣出家為僧，多年來行雲流水，居無定所……。

當時我用日本語談話，看他的神情，似乎一一都懂得，但他自己卻像全把日本話忘了似的。

夏先生拿出一本律師所著的善本書《四分律比丘戒相表記》來，要我將此書三十冊分贈希求者。……這時律師說：還有一種《華嚴疏論纂要》的書，正在印刷中，這書只印二十五部，想把十二部送給日本方面，將來出書以後，「也送到尊處，拜託你！」

他這樣說，我也只好答應照辦，我雖門外漢，聽到印數只有二十五部，就知道是相當鉅大的書，二十五部之中有半數送給日本，「那麼送哪一個機構呢？」我問他。他說：「一切託你！」在繼續談話之中，他說：「在中國恐怕不能長久保存，不如送到日本去。」

據說，律師曾在福建鼓山發現這古刻的版本，這版本在現存的經典中，是很古的。日本《大正藏》裡也沒有，由此可見這部經書的珍貴了。

我談到傍晚才回去，次日，弘一律師和夏丏尊先生及另外兩三個朋友同到我的書店來，內人也見到他，當他去後曾說：「聽到那位比丘的話聲，見到那樣崢嶸的額角，便知道是一位高僧。」

數日以後，夏先生那裡送來了《四分律比丘戒相表記》，我便分別寄贈東、西京兩大學，以及大谷、龍谷、大正、東洋、高野山等大學圖書館去。西京大學圖書館裡有一位比丘籍書記，寫信來說，這部《表記》是一部貴重的文獻，希望能得到一部，於是我又寄一部去，以後我一共送去了一百七十幾部。

……

我因此奇緣，就將快出版的《華嚴疏論纂要》十二部，決定了贈送範圍。下列各處，是：東京帝國大學、京都帝國大學、大正大學、東洋大學、大谷大學、龍谷大學、京都東福寺、黃檗山萬福寺、比叡山延曆寺、高野山大學、大和法隆寺、上野寬永寺、京都妙心寺。……（這裡面十二部是第一次贈送，另三部是後來從中國要去的。著者附註。）

此後，我與弘一律師一直沒有相會的機會，只替他代向日本購請過幾次經典，可是第二次事變一起（八．一三），連這點都不可能了。

不知他近來住在何處，一定仍在苦修吧。每一想起，他的面貌彷彿在我眼前，但願他平安無恙，但願久別重逢的日子快些到來。

我草此文的桌前，掛著弘一律師寫給我的直幅，直幅上這樣寫著：「一切有為法，如夢幻泡影，如露亦如電，應作如是觀。——〈金剛般若波羅蜜經偈〉。完造居士供養。沙門一音。」

我對這幅字注視著，窗外但聞瑟瑟的雨聲。

*

大師在湧泉寺流連二十多天，便收拾行李再從海道回到溫州城下寮舊居，在這裡他摒除外緣，在關房中一心念佛，但也與數月不見的師友通通信，他在這裡渡過了大江以南的六月盛夏，秋涼來到時，上虞白馬湖的山房已修建粗成，一則受到老友夏丏尊、經子淵、學生劉質平、豐子愷的敦請，再則自己也有心去看看深愛他的朋友、學生們集資為他砌的新居，這究竟是在不平凡的情感下，所奉獻給他的晚年棲息處。

他在農曆七月初便到了上虞，受到了經家、夏家的歡迎，與老友們的輪流供養。在這裡，他特別為上海的丏尊寫一幅字，這幅字便是他借來用作山房名稱的「天意憐幽草，人間愛晚晴」的唐人詩句。

住在這裡的短暫歲月裡，開始時廚房、廁所還沒有完工，他準備待完工後自炊；山房裡，除他自己，還有城下寮來的一位惟淨法師，當自炊時，他們的蔬菜，由丏尊家的菜園內採擷，固定的資財供養，由經、夏兩家的事務代表人章先生按期送到。

弘公計劃中，山房內有時是他自己一人，有時偕僧界同道一二人同住。他把生活上的瑣事計劃，都在信上告訴了丏尊。

在這裡，劉質平曾來與師小住二日，渴敘舊情，而夏、豐二人在上海，一因有病，一因寫作與立達學園的教務，沒有到白馬湖來。弘公在白馬湖的生活，多半由丏尊家照應，弘公並計劃請他初出家時的道兄弘祥法師來晚晴山房閉關用功，他告訴丏尊，如果他與豐嬰行居士一同到白馬湖來，便繞道杭州代他迎請弘祥法師。

但是末了，終於因他們二人沒法分身來上虞，弘公又訂於十月初去上海，計劃中與蘇慧純居士再去閩南，以致請弘祥法師的計劃沒有實現。

他在白馬湖的三個月中，信上告訴丏尊說：「凡有向尊處詢問我的蹤跡者，請告知我已遯走他方，未能見客通信，現在的住址也弄不清。……」

對於「晚晴山房」的建築環境，弘公是非常喜愛的。他寫信給丏尊道：

「……山房建築，在美觀上頗有藝術的深度，聽說是出自石禪（經子淵）的計劃。石禪新居，由山房南望，不啻一幅美麗的畫圖，屋後的松柏蒽鬱，更顯出情境的幽隱。……現在，我雖不能久住山房，但寺院充公之說，時有傳聞，為日後留一退步，有山房新居，貯存道糧，日後佛界遇有重大的變動，也可無憂無慮。因此，我對山房的落成，內心感到慶慰不已，此者，皆仁者護法厚意。

「至於秋後往閩南閉關，因是宿願，未能終止，但他年仍可北來長住山房，以此為久居安息的地方。……」

重陽節，弘公寫了這封信寄給上海的丏尊。這時，丏尊為弘公的《臨古法書》，已籌備出版，以紀念他們深厚的友情。

所謂《李息翁臨古法書》，實在是李叔同時代所寫的書法，藏在丏尊的小梅花屋，於今已十多年了，由丏尊整理出來，加以選輯，流傳後世。

可是弘公在這冊影印的書法序文中曾鄭重提出：「耽樂書道，足以增長放逸，佛所深誡；但研習書道者，能盡其藝術上的修養，書寫佛語，流傳後世，使世人歡喜受持，人我共利，同赴佛道，便不是壞處，希望後來人，要深切體會這種道理。……」

重陽過後，山房在繼續加工修葺廚廁，及至一切都具規模，九月二十日，便是大師五十歲的生辰——母難日。在這一天，他照往例——凌晨四時起身，洗面後，焚香供佛，然後早課開始，早課完了，念《地藏菩薩本願經》為亡母超度。直到七時，早粥送來。

這一天，紹興的徐仲蓀居士，慕師道已久，而且師在浙江行腳多年，久已認識，弘公到白馬湖的消息，事實上是不脛而走，徐居士便特別為弘公買了水族來，到白馬湖放生，為他五十生辰祝賀。天近中午，師與經石禪、徐仲蓀，及春暉中學諸位居士，一同泛舟湖面，把一群群水族難友，放入湖波中，讓牠們歡欣地游去，從這一群水族生物尾鰭的輕快擺動中，那種生之快樂的真情，正如人類自苦難中獲得自由的生命。

下午，白衣散去，師仍在山房念佛為亡母加被。在這裡住過了內心最淒楚的深秋之夕，過兩天，寧波有一位老僧，因為這一年陝西旱災，想請弘公去西安主持一次法會，為眾生祝福，弘公是從來不會拂逆別人的意思的，便答應了他，同時決定在月底從寧波登船。

弘公把東西完全收拾好了，也分別寫信給上海方面的朋友。便在九月底一天的下午二時許，與那位發心西去長安的和尚，帶了行李上船，在寧波方面，也有不少法師與居士們浩蕩送行，以壯長途遠征的行色。

正在輪船準備開航時，從岸上匆匆來了一位俗家人，大家也不在意。當那位穿長衫的青年大步上船後，便直奔上層艙中，東張西望，似乎急得滿頭是汗，直到看清弘一大師的艙位，弘公正與一群僧俗在欣然道別之際，那三十歲左右的青年，蠻橫地直衝進艙口，走到艙中，不由分說，伸手把弘公拉起，背在脊樑上，便大踏步下船而去！

這種突然而來的「劫持」行動，使同船的比丘，與送行的居士們驚住了，於是大家跟著往岸上便跑，追上岸，看到那位青年人已把弘公放在岸上，滿臉緋紅，師生於是相撫而哭。

「法師！您是去不得的，那是西安呀！『西去長安不見家』，四千里的長途跋涉，您老如何能經得住這種酷寒的折磨……。」質平愴然地說。

「質平！質平！……」

這種舉動，使得送行的人群為之一愣。

「聽說您讓人請到西安去，我好不容易趕來，遲了一步，恐怕已經來不及哩！您的行李哪？」

「質平——」弘公回顧船上的同行者與送行人都回到岸上來了，歉疚地說：「這位是我的學生，劉質平居士。」

這時大家意會到，原來劫持弘一法師的青年，竟是當時的著名音樂家，上海美專教席劉質平。

「我的老師不去西安了，對不起各位法師、居士，他老人家的體質無論如何經不住幾千里的北地風霜，現在我們該回去了，法師！」質平說，臉上依然留著淒然的表情。

弘公看著大家。默然無言。

隨緣吧！

如此一躓頓，還有誰會說話呢？

劉質平未等弘公的同意，再把他老師的行李拿下船，於是大家重新回到掛單的寺裡，局外人只是內心暗暗地納罕：「弘一法師這些學生，真還得了？……」

弘公安下身來，向質平說：

「這一番滿你的心願啦，質平！可是住寧波也不成呀。那麼，我還是回溫州去收拾一番，然後再去上海，我從那裡到閩南去。閩南，對於一個骨瘦嶙嶙似我的出家人是合適的！那裡冬天溫暖；而且我與那裡也有緣。我可能在那裡閉關念佛。你告訴朋友們，只說弘一和尚遯世了，連消息也沒有了。一個人能平白地從世界上假想地不存在，總省卻許多紛擾，如此一來，我才能用功念佛。質平，你是不是回上海呢？」

「法師！」質平這時已恢復了理智，平復了熱情的衝動，說：「我剛才很鹵莽滅裂，有失體統，請您慈悲。」

弘公不由得嘴角上掀起一個小渦。

「不去便不去，又有什麼鹵莽，什麼滅裂？」

「我也說的，法師！您要到閩南去，為的那兒氣候溫暖，如果到西北去，那裡正是相反的奇寒哩。」

「在體質上，我是不勝的。」弘公說：「但是，事兒沾到佛法，便不能考慮寒暖。不過，這樁公案已了！我明天就到永嘉去。」

「再見，法師！」質平合掌與弘公道別。

弘公的性格深層，是易於動情的，他為劉質平這一番行動，竟改動了他後來十三年的塵世因緣，而感到無限悲欣；悲的是世事無常，喜的是自己的學生，比世俗的子女，其摯愛之情更深。

如果他當時登船跋涉西安，即使有一天回來，焉知「閩南」的因緣能如他日照常推演？也許，他在西地長安就此安棲下去也未可知。

＊

第二天，弘公別了寧波的道友，放下去西安的念頭，從水路回到溫州。在關房整理數日，再坐船直航上海，在上海與丏尊、質平、嬰行……諸人共聚數日，然後坐海輪，再去廈門南普陀寺。

這是弘公第二度到閩南來。

在南普陀寺，住在前面「功德樓」上。在這裡，他為「閩南佛學院」的在學比丘，提出「悲、智」這兩個字，作為他們修學的理想。我們用世俗的語文總結，弘公所說的「悲」，便是「佛學的行者，對世間生命一種普遍而深切的同情、憫愛」；「智」，便是「行者性靈上明徹的燭照力，透過其自身的光燄，去洞徹一切凡情，切斷人我界限。……」

弘公把這兩個字的精義，作成四字格言四十頌，寫成條幅，供養學人。

這一年年底，因為佛教改革者太虛大師來到閩南，為他創辦的閩南佛學院的教務，作一番考察。因此，弘公便與太虛大師、芝峰法師、蘇慧純居士三人一同到南安名剎「小雪峰」渡歲。

這時太虛大師曾有一首律詩，記述這件事。

詩題是〈與轉逢、弘一、芝峰之小雪峰〉。

詩曰：

寒郊卅里去城東，

才過青溪便不同；
林翠蔭含山外路，
蕉香風送寺前鐘；
虎蹤笑覓太虛洞，
詩窟吟留如幻松；
此夕雪峰逢歲盡，
挑燈共話古禪宗。

太虛大師比弘公小八歲，但是事實上，弘公對太虛大師是以師禮相待。逢人便說受到太虛大師很多啟示與感德之恩。原來佛家是注重「僧臘」的，太虛大師在世俗年齡上雖比弘公小，但僧臘卻比弘公大幾歲。

當時雄才大略的太虛大師是四十二歲，嚴格地說來，太虛大師博於知識，而弘公則深於行持；到這時弘公早已斷絕世間文藝上的行為；因此，他沒有詩詞留下來，不過太虛大師所寫的〈三寶歌〉譜，卻是弘公手筆。（著者按：太虛大師二十歲許即因讀《般若經》悟道，上述所引，乃就表象的比較而言。）

在小雪峰渡過一九三〇年（庚午）的春節，大師邁入五十一歲的生命旅程，正月十五以後，他從小雪峰，到泉州城內的承天寺，剛巧，這時性願法師（即一九六二年圓寂於菲島華藏寺的性願老法師）在承天寺，創辦「月臺佛學研究社」，弘公在那裡住了三個月，整日為承天寺整理藏經，並且編定目錄，偶而也為「研究社」的學人，講兩次「寫字」的方法。在閩南的四月，天氣又急遽地熱起來了，於是弘公再度作北歸的行動。

臨走時，以手書——

會心當處即是；泉水在山乃清。

這一幅聯句，贈給閩南名宿會泉長老。

在回溫州途中，他又在福州鼓山湧泉寺逗留些日子，研究那裡的古版經典，也可以說，去欣賞那些古人的智慧結晶吧，直到五月初回到溫州，然後由溫州回到他的新居——上虞白馬湖晚晴山房。這時的白馬湖畔，早晚還浸泛著輕寒。

在這裡，有時與春暉中學的經石禪校長談經論道，但最重要的工作，放在《南山行事鈔記》（律學名著）的精讀與訂正。

弘公在有生以來，有一種讀書的癖好，出家後，除了以念佛為心靈皈依處，便是整天埋首在佛經裡，尤其對《華嚴經》，有深到的研究，至於律學的探討，則是他行持上的依據。

可是，因為山房門窗未備、濕重，不久便移居附近法界寺閉關。

到一九三〇年代，他五十已過，在佛學上的思想方法與佛學的實踐範疇，歸納成以下三條：

◎華嚴學：是他在研究佛學上的思想地盤。《普賢行願品》，則是本經的神經中樞，弘公的行願便由華嚴伸引而來。

◎南山學：是他秉承南山道宣律師的遺緒，從事現在律學的整理與開創新的境界，他自己並且以身作試驗，從事律學的行持；因為律學是用以自律的，並以教人的修身典範。

◎念佛哲學：則是他從事佛道的實踐方法，在這方面，他上追靈峰蕅益大師，有《寒笳集》的選輯；近代則宗仰印光大師，一步一趨，以現身誓證「念佛三昧」為目標，作為生活上的垂直線，他在每一分、秒，心中、口中不離佛號；行腳到任何一地，便發心與世緣斷絕，閉門深修。

在他大半生中，所謂講律、說法，只是他行為中的點滴，然而即以這一點「傳播佛法行徑」，他還潛心懺悔，深恐玷辱了他的純淨品性，唯恐招搖過市，流為「名利中人」。他出家，決心斷絕藝術上的成就而不為，便是他誓志全神學佛的最好註解。

他深知一個人一朝傾心於某一種愛好，便令人入迷，甚至於發瘋的程度；一個人愛好一種藝術，如果不能到「專一」的程度，便不會有所成就，也不足以成為一個藝術家；宗教的行為本質便是一種精神的藝術；如果一個人出家後依然耽於世間藝術，而放棄精神上的藝術，則與世間的藝術家有何分別，那又與未出家有何分別？

所謂「畫馬變馬」，「念佛成佛」，弘公深知「心」不能二，二用其心，是學佛的大忌；因此，他不屑於蘇曼殊的小說，也無心於自己詩、畫、音樂、金石的再創造；儘管當時世人對他有所惋惜，認為是中國藝壇的遺憾，但他依然是特立獨行，我行我素。

弘一和尚，自始至終，只有一個！

這一年五月中旬的一天，白馬湖正在湖水泛碧，初夏輕風微拂的時候，剛巧逢到老友丐尊的生日，丐尊因弘公回來，特地從上海來晤，當這一天，便邀約弘公和經石禪（子淵）校長，同到他家中——小梅花屋（丐尊鄉居雅名）素齋。

不過，經石禪還是濁世間人，對佛道沒有丐尊深刻，他們之間的情感，建立在杭州師範時代，因此，席間有菜也有酒（酒，是夏丐尊為經石禪預備的）；於是，這位教育界的先進，便以酒澆愁，喝到情感的頂峰，便悲悲愴愴地說：「我們十二年前，在杭州時還是三十到四十的青年人，那時的心境，是何等的悲而且壯；而今，叔同已五十而出家，我已邁入耳順之年，如今新潮趕過舊浪，我們還有什麼作為呢？人生，到頭來無非一場悲劇；那時的朋友死的死，散的散，能像我們三個在這裡小聚的，已不可得了，但是，焉知明天，我們之中又沒人離散呢？……」

說到這裡，石禪的酒也不喝了，弘公與丏尊停了箸，石禪的話越說越悲傷，竟至嗚咽哭泣起來，丏尊與弘公也滿臉是淚。

大家在無言中離席，晚上，弘公便為石禪送給丏尊的畫上，寫下《仁王般若經》的兩個偈子，作為丏尊四十五歲生辰的警語。

偈曰：

生老病死，輪轉無際，事與願違，憂悲為害；欲深禍重，瘡疣無外，三界皆苦，國有何賴？

有本自無，因緣成諸，盛者必衰，實者必虛；眾生蠢蠢，都如幻居，聲響皆空，國土亦如！

弘公在白馬湖法界寺，幾個月中，除了丏尊，子愷幾個人，與世界已絕緣，由於法界寺的山居生活寧靜，使弘公與它結了不解緣。

同時，他在晚晴山房，感到最大的困擾，便是世界上的孤獨，經常只是他一個人摸索生活上的事，要勞累夏家、經家的人，又覺得對不起人家；像這樣，在不能作長期打算的情況下，反而影響了佛道上的行程。

在法界寺住到深秋，臨縣慈谿的鳴鶴場白湖金仙寺，正在開講《地藏菩薩本願經》大座，那是由當代天台名家靜權法師主持。金仙寺的方丈，是太虛大師門下的亦幻法師。

他決定月底到慈谿去。

白湖

大江以南的秋色，比煙雨氤氳的春天更美好，一股濃郁的畫意，給人一種朦朧的幽邃；而秋天的「一湖秋水碧漣漪」「楓葉紅於二月花」的詩情，則更加襲人。

江南故國，有人的地方便有暮鼓晨鐘，山僧佛寺。在一片塔影傾斜，蒼茫中晚鐘愴然長鳴過後，佛寺裡的方外之士，開始陸陸續續地上殿。

多數的寺院，在「藥石」之前，做完晚課。夕陽墜後，稍憩片刻，便齊集大殿，雲板一響，磬聲長鳴，不是「跑香、念佛」，便是法師升座，開始僧侶們聞法參學的一課。

弘一大師——出家後的李叔同先生，從白馬湖趕到慈谿的白湖金仙寺來，緣於亦幻法師在這裡作方丈；他是一個知識份子，通過芝峰法師的介紹，他們說得上是志同道合；特來這裡，參訪一下。同時，是靜權法師在這裡講經，不可失之交臂；因此，他檢點一些重要的經典，經過兩天跋涉，步上了金仙寺山門的石級。

弘公在這裡無聲無息地住下來，作為一個遊方的和尚，但是不同的，他比別人更加埋頭於修道參學，他同寺裡的僧侶們一樣吃粗茶淡飯，一同上殿念佛誦經；餘下的時間，留下來研究經典，寫經念佛。

由於他研究《華嚴經》的自然結果，加上他一筆柔軟而綿勁的書法，使他從《華嚴經》上摘下的聯偶三百，在這裡連綴完成，集成後由劉質平居士在上海付印，這便是後來人見到的《華嚴集聯三百》。集聯中，四言、五言、七言、八言都有。

四言——

令出愛獄，永得大安。

五言——

言必不虛妄，心離於有無。

自性無所有，智眼靡不周。

七言——

戒是無上菩提本，佛為一切智慧燈。

八言——

如來境界，無有邊際；普賢身相，猶如虛空。

集聯文句，便是這四種句法，平仄與韻腳，似乎自然地安排，字字如珠玉，然而，弘公還說，這份作品，已是力不從心，在經上尋章摘句，已非所宜，「今循道侶之請，勉以成篇。……」但是，真正的目的，令人在欣賞書法時，能欣然深入「華嚴世界」，引導入佛的因緣，多成就幾個入佛的種子，這是弘公心意。

弘公在這裡，依然一心潛修；他在每天飯後，按常規要出聲念幾卷《普賢行願品》，為眾生迴向；他那種琅琅瑯瑯的音節，隨著徐緩分明的速度，傳向空間。日子多了，便有人覺得非常動聽，於是逢到他念誦的時候，小磬聲開始，便會偷偷地站在他的門外，讓他的經聲，搖撼著靈魂，那靈魂的深處，正在承受著「普賢十願」的莊嚴啟示，比自己平淡的方言，更為有力得多；比自己親口念來，更得力。因此，那個受感動的人，經常在他的誦經聲裡，站在牆角邊靜聽，一直到他的經聲戛然休止。

這位聽經的人，正是金仙寺的住持亦幻法師。亦幻法師，在這兒，是以後輩的心情接待弘公的。

在鑽研《華嚴》之際，到十月初，天台山的靜權法師已來到金仙寺，十月十五日晚上，開講《地藏菩薩本願經》，遠近來了不少聽經的比丘、居士。弘公為了追念母恩，每逢母難日，一定要念一天《地藏經》，為亡母超度，他內心久已投皈地藏菩薩的袈裟前，祈菩薩加被亡母；想到他的亡母，他的心靈間已暗暗地承受著一種悲哀的重壓。

每當暮色蒼茫，大殿上燭光高照，披著朱色袈裟的靜權法師，高踞法座，供桌前的聽眾席，一列列的僧眾在淒寒的初冬之夕，燈光猶如隱沒在雲層間的朦朧月色，寺院裡寂然無聲，境界是悲涼的，座上的法師，正是身入幽冥的地藏菩薩，用一種低沉的方言，念道：

佛告定自在王菩薩，……有佛出世，名清淨蓮華目如來，……像法之中，有一羅漢，福度眾生，因次教化，遇一女人，字曰「光目」，設食供養，羅漢問之，欲願何等？

光目答言：「我以母亡之日，資福救拔，未知我母，生處何趣？」

羅漢愍之，為入定觀，見光目女母，墮在惡趣，受極大苦，羅漢問光目言：「汝母在生，作何行業；今在惡趣，受極大苦？」

光目答言：「我母所習，唯好食噉魚鼈之屬；所食魚鼈，多食其子（即魚子），或炒或煮，恣情食噉，計其命數，千萬復倍；尊者慈愍，如何哀救？」

羅漢愍之，為作方便，勸光目言：「汝可志誠，念『清淨蓮華目如來』，兼塑畫形像，存亡獲報。」

光目聞已，即捨所愛，尋畫佛像，而供養之，復恭敬心，悲泣瞻禮。忽於夜後，夢見佛身，金色晃耀，如須彌山，放大光明，而告光目：「汝母不久，當生汝家，纔覺飢寒，即當言說。」

其後家內，婢生一子，未滿三日，而乃言說，稽首悲泣，告於光目：「生死業緣，果報自受，吾是汝母，久處暗冥，自別汝來，累墮大地獄，蒙汝福力，方得受生，為下賤人，又復短命，壽年十三，更落惡道，汝有何計，令吾脫免？」

光目聞說，知母無疑，哽咽悲啼，而白婢子：「既是我母，合知本罪，作何行業，墮於惡道？」

婢子答言：「以殺害、毀罵二業受報，若非蒙福，救拔吾難；以是業故，未合解脫！」

光目問言：「地獄罪報，其事云何？」婢子答言：「罪苦之事，不忍稱說。百千歲中，卒白難竟！」

光目聞已，啼淚號泣，而白空界：「願我之母，永脫地獄，畢十三歲，更無重罪，及歷惡道。十方諸佛，慈哀愍我，聽我為母所發廣大誓願：若得我母，永離三塗，及斯下賤，乃至女人之身，永劫不受者，願我自今日後，對『清淨蓮華目如來』像前，卻後百千萬億劫中，應有世界，所有地獄，及三惡道，諸罪苦眾生，誓願救拔，令離地獄惡趣，畜生餓鬼等，如是罪報等人，盡成佛竟。……」

……爾時羅漢，即無盡意菩薩是；光目母者，即解脫菩薩是；光目女者，即地藏菩薩……

這是《地藏經》中〈閻浮眾生業感品〉中一節故事。

靜權法師講完這一節，便愴然地說：

「——人類是健忘的動物，孩子生下來，常常是斷了奶忘了娘。長大之後，成為妻子的附庸，也沒想想，當你為人父時，生兒育女之苦，女性蒙受的悲慘境遇，是怎樣的景象？那時『養兒才知報娘恩』的經驗，告訴你，當你含辛茹苦，為你底孩子犧牲一切，你孩子的血肉緊緊地和你牽連在一道，他的痛苦，使你如坐釘板；他愛天上的星，你也會摘下來；你的愛兒偶有不幸，便會使你肝腸寸斷，陪上你破碎的靈魂；天下的父母心都是如此，母親付出的愛，更是深如淵海，想想看啊，光目女誓志救母，便是報恩之念的不泯；人們走歷史的覆轍，他們生兒育女時的辛酸，正是他們父母曾經嘗過的。……慈母恩，說不完。比丘們雖斷絕凡俗，然而父母生我，與俗家人還是一樣，母親用血和淚，培養一個人——那是生物世界一段鮮明而悲苦的旅程，到頭來，所得的報償，總是一場空……」

法師說到這裡，感到眼前有點模糊起來，他並沒有強以倫理上的觀念，解釋生物愛的至情，因為人類之愛子女，物類之愛幼兒，是一種天生的偉大情操，不必再加以鋪陳，他們不惜自己的生命，注長孩子的新生命，只有這樣，才是生物進化的依憑！

講臺下，一百多個聽眾中，忽然有一位嗚嗚啕啕地失聲痛哭起來了，這一突然的失聲，使大家都把驚異的目光，投向近前排的一個角落，臺上的法師，也被這痛哭聲弄僵了，他不知這位和尚為何如此失態？因此，停下來，不敢再講下去。等片刻，大家明白過來，原來，那位和尚竟是新來的——弘一法師。

他回想到母親為他——所受的精神上的折磨，比那無柴無米的歲月更難忍受，母親活了四十五歲，在急性肺炎與肺結核的煎熬下與世長辭，以後，他便放下一切，東渡留學，回國後，幾經滄桑，感覺生命無常，有緣入佛，因此削髮為僧。每當他在母難日為亡母念經時，總不能忍住自己的眼淚不雙流，如今在《地藏經》的法筵下，別人講，很多人聽，但是，經文的深意，他在情感上領觸得更多，他外形冷淡，而內心卻充溢著非平凡的至愛——天倫的愛，妻子之愛；手足之情，師弟之情。一切超世間的悲情。

他在情感上，與經文中交織著一種經驗的相應；因此，在眾多的同道前，他無法忍住熱淚與失聲而哭；他如一個嬰兒，失落在地藏王故事中母親的懷裡。

講經兩個月，不管是白天講席，還是晚間筵前，逢到觸痛他亡母的慘痛，他不止一次地哭泣。

不過，在那一陣情感的浪潮過後，為自己深悔破壞了許多同道的法緣而難過，於是痛切地在寮房內寫下蕅益大師警語，貼在桌頭，文曰：

「內不見有我，則我無能；外不見有人，則人無過；一味痴呆，深自慚愧，劣智慢心，痛自改悔。……」

這一小節懺悔詞，表面上雖為自己一時失態而寫，但實質上，也包含著一切情識上的自律哲理在內。

在靜權法師講經餘暇，他也曾為幾位年輕的比丘講他自己的律學著作；但最後，《地藏經》已圓滿，十一月底的江南，寒雨霏霏，大地如冰，這時文字上的工夫做不下去了，弘公感覺這付瘦削的皮囊，忍不住北地風霜，這才黯然別了白湖，回到溫州城下寮的故居。

*

在一九三一年的初春，溫州比之錢江附近是溫和些，但是，誰知陰曆年剛過，也許去歲冬秋二季，受了些陰寒，再加上白馬湖濱的潮鬱，蚊蚋多，濕氣重，因此，不按季節的瘧疾，又在他身上發作了。

是正月十五剛過，在昔日的關中，忽然覺得身上穿著棉袍，頭上戴著風帽，還感著一陣陣針刺般的奇寒，弘公覺得很奇怪，這裡的正月陽春，原不該這麼酷寒！

當時，他還想不到這就是蚊蟲為他製造的魔鬼——襲上身來。後來，又連接打兩個寒顫，手背上暴起許多雞皮疙瘩，指甲變青，這才感覺受不了，在禪榻上蓋著被子睡，誰知愈睡愈冷，待挨過了「冰山地獄」的折磨，火燄又從心上燃燒，僅是消極抵抗，依然耐不了這種苦難，因此，他想到，這又是病緣來考驗了。

第一天過去，稍稍恢復些精神，當第三天傍晚瘧疾鬼又撲過來，弘公知道又不是什麼了不起的妖魔，便在冷熱交瘁中，直著身子，披上袈裟，在佛前急念《華嚴經普賢行願品》的偈子，字字高聲飛揚，然後再回到耳根，只求一意待死，不作他想，直念下去，念到四十分鐘時，已念得魔鬼無影無蹤，念得窗外滿天星辰，一片光環無底的世界展開，心與身全為一串清朗的經偈聲，融化在那一剎那，心意是清涼的，萬物與我成為一種無限的東西。

像這樣，與瘧疾鬼苦戰了多次之後，無藥無醫，一心求死，最後，病魔終於敗興而去。但是，弘公卻脫了一層肉，更顯得憔悴、蒼黃。然而，這還不能阻止他獻身佛道。

病略好些，精神稍稍復原，二月初，春寒未盡，又掮著行李上船，經過幾天水程，到寧波上岸，當天在白衣寺掛單，事前，他已與老友夏丏尊約好，剛好，丏尊已與他同一天到寧波，住在城內甬江旅社，第二天上午，丏尊帶了一個朋友去看他。

到了白衣寺雲水堂上，他們見到弘一法師，丏尊說：「我為你引見一個人！」與丏尊同來的，是似曾相識，十三年歲月，這個人已經兩鬢飛花。

「均夫！」弘公說：「是均夫？」

那位朋友向他合掌為禮，他們三人一同走進待客的寮房裡坐下。

「均夫一直想看看你，可是你總是雲水芒鞋，遊蹤不定。這一次，你掛單在白衣寺，我便約他來看你。」

弘公燦然一笑。

昔日的藝術家李叔同在哪裡呢？如今是一襲袈裟，脫身世外的修道士了。這時，錢均夫居士，身上穿著薄薄的棉袍，弘公則穿著羅漢衣式的短襖，赤著瘦瘦雙腳，顯得春天更冷。

「聽說你已皈依了三寶，均夫？」

「那是受你的啟示。」錢均夫說。

他與丏尊同是十三年前浙江師範的朋友。

「皈依三寶，是靈魂走上光明之路。好，好，現在，寧波有兩件盛事呵，不要錯過！」

「是什麼事？」丏尊問。

「第一件，是諦閑法師在觀宗寺講經，至少要去參它一座。第二，禪宗大德——虛雲老和尚從雲南來，駐錫在天寧寺（不是常州天寧寺），要去瞻仰一番……」

「哦？哦？」丏尊與均夫同時感覺機緣不可錯過。

這兩件事，他們都已一一實行了。

由於因緣未了，弘公有一種最大的心願，是弘傳「南山律學」，他感覺亦幻法師有成就這種因緣的力量，這是他在春寒中北上的主因。

白衣寺的法緣一了，弘公再度回到白馬湖，因為晚晴山房在生活上缺人照顧，依舊掛單在法界寺，這次有舊歲的病中教訓，安住下來之後，便在佛前發願，專習「南山律學」。弘公初出家時，急於自度，習《四分律》，日後境開，大澈大悟，迴習南山，以贖前愆。同時，又留下遺囑一份，存丏尊家中，這份遺囑上說明兩件事。其一：「弘一謝世後，寄存在法界寺的佛經、佛像，全部贈給春暉中學的徐安夫居士。」弘公在白馬湖的生活，都由他照顧。其二：「身外之物，全部歸法界寺庫房留用。」

然後，再去白湖，這是大師第二次去白湖。

年輕的亦幻法師，所主持的金仙寺，是一個讀書與潛修的道場，他回到白湖之後，有心寫《蕅益大師年譜》，但是因為資料一時不全，便在小室中寫《華嚴經的研究方法》，成稿。

在白湖，《華嚴集聯三百》已在上海籌備影印，這是大師寫經歷程中，一次重要的成就。

*

一九三一年的夏秋交接，是弘公從學律、研律，到發揮律學的高潮；他想藉一個重要的機會，把律宗從「天下大亂」中拯救出來；律學不興，是佛教的致命傷。假如這一役失敗，他便無心在創造上努力了。

原因是慈谿境內的名剎五磊寺，座落在遠城的山巔，與縣城有一段距離，因為近山，而有山色之美，離城，而無市井之聲。慈谿，介乎餘姚與寧波之間，形勢上，它與寧波、杭州、上海，都是杭州灣地區的要點，往來僧界人士非常多，因此，在這裡有緣宏揚律學，是一個最相宜的地方。最重要的是，它與亦幻法師主持的金仙寺，也只有十五里的路程。

由於弘公曾在金仙寺為青年僧講過初步律學，所以引起亦幻法師幫助弘公大興律學之念，亦幻法師是金仙與五磊兩寺的橋樑，在關係上，他成了弘公與五磊寺方丈的樞紐，並且由他的鼓舞，請五磊寺住持棲蓮和尚共同合作，以五磊寺作為根據地，從小規模講律，然後正式成立「南山律學院」。

這一項計劃由亦幻法師作構想，向各方面提出來，然後請弘公出面主持律學講座；在理論上，這當然是一件有意義的行動，但是，最重要的一點，在弘公心理上，事——可以腳踏實地做；名——不願背在身上。當時這年夏天他在五磊寺佛前發願，決定以三年為期，演講律宗三大著作：《行事鈔資持記》、《四分律行宗記》、《羯磨疏隨緣記》，在僧界企圖造成一種重律嚴戒的風氣。他深知，僧界無戒，終有一天必如朽木一般，自行腐化。這種生滅的程序是「漸變」的，物必自腐而後蟲生，沒有人否定這種生命死亡的法則。（弘公在這一階段，往返於白衣、五磊、金仙三寺駐錫。）

在「律學院」計劃的行動上，由亦幻法師與五磊寺的住持和尚在寧波觀宗寺碰面，他們一同到上海找佛界著名護法——朱子橋居士募集基金。（朱為東北軍將領，因事逗留上海。）

亦幻法師、棲蓮和尚兩個人，到上海之後，因緣湊巧，碰到曾經去過暹羅（泰國）的安心頭陀（寧波白衣寺住持），這位老僧，是南方戒律的行者，為朱子橋居士所尊崇。因此，他們便請安心頭陀引見，在「一品香」飯店，與朱子橋會面，他把弘一大師的宏律心願說出來，當時便由朱付出銀幣一千元，由棲蓮和尚帶回寧波。

無疑地，朱子橋的支持南山佛學院，便等於支持弘一大師，他願意無限制地供應這個律學道場的經費！

棲蓮和尚回到寧波，懷著滿腔的歡喜，在白衣寺，告訴弘公說：「……啊，弘師！我們這次上海之行，是功德圓滿了！朱子橋居士已提供大部份金錢，作為開辦費用，我們這便可以著手訂定章程招生了。」

「阿彌陀佛！」弘公一笑。

「——不過，」棲蓮和尚接著說下去：「我們律學院，是一種長久計劃，為了長久打算，因此，我想僅靠朱子橋居士支持——是不夠的。為了宏法利生著想，弘師！在權宜之下，我順道印了幾本『緣簿』，我們再發動大江以南的叢林尊宿來一次捐獻，律學院的基金便可解決，你以為如何呢？——這，還要勞你的筆，寫一個緣——緣起哩……。」

「緣起？……」弘公聽到這裡。已感覺這位老和尚的心，其目標在緣簿子，利用自己的浮名，捐一筆錢，即使用在律學院，這與自己的性情，相背了多遠呢？他一股腦兒的沉悶，要說出來，可是碰著棲蓮和尚的面，又說不出；只弩得蒼白的臉上透出一層憤紅。

「這個，還務必請你慈悲一下吧！我們還等著它用啊！」老和尚看弘公喏喏地沒說什麼，又加上說：「我下次再來拜訪你。」

棲蓮和尚交代一番，便興奮地回五磊寺，策畫著這個律學院「設官分職」的問題。

〈南山律學院緣冊題序〉，弘公弩一腔悶氣，寫成了。但是這篇序，交到棲蓮和尚手中之後，也就連同緣簿埋藏在歷史的灰燼中，未能與弘公的文鈔一併傳世。

當第二次棲蓮和尚又在白衣寺出現，向弘公提出「律學院」的院長、副院長、董事、董事長、教務主任……諸多名上的安排，這把弘公一泓靜水的心搞亂了。

弘一大師不要名，但老和尚要安排各方面的名義！

弘一大師想請五磊寺負責律學院的師生「衣食住行」生活費用，別無用錢處。而棲蓮方丈卻大張旗鼓，企圖捧著緣簿，借弘一大師的名，向四眾捐錢！

棲蓮和尚，違背了弘公的意思，弘公創辦「南山律學院」，但老和尚便起而歪曲了「律學院」的精神！最後的目的，他要做這個空頭律學院的院長。

當弘公認清棲蓮和尚的企圖以後，只有忍淚搬開白衣寺，不再與棲蓮見面！

亦幻法師在九月初從上海回來，到自己的寺裡，得到了噩耗——南山律學院，已胎死腹中，這真使他如雷轟頭頂，他再去寧波找弘一大師，這時他已搬到「佛教孤兒院」去「閉門自了」，白衣寺門外，還留一塊「南山律學院籌備處」的牌子，在秋風秋雨中飄零。

問題弄到如此，使亦幻法師做夢也沒料到，但五磊寺的棲蓮和尚，在寧波找不到弘公，卻也弄得無地自容。

這時在亦幻法師堅持邀請下，希望弘公依舊留在這裡，等待因緣。

在這裡，弘公心頭依舊放不下宏律的心，他心頭的煩亂，從母親去世後，還是第一次遭到如此不寧。

後來他曾在自己的回憶中說：「……我從出家以來，對佛教向來沒有做過什麼事。這次使我能有宏律的因緣，心頭委實很歡喜的。不料第一次便受了這樣的打擊，一個多月未能成眠，精神上坐立不安，看經、念佛都不能平靜；照這種情形，恐怕一定要靜養一兩年不可了。雖然，從今以後，我的一切都可放下，但對我講律的事，當秉持初志，盡形壽不退！……」

雖然後來又回到白衣寺，事實，他深陷在煩惱中。

隨後，由於劉質平居士的勸請，《清涼歌詞》，卻在這時寫成，由劉質平及其學生五人作譜，經過前後七年的琢磨，到一九三六年才與世人見面。

集中收藏的歌曲，是：

清涼歌。

山色歌。

花香歌。

世夢歌。

觀心歌。

另譜一首〈觀心四部合唱曲〉。

歌曲出版後，由夏丏尊作序，在序中，丏尊先生說：

從中華民國初年到二十年這一階段，南中國音樂界人物，原是弘一大師李叔同的「薪傳」，不是他的學生，便是他學生的學生。

寫〈清涼歌〉的動機，是有一天，丏尊與劉生質平，訪大師於白湖金仙寺，飯罷清談，質平嘆息音樂界充滿靡靡之音，問題是作詞者不易得，他嘆息李師入山太早，和尚憮然！

歌詞由弘公寫出之後，交給他的學生劉質平，再由劉與他的學生們反覆推敲，最後經過弘公印可，再由「上海新華藝術專校」與「寧波中學」各處分別演奏，始為定稿。

這種師弟間合作的藝術，五首歌曲，經過先後七年的試練，始與世人見面，恐是中國音樂史上的奇談哩！

弘公寫的《清涼歌詞》第一首是〈清涼歌〉，歌詞是——

清涼月，
月到天心，光明殊皎潔。
今唱清涼歌，心地光明一笑呵！
清涼風，
涼風解慍，暑氣已無蹤。

今唱清涼歌，熱惱消除萬物和！
清涼水，
清水一渠，滌蕩諸污穢。
今唱清涼歌，身心無垢樂如何？
清涼，清涼，無上，究竟，真常！

這是一首「三部合唱曲」。幽美，悠長。作譜人，是劉質平的學生的學生俞紱棠，是當時音樂界的傑出人材。

*

為《清涼歌詞》的白話文註釋，弘公特別請閩南佛學院的芝峰法師執筆，他當年九月四日在信上寫道：

「音今春以來，疾病纏綿，至今猶未復原，故掩室之事，不得不暫時從緩。前到金仙寺訪幻法師，藉聞座下近況，至用欣慰。音因劉質平居士諄諄勸請，為撰《清涼歌》第一輯，歌詞五首，附錄奉上，乞教正。歌詞文義深奧，非常人所能了解，須淺顯之注釋，註解其義。音多病，精神衰頹，萬難執筆構思；且白話文字，亦非音之所長。擬奉懇座下慈悲，為音代撰歌詞注釋，至用感禱！……」

這封信，是在白湖寫的。這是他第三次到白湖，在另一封信中，又告訴芝峰法師，深深感念太虛大師，並且感謝亦幻法師的禮遇。

在這時，閩南的廣洽法師，與弘公已早經默契，來信請他回廈門過冬。因此，在九月底，他便整裝北上，途中經過紹興、杭州，在紹興時，與蔡丏因居士相遇，為師畫像一張。

蔡就便請師撰寫自己的年譜，弘公認為「平生無過人的德行，不足言述」。那一席談話中，輕描淡寫，把自己一生撇開，他希企後來學人要虔念《華嚴經普賢行願品》，這一品是全部《華嚴經》的機紐，不可放棄。最後，留下《寒笳集》一本。逕自行腳到上海。在上海，趕上「一．二八事變」前夕，日本軍閥野心囂張，師受到夏丏尊、豐子愷、劉質平的阻勸，再度回到寧波。

五磊寺的棲蓮和尚，眼睜睜聽說弘公要到閩南去了，「南山律學院」的攤子是覆水難收，急得要命，幸好弘公又從上海回來，在白衣寺，他又去懇請弘公。弘公回到五磊寺，雖然與棲蓮住持簽訂了「約法十章」，讓「律學院」享受到精神上的清白與自由，可是，終因緣份已盡，道不同不相為謀，弘公深深地反想，即使律學院在這裡辦成，也無法與棲蓮住持平靜地處下去，因此，在五磊寺住了幾天，便移居到附近龍山鎮的伏龍寺，過了年，又回到白湖，這是他最後一次駐錫白湖。

在這裡，為了填補宏律不成的歉疚，為寺僧華雲、崇德、紀源、顯真講了半個月律學，再回到龍山安居，為律學院的煩惱而懺悔、潛修。到五月間，溫州城下寮護法趙伯廄居士懇求，為他亡祖母寫經迴向，因此，弘公又回到溫州，也就住在趙家，寫了《普賢行願品》一卷，一直留在趙家。秋後，再回到伏龍寺與白湖兩地作最後的勾留！

到法界寺，是國曆八月初。誰知，八月十日晚上，忽然覺得頭腦昏沉，第二天一早混身發了高熱，昏倒在禪房裡，這猝然而來的秋老虎，使體質脆弱的他，還手不及；到晚上，肚子又劇痛起來，然後便急瀉痢疾；一連四天，使他更加脫了形。白馬湖畔的早晚涼與湖水的濕度，再加上白天的熱，使他色身承受不了，而患上這種來勢洶湧的重症。

弘公在昏昏沉沉中，摸索出早先自備的治傷寒痢疾之類的痧藥水，斷斷續續地吃完了，因為病中無人照顧，又斷了一天食。為了治病，在無人醫治與無人看護的情況下，只有減食自療，同時在痛苦中，提起佛號。這樣拖了十天，才扶病寫了一封信給上海的丐尊。

他深深感覺病前未立遺囑而懊悔。

他向丐尊說：「……因山居，若遇急病，難覓醫藥（即使不是急病，也是困難），所以醫藥不得不稍有儲蓄。如此重病，朽人已多年未患，今已過五十而患上這種病，又深感病中起立做事困難，因此在這娑婆世界，已不再生貪戀之想，惟願早生西方。」

他說：「陽曆九月十日以後，仁者要返家的話，那時天氣已漸入秋涼，請到法界寺與住持預商臨終助念及身後事，至為切要。這次重病，未能預立遺囑，因此，還未能一意求生西方，這證明只是僥倖求生的念頭作祟，真該慚愧。……」

經過了這次病的折磨，一方面感到生命的脆弱，要想維持餘生，在大江南岸已覺更加費力，這樣住下去，只有加速肺疾的早期爆發，因此，在四季如春的閩南，也許更適合他的身體。這一念掠過弘公的腦際，便在意識中決定：「閩南，對我更為安全，對色身更為可靠，在器世間的殘年，還可以苦修苦學一番！」

正是「留得青山在，不怕沒柴燒」！生命的目的，為了創造一個高度智慧的生命；生命的意義，便是為美化更莊嚴的生命！

弘公這場病，兩週後痊癒，兩個月恢復健康，對他出家以後，多次行腳的錢江南岸，作最後的瞻望，到舊曆十月底，終於告別景色如畫的浙東山水，鴻飛南閩去了！

法侶

南閩的冬月，在亞熱帶的地緣上，被海風與溫暖的陽光，塗上一層江南五月的顏色。這兒榴花盛開著，沖淡了殘冬的落寞；人們猶穿著單衣。弘公十一月初到了廈門，心情為之一振。他油然想到「安得廣廈千百間，大庇天下寒士盡歡顏」的杜工部名句，想到冬殘歲底，在北方那種苦寒。北方的寒門，在酷寒中那種淒苦的景況，住在富人屋簷下，是如何地需要一間躲避風雪的茅屋？

在閩南呢，可不同了。人們只要一件短襖，便可以渡過冬寒，沒有高樓廣廈，在那些富人的屋角下，一樣沒有淒寒之苦。不僅對於北方的窮人，到南方有日子好過，即使是作為比丘的佛子們，在南閩，也只要一襲袈裟，大小三衣，便能安渡歲月。這裡——不要棉鞋，不要圍巾，在冬天，感覺上春意盎然，因此，到了廈門之後，弘公便寫了一封信，給北方的俗家侄兒李晉章（雄河）居士。

他說：「廈門榴花盛開，結很大的實，人們猶著單衣。……」

他說：「廈門天氣甚暖，我僅穿一件短衫，外罩一襲夏布大袍，出門還帶傘遮陽，這與平津八月天氣相仿，榴花、桂花、白蘭花、菊花、山茶花、水仙花同時盛開。……」

他的心情，隨著早降的春色，開朗了！

這時上海的報上，登了一段「弘一大師李叔同」的不幸消息，便是說：「中國藝術大師——李叔同，棄俗為僧後，與世人隔絕，修梵行，於日前在閩南山中圓寂。……」

這則噩訊，也是他俗侄李晉章居士在信上告訴他的。弘公看罷，怡然一笑，他想到三年前上海的新聞紙，也開他玩笑，說他死了！好像他這一死，至少使中國藝術界，失落了什麼？

不過，他還是告訴晉章居士，報上的新聞，事實上只是「新聞」，真假摻半。當若干年前，一位星相家為他預言，他的世壽，滅在六十歲上，這比他的哥哥——晉章居士的父親文熙還少活兩歲。佛經上說：「人命在呼吸間」，壽命長短，本不足道，那不過是江湖人，為謀生姑妄言之而已。不過，自此以後，差不多每隔幾年都有一次「弘一大師」圓寂的新聞。

弘公初到廈門，是住在「萬壽巖」，因為廈門是舊地重遊，舊侶重逢，生活也沒有波動，便在這裡，編集一冊《地藏菩薩盛德大觀》，來紀念「地獄不空，誓不成佛」的地藏王菩薩偉大慈憫精神。稍後，便到中山公園邊的妙釋寺，講「人生之最後」。

根據佛家「淨土宗」處理人生最後那一課的方式，弘公寫了一本小冊子，這本冊子的主要精神，是告訴學佛的人們，在「臨終前」，要把握那一段稍縱即逝的時間，要放下身外之物，放下父母妻兒，放下煩惱悲苦，一心念佛，只有一條路——往生極樂世界。——這是一種人類在生死過程中，在佛學上最簡單，而在世俗間，卻又是最不可理解的問題！對於精神上的事，你只能用直覺，而不能用理解。

當自己把握住心靈念佛之際，同時在朋友們助念之下，室內採用「西方極樂莊嚴圖」的佈置，使主人的靈魂與佛境打成一片，直到拋棄這個苦惱的世界。……八小時後，再辦理身後事。結果，是一堆薪柴，與他的肉身，同化為灰燼……。

如果，這個人僥倖不死，這也歸功於精神力量。

佛家對於「死」，看得比「生」更重要；重要的是，人身難得；因此，弘公在講這個課題開始，便提出了古人警句：「我見他人死，我心熱如火，不是熱他人，看看輪到我！」來告誡學人。死，是人生最後一段大事，不可須臾忘記！

為了在妙釋寺講學的方便，有時弘公也在這裡小住幾天，這時，與他建立第一個法侶因緣的廣洽法師，因他之來，也常常伴著他，到妙釋寺來。

當他決定離開「萬壽巖」之前，特別為這裡的主持人——了智上人，刻一顆陽紋方印，文曰：「看松日到衣」。大師自披鬀以來，極少動刀，這次也許是色身上，因到了閩南，有意外的輕快，意興所到，刻下這顆印，從藝術觀點說，刀法蒼古而嚴肅，筆法沉潛而豪邁，這該是出家後的傑作。

到第二年（癸酉・一九三三）正月初八，他從萬壽巖正式移居到妙釋寺，由寺中慧德比丘及性常法師，把房間供養出來，讓弘公安住。

到妙釋寺當天，便開始講「改過實驗談」。

「改過實驗談」，實際上，是他自身學佛自我陶鍊的經過。他深深體會到「知識」的重要，雖然世間有許多人，天賦夙慧，生而為聖為賢；但是大多數人，則是從知識中摘取智慧的花朵；知識——是人類心血凝結的寶藏，是前人經驗過來的路程。

世間，也有些不自量力的人，否定知識的權力，結果，他必將嘗試到缺乏知識的愚昧災害，比「錯誤的知識」更為可怕。

弘公以「知識－學問」為基點，要學人多讀書（讀儒家的與佛家的書）；多讀書，才能明白善惡，分別是非。第二步，是「反省」。有了知識作為「抉擇力」的基礎，自己舉手投足之間，起心動念之際，為善為惡，便見分曉，這時應該作「反照」的工夫！第三步，是「改悔」。知道反照，了解善惡，做了惡事，動了邪念，便該改悔，這是最後一步的工夫——為善去惡！

子貢說：「君子之過也，如日月之食焉，過也人皆見之，更也人皆仰之。」人心不古，不在物質之不古，而在精神之不新；因此，改過，是一件光明坦蕩的事，懺悔，是一樁磊落自責的行為。

弘公把他五十年來反照工夫作十項總結。他解釋說：

第一、人們要學「虛心」，虛心並不是怯懦。

第二、人們要學「慎獨」，單人獨處的時候，如對神明；只有在這時候，才能見到誰是百鍊金身！

第三、人們要學「寬厚」，在那種以恕待人的心情下，應該把自己當作釋迦、孔子，善待每一世人。

第四、要學「喫虧」，不要計算你計算機上的一分一秒，上蒼忌諱世人刻薄與刁巧，老聃說：「天道無親，常佑善人。」

第五、要學「寡言」，舌頭，是一口雙鋒的利劍，它一旦出了災禍，一邊傷自己，一邊傷別人。（弘公經常默坐終日，念佛自照，這是他的自省工夫。）

第六、「不說人過」，管住你自己的口舌，這與第五項異曲同工；時人最大、最浮薄的毛病，便是道人長短。

第七、「不文己過」，不文，便是不狡辯彎曲。把過惡東推西諉，實在不是君子的行為。

第八、「不覆己過」，蓋覆己過，隱忍不說，便是自欺欺人。六、七、八項，事實，是說明一件事——要光明磊落地做人。

第九、是「聞謗不辯」。弘公說，他三十年來屢次經歷過，「息謗」，靠的是「無辯」；喫小虧，不遭大禍。不過，平凡人，人罵他，謗他，只要弄到當事人耳朵裡，總是滿腹怒火，最後是徹底地洗刷一番！

第十、是「不瞋」，「一念瞋心起，百萬障門開」，「瞋」是「心賊」，除之不易，但是，學聖賢的人，除不了瞋，從此便休入「佛道」：佛家要人們除「貪、瞋、癡」三毒，其實，貪、癡易去，瞋病難癒！

這十項總結，經過自身精密地安排與切實地體驗，語平凡而意深摯，照這幾條去實行，只有有心人方能入木三分！

弘公這一天講罷「改過實驗談」，當夜夢裡，自己化身為一個美少年，與一位儒家學者同行，在行走中，忽然有人朗誦《華嚴經賢首品》的偈語，音節淒楚而動人，聽了片刻，後來與那位儒者再踅回來，見到路邊有十幾個人席地對坐，中間有一位操琴者，另有一位長鬚老人作歌。老人座前放一張紙，紙上寫一行大字，赫然是《大方廣佛華嚴經》的經題，弘公這時知道老人正在以歌說法，心頭油然起敬，因此，要加入他們那一行列，師問：「這裡有空容納我們嗎？」

老人說：「喏，兩頭全是虛席，坐吧！」

師見老人許坐，正待脫鞋入座，忽然夢醒；但醒後並沒有忘記那一段淒楚的經偈，便起床點燈，寫下夢中的經句：

菩薩發意求菩提，非是無因無有緣；
於佛法僧生淨信，以是而生廣大心。
不欲五欲與王位，富饒自樂大名稱；
但為永滅眾生苦，利益世間而發心。
常欲利樂諸眾生，莊嚴國土供養佛；
受持正法修諸智，證菩提故而發心。
深心信解常清淨，恭敬尊重一切佛；
於法及僧亦如是，至誠供養而發心。
深信於佛及佛法，亦信佛子所行道；
及信無上大菩提，菩薩以是初發心。

弘公寫下這〈發心行相五頌〉，在深夜回味那夢中淒涼的梵誦聲，覺得猶在耳邊繚繞不散，到第二天，便把記下來的頌，恭敬書寫，贈與法侶廣洽法師，又以跋文記述夢中的故事。

弘公說：這是他來閩南弘揚律學的心靈反映。

在心靈上，由於過去宏律的誓願沒有達成，如今，既有了夢中的預示，因此，半個月以後，在妙釋寺，向寺中青年比丘，講《四分律戒本》，並且把他在浙江宏律的遭遇，告訴學人：一個人求學固困難，然而有個美好的求學環境更難。弘公說，這次講《四分律》，是宣揚律學的第一步，但他已不敢再希圖發展大規模的佛家事業了。

大師告訴他的學人說：「唉！我的業重而福薄，只望諸位同道能共同肩起南山道宣律師的法幢，這便是我最後的希望！」在《四分律》講過以後，因此便形成一個「律學」集團，這個小小的律學團體，包括當時的瑞今、廣洽、性常等十一人，以及而後的傳貫、廣義、仁開、覺圓諸法師……。

到二月八日，弘公率領這一律學團體，回錫到萬壽巖編定《隨機羯磨講義》（按：隨眾生的「機類與根器」，而制定的授戒、懺悔等律學上的條文，由條文的宣告，成就律學上的「事境」，這種應機的律文，稱為「隨機羯磨」，羯磨，梵語意譯為「作業」，實施方式，如今之「檢討會」）。到三月初九開講「羯磨」（傳貫法師於二月自泉州來此聽羯磨，並發願為弘公侍侶），直到五月初八圓滿，整整兩個月，學人受到弘公「現身說法」的直接感動，全部發心過午不食，其中有的正在病中，臥床不起，這種奮不顧身的獻身佛法行為，使弘公的心靈間，對律學的信心，又升起火花。

《寒笳集》，也同時在講律期中重新編定（這是大師第二次對蕅益大師的警訓，重新加以編輯）。

到五月三日，他領導一班青年學人，在靈峰大師誕辰，撰寫〈學律發願文〉一篇，願盡形壽，到來生多世，為僧界的名譽、佛法的生命，宣揚七百年來湮沒的律宗戒學，永不疲倦！

到五月初十，他又率領這一批學人，受到泉州開元寺主人轉物老和尚的邀請，到開元寺尊勝院「結夏安居」。

在這短短的一百二十天裡，經過這一番理論上是「學術」的號召，實際上是「自律」的行為，由實踐到宣揚，弘公與他的法侶們，已開始成為蘇格拉底式的「遊學團」，而受到當時佛教界與社會各階層所崇敬！

事實上，弘公自此定居南閩，他的光芒亦由此迸放。

弘公到泉州，結夏在尊勝院，主要的努力方向，是圈點《南山行事鈔記》。這是一種大部頭分析戒律行為的著作，當他圈、點、校正完了，便寫下一篇〈圈畢行事鈔後記〉。

他在〈後記〉中寫道：「我自出家之後第三年（民國九年），居杭州玉泉寺，購得日本古版《行事鈔記》，無暇研讀，到十三年（甲子）四月，這部古典，已贈與江山一個佛寺，到十九年六月，住在晚晴山房，再度詳讀天津新印的《鈔記》，加以圈點，同時抄寫『科文』，改正錯脫，到今天首尾三年，才告完成。這三年中，所到之處，恆常供養奉持，不敢放逸。在這一過程中，二十年二月在白馬湖法界寺，佛前發願，專學南山律學。夏季，移居五磊寺，自誓受菩薩戒，再發宏律大願，舊歲九月，歸永嘉，十一月，回南閩，在廈門妙釋寺講《含註戒本》，於萬壽巖，講《隨機羯磨》，今年五月初，來泉州大開元寺，結夏期中，越兩月，全書點校完畢，並寫下整理這一律學典籍的始末，以示後賢。……」

在一九三三年（民國二十二年・癸酉）大師已達五十四歲，這一年開始，他的精神，便全部放在執持戒行，與宏揚戒律的工夫上！

結夏第二個月，是舊曆閏五月，有一位人像畫家盧世侯，在舊歲十一月底，弘公自浙江來閩，他得以拜禮一代藝術大師。當時正逢大師選輯《地藏菩薩盛德大觀》，歷述地藏菩薩救度眾生的事跡。這位居士一來表示信佛的虔誠，同時深受到弘公那種深沉澹泊的精神感染，把色身看透了，偷偷在家中割開食指，刺血繪地藏王聖像，像造畢，便捧到萬壽巖，這深深感動了弘公，因此，希望這位居士以他純淨的心念，再繪「九華垂跡圖」。誰知，盧世侯得到弘公啟示，果然，便起程北上，遊訪九華山，親禮地藏大士聖跡，到這一年四月歸來，已把「垂跡圖」畫好，又送到泉州開元寺來，弘公是何等地歡喜讚嘆？為此，他也寫了一篇〈地藏九華垂跡圖讚〉全文十頌，我們要把讚文寫成故事，便是地藏王菩薩垂跡的全部經過。

——釋迦牟尼佛滅後一千二百年，也就從我們活著的時代，上溯一千三百年間，地藏王菩薩，示跡在新羅國的國王家，在我們唐代高宗永徽四年，金喬覺王子二十四歲在本國削髮出家，由海道來華參訪佛道，他遍歷中國名山大川之後，便在皖南青陽境內九華山，棲息於一石洞中面壁，參那個父母未生前的本來面目！

當時有一位老人閔讓和，是九華山的山主，地藏向他乞一席地，閔老答允，菩薩便以袈裟張開，向地下一覆，誰知卻覆盡了九華，於是老人便將九華山全山供養地藏，他的孩子道明，也就此看破凡塵，隨地藏王削髮修行。

如今，地藏聖像前那一老一少，便是閔讓和父子。

菩薩棲息九華，因為地濕蟲多，色身常被蛇蟲毒噬，有天，一位婦人供養藥物來，說道：「孩子們無知，請菩薩慈悲，願出淨泉，以贖兒罪。」說罷，化一陣清風隱沒；從那時起，山上便有一處甘泉湧出，為菩薩帶來一泓淨水資身。

那時又有一個老村人諸葛節，與村上老人同攀九華高峰，至石洞，見菩薩瞑目獨坐，有一隻缺腳的鼎，鼎中的飯，是白土混米合成，他看到地藏菩薩的苦行，動了慈心，自念「和尚如此苦修，我們在山下結廬而住，何等慚愧」？便發心建寺，約一年，一座巍峨的伽藍，從平地上聳立了，這個消息，輾轉傳到新羅，新羅的比丘們便成群渡海，來九華皈投座下，因此成為一方大剎，但又因糧食不足養活這麼多僧侶，地藏便打開山上青石，出青白色的泥土，菩薩用這些白土當麵，供養大眾。

越過中宗，到玄宗開元二十六年，七月三十日夜間，菩薩辭世，向大眾告別，這時山林棲鳥悲鳴，鐘鼓嘶啞，菩薩色身住世九十九歲。（按：《宋高僧傳》：地藏化身於德宗貞元十九年示寂。）

自此而後，地藏的感應，便深入民間，九華山，也成了中國佛教聖地，與地藏菩薩聖德，同垂於中國史跡……。

＊

根據金喬覺比丘行跡的經過，盧世侯繪成「地藏九華垂跡圖」，弘公便為地藏聖跡，又寫了十首讚頌，配圖成帙，以成就世人供養的因緣！

弘公結夏安居到七月底，又在佛前依《瑜伽師地論》，錄下自誓的受菩薩戒全文，給他底法侶們隨意在佛前自受，此後，便繼續編撰《戒本羯磨隨講別錄》，到八月二十四日開講，在這時又編定了《南山道宣律師簡譜》。

一個月以後，十月初三，是道宣律師的示寂日，他所編的律學講義，已陸續講完，由於南山律師在晚年所寫的《羯磨疏》，在終南山豐德寺完成，為了紀念這一代律學大師，弘公便以「豐德」二字，贈予性常法師作為別號，這也是弘公對於法侶性常一種期望之情。

十一月初，弘公寫出《梵網經菩薩戒本淺釋》，便請十五年後飛錫菲律賓宏化的瑞今法師代座（瑞師於一九四八年正月赴菲），在廈門妙釋寺開講，性常法師隨瑞師去廈門，而為聽眾之一。

在弘公的律學集團下，以「法」第一。

弘公在這一階段，與瑞今、廣洽、性常、傳貫、妙慧、廣義、覺圓、仁開、圓拙……諸位青年法侶，已建立起一種孔門師弟與釋迦之與阿難、迦葉；蘇格拉底與柏拉圖的至情至性的關係。

他每至一地，法侶們必然隨侍於側，這形成一種精神上生死榮辱與共的傳道典型。再往後看，這種令人仰慕的傳道群，已不復再見！

弘公——在世間法上，是個詩情種子，雖然出家後，把世俗的文學、藝術，抛在九霄雲外，但是那一種繫念之情，依然存在。

恰巧，在十月小陽春之後，與法侶們經過泉州西門外，潘山之陽，矗立在山坳裡的唐末唯美派詩人韓偓的墓道，被弘公看到了，使他驟然驚喜，原來這位與「社稷偕亡」的詩人遺跡還在這裡！

弘公在情感上，認為與韓偓有深厚的「宿緣」，事實上，弘公少年時，已熟讀韓偓的詩。而他少年時代的詩文，何嘗不是「唯美」；這不僅因為韓偓在國破家亡、政府流亡到閩南的角落裡，守著他一片赤子之忠誠，這在相隔千年以後的兩個人物，能把心靈息息相通，不過是由於他們性格上某一點，有突出的相同；這正似他與南山律師，在律學上息息相通一樣。

因為——韓偓有完整的人格，而在韓偓作品中的《香奩集》，弘公從他的性格上分析，這一段文詞溢美而帶著點女性情調的詩文，不該是這位「唐末完人」的手筆，否則——便會破壞了他底完美。在文學上，弘公否決了韓偓的唯美主義，這番用心該算很苦。

同時，又搜集了很多資料，來證明韓偓的《香奩集》是別人偽作。最後，便叮嚀在家弟子高文顯居士寫一部新的《韓偓傳》，不幸，三年後傳記寫成，稿本卻毀在開明書局的火劫裡，在歷史上說，唯美主義的韓偓，結果還沒有洗清「唯美」的關係。

在韓偓墓前，弘公幾乎是「袈裟和淚」傾伏碑前。後來，他由高文顯居士所發現的韓偓一首詩中，證明韓偓是徹頭徹尾的忠魂，並沒有亡國商女那份餘情寫艷詩，這首詩在《全唐詩》裡，也沒有收錄，可以說是一次新的發現。

這首詩，是一曲亡國人的哀歌，詩曰：

蒼茫煙水碧雲間，掛杖南來度遠山。
冠履莫教親紫閣，袖衣且上傍禪關。
青邱有路蓁苓茂，故國無階麥黍繁。
午夜鐘聲聞北闕，六龍繞殿幾時攀？

這首詩寫在惠安松洋洞。

韓偓的詩，有許多帶著禪意美，這首愛國愛家的作品，發現後，便被弘公錄為中堂，作為精神上的紀念。

也同在這年初冬，弘公法侶廣洽法師（便是戰後在星島主持薝蔔院、監理彌陀學校的廣洽法師），為師造像，像上由北方的豐子愷寫詩作讚，讚曰：

廣大智慧無量德，寄此一軀肉與血。
安得千古不壞身，永住世間剎塵劫！

然後石印，分贈給這一律學道團的淨侶們。

到十一月中旬，大師受到城南鄉間草庵寺住持的邀請，到那裡去過冬，便由傳貫法師伴同，到歲底，性常法師也由廈門到了草庵，一同與弘公渡過一九三三年的殘冬。

在除夕這一天，大師在草庵意空樓佛前，特別為這兩位法侶，選釋〈靈峰蕅益祭顓愚大師爪髮鉢塔文〉。

這篇文，充滿了對世情的分析與諷刺，用白話去註釋，應該是這樣的：

啊！人與人間，不難相愛，而難於相知；如師者（顓愚）真是知我（蕅益大師自稱，下同）的人了。世間即使有極少數相愛同時相知的人，而志同道合，情操砥礪，我雖不敢與大師崇高的德行相比，但有三項自律，尚無違背；這三項便是：崇尚質樸，不務虛文，不苟合時流。註述經論，持讚戒律，不掛羊頭賣狗肉。甘於淡泊，甘於寂寞，而不願受到盛名的羈累！啊！以佛門的德學如師，而我又蒙到如許相知相愛，心靈如此投契，令我終身難以忘記！

師在佛道上，所證的工夫深淺，不是我能想像；但師之生平，令人最傾心處，現在寫下來，以誌不忘！

「當今知識界，極少不被名牽，不為利誘，不依恃權勢與聲望。但如師能自守而又自愛者，世間不知能有幾人？

「當今知識界，極少不玩弄鬼魅伎倆、浮薄膚淺、其行為令人驚異萬分的；能如師之平實穩重地做人，世間又有幾人？

「當今知識界，不以華服盛裝取悅於人，那種放浪形骸，目空一切的恣情大意，能如師破衫草鞋，茅屋土階而棲者，又有幾人？

「當今知識界，無不精選花衫隨從，出入形影而不離，能如師親身灑掃洗滌，自甘勞苦的，又有幾人？

「當今知識界，極少不同流合污，而他們又美其名曰權巧方便，慈悲隨俗，如師不作雞口牛後，甘受世人譏為老迂腐者，又有幾人？」

因此，世人只要受到師的高風所拂，頑夫無不廉，懦夫無不立；如伯夷自甘於陽山餓死，正是他的人格清標所在，豈是一般投機取巧、身雖活而心已死的人物所能比擬？

蕅益每悲佛陀正法，一壞於道聽塗說、入耳出口的獅子身蟲；再壞於色莊嚴而心腐爛、羊其質而虎其皮的佛門敗類；他的老子殺人，兒子便要行劫，父子效尤，有何事不可為？

師的爪、髮、衣、鉢，如今僥倖存留，而師的德行道風不滅，後來人如果受師德所被，能有繼師而起，共挽狂瀾於末世的人嗎？

弘公為性常、傳貫兩位法侶開示這篇文字，而實質上，他深感當時的社會人心，正處於蕅益大師的相同時代，恐怕若干年後，比這時更糟！蕅益大師的文字，正是弘公心靈深處發出的聲響，他講述時，心情顫慄，眼裡充滿淚光，他也不過想藉這篇文字，能找到幾個傳承他宏律的誓願，相知亦復相愛的法門侶伴而已！

文既講完，便恭寫「紹隆僧種」四個大字橫幅，贈與當時伴他的性常法師！這實在是有心人別有懷抱，夫復何言？

悲懷

一九三四年的春天，甲戌新年弘公繼續在草庵為青年僧侶們講「戒」。似乎他每到一地，對出家僧侶，儘可能揭示「自律」的意義與精神。二月初，他便接到廈門南普陀寺常惺、會泉二位法師邀請，原希望以弘公的嚴肅與戒行，來整理閩南佛學院的僧伽教育，重振昔日的學風；誰知，弘公來到舊地，寺中的舊友如芝峰、大醒諸法師已遠涉他方，院裡的青年學僧與執事們，也沒有一位是相識的了。

初到這裡，還看不出什麼眉目，在感覺上，這裡好像一團霧，叫人展不開視線。而且，此刻的弘一法師，已不是昔時的杭州師範李叔同先生了。他的精神已沉潛於自身的梵行，對處理人群的事，已與他的行為不相為謀。因此，他想不到要如何著手整理這一座佛學院，便在這裡向僧侶們講一次「盜戒」——養廉的方法，潔身自愛的要訣——然後潛居到後邊山麓的「兜率陀院」。

對於僧界教育的現狀，他沒有放棄立場，只是叫你說不出的棘手感覺，使人覺得因緣無分。在另一方面，卻告訴他的法侶——瑞今法師，要創辦一個培養僧侶人格的學苑，教育青年，應先從方寸之間，「養吾浩然之氣」。換句話說，教育下一代，並不只在乎灌輸他們的知識，主要的目的，乃在培養他們一股「正氣」，在世間做一個堂堂正正的人，不卑污，不猥葸，不邪門；出世做一個自律律人的比丘，不帶香火氣，不落在貪欲裡。於是，弘公告訴瑞師，這個教育青年僧的所在，賦予一個名稱，叫「佛教養正院」。養正院的基本院訓，應從「惜福、習勞、持戒、自尊」做起。——戒，也便是做人的基礎條件，弘公教人、自教，中心是「戒」！從此瑞今法師肩起了這份重擔，開始籌備「佛教養正院」；於是，南普陀寺，從三月間，便出現了一所年輕的僧侶學校！

弘一大師，則隱居在山後「晉水蘭若」（即兜率陀院），因為他從上海新請到一部日本《大正藏經》，從事清校「戒律部」的文字，並且寫了一篇《隨機羯磨疏》的序文，對天津刻經處負責人徐蔚如居士，說了下面一番話。

弘公說：「《隨機羯磨》，目前流傳的，有『敦煌石室古寫本』、『舊宋藏版本』、『《高麗藏》本』、『宋藏本』、『元、明藏，宋《磧砂藏》，清藏，明清別刊』等多種版本。可是宋、元各藏錯脫極多，明藏校正，也有妄改；只有《高麗藏》最為完備。天津徐蔚如居士參閱多種版本，互相考訂，並以《高麗藏》為主，採他藏之長，根據《道宣律師疏鈔》及《靈芝記》

為指引，歷一年多，乃成此本，一正古本之誤，便於初學人研究……功在萬世。

「居士校刊典籍達二千卷，並以本書最精湛，此種扶衰振弊的功德，可說是偉大。今我（師自稱）又檢同日本《大正藏》詳校，與舊宋、元、明等藏，《南山疏鈔》、《靈芝記》等文，詳細審定，稍有修改，以全完璧，後學者讀此書，應該感覺到難遇的幸運想！因宋元明諸藏中，此書譌誤最多，錯舛脫落，滿紙皆是，既無法卒讀，也只好掩卷嘆息，束之高閣了；如無今天校訂本，恐怕絕對沒有人能讀通此書了，南宋以後的律學沒落，難道是這種因緣？

「我今天以奇緣，有幸讀新校訂本，真是歡喜萬分，嘆為稀有，並且願盡未來際，誓捨身命，竭盡心力，廣為發揚，更願後來學人，讀誦此書，珍如白璧，講說流傳，萬世不息，使律學發揚光大，常耀人寰……」

弘公也正與一般沉潛於學術界中人一樣，每次考訂了一種佛經上的典籍或者發現了一種佛學上新的知識，便和他當初學音樂、學畫時一樣，當他纖長的雙手，能流水般奏出「柴可夫斯基」、「貝多芬」、「李斯特」時，那種心靈上的歡欣，是無法形容的！

然而，在這座小蘭若裡隱居，卻是過的「結夏生活」，從四月到七月的雨季，每天只是一餐，每餐一菜！

我們借用一段儒家的話來描寫他那澹泊寧靜的苦行僧生活，便是孔子說：「回也！一簞食，一瓢飲；在陋巷，人不堪其憂，回也不改其樂，賢哉回也！」在這個時代，除了「住」，弘公比顏回高明;吃的、穿的,心情的光明潔淨,恐怕顏回也要謙遜一番了。

結夏以後,弘公又恢復了平日的生涯(除了每天過午不食,不出門,其他還是一樣),到八月間,他又研究另一種律家的著作——清初見月大師的《一夢漫言》。他為這本傳記式的小書,興奮得廢寢忘食。因此,他在這本書上,加上自己的眉註,又把書裡的經過,繪成地圖,使後來人,能了解古人真正的親身經歷,興起一種歷歷如繪的感覺,讓他們明白見月大師這位高僧的一生。

弘公初讀這部書時,以為是時下人寫的一本「佛學散文」,誰知讀後,才知是清初寶華山見月律師自述行腳的「小傳」,真高興極了,於是廢寢忘食地一口氣讀到底,當他讀到感動人的地方,也曾為當年的見月律師流過無數次眼淚。讀完,還覺得不安心,又作了「行腳圖表」、「考輿圖」和「眉批」。然後,再與原書地名對一遍,用粗線標定行腳路線。對受戒以後的經過,沒有標線,怕叫人淆亂了視覺。弄好,這算是讀古人書的一點結果,從古人身上承受到一點東西!

也許,為了讀《一夢漫言》的原故,或者弘公受到南山與見月兩位古人的感染太深,在這一年,從春到夏,從夏到秋,他一直浸沉在見月律師的故事裡。(著者按:見月大師,生於明,寂於清。)

起先他考訂《羯磨疏》時,從經目中,看到《一夢漫言》,一讀之下,認為是緣深,便動心研究見月律師生平。他覺得——見月律師，一生對人對事，著眼一個「嚴」字，因此有些人認為他嚴得過火，欠缺人情！可是，弘公說：在這個世紀末的年代，一些所謂「善知識」，多無剛陽之氣，沒有古人的硬骨，動則同俗流，合俗污，卻自道是「權巧方便」，「慈悲隨俗」，陶醉自己。《一夢漫言》，正是時人靈魂病良方，出家人，該與世俗立一不同處，「我與見月律師」，所見相同！

於是，弘公對《漫言》一讀再讀，三讀。校後又加以標點，註記。一天，在入夢前，追憶到見月老人遺事，發願到華山拜「見月律師靈骨塔」，一念至此，枕邊落淚如雨。他痛心於佛門戒律不修，僧格委地，再過二十年，有著袈裟者，也是世間的盆景，聊備點綴而已！人心不潔，如水向東流，這樣搞法，再過若干年，釋迦牟尼佛的大門也只好宣佈關閉！

「佛門不整，佛法陵夷，有什麼事來證明？」有人不甘願地問。也許若干年後有人不屈服於弘一大師的「過份挑剔」。

然而，行持深厚的弘公，對世界他已經封閉了自己的嘴巴，終天不願多說一句閒話，除了講戒、說律，生活上的三言兩語；此外，他只用他深沉而智慧的眼眸，用他嚴肅而不屈服的表情，用他流血流淚為佛門受難的悲心——看世間，評定世間。

有些人啊——我們的兄弟姐妹同道們，心照不宣，互相想一想，殺、盜、淫、妄、酒，哪一樣沒有亂了你的方寸，沒有弄得你心蕩神搖？要是穿一身西裝、長袍，我們還可原諒，還不至於流淚！

在大庭廣眾之下教別人，用文字去美飾自己，都沒有人說什麼，只要不覺得肉麻、臉醜；對著莊嚴的聖像，難道你能說：「佛啊，我的說法，我的文字，都是騙人！騙人！騙人」嗎？怎樣纔能使人們覺得佛法莊嚴呢——那便是鑄一個實至名歸的「你」？不要一股勁兒外面光坦，內部腐爛！佛弟子，自必須「不與人同」！最低限度，與名利中人，有個分別，弘一大師纔不會為此而涕泣！

弘公與見月律師有幾分相似，便是待人嚴厲，但自責更嚴；心中慈悲，卻不放在嘴上。

他已默擯了這個世界與這個世界上污穢的人心！人，總找個最幼稚最叫人發嘔的理由，為自己辯護，其實，人眼睛是雪亮的，有心人只是不戳穿你，但在心上寫下你這一筆卑污。至於那「無心人」呢，你騙我，惑我，侮辱我；我也騙你，惑你，侮辱你！

弘公的悲懷，發為戒律上的苦行，化為自身的沉默，冷峻地分析世間，情感從讀古人書中瀉洩出來；代替了直接撕破虛偽——為佛法被陵夷的哀痛！

因此，平日他整天沒有笑容，沒有形諸外在的歡樂。他只想到先把自己塑成一個無虧於心的和尚，但不望別人恭維他為法師、律師、大師！那怕別人說他是一個「自了漢」，那也由他。

今年，他五十五歲了。自信，他沒有浪費時間的一分一秒！把色身獻給佛道，也等於莊嚴自己。

見月律師的《一夢漫言》圖註，弄好，這時已到八月底，有莊閑女士者，手書《法華經》將要出版，她對弘公的身世，有很深的了解，出家後，又如此高深（其實並非高深，只是人們這樣看他）。因此，她託人請師為經文作序。

弘公接到這卷手寫的《法華》，字跡整齊而秀麗，全文沒有錯落，沒有污穢，輕香拂鼻，深為讚美，於是他把古人寫經的那份虔誠，在這篇文裡描寫出來，並且他自己寫經，雖不似古人那樣繁瑣，但是精誠在內心，流為筆觸，已全部做到。

他說：「古人對經典的奉行，第一便是『書寫』。據歷史傳說，魏、唐之際，人們書寫經典，虔誠萬分；在寫經前，要先修淨園，再遍種楮樹，楮樹行間，種植香草名花，澆灑香水；楮生三年，香氣四溢（楮，為製紙原料，有香味），再造小屋，用香泥塗地，然後請匠人造紙，並齋戒、沐浴、盥洗、漱口、遍身薰香，換潔衣出入，剝取楮皮，浸入香水，取楮皮造紙，經一年多紙成，又築一墩高臺，在臺上砌屋，即使一瓦一木，都灑以香湯，屋成後，莊嚴潔淨，佈滿香花，案前有旛有彩，寫經人，日受齋戒，入經室時，夾路焚香，梵唄引導，供養鮮花，然後書寫。

「寫時，用香水摻入墨汁，沈香木作筆管，筆下迸香；提筆時，徐徐凝神，吐氣，書寫一章完了，封在香袋中，供於香櫥，安放淨室。有這種精誠，因此靈瑞時現，下筆時，字字放光；或見護法神現身，加以護衛；或引奇禽，銜花供養（另有傳說：寫經時，筆生舍利），經文成就，大眾瞻仰時，同時讚嘆，逐頁虔誦，光華燦爛……。

「妙道居士（莊閑法名），寫《法華經》，莊嚴精粹，無以復加……願後來人，隨力奉行，利益有情……。」

從弘公對古人寫經的了解，可見他自己書寫佛經時，是如何地虔誠、精細？看到弘公手寫經卷的人們，必會感觸到這位大師寫經時，心如靜水，意似抽絲，一心而不亂。僅在寫經上這種潛靜的工夫，便足以獲得常行三昧，何況，他出家以後，便隔絕塵俗，走入寧靜的自我世界？

這年九月二十日，弘公五十五歲初度，便在淨室，為自己寫小像一幅：略有幾根疏疏的鬚、染衣、道貌，儼然是世外閒人！弘公——似乎有一股厭煩娑婆的急切心，於是，對世情迴避愈遠。印光大師以一個「死」字推拒塵俗，他則以「沉默」遠離世界。

但是，惟有一個例外。這便是與他的法侶們——瑞今、廣洽、性常、傳貫、廣義、妙蓮諸法師，有時娓娓說一小段過去的故事，或者講一小段寫字、雕刻、繪畫的方法。

這時，他有一幅聯句，給他的法侶之一的廣義法師，後面並加一節跋文，說明贈聯的動機。這個跋裡，從一九三三年春天，寫到初冬講學的經過，弘公希望有心人要履行這項宏揚律學的心願。

聯句是：

願盡未來，普代法界一切眾生，備受大苦；

誓捨身命，宏護南山四分律教，久住神州。

最後，落款是——甲戌九月，曇昉並書，以奉廣義法師慧鑒。

這一年在平淡中過去了。

但在北方的俗家中，唯一與他保持關係的，便是他的兄長次子——李晉章。他在俗時的兒輩，則沒有寫信。他在給侄兒的信裡，曾提到幼樵、品侯二位居士，經由晉章轉贈佛經，這兩位可能是大師為上海時出生的二子所命的別號。

時間是人類最溫和的裁判，過去的創傷已經平復，他們在想像中，遠在南方遯跡世外的生父已經遠遙而陌生，亦復莊嚴聖潔。

這時他們家人多已信佛，李晉章，代表了弘公的意旨，把佛法傳給家中每一個人。年底他寫一封信給晉章，請他刻幾方印寄來。印文，則從「亡言、无得、吉目、勝音、無畏、大慈、大方廣、音、弘一」等法號中挑選。

此外，他忽然想起四十多年前，天津人常用的楷帖，有一種流行的《昨非錄》，文字全是前人銘言，可以流傳，也希望晉章在舊書舖中找一部寄來。弘公的意思，目的在古人的嘉言，能有出頭之日，不要被歷史的灰燼湮沒。

果然，到第二年春天，去淨峰之前，《昨非錄》由天津與「印章」同時寄到，心中非常歡喜。

翻過了年，在兜率陀院的日子已告一段落，一九三五年正月，從「晉水蘭若」移到禾山萬壽巖，寫下〈淨宗問辨〉。

弘公對「念佛法門」，只強調幾句話：「念佛——是佛學裡最切實、最簡單、最生動的門徑；可是卻為了它的簡單、切實、沒有深奧的玄理，使知識份子懷疑。對這門行徑，用直覺比理解更重要；你先不要問『極樂莊嚴世界在何處』，你要先肯定是否能虛心接受這項法門。當你走進這個門裡，纔感覺這個世界不是單純，而是深奧華麗！」

不要輕啟懷疑之心，釋迦牟尼，非誑語者，非妄語者！印光大師，在這方面重新印證了這項真理。繼起者，必有千萬個一心求證念佛三昧的行人！

然後，他離開廈門，到泉州，在開元寺對僧眾講《一夢漫言》。把見月律師的一生，如數家珍地告訴學人。

講完《一夢漫言》，順道住幾天「溫陵養老院」（是泉州古蹟，經歷代修葺，當時佛教人士，於此辦養老院，安住無依老人），這是弘一大師第一次在閩南，逗留溫陵，想不到當他第三次——也是末了一次卻在這裡與世人告別，乘願上生彌陀世界。

實際上泉州是閩南的名城，歷代文化的搖籃。他一經來到這裡，便轟動了文化、教育、佛學界。

第一次來溫陵養老院，住在「華珍室」第十二號房間，他深怕自己的驀然而來，使院裡的生活為他而紊亂，而浪費；因此他先關照主人，早午兩餐，蔬菜不要超過兩樣，有人來訪，請先通知，他預定在這裡住幾天。

院裡，住著幾十位老人。逢到弘公對老人說些什麼，他總少談佛法的奧理。他對老人，說的是「汲水、破柴、烹茶、燒菜、燒湯、掃地、洗衣服、抹桌子、蒔花澆水」的生活上事，這些事，都要自己操作，不要等著別人。

弘公說：「我自己出家到現在，生活上一點一滴都是自己來。別人為我做生活上的小事，便感覺折福！各位老人，我們是一群無福無慧的人，生在五濁惡世，事事要別人服侍，不是有罪麼？而且別人還有自己生活上的事啊！……」

住幾天「老人院」，弘公感覺別有滋味。那一群老人，多數比自己蒼老，但有些卻比自己結實。

不過，那已是「夕陽無限好」，前頭的歲月，已不多了。有些老人，虔誠地念佛，他們不知其所以然，只是孜孜不息的撥著念珠。誰也不知道他們的心，締造一個什麼樣的將來。

老人院，原是歷史上的古蹟，院中原有一個亭子，在宋代，朱熹在這兒講過學，歲久失修，直到幾百年後，明代一位地方官重建，取名「過化」。但不久又燬在明末的兵亂中，直到民國，溫陵老人院有意修復古蹟，請師補寫「橫額」。因此，弘公高興地寫下「過化亭」三個大字。

這時，又為院董葉青眼居士寫一幅「南無阿彌陀佛」中堂。另外贈一幅《華嚴》聯句。文曰：

持戒到彼岸，
說法度眾生。

弘公感覺有緣到溫陵，是前世因緣。

在這裡，慕名來求字的，日漸增多，他們只要把紙送來，便能捧著墨寶出門。弘公的字，來求者，都歡喜而去。在臨行時，將要去惠安東北角半島——淨峰寺中潛修，泉州的佛教道友、法侶，溫陵的老人送他到門外。行前，葉青眼居士問他：

「法師！這次到泉州來，許多人來求字，卻少求佛法，豈不可惜？」

「我的字便是佛法，居士何必分別？」

弘公，有自己一貫的生活方式，凡是與他有緣人，不管是談天，還是寫字，「不是經語不寫，不是佛語不說」，如說寫字不是佛法，又是什麼？佛陀出廣長舌，演和雅音，所迸出來的語言文字，不是佛法又是什麼？

這是南閩的四月天，他給晉章居士的信中，說他要到山中渡夏，因為郵遞不便，暫停音訊。

其實，五十六歲的弘一大師，脆弱的形體，已逐漸使他向生命的下坡路走了。他的牙齒開始脫落，眼睛也乾澀發花，鬚髮斑白，神情衰老。……這是三十年來色身多病，與佛道上不顧生命的追求，帶來這種「未老先衰」的象徵。

老，似一片落葉，已無聲息地飄落在他的眼前。

他覺得該休息了，真正地選一個適合自己臭皮囊的地方，安頓下來，終老於斯，作一個自了的和尚！

四月十一日上午，傳貫法師伴著他，廣洽法師隨行，到淨峰後，弘公曾有一封信，給老友丏尊，描寫淨峰。

他說：「——淨峰寺，在惠安縣東三十里半島的小山上，三面臨海（中間與大陸相連處約十分之一），夏季十分涼爽，冬季寒風為山所阻，也不寒冷。小山之石，玲瓏重疊，可擺在書房几上，供以賞玩，只可惜這裡荒僻，無人問津……」

以下，是弘公入山後的日記，簡單地，記下這一年間生活的片段。

＊

當弘公去淨峰之前，經過一番慎重的考慮（主要對身體，及交通上的不便），諸位法侶多不表同意，請師中止淨峰之行。有人長跪不起，有人聲淚俱下，請師以色身為重。弘公內心悲戚是無法描述的。不過計議已定，好像此緣不了，無以安心，因此含淚辭謝大家，於四月十一日傍晚，在泉州南門外，乘帆船出海航行，傳貫、廣洽二師同行。——下，弘公自記。

・十一日夜，在船中，海浪顛簸，風大，終夜不能成眠。默念佛號。

・十二日清晨，改乘小舟，風逆而浪大，抵淨峰，入寺，整理衣物書籍，未嘗休息。陰雨。

・十三日，陰，午後放晴，崇武（淨峰屬崇武鄉境）齋堂主人來，請於十七、八、九三日，去彼處講法，允之。起先，在廈門，性願法師為入淨峰事問卜。卜言：三冬足，文藝成；到頭處，亦成冰（原籤冰，作功，誤），急急回首，莫誤前程。——（這該是個壞卦！）

・十四日，晴，廣洽法師歸去，覆地悲戀。余亦心傷，勉以佛法慰之。相約八月十六日後再來相晤。寫信給聶（雲台）居士。剃頭。（按：廣洽法師在民國二十六年十月去新加坡開創道場。）

・十五日，在寺中為僧眾說戒。

・十六日，赴崇武，住普蓮齋堂。

・十七日，為道友講三皈五戒。

・十八日，講觀世音菩薩靈感。

・十九日，講淨土法門。午後，返淨峰。

・二十一日，亡母冥誕。第一次校《（行事）鈔記》注竟。在寺中開講《普賢行願品》。

・二十四日，修房舍窗几等。

・五月一日，講《行願品》圓滿。

・三日，靈峰大師誕辰，上供，午後講大師事蹟。

・十日，第二次校《鈔記》，注至〈受欲篇〉。暫休止。以後，校點《戒疏記》。

・三十日，《戒疏記》標校竟。自是日起，補點《疏記》。

・六月七日，扶桑（日本）明忍律師涅槃日，自是日起，講《戒疏》，並略講記。到二十日，第一冊講竟。

・七月三日，講「地藏九華示迹大意」。

・八月五日至七日，為亡父忌日，講《行願品》偈頌。七日聽者甚眾，聽眾多為基督徒。

・八月十三日，補點《疏記》，十六冊都訖。

・八月十四日始，續校《鈔記》竟。

・八月二十三日，性願老法師惠臨淨峰。（願老法師較弘公年齡小九歲，但僧臘高於弘公，唯弘公對人謙遜，從孩童到老人，無不恭敬虔誠。李芳遠居士，與公通信時，年始十五歲。）

・二十五日，請師（性願老法師）在本寺講「佛法大要」。

・二十七日，請性願法師臨崇武晴霞寺，開講《法華普門品》。二十九日講訖，每日聽眾百人左右，為惠安空前之盛會。

・九月三十日上午，續校《鈔記》注竟。下午廣洽法師來淨峰，商訂於月望後，移居草庵。

・十月六日，廣洽法師下山返廈門。

十月下旬，弘公因淨峰寺方丈去職，緣盡，也決定離淨峰，回泉州，安住草庵舊地。將去淨峰前，為惜別，留下五言絕句一首，詩云：

我到為植種，我行花未開。
豈無佳色在？留待後人來！

詩後並附寫小記，題言：「乙亥（一九三五年）四月，我來淨峰，植菊盈畦，秋晚將歸去，而菊花含蕊未放，口占一絕，聊以誌別。」於是二十二日離開淨峰，去惠安縣城。

本來，弘公已深愛淨峰之靜，之幽，之蒼古；可是人扭不過因緣。

弘公常對人言，佛法宏揚，不能強為人傳，那要等一個機緣成熟！因此，有些不成熟的法緣，都為他婉謝。他深知——唯有「緣」，不能作有限度的勉強，如此一來，會招來更大的失意！

他在淨峰的心情，廣洽法師曾說：

「弘公此行，恐將長久棲息於此，此地雖苦，而山水秀美，僻靜幽清，相傳為李鐵拐所居，其實確為古隱者的棲息之地……。

「公又為衲訂修持日課，附語說：昔日靈峰老人，三十三歲始入靈峰，有偈云：『靈峰一片石，信可矢千秋！』

「又說：『聊當化城，畢此餘喘，自非樂土，終此不移。』

「弘公說：『今年我已五十六歲，老病纏綿，衰頹日甚，久思入山，謝絕人事，而因緣不至，卒未如願，今來淨峰，見其峰巒蒼古，頗適幽居，遂於四月十二日入山，將終老於此！』」

這是廣洽法師告訴高文顯居士的話。誰知來淨峰不到半年，又要重作雲水，豈非緣恪？弘公偕傳貫法師到惠安，二十三日上午在科峰寺講演佛法，下午乘車到泉州，又回到「溫陵養老院」，當時，泉州名剎——承天寺傳戒，戒期中，請公講律，於是以「律學要略」為題，為受戒的僧侶們，作通俗性演說。

「律學要略」的精神：「豎說」律學在中國嬗演的經過；「橫說」五戒、八戒、沙彌戒、沙彌尼戒、學法女戒、比丘戒、比丘尼戒、菩薩戒（包括出家、在家）的戒相，以及戒律與行者的關係！

弘公在最要緊的地方，慨嘆地說：

「我們生此末法時代，『沙彌戒』與『比丘戒』皆是不能得的；原因很多很多！今且舉一種比方來說，就是沒有能授沙彌戒、比丘戒的人；若授沙彌戒，須二位比丘授；『比丘戒』至少要『五比丘』授；倘若找不到比丘的話，不單比丘戒受不成，沙彌戒也受不成。我有一句很傷心的話要對諸位講：『從南宋迄今六七百年來，或可說僧種斷絕了！』

「以平常人眼光看起來，以為中國僧眾很多！……據實而論……要找出一個滿分的比丘，怕也是不容易的事！如此怎能授沙彌比丘戒呢？既沒有授戒的人，如何會得戒呢？

「我想諸位聽到這話，心中一定十分掃興，或以為既不得戒，我們白喫辛苦，不如早些回去，何必在此辛辛苦苦做這種無意味的事情呢？但如此的懷疑是不大對的，我勸諸位應好好地，鎮靜地在此受沙彌戒、比丘戒纔是！雖不得戒，亦能種植善根，兼學種種威儀，豈不是好？又若將來想學律，必先掛名受沙彌、比丘戒，否則，白衣學律，必受他人譏評，所以你們在這兒發心受沙彌、比丘戒是很好的！……」

然而，弘一大師悲戒律的鬆弛，卻沒有譏評僧林的意思！

弘公這番說「戒」的精神，如廣泛地伸引，居士授五戒、十戒、菩薩戒，而沒有「比丘」傳授，也當然是一個問題。但弘公又說，「戒」是要「受」的，目的是植一個「佛種的根苗」，凡是天下學佛的人，該體驗弘公一生犧牲藝術上成就，獻身於戒律的悲懷！

病厄

弘公在承天寺，講了三天律學，仍舊回到溫陵養老院，中間，在十一月十四日這一天，又在承天寺為戒子們作一次通俗講演——題目是「參學處與應讀的佛書」，於十九日再度受到惠安佛教界的邀請，偕同泉州行政專員黃元秀，到惠安講經去了。

當天晚上，住在惠安黃善人家中，第二天在城郊科峰寺講演，有十人受皈依。

弘公在惠安的行程，雖僅僅十多天，多是在鄉間弘法。

他在《惠安弘法日記》中記述：

・二十一日，為一人證受皈依。下午乘馬，行二十里，到許山頭堡，宿許連木童子家。

・二十二日，在瑞集巖（許山頭堡鄉間）講演。

・二十三、四日兩天，在許連木宅講演，並為二十人受皈依及五戒。

・二十五日上午到「後尾」，宿劉清輝居士齋堂，下午講演。
・二十六日上午到「胡鄉」，居胡碧蓮居士齋堂，下午開講《阿彌陀經》。二十八日講完，十人請受皈依及五戒。
・二十九日上午到「謝貝」，居黃成德居士齋堂，三十日講演。
・十二月初一日午後回惠安，居李氏別墅，初二到「如是堂」講演，聽眾百人。
・初三，到泉州，臥病草庵。

在惠安鄉間宏法，一來由於弘公的病太多，體質脆弱，招不住不間歇的奔波；二來，他的病在那付破風箱似的色身上，潛伏期太長，使他身上任何一個角，只要病魔高興，都可燃起烽火。因此，在他這一生中，第二次大病，在這時鑽空向他猛襲而來。這次的病，與三年前在白馬湖法界寺所患的病症不同。這次患的是「風濕性潰瘍」，手足腫爛，發高熱，這種病，在閩、贛山地患者最多，嚴重的病人，能帶著幾十年的潰瘍，四肢潰不成形。根據閩、贛民間經驗，有一種極小的黑蠅，人體被咬後，發紅，腫脹，如果用手搔抓，便會引起急性潰爛，在高潮期，一夜間，足可爛掉腿、臂所有的肌肉，如果年老體弱的人，挨不了急襲的高燒，便會突然地死亡。

弘公在惠安鄉下，也許受到太多的辛勞，加上黑蠅的攻擊，結果不到弘法完了，已覺得四肢奇癢，手臂與腳背，漸漸發紅，口乾，舌苦，有輕度的熱在體內發動，因此，他不能不回到泉州鄉間草庵寺，接受這一次病的折磨。

其實，開始時，並沒有嚴重的感覺，直到全臂開始潰爛，發高燒，纔感覺外在的病，也不單純。直到他被這種潰瘍摧殘而臥病不起，停止了一切佛法上的活動，這時，僅僅在床上，反覆地念佛，念觀世音菩薩。

當廣洽法師由廈門獲得弘公生病的消息，到草庵來探視，弘公還整天地焚香，寫字，換佛前淨水，洗自己的內衣。……廣洽法師說：「法師該休息了，等病好，再活動。——現在，您的病，好些嗎？」

「——唉，你問我這些，是沒有用的，你該問我念佛沒有？病中有沒有忘了念佛？這是念佛人最重要的一著，其他都是空談。在病中忘了佛號，在何時何地不會忘卻佛號呢？生死之事，蟬翼之隔，南山律師告人病中勿忘念佛，這並非怕死，死，芥末事耳。可是，了生死，卻是大事。……」

廣洽法師，在弘公病中離去。弘公生平不多言，對他最相契的法侶而言，他把生死，放得遠些，看得淡些。這些事，遲早要來臨。人，生而痛苦，但是歡樂如朝露，痛苦也如朝露，消失時，同樣令人易於忘記。

在痛苦中，他不能起床，覺得死亡漸漸地掩蓋了一切，除了嘴巴還能「孤軍奮鬥」，實在不能再作別的事。可是，他依舊強忍奇痛，撐著身子，動筆，草一段臨終的話給傳貫法師——他告訴貫師說：「我命終前，請你在布帳外，助念佛號，但也不必常常念，命終後，不要翻動身體，把門鎖上八小時，八小時後，萬不可擦身、洗面。當時以隨身所穿的衣服，外裹夾被，捲好，送到寺後山谷。三天後，有野獸來吃便好，否則，就地焚化，化後，再通知師友。但千萬不可提早通知。我命終前後，諸事很簡單，必須依言執行……。」

傳貫法師看了這篇遺囑，只有眼淚和著悲傷，期待著弘公能早點康復。他不相信弘公在這一次病中會捨卻人世而去。然而，事實上，泉州的佛界師友法侶，已知道弘一法師病臥草庵，只是人們不能驚動他。

這種強烈的潰瘍，延到一個半月之後，高燒已退，弘公的兩臂肌肉大部落脫，腐爛的白骨，赫然出現，奇臭，目不忍睹。在一九三六年的春天來臨，斑爛的骨上，又生了些肉芽，他把這次病中的情形，告訴他的老友夏丏尊，和性常法師。

他在丙子正月間給丏尊的信中說：

「——一個半月前，因往鄉間講經，居於黑暗室中，感受污濁的空氣，遂發大熱，神智昏迷，復起皮膚外症。此次大病，為生平所未經過，雖極痛苦，幸以佛法自慰，精神上尚能安頓。其中有數日病勢凶險，已瀕於危，有諸善友為之誦經懺悔，乃轉危為安，近十日來，飲食如常，熱已退盡，惟外症不能速癒，故至今仍臥床上，不能履地，大約再經一、二個月乃能痊癒。……此次大病，居鄉間寺內（即草庵），承寺中種種優待，一切費用皆寺中出，其數甚巨，又能熱心看病，誠可感也。乞另匯下四十圓，交南普陀寺廣洽法師轉，此四十圓，以二十圓贈與寺中（以他種名義——弘公自註），其餘二十圓自用，屢荷厚施，感謝無盡。以後通信，乞寄『廈門南普陀寺養正院廣洽法師轉』，我約於病癒春暖後，移居廈門。……」

（按：夏丏尊當弘一大師初出家時，發誓護法一生，而又能始終不渝。因此，弘公的資財，大半來自丏尊及晚晴護法會。也因此，弘公能堅持不受供養的原則，丏尊與弘公，從浙江師範，一直到弘公入寂，函件未斷，供養也不絕。丏尊雖未出家，但對弘公的一生德行，該有絕大的影響，就他本身來說，這種美德，實足感人！）

另一封信，給開元寺豐德（性常）及念西二位法師，弘公說：「此次大病，實由宿業所致，初起時，內外病併發，內發大熱，外發極速的疔毒，僅一日許，下臂已潰壞十之五六，盡是膿血（如承天寺山門前乞丐的手足無異），然後又發展至上臂，漸次潰爛，勢殆不可止。不數日，腳面上又生極大的衝天疔，足腿盡腫，勢更凶惡，觀者皆為寒心，因此二症，如有一種，即可喪失性命，何況併發，又何況兼發高熱，神智昏迷？故其中數日已有危險之狀，朽人亦放下一切，專意求生西方，乃於是時，忽有友人等發心為朽人誦經懺悔，至誠禮誦，晝夜精勤，並勸他處友人亦為朽人誦經，如是以極誠懇之心，誦經數日，遂得大大之靈感，竟能起死回生，化險為夷，臂上不發展，腳上瘡口不破，由旁邊足指縫流膿血一大碗。至今飲食如常，雖未痊癒，腳部僅有輕腫，可以勉強步行，實為大幸！二三日後，擬往廈門請外科醫療……」

然而，日後他給仁開法師信中又說：「……朽人初出家時，常讀『靈峰』諸書，於『不可輕舉妄動，貽羞法門』，『人之患在好為人師』等語，服膺不忘，豈料此次到南閩後，遂爾失足，妄踞師位，自命知『律』，輕評時弊，專說人非，罔知自省，去冬大病，實為良藥，但病後精力乍盛，又復妄想冒充善知識，是以障緣重重，……朽人當來居處，無有定所，猶如落葉，一任業風飄泊……」

這封信寫在鼓浪嶼日光巖，為了責備自己，竟然在佛教刊物上聲明，取消「法師、律師、大師」的稱號。

這一年正月中旬，師五十七歲初度，帶病從草庵移居廈門，先住南普陀寺，目的是在廈門醫病，同時，準備作另一次隱居的打算。

在這兒，弘公的病，由著名外科黃丙丁醫學博士治療，連續使用電療及藥物治療，從正月底，到五月初，才完全康復，事實上，這場大病，正是一種突發的急性潰瘍，結果卻形成慢性的閩贛地區「爛腳症」，前後治療半年，始脫離苦厄。

在這種慢性的病苦中，與胃腸卻拉不上關係，因此弘公病後感覺精神煥發，胃口比從前好，只是手腳包著，行動時不方便。

因此，一到南普陀，便在瑞今法師創辦的養正院去養病，一面時常為院中學人，作通俗講演。

這年正月尾，是養正院正式開學的一天，師以「惜福、習勞、持戒、自尊」四事，向青年僧侶說法。

「惜福、習勞、持戒、自尊」，也是弘公提出的院訓，他告訴學人說：他腳上穿的一雙黃鞋，是民國九年，在杭州打佛七時，一位出家人送給他的。一雙鞋子的壽命，在他腳上渡過十六年。他床上的棉被面子，是出家前杭州教書時的東西，那就有二十年了。他用的傘，則是二十五年前買自天津，他的草鞋、羅漢衣、小衫褲，綴綴補補，總都伴他六、七年，因此，他穿的、用的，多是十年以上的舊東西，平時靠修補縫衲，延續壽命。至於別人送他好的東西、禮物，在非收不可的情況下，他收下來再轉送別人。

他說：「我知道我的福薄，好東西沒膽量受用，吃的東西，除生病時稍好，此外不敢亂貪口腹！」

「印光大師也是這樣！」他說：「有人問印光大師：『法師，你為什麼不吃好的補品？』

『我的福氣薄，不堪消受！』印老人說。

「聽見沒有，同學們！印光大師福氣薄麼？告訴諸位，我們即使有十分福氣，也只好享受二三分，其餘的留給別人，或留到日後享受，諸位如能以自己的福氣，布施別人，共同享有，那豈不更偉大……。」

這是「惜福」啊！

然而，弘一大師天性如此，他安詳，平靜，淡泊，粗茶淡飯破衣。之後，他叫學人動手、動腳，為自己安排生活。一個和尚，不要等別人侍候你。釋迦牟尼也為他的弟子盛飯、穿針、看護呢！

他叫人們不要隨便受戒，但要切實地守戒。

他說：削髮、披袈裟的人不能隨便，在這個時代沒有國王，但是你應該有國王出巡時那份尊嚴，出家人隨便，叫人看不起，那不是別人的錯！錯在你缺乏比丘的自尊與自愛。

因此，他對比丘教育有如下的見解：

「我平時對於佛教是不願意去分別哪一宗、哪一派的，因為我覺得各宗各派，都各有各的長處。

「但是有一點，我以為無論哪一宗哪一派的學僧，卻非深信不可，那就是佛教的基本原則，就是深信善惡因果報應的道理。——善有善報，惡有惡報；同時還須深信佛菩薩的靈感！這不僅初級的學僧應該這樣，就是升到佛教大學也要這樣！

「善惡因果報應和佛菩薩的靈感道理，雖然很容易懂；可是能徹底相信的卻不多。這所謂信，不是口頭說說的信，是要內心切切實實的去信的呀！

「咳！這很容易明白的道理，若要切切實實地去信，卻不容易啊！

「我以為無論如何，必須深信善惡因果報應和諸佛菩薩靈感的道理，纔有做佛教徒的資格！

「須知善有善報，惡有惡報，這種因果報應，是絲毫不爽的！又須知我們一個人所有的行為，一舉一動，以至起心動念，諸佛菩薩都看得清清楚楚！

「一個人若能這樣十分決定地信著，他的品行道德，自然會一天比一天地高起來！

「要曉得我們出家人，就是『僧寶』，在俗家人之上，地位是很高的。所以品行道德，也要在俗家人之上纔行！

「倘若品行道德僅能和俗家人相等，那已經難為情了！何況不如？又何況十分的不如呢？……咳！……這樣他們看出家人就要十分的輕慢，十分的鄙視，種種譏笑的話，也接連的來了！

「記得我將要出家的時候，有一位住在北京的老朋友寫信來勸告我，你知道他勸告的是什麼？

「他說——『聽到你要不做人，要做僧去。……』

「咳！……我們聽到了這話，該是怎樣的痛心啊！他以為做僧的，都不是人，簡直把僧不當人看了！你想，這句話多麼厲害呀！

「出家人何以不是人？為什麼被人輕慢到這地步？我們都得自己反省一下！我想：這原因都由於我們出家人做人太隨便的緣故；種種太隨便了，就鬧出這樣的話柄來了。

「至於為什麼會隨便呢，那就是由於不能深信善惡因果報應和諸佛菩薩靈感的道理的緣故。倘若我們能夠真正生信，十分決定的信，我想就是把你的腦袋砍掉，也不肯隨便的了！

「以上所說，並不是單單養正院的學僧應該牢記，就是佛教大學的學僧也應該牢記，相信善惡因果報應和諸佛菩薩靈感不爽的道理！」

*

在養正院養病三個月中，弘公為行將「落日西沉」的後半生，做了幾件重要的事。

當時，在廈門發行的《佛教公論》月刊，先後出現了兩篇文章，第一篇，是民國二十四年秋天發表的〈先自度論〉，便有人堅決認為是弘公手筆，弘公也知道這回事，心中非常詫異，但沒有看過這篇文章；到這一年二月，又出現一篇〈為僧教育進一言〉，他看到了，這兩篇文章同屬署名「萬鈞」這個人執筆，這個人是誰，沒人知道。但弘公看了後一篇文章，由於立論基礎無懈可擊，文字深入而犀利，語中時弊，言常人所不敢言，膽大而見遠，正是弘公要說而沒有說的意見，因此，有人說像這類文字，只有弘公才能寫出，但弘公卻為這兩篇文章歡喜讚嘆；認為當時沒有這樣有魄力的人，可寫出這種文章，自然連他自己也望塵莫及的。

他千方百計查出了這位作者，他為了表示一片景仰之心，便寫了一幅字託人送給這位法師，這是《華嚴集聯》上的聯句，文曰：

開示眾生見正道，
猶如淨眼觀明珠！

這幅字，並且附了一段跋文，述說這一段文字因緣。這正因為萬鈞法師所寫的，是弘公心中所蘊集的悲哀處！

同時，在這年五月以前，又寫了兩部經，一部是《藥師如來本願功德經》，這部經是為傳貫法師亡母龔許柳女居士而寫，五年後，經過影印、流傳，已遍及大江南北佛教界。

第二部是為他的學生金咨甫寫的《金剛經》，這部經從三月二十一日書寫，到四月八日完成，他在跋文裡說：這部經的功德，在迴向亡生金咨甫。願他業障消除，往生極樂世界。

金咨甫，浙江義烏人，年輕時負笈於杭州高級師範藝術科，畢業後，任杭州師範及杭州女學音樂教師二十年，常與弘公往還，後來弘公出家去南閩，音訊隔絕，到二十三年（甲戌）九月，接杭州印西法師信，提到金咨甫居士臥病半年，折磨至死，在遺囑中，請弘一法師為他寫經，迴向佛道，如今匆匆二載，始在這次病中完成。

這本經寫成後，由廣洽法師主持印行工作，在年底十二月初版問世；附有畫家徐悲鴻、豐子愷的插圖。但瞬息流通一空。到五年後（民國二十九年），大師六十歲在菲律賓、新加坡及國內三處重新再版一千九百部。

這兩部經的書寫，在弘一大師來說，從藝術觀點看，都是屬於「後期」作品，與大師初期寫經大不相同，與中期所寫的《華嚴集聯》也有所區別，看來精力遜於《華嚴》，但更似老僧坐禪，了無煙火餘氳。

這兩部經都是民國二十五年五月以前寫成。同時另一位閩南〈奇僧法空禪師傳〉，也在《佛教公論》三期上發表了，原因是奇僧法空，行跡豪放，舉止任俠，有別於凡人；梵、俗之別的奧秘，在一個「破」字。弘公寫〈法空禪師傳〉，正是給後來佛子，一劑良藥，學佛人，貴在不與人同，奇僧不僅行跡奇，遭遇也奇。

下面是弘公撰的傳文：

——奇僧法空，又號今實，出生在惠安陳家，十六歲削髮為僧，發誓入佛道，以《金剛》、《法華》兩經，為日常課誦。平時習靜坐，跏趺，由黑夜到天明，過午不食；嚴冬來時，不戴僧帽，不穿僧履；苦行卓絕，「參未生前，我是阿誰？」民國七年，僧隨緣去馬來半島的檳城，在島上建觀音寺，由於檳城以及馬來，是英國殖民地，商業早經繁盛，僧默默思考，此間缺一所遊人駐足之處，而檳城名剎極樂寺前，有一片荒野，於是發願建築動物園一所，收集世界珍禽異獸，建成後，儼然是一座頗有規模的動物樂園，屋舍則堂皇美麗，因此形成一遊客勝地。

奇僧法空，奇在能通獸言鳥語，與虎、豹、豺、狼相處，摩撫依偎，親如家人，僧不怕野獸，又深愛那些噬人的動物，獅子老虎，也服膺奇僧的一揮手、一擊掌的招喚指使。

由此，奇僧的大名遠走，馬來亞諸邦以及歐洲人來檳城遊樂者，都要拜禮奇僧，有的則來信表達崇拜的虔誠，於是洋人的心中，都有這位中國的異人，只要人們聽到奇僧奇事，便要展開一個傳奇的故事。

同時，僧又能寫古人書法，大筆如椽，龍飛鳳舞；魔術、拳擊、內功、催眠術也無所不精，無所不曉，於是震動了檳城，只要是逢災害、建學校、興善事，告訴法空禪師，僧便欣喜支助，凡有所求，不論多少，都是滿願而歸。因此，檳城、馬來的報章，時有奇僧奇聞，民間的貧窮孤獨，則視如父母。到辛未（民國二十年），僧回故鄉南閩，以千金布施寺廟，供養同道；又時以書法，廣結法緣；到丙子（當年）三月，僧五十九歲，已知世塵將盡，所謂「塵歸塵」，「土歸土」，於是在故鄉佛寺中圓寂……。

這一代奇僧的奇跡，就此在弘公筆下長遠流傳……。

弘公的病，在四月底痊癒，五月初移居鼓浪嶼日光巖閉關。

弘公到日光巖之後，本來準備閉門潛修，可是因這裡本是佛界名剎，香火鼎盛，雖然處於海上，也少不了香火爆竹與遊人噪音所擾，弘公深愛靜僻，一來因為他的體質衰弱，再者他志在念佛，潛居著述，在日光巖，雖然住了五個多月，避免了形式上的應酬，也謝絕一切宏法的邀請，但是終天的不斷遊人，也令人煩惱。因此，他給仁開法師的信中，表達了潛居日光巖的心境。

他說：「到鼓浪嶼之後，境緣愈困，煩惱愈增，因以種種方便，努力克制，幸承三寶慈力加被，終能安穩，但經此次風霜磨練，遂得天良發現，生慚愧心……。」

使弘公煩惱的是什麼呢？是日光巖的遊人，香火旺盛，由廈門過海到鼓浪嶼消夏與朝山的人們，終天不絕，有的還在寺裡吃睡，至於找弘公寫字的，也大有人在，弘公避的是人類攘攘的世界，而這世界卻如影隨形而至。日光巖不能給他以寧靜，不能使他安於潛修生活，心頭只有苦惱；但苦惱並非「佛法」，而是眾生「心病」，弘公身病剛癒，心病又接踵而來，這使得他平靜的心湖，在聖凡兩者之間，遭遇了絆腳石！明知「煩惱即是菩提」，而偏偏不能打開這一關。但在事實，菩提路上，有千百道關卡（煩惱），要修道者懷著「馬革裹屍」的大勇，去突破一關，再突破一關，直到煩惱在彈指之間，化魔鬼為佛面，來迎接這位百戰歸來的聖者。

這千百道關口，弘公也不只突過一次了，這一次不過是其中的一個勁敵，如果「仰攻」無力，也就只好「迂迴」而上。闖菩提道上的煩惱關，不僅要一意去參，去念；「懺悔」也非常重要；懺悔能使腐肉生肌，死灰復燃。於是，弘公一旦覺悟，身心遭遇了壓不住的煩惱，又無法化解這種心境時，魔境便越現越大了。這突然間的憬悟，使他在佛前深深地懺悔，所謂「佛法」，正為世人而住，如果為求佛法，而離世間，或者因尋寧靜而躲避喧鬧，這不是「自覺」的方法！

他覺得出家近二十年，這顆心依舊不能在苦惱中澄清，如此這般「充賢作聖」，講經說法，寧不可笑？

所以，他說：「以後再不敢作冒牌交易了，只有退而修德，閉門思過，做一個懺悔的和尚……。」

話雖如此說，但這位年未蒼老，而皮囊已老的弘一大師，在那種終日不斷的打擾中，依然完成了《道宣律師年譜》，及其〈修學的遺事〉，但是有時心為境轉，雖然他並未放下「佛法」，所謂境界給他的苦惱，只是在心靈間體會到歲月不安寧，等他一朝發現心魔出現，知道這種念頭是「病」，他便痛心地責備自己，拜「普賢十願」，禮「大悲懺儀」，在那時，他冥想到只有佛力，才能洗淨他一身塵土，重歸於寧靜。

但在這段心湖波動的日子裡，是一個秋天的早晨，忽然有一個中年人，從廈門渡海到這邊來玩，身後跟著一個眉目清秀的孩子，大約十二三歲，到殿上，行三個鞠躬禮，在寺前後轉了兩遭，便拐彎抹角，找到弘公的關房來了。

這時，弘公誦經剛過，默坐念佛，小門外，那個孩子問他父親：「誰是弘一法師？」

「就在這間房裡！」中年人說。似乎中年人曾經來過，但未必談過話。也許，他已關照過寺裡的僧人，他要看弘一法師，於是在那個偶然的時間裡，他們在弘公面前出現了。

世間有許多無法解釋的遭遇，那似乎是命運中註定的「緣份」！弘公初看到這個孩子，便覺得活似一朵未綻的蓮荷。這孩子見到弘公，突然被一股無形的「後光」攝住了，久久不能說出話來。只是用眼，呆呆地望著眼前這位瘦鶴似的和尚。

他們父子走近關房，孩子的父親說兩句仰慕法師的話，孩子則說：「法師的字，是我喜愛的。我們唱的歌，聽說也是法師作的吧！法師，請你教我寫字好嗎？……」

弘公看看這孩子，微微地一笑。

「嗯，你叫什麼名字？」對這孩子，似乎引起了他的興趣！

「李芳遠！芬芳的芳，遙遠的遠。」

「噢。」法師說：「常來這裡玩吧，我們有緣。」

誰知，從此弘公與十三歲的李芳遠便結了緣，自那時以後，他皈依了弘公。這一次，他離開日光巖以後，隔不上幾天，便來看弘一大師，談幾句簡單佛法和書法。

有一天，芳遠又來了，剛巧，大師的窗外，有一隻貓被狗咬得遍體鮮血，帶一身鱗傷死了。弘公看在眼裡，痛苦得眼淚縱流，回到佛像前，便跪下急速的念〈往生咒〉，芳遠看在眼裡，不由也顫抖起來了。

李芳遠，在弘公在家弟子當中，對弘公身後，也是頗有影響的一位。為紀念弘一大師，他連續編印了《弘一大師年譜》、《弘一大師文鈔》、《晚晴山房書簡》，以及未完成的長詩《海》。

這些書，當弘公入寂後二年，先後出版。只有《海》，這部描寫大師一生心境的「長詩」，湮沒無終。

同時也是這一年八月間，《清涼歌集》，已在上海由夏丏尊負責印行。世界書局編輯的佛學叢刊，也由弘公從日本請來的一萬卷藏經中，選出《釋門自鏡錄》（唐懷信述）、《釋氏要覽》（宋道誠集）、《釋氏蒙求》（宋靈操撰）這三部中國人的佛學著作，由蔡丏因居士設計而出版。

在《歌集》裡，不僅有弘公作的歌，有弘公弟子作曲，也有弘公出家後寫的歌詞，和芝峰法師的白話文「註釋」。《歌集》第一次出版後，隔二十年，又在菲律賓再版一千冊，作為菲島佛教「精進音樂團」的主唱選曲。

在鼓浪嶼六個月中，算是雲遊閩南以來最不安定的一段歲月，在弘公生平留下可寫的東西也似乎荒漠，雖然六個月，但比起別的地方，這一段日子，算是荒廢的。

在日光巖最後幾天裡，廣洽法師由廈門帶來一位不速之客，到日光巖訪問這位隱居在僧林的藝術大師，訪問的人，便是當時著名的頹廢派作家郁達夫。

郁達夫本住在福州，但他欣賞弘一大師，卻是很久以前的事。見面之下，達夫吶吶地說：

「……久仰法師，今天能見面，算是心願已償。……」

「哦，居士！」弘公低沉地，「能見一面，也是因緣。」

「是的，是的。」

「……」

時間在鐘聲的答中流逝。

在小關房內外，三個人寒暄三言兩語，便默默地坐下去。那一刻的郁達夫，如面對復活的古人，覺得多一語不如少一語，說話反而不如無言的意境，在人生形而上一面，他領會得更多。看了弘公，如面對一片竹林，一株孤松，一尊聖像，一泓活水，實在使人不必要說什麼。看了無言的他，像心上被澆滅一盆邪火，清涼，甜靜。

——末了，廣洽法師說要走了。

弘公便從關房內取出《佛法導論》、《寒笳集》、《印光大師文鈔》……送給郁達夫，隔了一天，郁達夫有一首詩寄回來，詩云：

不似西泠遇駱丞，南方有意訪高僧。遠公說法無多語，六祖傳真只一燈。
學士清平彈別調，道宗宏議薄飛升。中年亦具逃禪意，兩事何周割未能！

可惜郁達夫生時依舊在愛情與頹廢的散文中找生涯，後來他到重慶，與王映霞戀愛分手，離家遠走蘇門答臘，在日本人鐵蹄下，憑著一點讀書人的血性，把熱血灑在異鄉，但落得個屍骨無存。（勝利後，郁達夫的女兒曾在上海一家大報副刊，發表一篇散文：〈給父親〉，那是一封辛酸的棄婦與弱女的控訴。她以為她母親被達夫遺棄，豈不知達夫已埋骨異鄉了。）

在鼓浪嶼的生活，到臘月初六結束，再由日光巖搬回廈門南普陀寺後山一個石室中，過他的深修生活。當年底離開日光巖時，為報答寺中清智長老供養的情誼，又以手書《佛說無量壽經》，裝在自己特製的木匣中，匣壁上，精細地雕刻「經名、贈者、受者」的題款，然後字上掃金，鄭重贈給長老。在寺中所用的一針、一線、一盆、一鉢，則全部檢交常住。

南普陀寺的後山石室，背後是禾山，面向大海，在千仞之下，是碧波載浮著的點點漁舟，這裡已消失世塵的打擾，幽靜得溪水也覺得寂寞，山林更顯得蒼古！

這正是計劃長別「人寰」的弘一大師，要隱居的地方。

然而，他剛回到南普陀安居下來，便見到高文顯居士為他在當地《星光報》上，出版了一個特刊。他告訴隨侍他的傳貫法師說：「唏，勝進居士他們雖是好意推愛我，其實卻是誹我謗我！古人說：『聲名，謗之尤也』，我此後在南閩恐怕難以容身了。古人又說：『如被人謗，切不可辯白』，我每見有人被侮辱，被誹謗，想多加解釋，結果，誹謗的箭簇更多。但如果不予分辯，倒反而一謗便了，了卻後患！」

這一晚，在後山，弘公特為傳貫法師講〈裴休居士發菩提心文〉，直到深夜。

身病、心病，隨著形體的安頓，到南普陀後山，從此一了百了。但是隨身的肺病與枇杷膏，則是特殊的例外，肺結核菌的經常蠢動，那時醫學上又沒有嚇阻肺癆的特效藥，於是肺結核在弘一大師這一生，該是助長道心的魔頭。

病，折磨著弘一大師的一生！

湛山

歲暮，冬殘；居住在南普陀後山的弘一大師，在這裡放下鼓浪嶼那一段不寧的記憶，面對著海，默默地數著點點歸帆，有意在這裡作長期潛居的打算。但是，在廈門的南普陀，能不能如願以償，這也要看因緣！

民國二十六年（丁丑）的二月十一日——中國人的舊曆元旦，寺前舊功德樓頂間，有一部律學課程開講，題目是《隨機羯磨》。聽眾，是養正院的青年法師。其中也有瑞今、廣洽、仁開、圓拙、傳貫等法侶。

「自覺與覺人」，是學佛行人的一體兩面，自覺——要把自己鑄成一個沒有凡我的角度，覺人——以覺悟者的語言、行動，鑄成聖者的模式，讓別人去參悟。

一個棄俗的和尚，每天有兩件事要做，一是自修，二是說法。弘一法師從做和尚開始，便沒有做祖師的欲望，他只願做一個十全十美的和尚！

從正月初一，到正月十二，在南普陀講完了《羯磨》中的〈集法緣成〉、〈諸法解結〉兩篇，覺得「覺人」過了火，會使人陡增貪念；自修沒有死工夫，也徒然浪費有限的生命。這時，隨著新年而來的外緣，使他心靈有預感。事實上，他已感覺到，臭皮囊的前程，沒有多遠了。在沒有拋棄它之前，該苦修一番。在他的想像中，在養正院擔任的訓育課程，該由高文顯去代替。到四月間，《羯磨》講完，便可以到人煙稀少的山間，埋名林野，做個住茅蓬的山僧。他在廈門，終日依然排除不了世間的「名聞利養」，這是他心中深惡痛絕的。名、利，如果是過眼煙雲，倒也罷了，剛好，這種東西，對佛道中人，是地獄的捷徑！

稍後的講律期中，廈門大學教授李相勖，通過高文顯居士（高在廈大上學，住在南普陀），請弘公到廈大講佛學，遭遇弘公婉言謝絕。那次謝絕廈大請說法的原因，他對傳貫法師說：「如果我好高騖遠，追逐浮名，這是一次機會。可是，我生平對官宦和名流，不敢動一點的念頭。我要這樣做，那是先害了我自己，而別人聽我說法，能受益多少，還不知道！」

他又說：「所謂名利，如水向下流，你一念動，便會往下游跑，再從那個漩渦拔出來，就沒有那麼簡單了。凡是陷在名利中人們，本身實在是掉在污水裡，久而不知其臭，這是非常可憫的。這正如人在花徑，久而不聞其芳香。……」

這個月二十二這一天，弘公一方面辭謝到廈門大學演講的邀請，二十三日，遠從福州鼓山來聽講律的克定和尚，與弘公有一段話。弘公告訴他：為什麼他自己要揚棄音樂、油畫、戲劇與雕刻？他深刻地說：「如今，時代變了。佛教界的僧青年也變了。他們常常放棄自己的道不修，法不學，偏偏喜歡弄文藝，搞詩畫；看來，佛門前途，令人悲痛！其實，他們不知道經學與佛學，完全風馬牛不相關，一個大學畢業的學生，初讀佛經，依舊是門外漢，談到作文的方法，佛經比起中國八股文豈不是生動得多麼？」

「唉！」弘公嘆一口氣，望望在座的傳貫法師：「菩薩度生，要待因緣成熟，否則只有放棄！」

住在南普陀後山，除了講課，便是深居簡出，有重要事，都用短簡，由傳貫法師傳達；否則由貫師執行短簡上的吩咐。

正月二十八，天上落著濛濛的冷雨，他覺得住在山上，需要一雙應付雨水的膠鞋。自己便下了山，到廈門市區看看。

他先在一條不十分熱鬧的小街上，用七角錢買了一雙膠底鞋。挾在腋下，天色已近晚，聽到馬路上有人從口琴的鍵上，吹奏著一支熟悉而單調的曲子，緩慢地遠去……。

弘公細聽，啊！竟是三十年前，在日本讀書時，熟悉的歌——

君か代八

千代二八千代二

サザレ石ノ
巖トナリテ
苔ノムステ

是日本人的國歌，無端地重複吹奏。令人感覺到心靈間生起一陣國亡家破之感。

日本人的國歌，吹奏著，這引發了弘公性靈中太多的悲酸。事實，中國的抗日烽煙，已在全國每個角落點燃。蘆溝橋事變，將在一百天內發生。廈門有人——是什麼人在口琴裡唱起日本的國歌？廈門以及它的臨近各地，中國的正規軍和初成軍的後備部隊，逐漸以寺廟代替兵營，開始加緊訓練。

回山的歸途，冒著淒風寒雨，為這一天所見所聞，憑添一番淒愁。

他把這天的見聞，用短簡告訴了高文顯居士，不過藉此排遣一點國難中的哀傷。

在南普陀住下來——這是第四次住南普陀了。在廈大讀書的高文顯，與弘公因緣在此時加深，二月間在「養正院」講的〈南閩十年之夢影〉，便是由他紀錄。他皈依弘公的法名是「勝進」。（弘公在閩南的在家弟子，都以「勝」字為法名。）

在講課時，面對幾十個學人，弘公一字一淚敘述去年病中的心情。

他說：

「從民國十七年，我到閩南居住，算起來，首尾已經十年。回憶我在這十年之中，在閩南所做的事情，成功的很少很少，殘缺破碎的，居其大半。所以我常常自己反省，覺得自己的德性，實在十分欠缺！

「因此，自己起了個名字，叫『二一老人』。什麼叫『二一老人』呢？這是我自己的根據。

「記得前人有詩云：『一事無成人漸老』。

「清初吳梅村臨終的絕命詞有『一錢不值何消說』！這兩句詩的開頭都是『一』字，所以我用來做自己的別號——『二一老人』。

「因此我十年來在閩南所做的事，雖然不完滿，我也不怎樣去求它圓滿了！

「諸位要曉道：我的性情是很特別的。我只希望我的事情失敗，因為事情失敗，不完滿，這才使我常發大慚愧，能夠曉得自己的德行淺，修養薄。那我才能努力用功，改過遷善！

「一個人如果事情做完滿了，那麼這個人就會心滿意足，洋洋得意，反而增加他貢高我慢的念頭，生出種種過失來，所以還是不去希望完滿的好！

「不論什麼事，總希望它失敗，失敗才會生大慚愧，倘因成功而得意，那就不得了了！

「我近來，每每想到『二一老人』這個名字，覺得很有意味；這『二一老人』也可算我在閩南居住十年的最好紀念！」

唉！「一事無成人漸老」，「一錢不值何消說」！這兩個「一」相加，人是老了，可是沒有值錢處！弘公自心深處湧出一股自責的哀思。

日復一日，世界益陷於戰火邊緣。

因此，不由得想到，即將去菲律賓的知音性願法師。性願法師與會泉長老，同時是弘公來閩以後，佛門中兩位知音。他們都有他的老友丏尊那份虔敬之情，護持他，使他每到一寺，能在最安定的情況中，為閩南佛界廣施法緣。

閩南的比丘們，向南洋開闢道場的風氣，這與他們的鄉人僑居異國有關。因此，弘公的心念中，有時也想到——假使可能，何嘗不該去南洋群島遊化一番？這種念頭，他開始告訴瑞今、傳貫、性常諸位法師。於是頓時引起一番強烈的附和。弘公要去南洋，當然隨去的人也多。這種心願發動，使他有心想把丟棄了幾十年的英語，再拾回來重溫一番。菲律賓、馬來亞、新加坡、檳城，都是英語之邦！

雖然，自始至終，他無緣到南洋一遊，然而去南洋的計劃，一直是「隨緣」期待。起先，因為要求同去的人多，成了多方面的負擔，沒有去成。等北方的抗日烽火遍野，這個念頭又熄滅了。直到日本人佔領菲島前夕，菲律賓的佛教界，依然想請弘公到馬尼拉棲止。但剛要決定動身時，日本人席捲了東南亞，把麥克阿瑟的太平洋部隊，趕出巴丹島，於是變亂中，又失去了南遊的最後機緣。

他在五年後給馬尼拉性願法師的信中說：

「——去秋（民國三十年）方擬起程，變亂忽起，致負旅菲緇素諸公厚望，至用歉然。……」

這封信，寄於大師圓寂那一年初夏四月。如果不是日本人橫行菲島，也許他已遊遍南洋了。

「法隨緣住」，這是弘一大師學佛歷程中體會出來的經驗。萬事都扭不過因緣，這雖然不是宿命，但因緣與眾生的業報，卻有太大的關連。

南洋群島去不成，實際上，去與不去，也沒有肯定。這時泉州開元寺的會泉長老，已準備了一個結夏安居之地，請他去住。

世間，能令人感覺到人生之可貴，如會泉、性願法師，在這方面，都使弘公感念尤深。

會泉長老，請弘公去「結夏安居」的地方，是廈門郊區的「中巖」。這裡，也決定了結夏完畢，留待日後作長久潛修閉關之所。

中巖，是鄭成功少年時讀書的地方，巖中有老松數株，直升雲表，環境清幽，蒼古而僻靜。但是房屋因為年久而失修，於是會泉老法師先請弘公住在「萬石巖」。等中巖修葺工程完了，再轉居到這邊來。

舊曆三月十一，弘公與傳貫法師便從南普陀後山移居到萬石巖；住到萬石巖，便鄭重地在廈門《佛教公論》上刊登一項啟事。希望能避免一切往來。

在〈釋弘一啟事〉的文下，這樣寫著：

「余此次到南普陀，獲親近承事諸位長老，至用歡幸。近因舊疾復作（肺病），精神衰弱，頹唐不支，擬即移居他寺，習靜養病，若有緇素過訪，恕不晤談；或有信件，亦未能裁答，失禮之罪，諸祈原諒！」

弘公希望啟事一經登出來，便能斷絕外在的紛擾，但事實呢，又不然。他剛到萬石巖，「廈門市第一屆運動大會」的籌備會，又有事找他。

籌備會給他的文件，推崇「弘一法師」為音樂界名家，大會決議，聘請弘公譜製〈運動大會歌〉一首。

公文透過政府的關係，加上人情的通融，送到弘公關房，但被大師婉拒。

過了不久，籌備會再託人送來一首已譜好的〈大會歌〉，請弘公修改。這一次沒有落空。

〈大會歌〉詞，開頭是——

「鼓聲咚咚，軍樂揚揚；健兒身手，各獻所長；……」

弘公看了歌詞，便覺得「地區」沒有交代，前後沒有連貫，便在上面改了幾個字。經過他改過的歌詞，變成——

「禾山蒼蒼（禾山，即廈門），鷺水蕩蕩；健兒身手，各獻所長。……」

然後，又改正幾小節欠悠揚的五線譜，交回大會籌備處。譜改後，經過樂隊奏出來的音調，突然變得莊嚴而激昂了！

這一波剛過，駐錫在青島湛山寺的倓虛老和尚，派寺中書記夢參法師，千里迢迢，由海道南下，帶著倓老人的親筆信，到廈門萬石巖來了。

倓虛老和尚，特別請弘公到青島——中國最潔淨的都市——講律結夏。從青島到廈門，在海上要漂流六、七天，倓老一片殷誠，使弘公再度放棄了中巖結夏的決定，在匆忙間，帶著侍侶傳貫、法侶仁開、圓拙三位法師，於舊曆四月五日由海道北上。但是，他有三點要求告訴夢參法師，便是「不為人師，不要為他開歡迎會，不在報章發表新聞」。

從廈門動身，坐的是「太原輪」，經過上海，然後換船到青島。可是，弘公事先並不知道船的行程，結果，他的老友夏丏尊雖在上海，卻不知道他要經過上海。

因為到青島去的事，已在信上告訴了丏尊。

這次到青島，前後準備了七天，臨上船時，他的全部行囊，是一個舊蔴袋和一個小竹簍。蔴袋裡，裝的是一條舊夾被，一頂帳子，幾件修補當枕頭的衣服。簏箱裡（即所謂小竹簍），則是幾本重要佛學書籍。

臨行前，法師、居士們送來的果品，轉送了巖中的工友。

在海上，飄浮了三天。船到上海，停了兩天，九日改乘另一艘直駛青島的輪船，舊曆四月十一日上午九點多鐘，在青島碼頭上岸。

湛山的住持倓虛法師，已親自率領一群法師居士們到碼頭去迎迓，這已使淡泊而遠離世俗的弘公，感覺六神不靖，心中浮起了輕微的不安，等這一群人坐著汽車，回到湛山寺，山門裡已排列著百餘位僧眾，在恭敬地等待他，瞻仰他。

在這次虔誠的歡迎行列裡，火頭僧（保賢）法師在〈弘一大師在湛山〉一文中寫得很細緻。他寫道：

……車住了，車門開處，首先走下一位精神百倍，滿面笑容的老和尚；我們都認識，那是倓虛法師。他老很敏捷地隨手帶住車門，接著第二個下來的，立刻，大家的目光一齊射在他身上。他年近四十餘歲——其實已五十八歲了。

細長的身材，穿著一身半舊夏布衣褂，外罩夏布海青，腳是光著，只穿著草鞋，雖然這時（青島）天氣還冷，但他並無畏寒的樣子。他蒼白而瘦長的面部，雖然兩頰下滿生著短鬚，但掩不住那清秀神氣與慈悲和藹的優雅姿態。

他，我們雖沒見過，但無疑地就是大名鼎鼎譽滿中外，我們最敬佩和要歡迎的弘一律師了。他老很客氣很安詳，不肯先走，滿面帶著笑和倓虛法師謙讓，結果還是他老先走，這時我們大眾由倓虛法師一聲招呼，便一齊向他問訊合掌致敬，他老在急忙帶笑還禮的當兒，便步履輕快地同著倓老走過去，這時我們大眾……也蜂擁般集中在客堂階下，向他老行歡迎的最敬禮（頂禮），他老仍是很客氣的急忙還禮，口裡連說著：「不敢當，不敢當，勞動你們諸位！」

他們攜帶的衣單顯得很多……在客堂門口堆起一大堆，這時我問夢參法師：「哪件是弘老的衣單？」

他指指那條舊蔴袋和小竹簍，笑著說：「那就是。」我很詫異，怎麼鼎鼎大名的一代律師——也可說一代祖師——他的衣單會這樣簡單樸素呢？噢，我明白了！他所以能鼎鼎大名到處有人恭敬的原因，大概也就在此吧！不，也算得原因之一了。

日後，這位追憶弘公的法師描寫道：

……一天天氣晴爽，同時也漸漸熱起來了，他老手托著那個扣盒式的小竹簍，很安詳而敏捷地托到陽光下打開來曬，我站在不遠，細心去瞧，裡頭只有兩雙鞋，一雙是半舊不堪的軟幫黃鞋，一雙是補了又補的白草鞋（平日穿的似比這雙新一點），我不禁想起古時有位一履三十載的高僧，現在正可以引來和他老對比一下了。

有一天，時間是早齋後，陽光布滿大地，……大海的水，平得像一面鏡子，他老這時出了寮房，踱到外頭繞彎（散步）去了，我趁機會偷偷溜到他老寮房裡瞧了一下，啊！裡頭東西太簡單了，桌子、書櫥、床，全是常住預備的，桌上放著個很小的方形銅墨盒，一枝禿頭筆，櫥裡有幾本點過的經，幾本稿子，床上有條灰單被，拿衣服折疊成的枕頭，對面牆根放著兩雙鞋——黃鞋、草鞋——此外再沒別的東西了。在房內只有清潔、沈寂，地板光滑，玻璃明亮（全是他親手收拾），使人感到一種不可言喻的清淨、靜肅……。

弘公到湛山寺第四天，便在「下院」講了「三皈五戒」。

這個月二十二、二十四、二十六三天，在寺中講「律學大意」。二十九日正式講《隨機羯磨》。《隨機羯磨》，是一種艱深而難懂的律學典籍，由南山道宣律師去蕪存精訂正，便於後人閱讀，但如果要作為講演的對象，則要花十倍的時間去找資料。不過，弘公對律學的著作，已經研究二十年，因此自己編了一部《別錄》作助講本，分綱別目，使聽者能理出系統。這次是他生平第三次講《羯磨》。第一次在民國二十二年，講於廈門萬石巖，九十天講完；第二次，是這年正月初一，講於南普陀寺，不過沒有全部講完。

這次在湛山，他獨自講了十多天，但是由於體力已消耗在他的病上，到中途，便由仁開法師代座，結果把全部《羯磨》講完。聽講的人，是湛山寺全體一百多位法師。以後，仁開法師又講了《四分律戒相表記》。

不過仁開法師遇到問題，依舊由弘公解決，然後轉告聽眾。湛山寺日後常年輪講這兩部律學大著，如數家珍，可能這便是一個開始。而後律制，普及到倓老人的長春般若寺，哈爾濱極樂寺。

火頭僧法師，在記述中說道：

「每逢大眾上課或朝暮課誦的當兒，院裡寂靜無人了，他老常出來在院裡各處看看，態度沉靜，步履輕捷，偶然遇見對面有人走來，他老必先迴避。……他老常獨自遛到海邊，去看海水和礁石相激撞。」弘公一生，雖然隱居的時候多，但深愛看海。他一生與海，似乎緣深。他第一次東渡日本，該是他最長的海上生涯。在浩瀚無垠的海上，才覺得人生的空幻與渺小、造物的神奇與莫測。

在這一年舊曆五月間，曾與弘公有舊的朱子橋居士（朱此時駐節西安，任軍事要職），因為悼念一位亡友，從西安飛來青島，事先聽說弘公在這兒安居結夏，便特地由青島市長沈鴻烈陪同到湛山寺來。

沈鴻烈，久已知道音樂家李叔同傳奇似的一生，也早想看看他，這當然是一個機會，但是，當他向朱子橋居士提出來，朱說，弘一法師已經休息了。

等第二天上午，沈鴻烈市長又在寺中請朱子橋齋宴，有意要弘公出席陪宴，結果獲得的，是一張字條，上寫謙謝的詩句是：「為僧只合居山谷，國士筵中甚不宜。」

在結夏末期，天氣逐漸到早秋了，弘公在湛山閉門用功有三個多月，因為青島是中國北方避暑勝地，入秋以後，早晚便覺得寒意浸人。

他給泉州性常法師信中，把青島對他的影響，如此寫道：「——朽人近年來，身體日益衰頹，兩臂常常痲木，手足關節常痛，是因血脈不周所致。此間氣候陰寒，潮氣太重，亦是一原因。中秋節後，如有輪船開行，即在上海小住，再返廈門。青島濕寒，人多有病，傳貫師現在身著布單衣四件，亦稍患傷風。——（舊曆）七月四日。」

當弘公在青島講律，佛界知道這消息的人很多，當時在蘇州靈巖山寺念佛的妙蓮法師與道友數人，便專程趕來青島追隨弘公學律。

此時，蘆溝橋的國軍，早已揭開了民族抗戰的序幕，地處在軍事要點的青島，稍有資財的人，都逃難到南方來了。日子越過越緊急。

這時弘公在俗弟子蔡丏因由上海去信，請他到上海去，要快些離開青島。可是弘公回信說：「惠書誦悉，厚情至為感謝，朽人前已決定中秋節他往，如果今因國難離去，將蒙極大譏嫌，因此青島雖發生大戰，亦不願退避，諸乞諒之……。」

然而，事實如何呢？戰火固然已迫在眉睫，但是出家人卻又與世俗不同，倓老和僧眾，都期望弘公在湛山長久住下去，可是，弘公的性情，僧界大多知道，他要到那裡，沒有人會留得住。他在未到湛山之前，便決定在湛山住到中秋節後回廈門。

在未走之前半個月光景，他便在寺中公開接受寫字結緣。湛山上百多位的出家人，在那一個美好的際遇裡，每一位都獲得一張「以戒為師」的條幅。然後，個別求字的宣紙，便似雪片湧來，他都一一接受。幾百幅的字，多數寫的是《華嚴集聯》和《寒笳集》的警語。

在火頭僧法師的追述中說：「在將行的前幾天，我們大家又請他老作最後開示。他說：『這次我去了，恐怕再也不能來了。現在我給諸位說句最懇切、最能了生死的話——』說到這裡，他忽然沉默不言了。這時大家都很注意要聽他下邊的話，他老又沉默了半天，忽然大聲說：『就是一句——南——無——阿——彌——陀——佛！』

「臨上船時，大家照樣歡送他到船上，他和夢參法師話別的時候，輕輕地，帶著幽美的微笑，從行囊裡拿出一部厚厚的手寫經典，低聲向夢參法師說：『——這是我送你的！』」

當時夢參法師帶著幾乎是狂喜，回到寺中一看，竟是弘公工筆書寫的一部《華嚴經淨行品》，字跡整齊而瑰麗，寫在二十多張「玉版宣」上，末後附一個跋。

跋文是：「居湛山半載，夢參法師為護法，特寫此品報之。晚晴老人。」

在情況緊急中，由青島到上海，那時上海的八．一三大戰已拉開，只有租界還能避一時之亂。

為了看老朋友夏丏尊最後一眼，弘公在大場陷落之前兩天，由黃浦江碼頭登岸，丏尊在

〈懷晚晴老人〉一文中，記述了他們最後的會晤。

——他（弘公）果然到上海來了，從新北門某寓打電話到開明書局找我，我不在店裡，雪村先生代我去看他。據說，他向章先生詳問我的一切，逃難的情形，兒女的情形，事業和財產的情形，什麼都問到，章先生每項報告他，他聽到一項就念一句佛。我趕去看他已在夜間，他卻沒有細問什麼。

幾年不見，彼此都覺得老了。他見我有愁苦的神情，笑著對我說：「世間一切，本來都是假的，不可認真，前回我不是替你寫了一幅《金剛經》的四句偈子嗎？」「一切有為法，如夢幻泡影，如露亦如電，應作如是觀。」——你現在正可覺悟這真理了。

他說：三天以後有船開廈門，在上海可住兩天。第二天我又去看他，那家旅館一面靠近民國路，一面靠近外灘，日本飛機正在狂炸浦東和南市，在房間裡坐著，每隔幾分鐘就要挨一次震，我有些擋不住了，他鎮靜如常，只是微動著嘴唇，這一定又在念佛了。

之後，我和幾位朋友拉他同去覺林蔬食處午餐，以後又要求他到附近照相館照一張相片。現在，牆上掛的，就是那張相片了。

這一次，是弘一大師與他的生死之交，最後一次把晤。兩天後，偕同傳貫、圓拙法師以及蘇州來的妙蓮法師一行，回到廈門，仍舊住到萬石巖。這時焦土抗戰的號召，已響徹了全國每一角落，沿海每一個城市，都準備接受一次日本人的血洗。這時候，許多學人法侶，都請弘公遷地避亂。廈門島，是閩南一個重要的港市，在戰爭中，戰略形勢越重要，受毀滅的公算越大。

勸弘公離開的人多，但是他默然辭謝。

他告訴遠在上海的丏尊說：「我決定住在廈門，在戰亂中，與寺院共存亡！如果要我離開廈門，除非廈門平靜，再往他處。」

可是，上海方面朋友，再勸他移出廈門。他堅決地說：「如廈門失陷，我願以身殉。古人詩說：『莫嫌老圃秋容淡，猶有黃花晚節香』！做一個出家人，對生死當不容懷戀。」

同時，他給上海弟子郁智朗居士信中，也附了靈峰大師的詩，以表白心志，詩云：

日輪挽作鏡，海水挹作盆。
照我忠義膽，浴我法臣魂。
九死心不悔，塵劫願尤存。
為檄虛空界，何人共此輪？

這時，傳貫法師已回安海省父去了。妙蓮法師初到南閩，便追隨弘公隨緣掛單。留在廈門的弘公，在門上貼了一張橫額，題名「殉教堂」，警惕自己，表示決心。但不多天，中巖已修好，便與結夏而來的法師們，一同再移到中巖──鄭成功讀書的地方來，安居講律。在中巖，他的靜室在巖中會泉上人的關房北端，九年前，閩南佛學院的學人──文心法師住在關房以南，他們一直住到十二月中旬離開廈門，去泉州。

這時候，戰爭雖在上海與魯南臺兒莊進行，廈門卻反而平靜下來。

弘公平日絕少講話，不獨對陌生人如此，即使對傳貫法師也是一樣。他與文心法師，雖同住寺中，可是都守著那一份安詳的沉默──見了面，不過互相合掌而已，最後，在十二月十七日那一天早上，弘公帶著他那個「律學集團」要到泉州草庵去，當他看到文心法師的靜室內，除經書以外，一無所有，顯得空洞寂寥，便把親手栽的四小盆名花，親自搬到文師的室內，低聲地說：

「讓這幾盆小花，在這裡伴你供佛。這盆是劍蘭，這盆是天竺竹，這盆──是秋海棠；……」放好之後，便彎彎腰，嘴角邊留一個淺淺的笑渦走了。

這年十二月十八日晚上，大夥兒由廈門過海，再乘車到檀林──晉江南鄉的草庵寺。妙蓮法師隨同來此安住。

十天後，是民國二十七年的農曆正月初一。從上午九時起，開講他生平最有研究的《華嚴經普賢行願品》。

這一年，他要報答閩南各地道友在十年間對他虔敬的至情，因此，作為一個和尚的他，便發願要動員全身所有力量，講一年經，寫一年字，與閩南人們結緣。

「我沒有太大的奢望，我很貧乏，沒有福報，不久便要離開人世了，今年忙一年，明年要閉門謝客了。……」

對於壽命，弘公似乎有一種奧秘的期待。

夕暉

時間，對一個老人而言，流逝得太無情，太匆忙了。弘一大師，一九三八年的元旦，已經五十九歲。在器世間，與多病的色身，掙扎了四十年，臉上的縐紋，和鬢間的白髮，已暗暗地增添；使多病的他，更顯得蒼老。人看起來，蒼白、瘦削而孤卓；令人想到他的光輝突然在這個時候散遍閩南，如同生命的迴光返照；他要向人世告別了。

元月二十日，在草庵講完了《華嚴行願品》，休息幾天後，二月一日開始，又到泉州承天寺，複講這一品經。講這品經並且勸請聽眾發心念誦十萬遍，迴向國難。似乎特為他最後那幾年，總結一次普賢菩薩深願。

在承天寺講經完了，特別再應泉州梅石書院邀請，二月底在書院圖書館講「佛教的源流與宗派」。然後，再到開元寺講《心經》。講完《心經》，又在城內「清塵堂」講「華嚴大意」。這一連串緊湊的講經活動，轟動了泉州。

這是弘公第四次掛錫在泉州。可是突然起勁地講經，這不是第一次。這似乎有一種奇異的力量鼓動他。他覺得泉州人對他太好。

這次追隨著聽他演講的人，有如一陣旋風，他到哪兒，那陣風吹到哪兒。由於過去的「李叔同」三個字，現在的「弘一法師」大名遠揚，使泉州城的知識份子以及佛教徒集中了他們的視線，扣緊了心弦。佛教徒，帶著奇異的神色看這位跡近隱士的弘一律師，突然破例大吹法螺。知識份子則以他這次到泉州的行動公開，而且每次講經後便接受人們索書題字，使人們突然覺得他像第一次到泉州來一樣。

即使有人請他去吃一餐素宴，他也欣然應允。這在弘一法師來說，都是不平常的；何況，泉州已在落雨季的開始，而每次聽經的人，空前擁擠，使戰時的泉州，集合一時的精英，開元寺、承天寺大殿上，經常塞滿了聽眾。

在泉州講經到三月十日，又到惠安匆匆說法，十天後回到泉州，然後，鼓浪嶼的「了閒別墅」已派嚴笑棠居士到泉州承天寺，在二十二日迎接弘公去廈門弘法了。在這時，漳州也聞風寄來請柬，請弘公由廈門去漳州說法。

這次弘公在泉州，兩個多月，講了四次經，寫字一千多幅。人們對他的字，在那一刻有近乎狂熱的追求。

因此，許多經偈與佛號，都從弘公手中，成為一幅幅中堂、條幅，遍落在泉州人的廳房。

到了鼓浪嶼，在講經的計劃中，應該在講完後應聘到福州演講，最後仍舊回泉州隨緣說法，因為泉州人的法味，還沒有嘗夠，同時要求他寫字、講經的地方，已由泉州，傳染到廈門附近各縣的佛寺和學校機關。

可是，當他四月底，在鼓浪嶼說法完畢，龍江口的漳州劉綿松居士，已代表漳州佛教界專程請他去龍溪駐錫說法了。

弘公此時，本著萬事隨緣的態度，不再拘泥於死心塌地閉關潛修，他認定諸法緣生，與閩南人的佛緣，在這一年作一次總結，然後再閉門不出。因此，便跟著劉綿松買舟龍溪。這時傳貫法師，則為弘公日久棲息處，去惠安籌備建築一所小寺，未能隨侍。

誰知陽曆五月四日到了漳州，掛單在南山寺，在五月八日，廈門便淪陷在日本人海軍艦砲支援下的陸戰隊手中，成為一片變色土地。

到漳州，剛巧是廈門淪陷前後，因此，閩南許多師友，都以為弘公陷落廈門而焦急不安，直到他的消息由書信證實，纔放下一顆心。

在這時，仍舊在廈門的李芳遠在記憶中說：「廈門淪陷，我急得忍不住了，四出查訪，都沒有消息，因為法師形同野鶴閒雲，獨來孤往，一向不肯把行跡告訴人，到廈門淪陷後纔接到來信說，他已到漳州去了……。」

弘公到漳州，住在南門外南山寺，不過也僅僅講了幾天普通的佛法，因為閩南的天又猛熱起來，逢到炎夏，弘公那付既怕熱、又怕冷的百漏病身，又支持不了，便只好作結夏安居的準備。所以在漳州不到一個月，便由南山寺嚴持法師介紹，到二十五里之外的東鄉——瑞竹巖寺避夏。

他當時給李芳遠的信中表示，鼓浪嶼不安寧，希望李芳遠隨家人回到永春故鄉去，只要保持書信連繫便夠了。這話不久，李芳遠已隨他的家人到永春避亂。

——在瑞竹巖，弘公渡過兩個月的炎夏，在那裡，對外因為公路已遭破壞，無法回到三百里外的泉州，同時瑞竹巖在龍溪鄉下的山上，日本人的鐵騎也不會伸展到這裡，因此，直到閏七月初，再回漳州，恰巧又接到豐子愷從桂林寄來的信。

信上寫著：上海的夏丏尊，最近殤了一個孫兒，丏尊很灰心。其次，希望弘公也到內地去，由子愷供養，在內地宏法。弘公接到這兩封信，深為子愷的一片虔誠感動，但是，他為丏尊的逆境，也深深難過。

於是，他感慨地在信中告訴豐子愷：

「朽人年來，已老態日增，不久即往生極樂。故於今春在泉州及惠安盡力宏法，近在漳州亦爾。——猶如夕陽，殷紅絢彩，瞬即西沉。吾生亦爾，世壽將盡，聊作最後紀念……。」

他給丏尊的信中卻安慰道：

「近得子愷信，悉仁者殤孫，境緣逆惡，深為歎息，若依佛法言，於一切境，皆應視如幻夢，乞仁者常閱佛書，並誦經念佛，自能身心安寧，無諸煩惱，則惡因緣反成好因緣也……。」

他謝絕了弟子豐嬰行的供養，因為他預先感覺生命已將西沉。如果僅僅為了逃避日本人，他也不願這樣做。他想要完成的，只是今年報答閩人對他的恩惠。

舊曆七月十三日，是他出家二十週年，結束了避暑生活，回到漳州城內尊元經樓，宣講《阿彌陀經》，這形成了在漳州說法的高潮。

弘公初到漳州時，也沒有人知道他是誰，等避夏回來，大家傳開了，因此，在七、八兩個月，展開的宏法活動，使社會各界對佛教留下了深刻的印象，並且因此有許多軍人、知識份子皈依了佛教。

因為漳州到泉州這一線，在日本人來說，是我方的第一線，凡是接近第一線的公路，全為國軍破壞，以阻礙日本人的軍事行動。因此，弘公個人的行動，也受到了限制。假如要坐轎回泉州，便要走上七八天。

在漳州宏法的高峰過去。七月底，性常法師（性常法師於二十四年四月閉關於開元寺，此時已滿三年出關。）已由泉州輾轉到漳州，迎接弘公再回泉州。

在陰曆九月初，途經安海，又在安海鎮水心亭住下來，接受人們敦請講經。在這裡整整一個月，使小小的安海鎮為他的來臨而激盪。

這一年，在生活上雖然奔波勞碌，可是每到一地，都使知識份子與佛教界結合成一片，形成一種弘一法師的「季節」。

陰曆十月中旬，回到泉州，繼續前願，振作精神，在清塵堂和光明寺，再講「藥師如來法門修持方法」，他自己依舊住在承天寺。

這時，駐錫承天寺的弘公，一天薄暮，黃昏蒼茫，在屋中焚香靜坐，忽聽知客廣義法師說，有一位從前的學生要見他，問弘公：「要他進來嗎？」

「——學生？」弘公低聲自語。「彈指間，二十年了。浙江師範的學生——是誰？」

「把燈點上，請他進來。」弘公說。

「奇怪？」廣義法師侍隨弘公，這是第二度了（師在承天寺時，由廣義法師侍隨），他沒有見過弘公見客時，點過燈火，事實，他出家二十年，幾乎沒有為自己點過燈火啊，他的歲月，與太陽的光譜一樣，每天清晨四點鐘開始一天的行程，黃昏之前，在屋裡靜坐片刻，入睡。可是，這一次是非常的意外。

其實呢，弘公已聽說有一個學生在閩南做官，他想，假如有緣，他自己會來。

果然，安溪縣長——石有紀，當一別二十年後，在泉州承天寺大殿右側，花園盡頭的一排矮屋裡，見到他的老師了。

乍見之下，石居士覺得在那個狹小的房間裡，除了一張床，一張桌子，此外再沒有別的東西。他和弘公對坐著，廣義法師退了出去。

一僧一俗，對於如此飛逝的人生，都覺得太空洞，會面之後，也覺得太突然。年輕的，從十多歲，到了四十歲；老師呢，則由一個淡泊的教師，變為和尚，再由中年，變為一臉風霜的老僧。弘公已無法認清他學生的面目。

「老師！您——您老了？」

「唔。」弘公端詳著學生。「有二十年哩，你貴姓啊？」

「我是石——石有紀。過去的老師、同學，如今已東零西散！」

「哦——石——有——紀？不是麼——夏先生不久還殤了一個孫兒，他們的書店也被戰火焚燒了。唉，石禪——晚年也不通順。人生總是不如意的多。」

「是啊，老師。經校長已經逝世了呀！」

「子淵死了？」弘公驚問。這時少年時的石有紀在弘公心上重現了。

「去世有一年了。」石有紀說：「前年，我在上海見到夏師。唉，真想不到，人世一變以至於此！」

「我告訴過他們，人生一切都是空的！」在蒼茫中，弘公深深地嘆一口氣，然後，揚聲呵呵長笑，在夜空間，如抑低的鶴唳。「經先生的書畫，夏先生的文章，是永遠不死的！」

夜，越坐越寒，這已是初冬，弘公穿一件淺灰色的羅漢衣，顯得很單薄。

「您老人家冷嗎?」石說。

「在閩南，比浙江天氣溫暖，出家以後，比出家前，身體看來好些。唉，人總是老了些。不過今年的身體，似乎比往年健旺，但不是說這便是健康。我不健康啊!」

「老師，請多保重。」

「唔。」弘公流露一絲微笑。

「天晚了，已快到十點。——以後，再來看您老人家。」

「啊，好。」

弘公立起身來。往事，在兩個小時斷斷續續的敘談裡，重新又複現在眼前，不過，如同冬夜的月光雲影，顯得遼遠而淺淡。

弘公端著油燈，把他的學生送到小屋門口，看石有紀——安溪縣長——消逝在初冬的夜幕下。

過了幾天以後，石有紀在安溪接到弘公寄給他一付對聯——是《華嚴經》的偈句。另有一幅字，寫的是唐人詩句——

十年離亂後，長大一相逢。
問姓驚初見，稱名憶舊容。

別來滄海事，語罷暮天鐘。
明日巴陵道，秋山又幾重！

詩後，弘公寫著：「錄唐人詩一首，頗與仁者在承天寺相見情景相似……。」讀來，令人鼻酸，二十年把少年人催壯，中年人催老。

日後，石有紀每次到泉州，總要見見他的老師，弘公依舊把他當孩子看待。

石有紀走後，弘公被溫陵養老院葉青眼居士請去講經，這次聽經的人，是院內的董事與老人。弘公講的是「念佛法門」，由承天寺瑞今法師翻閩南語。這時，淪陷後廈門的法師，大半星散。

當十點左右院裡的人齊集講堂，鐘聲低叩，磬音三鳴，弘公走上講臺，準備為老人說「念佛因緣」，忽見聽眾中許多人無端地混亂起來，講堂的沉靜，被平白而來的氣氛破壞了。

這時，葉青眼居士——弘公信仰者之一——正與一位身著軍服的人寒暄，久久不見回位，而那位四十不到的軍人，似乎來頭不小，使葉青眼居士顯得緊張而匆忙，忘了弘公說法，專心去應酬了。因此，講堂的氣氛，逐漸地混亂、冷落。弘公看在眼裡，低聲告訴瑞師說：「——現在，我們的講演停止吧！對不住各位老人，請告訴他們。」說畢，弘公離席回到「華珍室」，準備收拾回承天寺去。瑞師被弘公突然而來的舉動驚住了。

「請問有什麼事嗎，法師？」瑞師說。

「等一會兒，便會知道……」弘公說，臉上一片森嚴之色。

在房裡不到半盞茶工夫，葉青眼居士應付那位軍人之後，轉眼一看，講堂上的弘一大師沒有了，瑞今法師也不在，講堂裡的老人，散去三分之一。

心裡一慌，便往弘公休息的「華珍室」跑。

到了華珍室，瑞今法師正在門外等他。

「法師！弘公為什麼不講了？」

「恐怕他老人家見講堂上氣氛亂了，你又到那邊去了。所以——」瑞師的話沒有說到底，葉居士恍然大悟。

「——那位軍人，是我們這裡的軍事當局，他來看看，不好太過冷落了他……。」

「這是人情，但不是職份。」瑞師說：「我看弘公是不以為然呢！」

「那麼請法師幫我央求一下，請他老人家復講吧！」

瑞師看出葉居士心中的痛苦，便一同到華珍室，走進弘公的房間。

葉居士，便撲通仆在地上頂禮懺悔起來。

於是，瑞師再三地說：「請您老人家慈悲，讓院內老人多聞些佛法，葉居士來懺悔他的疏誤哩……。」

弘公不語，葉居士伏地不起，喃喃地說：「請法師慈悲，寬恕弟子疏忽，請法師復講！」瑞師也在一邊懇求復講，直到最後，弘公纔說：「要講演，現在已不能繼續了。這樣好了，我們改在明天早晨再講吧。請葉居士起來，對剛纔的事，我不能說什麼。——可是，這是道場，我們是學佛的人，這便是我的意思！」

經過弘公這一番話，葉居士再度頂禮，起身，一直喃喃地懺悔，眼裡噙著淚。對於弘一大師，他還有不解之處！

等葉居士退出房間。

弘公說：「葉居士為法忘身的精神可佩，唯有這樣做，在一個學佛的人——一個百分之百的學佛人，精神不能集中，忙於世俗，雜而不一，是一大病根，病根消除不了，為害太深……。」

葉青眼居士受到這次嚴訓，使他的心，頓時冷靜了許多。這時他體驗到，身忙猶是小事；意亂纔是禍源。一向看重他的弘一大師，看來是那麼謙虛、荏弱；但是他那巨大的引力與排拒力，卻使人不敢仰視。

這件事雖然過去了，弘公也把「淨土法門」在這裡講完，回到承天寺，接到李芳遠從永春寄來的信，坦直而誠懇地寫著：

「法師啊！從最近報上，看到您的宏法活動，覺得這簡直太不像您了！經常的赴宴，接受人們的邀請，不是違背法師的本意嗎？請您不要再這樣了，趕快閉關用功吧！再這樣，我真為您老人家心急啊！而且您的身體，也經不住這樣摧殘……！」這時十五歲的李芳遠，寫了五張信紙的蠅頭小楷，給他的私淑老師——弘一法師，請他息心閉關，不要再涉足世俗。弘公看了這封長信，心裡一冷，一陣懺悔之情，洶湧地淹沒了他。

他當時提筆給李芳遠寫道：

「惠書誦悉，至用慙惶。自即日起，即當遵命，摒棄一切。仁者天真靈性，舉世無匹，而不欲沉淪繁華，至堪敬佩。深望今後，活潑莊嚴，為當代第一人，除歲之後，或往他處……。」

當這一年十一月十四日，弘公在泉州承天寺「南普陀養正院同學會」上，發表他來閩以後最沉痛的一次講演，題目是「最後的□□」（此時養正院已解散），由瑞今法師紀錄。

他說：「——我的年紀將到六十了，回想從小孩子時候起到現在，種種經過如在目前。啊，我想我以往經過的情形，只有一句話可以對諸位說，就是『不堪回首』而已！

「我自己常常想，……我從出家以後，惡念一天比一天增加，善念一天比一天退失，一直到現在，可以說是醇乎其醇的一個埋頭造惡的人——這也無須乎客氣也無須謙讓了！

「就以上所說看起來，我從出家後已經墮落到這種地步，真可令人驚嘆！其中到閩南以後十年的工夫，尤其是墮落的墮落。去年春間曾經在（廈門）養正院講過一次，所講的題目，就是『南閩十年之夢影』，那一次所講的，字字之中，都可以看到我的淚痕……。

「可是到了今年，比去年更不像樣子了。自從正月二十到泉州（由廈門到草庵過年再到泉州）。這兩個月之中，弄得不知所云（僅是各處講經宏法，受禮聘者供養而已）！不但我自己看不過去，就是我的朋友（指李芳遠小朋友）也說我以前如閒雲野鶴，獨往獨來，隨意棲止，何以近來竟大改常態，到處演講，常常見客，時時宴會，簡直變成一個『應酬的和尚』了，這是我的朋友所講的。啊！『應酬的和尚』這五個字，我想我自己近來倒很有幾分相像。」

弘公所說的「埋頭造惡」，僅為自己「演講、會客、宴會」，當他初到閩南幾年中，經常隱居在各地潛修，與十幾個學律弟子講經說法，同時堅決地交代，不准多向外傳播他的行跡，所以還不怎麼引動社會各界注意。但是，這一次從漳州再回到泉州，事實，他的德性之光，已照耀閩南各階層，各角落。他的行動，只要有一點風聲，報紙便追風捕影，加以發佈——弘一大師在什麼地方隱居，什麼地方宏法，什麼人隨行，如何如何……在這時，他的名要埋也埋不了。泉州各縣，從專員到各縣長，大多數都因他而成了佛教護法；軍方負責人，雖不信佛，但對他所到之處，那種在社會轟動的情況，再加上社會上已無人不知「李叔同」，「李叔同」便是「弘一法師」，所以對他的深遠影響，卻懷著一顆疑信摻半的心情。這位軍方的前敵司令，對佛法有不屑一顧的迷信感，但對弘一大師卻有三分敬慎，而不形諸表面。

弘公在會上，繼續又說：「我在泉州住了兩個月之後，又到惠安、廈門、漳州，都是繼續前愆，除了名聞，還是利養；除了利養，還是名聞；日常生活，總在名利之中。雖然在漳州鄉下瑞竹巖住了兩個月，但不久又到『祈保亭』（漳州東門外）冒充善知識，受了許多善男信女供養，可說慚愧無地自容了……。」

最後，他把話沉痛地講完，結論說：他出家以來，因為是無慚無愧，埋頭造惡，所以到現在所做的事，大半支離破碎，不能圓滿，這是份所當然！

他說：尤其在這一年中，冒充善知識，太丟佛門的臉，別人可以原諒，他自己不能原諒自己，斷不能馬馬虎虎過去。所以，他說：「我近來對人講話的時候，絕不顧情面，決定趕快料理沒有了結的事情，取消一切『法師、律師』稱號，將學人、侍者一律辭退，孑然一身，還我初服，這個或者亦是我一生的大結束了。……」

他決定要把自己隱埋起來，同時在信中已告訴朋友，反覆地說：自己要「落日西沉」了。末了，他因對養正院同學，相處四年，依舊不能忘情，所以寫下龔定盦的警句：「未濟終焉心飄渺，萬事都從缺憾好。吟到夕陽山外山，古今誰免餘情繞！」以此作為臨別贈言。他說：「我年紀老了，又沒有道德學問，對養正院真是愛莫能助。」

在弘公講經最影響閩南社會的高峰期，也正是民國二十七年的冬天，泉州防區司令錢東亮少將，以治軍嚴，聞名於世；因為，他是戰地司令，治亂世用重典，「嗜殺之名」不脛而走，由嚴而殺，漢奸宵小，不免罪無可赦，在殺無赦前提下，因此，社會對錢東亮以「閻王」看待。

不過，他對當時的「弘一和尚」，居然使泉州專區各縣，視如生佛，感覺懷疑。他看不出一個和尚有什麼特別處。當然，他也知道弘一法師是一個藝術界先輩，許多知識份子都套用吳稚暉的那句話：「李叔同能做個藝術家而不做，偏要去做和尚」，使一個軍人的他，難以同情。

他以為和尚不能救國，已足夠社會唾棄——他沒有工夫想到信教自由的問題，與乎人權的尊嚴。他直覺地想到，要去看看弘一法師，想當面提出問題，考驗他一下，他深恨那些迷失在香火繚繞下的人們，那是國家的不幸。

自他受命這一方軍職以來，不能見到弘一法師，是因為他太忙，再則，弘一法師也是神龍首尾難見。除此而外，他有一顆新奇的心，老百姓崇拜一個和尚，究竟看他的道理在哪裡？

正巧，弘一大師從漳州回來不久，住在承天寺，司令部則紮在承天寺不遠的一座廟裡，他利用軍事餘暇的傍午，命侍從副官，到承天寺，找到執事的和尚，說：

「錢司令——要見弘一法師，請通知一下，我們訂個時間見面晤談！」這位將軍的意思別人不知道。但是，他要突然降臨在承天寺，使寺裡的常住，吃了一驚。

這件事，由客堂廣義法師承當下來。可是，他當時並沒有告訴弘公，這是一件為難的事。

全寺的僧侶，都覺得同「閻王」打交道，即使弘一法師也不合適。

廣義法師與寺中的負責人，把這件事暫時壓了下來。然而，過了兩天，覺得壓也不是辦法，告訴弘一大師讓他處理，或者能解決問題也未可知。

總之，這是一件吉凶未卜的事。

錢東亮的副官走後，留下一片陰暗的黑影。

終於，隔了兩天，由廣義法師，當面在那間小寮房裡，告訴弘公說：

「法師！錢旅長——錢東亮要會見您，可以嗎？」

「嗯。」弘公低垂的眼皮，微微閃動。顯然沒有驚動他。

「他可能要同您討論佛法！」

「好。」弘公抬起眼角，「請他明天下午三點來寺裡，我們在客堂見面——」

「噢。法師？不過，錢旅長……」廣義法師困惑地說。

「就這樣，通知他們。」

出了弘公的寮房，廣義法師便把弘公約定的時間，通知錢東亮的隨從參謀，請他明天——臘月初九下午三點，在承天寺，弘一法師候教。可是，他心裡突然沉重起來。

＊

太陽在殘冬顯得很溫柔，承天寺門外，錢東亮少將服裝整嚴地走進山門，這是剛好下午三時正，他被寺裡的僧人延進會客室，有一杯香茗招待他，會客室四壁，有幾幅弘一法師的字，看來眼睛都會明亮——那樣寧靜、自然。幾乎不像一個和尚的手筆。

片刻，弘一大師由承天寺一個角落的寮房內，穿一身灰色僧衣走出來，神情肅穆。

院外，零零落落站著幾個法師。

錢的參謀，則在承天寺的大殿走廊上徘徊。

弘公進了會客室，錢東亮眼前突然拂進一個瘦長的人影，衣角飛揚，了無聲響，安靜地走入主位，錢少將不由自已地扶著桌子，彎彎腰。

「你是弘一法師？」他說。

「不敢當，我是弘一。」弘公低沉地說，那聲音剛好落在錢的耳際。「——錢司令？」

「是的，我是錢東亮！」錢抬起頭，正視弘公一眼。

頓時，一股溫謹森嚴的力量，逼人不敢仰視的氤氳罩住他，使他的滿腔排他的積憤頓時熄滅了。他的眼翕然平視下來。

「久仰法師……」

「不敢。旅長對佛法上的問題，願聞高見？」

「噯，嗯。不過想見見法師，也沒有什麼意思。不過——」錢謙遜地說。

「是的！」弘公慈憫地看他一眼，低聲說：「殺，是不好的。上蒼忌殺。佛法戒殺。旅長還是遠殺的好。殺，是不好的。……」

「哦，是，法師。是的，法師。……」錢東亮忽然像一個學生，同他的老師談話，溫文而有禮。

會客室內有一座鐘，滴答滴答，漏水般，漏下去。

弘一大師，不再說話了。錢東亮，也沒有話。兩個人成直角，默坐在那裡，弘公默念佛號，錢在諦聽鐘聲滴答，反聞心靈的回音，似乎有一股覺悟，一股懺悔之情，使他不再多說一句話。

坐下去，半個小時，外面的法師們才放下一顆心。弘一大師的話，簡扼而單純的幾句話，平平淡淡，大家都聽進耳鼓裡了。但是，一僧一俗的相處氣氛，使觀眾凝神屏息。

直坐到時針指向四點。

弘公輕輕地站起來：「旅長，公務在身，請方便吧！」聲音是異樣的溫和。

「哦，謝謝法師的指示，謝謝法師。——那麼我告退了！」錢恭敬地向弘公一禮，緩緩地走出去了。他來時的剛傲之氣，已消失盡淨。

錢東亮走後，弘一大師回寮房，承天寺的僧侶們，像潮水般激盪起來。

此後，錢東亮師長（而後錢升任師長），若有若無地，做些護持弘一大師的事，在戰區裡，弘公可以通過任何關卡到他想到的地方。

正如他自己說過，他的生命猶如夕陽，殷紅絢彩，「瞬即西沉」，這是他在泉州宏法的行動上，不管對大眾、對個人，所留下最後一抹餘光。

棲隱

這是二十七年的冬天，年底，日本人在沿海一帶，已集中海空力量支援陸軍，準備奪取內陸要點，泉州在當時情況有點兒不穩，日本人飛機，已在這座閩南的文化城，進行空襲，城區的人們，突然為戰爭的訊號弄得緊張起來了。弘公在泉州論潛修是不可能的。

他已決定放下一切，準備找一個人跡不到的地方，摒棄一切外緣，渡他最後的學佛生活。也剛巧，晉江上游的永春西鄉，蓬壺山間普濟寺，是古代的名剎，不過如今已年久失修，寺宇荒涼，當時的寺內檀越，還有一位隱居學佛的林奉若居士，蓋兩間茅屋，在寺後棲止。他們住在這裡，看到唐代古剎，湮沒無聞，函請性願法師，來中興這所寶剎。性願老法師駐錫後，當地人們，皈依的很多，不過性願法師在廈門失陷前已去菲律賓宏法，所以這時，便指示寺方，請弘一律師來這裡駐錫，樹立佛門風範。

於是一紙飛函的禮聘書，到泉州來了，要請弘公馬上去永春山中安居。這是因緣巧合，弘公心裡也感覺緣不可失，便決定去山中閉門潛居。

在臘月初一這一天，弘公為學人廣義法師，贈別號「曇昕」，他對年輕的廣義法師，內心深深地歡喜。他希望於每一個年輕人，都能成為未來的龍象，對出家人如此，在家人也是一樣。他希望廣義法師，佛學能上追「曇無讖」，儒學比美「錢大昕」。

弘公每次在承天寺，都受到廣義法師侍奉，和他所居的寺院所護持，心裡除了感激，並且他對廣義法師的期望，是近乎急迫的。當弘公去永春後，有一次給義師信中說道：「——仁者系出名門，幼受教育，應常自尊自重，冀為佛門龍象，以挽回衰頹之法運，匡扶顛覆之僧幢。蕅益大師寄徹因比丘書云：『吾望公甚高，公勿自卑。』又說：『所有不絕如縷之一脈，僅寄足下，萬萬珍重愛戀，養德充學以克負荷』，我於仁者，亦云然矣……。」

在泉州，過了農曆民國二十八年的新年，元宵以後，在城郊清源山一個石洞中，靜居了二十多天，再回到承天寺，這時已到舊曆二月中旬，到二十號這一天下午，有一位戴眼鏡而素昧平生的青年，要見弘公，剛巧，弘公在承天寺的前院中散步，這位西裝筆挺的青年，問哪一位是「弘一法師」？便有人指著弘公的身影說：「那位法師便是！」

於是，他走到弘公面前，一鞠躬——「請問法師——您是弘一法師嗎？」

弘公抬起頭，看到眼前站著一個很乾淨的青年，估計，可能是一位教師，或者公務人員。便說：「貴姓啊？」

「我姓黃，我叫黃福海。」

「噢？」

「我想拜見法師，請求指導。我很久便知道法師了！」

「那麼？」弘公輕輕地說。「請到我那邊坐吧！」

然後，弘公請黃福海到他的小屋子裡去，黃福海當下看到弘公屋裡那種冷冷清清，潔淨近於淒涼的淡灰色，室內沒有一滴聲響，弘公正襟危坐，雙眼微闔，高遠清瘦，像古代名畫上的佛像，使這位生客幾乎形同木偶，只是默默地坐著看眼前的法師。

但是，一瞬間之後，弘公流著笑容，低聲說：「我會寫字，你要我寫字嗎？」

嚇！這位黃福海先生，當時確是有心求字而來。因此以後的弘公的字，幾乎被他要走了一捆。

這是第一天下午。第二天，黃又來了，為弘公買了四張凳子。

臨走，弘公早已把預先寫好的一幅字，送到黃福海的手上。這使他感覺愕然而喜悅。之後，他又要求弘公照一張相。

他們便出了承天寺，向街上走。弘公走路時，頗為快速，黃福海跟在身後，正走著，忽然間步子慢下來。這時承天寺住持轉塵老和尚的矮矮身影走在他們的前面，弘公很低微地告訴黃說：「那位就是承天寺的大和尚，他歲數比我大，出家比我早，是佛門老前輩，這時，我們要走慢一點，不能走到他的前頭！」

等轉塵老和尚走後，他們進入一家照相館，依照黃福海的意思拍了一張照，後來，由弘公在照片下端，寫一段題詞。

弘公在閩南最後那幾年，遭遇類似的事很多。很多陌生人慕名來訪，有的是要他的字，有的是看看這位世外的藝術大師真容。

一九三九年四月十四日（農曆二月二十五日），弘公偕同性常法師（在承天寺時為弘公侍侶），乘車就道永春。

這時，大師已經六十歲。

在閩南，他結束了所謂「一切名聞利養、埋頭造惡行為」，到永春後，準備入山時，分別寫信給上海的夏丏尊、蔡丏因、李圓淨、陳海量，桂林的豐子愷，以及近處的閩南諸位師友，更近者，住在永春的李芳遠。他決定謝絕一切外緣，到永春閉關。

弘公在四月十五日（舊曆二月二十六日）晚上到永春，預定臨時的駐錫地點在城東桃源殿，這在普濟寺妙慧法師去泉州迎接之前，已安排妥當了，到桃源殿，當地的佛教界少不得一番歡迎，但是又不能鋪張，深恐弘公不快。歡迎的人群中，弘公的小弟子李芳遠自然在內，這時他已十六歲，因為天資頗高，詩文已能成格。

弘公安頓下來之後，第二天，便由李芳遠和幾位佛教居士陪同遊覽永春風景區——環翠亭。第三天，在桃源殿說法，題目是「佛教的簡易修持法」，由李芳遠筆記，這篇講稿，不多日也就在永春印了幾千份，與人結緣。這篇講詞很短，弘公開始是敘述他來永春的始末。

他說：「我到永春的因緣，發起在三年之前，那是性願老法師要我來這裡的，他說普濟寺是怎麼好。兩年前，我在南普陀寺講律（兼療病）以後，這裡的妙慧師便到廈門請我來，當時因為學律的人隨行的太多，普濟寺又沒有容納的地方，所以不得已中止了。這是第一次欲來而未果。

「當那年冬天，我由鼓浪嶼回到萬石巖去住，那裡一位善興師，又帶著永春佛教界善友的請帖，到廈門去，可是，那時我已應泉州草庵之約，又不能來，這是第二度欲來而未來。

「去年冬天，妙慧師又到草庵接我，本想前來，想不到在泉州，又被那裡的師友留住，終於延到今年春天，這是第三次欲來而未能了。

「直到半個月之前，妙慧師又到泉州，是第四次了。諸位如此盛情，便不能再不來了。其實，在泉州各地講經很忙，結果還是延半個多月，直到前天才來到這裡，與各位見面，心裡的歡喜是難以形容的……。」

弘公在閩南的末期，各地大小寺院，佛教團體，文教機構，無時無刻不想弘一法師去住幾天，這似乎是一種風尚，他去了之後，那個寺院自然會頓形熱鬧了起來，於是求書索字、慕名問道的僧俗，便絡繹不絕，除非弘公宣佈拒絕見客，他是無法避免會客的。在閩南，他寫的字，如以每一顆米計算，恐怕要成斗論車的。

他敘述來永春的因緣，可以想到，還有別的地方再聘他去，或者已下了聘約等著他。

他在這篇簡短的講詞中，簡單地說明——

深信因果重於一切；

發菩提心重於一切；

專修念佛法門重於一切！

當時，他初到永春，因在泉州講經太多，離開泉州在路上也受了點勞累，只講了一個小時便結束了。弘公的目的地是蓬壺鄉間普濟寺，到那裡去閉門念佛，編寫律學著作，所以在永春過了兩天，便偕同性常法師和普濟寺妙慧師、普濟上寺茅蓬的林奉若居士等，到山中去了。

到了蓬壺普濟寺山中，其實弘公並沒有住在寺內。而是住在林奉若居士特為他安排的茅蓬小屋內，飲食起居，由林居士照應，並且謝卻性常法師的侍奉，性常法師與同來兩三位青年學律法師，則住在下寺。這種離群索居生活，正合弘公的心意。

到這裡，他依舊與夏丏尊通信，因為《護生畫集》，又要在上海佛學書局再版，這要他重寫題詞。

初入深山，山鼠如貓，白晝招搖過市，大嚼書物，晝夜不停，弘公深感眾生習性相同，一是為食，一者為色。想到蘇東坡「愛鼠常留飯，憐蛾不點燈」的愛護生命的悲心，不由得想試以飯餵鼠，看有何感應。鼠雖有生命，但牠們的智慧不如人，只有以佛法去感通。

在弘公寫的〈飼鼠〉一文中，描寫當時老鼠的猖獗，不僅咬衣服，咬書，連佛像手足都咬，又在佛像上留糞。弘公便在一天傍晚，用一個小盆，留一隻貓食量的飯菜，放在牆角，如果一夜過去，來五六隻老鼠，足可飽餐一頓，就不會傷及衣物佛像了。

第二天上午，再留一餐鼠食，如此一天兩次，放食時弘公默念〈往生咒〉文，為這一群小畜生發願、迴向，希望牠們死後不要再作老鼠，快一點接近佛道。

如此這般，他住在茅蓬中整整五百天（在永春境內五百七十二天），卻餵了四百多天的老鼠，餵了不到十天，人鼠便相處如家人，老鼠終天是那麼幾隻，兒孫始終不見興旺，但弘公的衣物經書佛像，已安然無恙。

鼠患能消滅在和平相處，於是，在這裡一年多，陸續編著了〈盜戒問答〉、〈護生畫集續集題詞〉、《南山律在家備覽略編》、《華嚴疏分科》、〈藥師如來法門一斑〉……各種長短篇著作。（以上各書，除《南山律在家備覽略編》在弘公圓寂十週年出版，畫集題詞，在《護生畫集》續集，其他各篇，篇幅不長，有的已輯成單本，到一九九二年，所有遺著，已由福建人民出版社，編入《弘一大師全集》。）

弘公到蓬壺，住了兩個月，山居清涼，生活已逐漸適應，便決定在陰曆六月二十日（觀世音菩薩成道日後一天），謝絕各方函件，以一年為期，在茅蓬掩關習靜（即靜居念佛），同時又交代山下性常法師到蓬壺郵局關照，凡弘一法師一般函件，一概原封退回（最重要者，由性常法師代拆代回）。

這時，弘公也關照了永春的李芳遠，要來山間，六月二十日以前可以見面，六月二十以後便不能接見。可是，李芳遠到六月底，忽然覺得不放心，便入山住了一夜，弘公贈以一幅篆文橫額，文曰：「問余何適？廓爾亡言。華枝春滿，天心月圓。」這幅字，弘公沒有解釋，李芳遠也未參出其中確定的意義。他來山上，除了弘公特別接見，談了幾句話，便是無言地坐了一下午，第二天回永春。

此時，弘公雖然宣佈掩關，因農曆九月二十日，是他六十歲的生辰，各地師友打聽他消息的人很多，同時都在準備為他暖壽。此時，澳門的《覺音月刊》、上海的《佛學半月刊》，都在十月號上，為他出版了祝壽特輯。弘公對這些事完全不知道。他知道的，是豐子愷在九月二十日以前，為他的老師生辰，又繪了六十幅護生畫，在十月間寄到，這是他深心喜悅的。因為這雖是祝壽，實際是宏揚佛法。所以他把畫稿，交代承天寺的法侶（豐的畫稿寄到承天寺），寄給上海佛學書局李圓淨居士，準備出版。此外，豐子愷又發願繪一千尊佛像，為老師生辰送人結緣。

復次，菲島的性願老法師，戰前去新加坡宏法的廣洽法師、性常法師，再度集資再版弘公手寫《金剛經》和「九華垂跡圖」，並且在泉州的師友，發起徵集詩文來祝壽。這些都在默默中進行，但不讓弘公過於驚擾。豈知九月二十過後，弘公第二度再函各地友好，堅決掩關，斷絕一切信件，於是不知道弘公掩關而遭遇到退信的法師居士，都感覺詫異。

即使與弘公百劫因緣的知交夏丏尊，從民國二十九年農曆元旦之後，已有十八個月沒有接獲弘公片紙隻字。雖然弘公已告訴他，要隱居了。

其實，這時的弘一大師，住在永春山中，正當冬寒春冷之間，普濟山上比山下更冷，像他這種見寒便感冒，遇暖也傷脾胃的老邁境況，多年肺病便在此時出現低燒，有時會咳嗽幾聲，枇杷膏雖能不斷，但它卻不能抑滅根深蒂固的肺病。只是咳嗽、發燒時，服幾瓶，略感舒泰一點。

肺病，是弘公老病，他與它戰鬥了四十年，好好壞壞，也不能計較了。在一般狀況下，他也不告訴別人，只有在猛來的新病襲擊時，別人知道了，才會傳出去。弘公自己，對任何病之來，只有準備死，不打算苟延歲月。

在上普濟寺後側邊的梵華精舍（弘公後將茅蓬取名「梵華精舍」），外表雖看不出病情的嚴重，而侍奉他的林奉若居士也向外界報導說弘一大師（林給上海的郁智朗信中如此說），

「道體勝常」，其實他可能還不十分了解弘一大師的為人；佛法雖然能消滅我、法二執，如沒有決心卻也不能學佛。弘一大師的人格有些人是無法了解的，假如弘一大師在茅蓬中死了，他也許會吃了一驚。因為弘公從沒有把自己的病表面化。雖然有時在朋友的信中說說，但行動上，他卻不接受任何人以醫病為目的來為他看病，到六十歲以後更是如此。

他謝絕外界通信，一晃半年，於是各地報紙先懷疑起來了，上海的一家大報，先報導出家後的李叔同先生，在閩南永春山中圓寂的傳聞。

於是林奉若居士起而闢謠，澳門的《覺音月刊》（因與廈門泉州還算近，時有僧侶往還），所以在民國二十九年（庚辰）三月間，也跟著闢謠，同時根據泉州的消息，證實弘公在永春山中閉關，專心於律學著作，又加以說明——他編著的《南山律苑叢書》，將由上海哈同花園的主人羅迦陵負責影印。

弘公在這一年間，雖然沒有死，但是病總有的。咳嗽、發熱、衰老的呈現，……他給近在咫尺的李芳遠字幅中，便說在山中「養痾習靜」。如果沒有病，而說「養痾」，這一代大師豈不妄言嗎？因此他在山中，又碰上了與衰老日益加重的肺病，慢慢地消耗他的血肉之身。他每天兩餐飯，也通知性常法師改為早晨一餐了。

他能避免各地的書信打擾（有許多人向他求字，使他不能安靜），也總能在念佛、編律的空檔中，得到一點安靜。但是，如果不念佛，不寫什麼，他依然是不安於心的。他在這裡，只是求得排除外緣，讓自己在佛道上純一地努力一番。

他在六十一歲這年的春夏兩季，確實在寧靜中完成些佛學中冷門的東西。像〈受十善戒法〉，〈為旁生（便是畜生）說三皈依略儀〉，都在大部律學編著之空隙成稿。

許多律學的著作，不僅在圖書館的普通圖書目錄中冷門，在佛教藏書中，也是冷門。在沒有經過弘公整理之前的佛教律學，幾乎更令人難以問津的。

所謂被外界懷疑圓寂，而實際老病兼至的弘一大師，在這年夏天，畫家徐悲鴻在新加坡開畫展，受到廣洽法師的邀請，為弘公畫一張油畫像。徐悲鴻很久之前便仰慕弘公，同時，他在弘公於泉州弘法時，卻請人向弘公要了一幅字。當時他不了解偈語中的深意，自認是「淺根之人，日以惑溺」。

徐悲鴻說：「我之所以慕師者，正為師今日視若敝屣之書之畫也。悲鴻不佞，直至今日，尚沉緬於色相之中，不能自拔！……」寫這段話時，徐在北平，是民國三十六年的事。

當時有關弘公的消息，最隔膜的，還是江浙一帶的朋友。既聽不到師的消息，更接不到信。於是有許多人都在猜疑。其中寧波郁智朗居士，因為出家事，要弘公為他薙度，被弘公婉辭。他在這時失去弘公的音訊，更覺不安，當他接獲林奉若的信，便再度向弘公請示有關出家問題。

在這時，已是七月初秋，下面一段重要的記述，便是弘公給他多封信中、兩封信上的摘要。

其一：

智朗居士文席：

惠書誦悉，辟穀似可不須，出家事亦勿執著，惟自懺悔業障，厚植勝因可耳！蓮池大師云：「求之既不可得，卻之亦不可免」，乞仁者深味此言，素信而行，以待因緣成熟也。拙書一紙，附奉上。不久即他往，乞勿信來。當來通信處，俟後奉聞。

演音

其二：

智朗居士澄覽：

前後信片，想已收到。今晨始獲轉法老和尚（在泉州鄉下）覆函，猶謙謝未遑（這位老人為閩南高僧，也曾誓願一生不作住持，不為人薙度），但將來若再面求，大約可得慈諾也。此事要託性常法師代為介紹，將來仁者來閩時（郁要出家，弘公不接受，故代為介紹轉法老和尚薙度），萬一老和尚猶不允，可請性常法師再介紹他位良師。朽人或不久生西，亦由性常法師負責介紹，必不中止，乞仁者安心靜候為禱。

性常法師與朽人同住，仁者宜先致函，陳謝一切耳。仁者來閩之期，似宜延緩，水路不通，旱路不便，且是間物價十分高昂，仁者現在若即來此出家，於事實上殊多困難，又前仁者來函所云，託代領「旅外證」（那是抗戰時期的旅行證明文件），是教人妄語，有所未可；且領證亦非易事，故擬請仁者安心靜候，以待時局稍定，再與性常法師商酌妥善進行之辦法。請薙度師之事，既由性常法師負責，乞仁者無須預慮，仍暫就職業，以待時節因緣可也。

前來書，所謂「潛行出走」，朽人竊以為不可。若如是者，將來必不免糾葛，宜先向家屬諸人陳明。至要至要！

朽人出家以前，亦先向「眷屬」宣布。其他友人有潛行出走者，多無好結果。若妻來寺尋覓，擬於當面自殺而迫喝之，將任其自殺歟？抑偕妻歸家歟？此事不可不預慮及，慎之慎之！

障人出家有大罪，今錄《出家功德經》文如下（此依《南山行事鈔》中引文寫錄）。經云：「若為出家者，作留礙抑置，此人斷佛種，諸惡集身，猶如大海，現得癩病，死入黑暗地獄，無有出期……」（以上為經文）。乞仁者以此經文為家族諸人譯釋之，或可消滅阻止之意也。（郁要出家，為家人力阻，因此想偷跑了之！）

朽人不久或移居他處，以後惠函仍寄永春，即可轉送，時局多變化，暫時未能返泉州也。仁者在家之布衣及棉被，將來或須攜之來閩，此間布價極昂，棉花尤昂，在家布衣可以染色而改製也……謹覆不宣。

音啟

前一封信寫在七月中旬，後一封信則寫在八月初四，為郁智朗居士的「出家大事」，弘公破例與他往返了七封信，最後決定他到閩南請高僧為其削髮。

人們看到這兩封信，便可推知當年的藝術家李叔同棄俗，是取得家人同意的。其次，可以看到，當時的弘一律師為郁智朗居士出家問題，設想得如何周到、細心？郁智朗是否出家，這都是次要的問題了。

在這封信裡，弘公又特別提到他要「不久生西」的話。

在寫這一連串書信中，七月二十九，弘公掩關圓滿，決定在第二天見客。恰巧永春王夢惺居士已帶一批道友到山上慕名相訪，剛巧山中小雨，農曆七月三十，又是「地藏菩薩聖誕」，所以當晚弘公以「普勸淨宗道侶兼持《地藏經》」為題，說了三十分鐘的佛法。這篇講詞由王夢惺居士筆記。寫下來還不足二千字。從弘一大師歷年的講演紀錄看，在永春所講的，該是他一生中最簡短的講詞，此時，在永春山中，他的色身已初步陷入衰老，精神不繼。

永春的冬天山中，遠比泉州附近寒冷。但在七月間，南安境內洪瀨靈應寺的主人定眉和尚，已至誠邀請弘公去渡歲，如今，秋已逐漸加深，弘公的體質也耐不了第二次山中的濕寒，所以決定到洪瀨去。

因此，清理了著作，結束了蓬壺的山居，已到十月。性常法師則因為自身的修學，先回泉州，侍侶工作，再度由傳貫法師來山中接替。

十月初十日下午，從山中到永春桃源殿，這裡的居士已集中為弘公送別，第二天拂曉，弘公將要由水路乘船直駛洪瀨。

住在永春東門郊野太平村中的李芳遠，聽他父親說，弘一法師已離開蓬壺，第二天破曉便要離開永春，便在十二日趕早起身，趕到晉江上游羅溪渡頭的木樁上，等著弘公的船過來。

這時——

溪水上濃霧迷漫，一片滔滔的碧浪，伸到遠遙的山坳，直等了一個小時，蘆花隙中，才突然露出一葉孤帆，從水面流過來。

剎那間，船駛近了，弘公在船上見到站在橋上的少年李芳遠，驚喜地站起來急念一聲「阿彌陀佛」，聲音充滿了至情，使李芳遠感動得混身顫抖，便一面合十，躍身上了接近渡頭的船。

李芳遠這時已有一年多沒有看到弘公了，在這一年來，似乎有許多的「老邁」，加在這位老人身上。鬍鬚幾乎全白了，人顯得更為枯瘦，雖然一雙微闔的雙眼，流著光華，溢露著霜後寒菊的孤傲，但畢竟是老了。

弘公在微笑中，撥動念珠念佛，那江上的情景，如八指頭陀寄禪的名句「洞庭波送一僧來」，那種境界中的水上孤僧，踏波而來；亦如他的書法，完美而清絕。

李芳遠說：「法師什麼時候再來永春？」

「──待來年機緣成熟時，當即重來。可是不能決定，或者那時已經到西方去了！」弘公悠然地回答。

「你將我送到哪裡呢？」弘公微笑地看著面前這位十七歲的少年。當年弘公在日光巖認識他，那時才十三歲啊！

「哦──送別！」李芳遠忽然回想到弘公的名曲：「長亭外，古道邊，芳草碧連天。晚風拂柳笛聲殘，夕陽山外山……」那種淒涼、生離的滋味，溢上心頭。

「再下面的冷水村，有個木渡橋，就在那裡告別！」芳遠說。

坐在弘公身旁的傳貫法師插口說：「貴村還太平嗎……」（此時，永春附近山間水涯，時有匪亂。）

「還算太平的。」李芳遠說。

碧水潺潺向下游奔流，船在水上如離弦的箭。

溪上一片無邊的寂寞，船上的話聲就此停止。

李芳遠再想問什麼，到這時已經煙消雲散，只面對著兩個枯坐念佛的山僧，嚓嚓地撥著念珠，和著船底擦過水淺處小石子的喰喰聲。

弘公閉了眼睛，渾然如同入定。

片刻間，冷水村的木橋已在望了，李芳遠便起身向弘公說，要師為《天風堂遺稿》題序（該稿可能是芳遠亡兄的遺作），弘公答應了，船已到橋頭。於是芳遠在匆忙間，向弘公道別，跳上河岸，再回頭時，船已疾駛到溪流的霧中，陰沉沉的天空，只有淒厲的晨鴉哀啼。

這天晚上，弘公到洪瀨下船，暫息此間樹德寺，洪瀨的靈應寺僧俗兩眾，也到這裡迎接他了，到靈應寺時，已經家家燈火，星宿滿天。

本來，弘公到這裡，決定第三天起，方便閉關自修。

但是洪瀨到泉州很近，到南安縣城也只有五十里水路，他離開永春的消息傳到泉州（在地圖上，泉州周邊地區即晉江，泉州是古代州名）、南安，一時許多佛教道友，教外的知識份子，又紛紛到靈應寺來找他寫字了。這時他落筆的名字是「善夢」，那是在蓬壺山中開始用的別號，來掩蓋真名。

在靈應寺，對多數的朋友，依舊保持隔絕狀態。許多重要函件，都由泉州性常法師處理。

在靈應寺不遠的地方，有個水雲洞茅蓬，這裡住著一位年不到二十的青年法師慧田，他是民國二十四年泉州開元寺慈兒院的院童——養正院學僧，那時弘公在開元寺講《一夢漫言》，他認識了這位佛教的律學大師。慧田法師出家後，因為是抗戰初期，各寺廟生活來源不易，所以隻身到靈應寺附近山中開荒，以原有舊屋而居，取名水雲洞。逢耕收雨季，僱幾名工人種田，過的是亦僧亦農的世外生活。

弘公到靈應的第三天，慧田法師正在山坡上耕田，忽然有人傳說靈應寺來個會寫字的和尚，便扔了鋤，向玳瑁山飛奔，他到了靈應，在齋堂還沒有扒完一碗飯，弘公聽說這位小和尚來看他，便特別到齋堂，招呼他到關房說話。這使得一個平凡的青年比丘，連眼淚都喜悅得衝出來了。

相見之下，弘公便問他：「你住在什麼地方呀？」

「在附近一座山邊，以種田為活。」慧田法師說：「什麼時候請老人家去那裡玩玩吧？」慧田法師猶存的稚氣和年輕人的熱情，打動了弘一大師。

「你到底住哪裡呢？」弘公追問。

「水雲洞。」

「是出家人的地方，還是在家人的地方？」

「這是茅蓬，法師！是我的茅蓬。」

「一個人住嗎？」

「有兩個工人同住。」

「呵，那倒好！」

這一問一答，便決定了弘公去水雲洞的因緣。

果然不久，弘公一個人越山到了慧田法師的「水雲洞」了。這兒是簡陋的普通平屋數椽，由工人和慧田法師分住，中堂供佛一尊，佛殿屋脊已坍下多處。

慧田法師欣喜於一代高僧的來臨，他把自己睡的門板床，讓給弘一大師，自己臥在地舖上。

在這裡，只有用「簡、陋、靜」三個字形容它底全部生活意義。他們早晨出門耕作，早餐是一碗稀粥拌地瓜，午間一盤蘿蔔，或蔬菜、豆類燒的熱菜。這裡令人滿足的是陽光、空氣、水！

弘一大師到這裡，便愛上了它底真正山居情調，早晨課後，出門便到田疇邊，撿遺落的蘿蔔、地瓜、枯柴回來，把被棄的蘿蔔橛兒沾鹽當菜，吃得津津有味，他說這裡是世界上最美好的地方，這正如他讚美每位有為的法師、居士，都是佛門龍象一樣。在世界上，沒有腐壞的人，但人心的病，則是積習傳下來的。

因為他撿地瓜，吃工人丟棄的半截蘿蔔，使得慧田法師暗中告訴工人，田裡不能再遺落什麼了，讓弘一大師撿回去當菜吃，是叫人慚愧的！

弘公在這裡一住便過了舊曆年，再回到靈應寺，在整個春天，都有人寄來大批的賀壽詞聯。

福林

民國三十年農曆元旦，弘公六十週甲已過了三個多月，可是，照中國的古法一算，因為落地佔一歲，這一年沒到生日也算一歲，便是六十二歲。同時，是中國人過生日做壽，整數是不做的，不是提前一年，便是晚後一年；因此，弘公實際的年齡是六十一歲，他的朋友、學生、佛門同道，便為他大張旗鼓地祝壽一番；但是又有一層，因為他雖出生在中國北方，但到閩南雲遊，也有十三年了。在江、浙的法侶和朋友，因為戰爭無法來，便紛紛寄些壽詩、壽詞、壽字來；這些弟子和朋友是一番尊師重道的好意，可是以弘公一個以苦行、持戒的出家人，對他卻是一次煎熬。

這些錢拿來布施給沒飯吃的中國老百姓，布施給寺廟裡出家人不是更好？太陽照在陰暗的角落，總沒有照在廣大的原野顯得溫暖、光明。

四十九歲時，弘公在一個偶然的際遇裡，路過閩南，結果住下來，便是十三年。

在閩南，與泉州的緣似乎更深。

二月二十八日，他在南安渡過了十方施主供養的一次壽誕。本來，他應該接受承天寺轉塵老和尚的邀請，到泉州講經。轉塵老人在春天已兩度到靈應寺邀約，誰知弘公的痔疾突然爆發，不能去赴約，只好接受檀林鄉福林寺的邀約，去那裡渡夏。

在這年農曆四月，有兩件事在一道兒發生。其中之一，是佛誕節之後，是大師亡母八十冥誕不久就要到了，因此提前十多天，他把自己關在寮房中念一天經，為亡母迴向。四月十日，在給永春李芳遠的信中，寫了一張刺血佛號相贈。

快離開靈應寺之前，於四月十八日，又到水雲洞與慧田法師辭行，再嘗一次真正山居的粗菜淡飯。四月十九日，為上海的陳海量居士寫一幅偈語，文曰：

即今休去便休去，
若欲了時無了時。

末了，題跋曰：「辛巳四月十九日第二次居南浦水雲，明朝將復之福林。——晚晴老人，時年六十又二，未御魚目（眼鏡）書。」

離開水雲，回到靈應寺，便整理行囊，與傳貫法師由陸路到晉江檀林鄉間「福林寺」。他在閩南十多年中，到福林寺這還是第一次。這裡比泉州清靜，也沒有整天空襲的煩擾。

弘公是一個外型如止水、心如磐石般的高僧，但是，上天竟給他一付不甚結實的色身，隨緣住世六十年，差不多沒一年沒病過；他的病，又是一種消耗性的「肺結核」、「支氣管炎」，有時患「關節痛」，傷風感冒，成了座上客，雖然病魔纏了他一輩子，他還是把他自己鑄成中國歷史上一個有地位的藝術家，中國佛教界一位律學大師。

＊

他讓那些壽字、壽詩、壽詞由後學們去輯成專冊。自己移單到福林寺，為的是夏天又來了，可以在這裡「結夏安居」。

四月二十，弘公到了鄉間福林寺，這所規模不小的禪院，像籠罩在佛陀底光裡，頓時因為他的翩然而來，欣欣不已。

這裡的住眾，有他的法侶妙蓮、傳貫、愴痕，而泉州所屬各縣的出家人到這裡來結夏的，也足夠形成一次勝會。

他安居下來，便是息心念佛，一志於念佛三昧。他深深覺得，住世的日子，已沒有多久；當落日西沉時，它底光輝更形燦爛，不過，僅在那一瞬間，便帶著鮮紅的餘韻，沒入西山。

在這三個月結夏期中，他全心力向年輕的比丘們講析律學，這是他精神的立腳點，在何時何地，對戒律的宣揚，都不遺餘力。

除了講律，他同時編定了自己的著作：《隨講別錄》、《晚晴集》。又向同修道友演述「印光大師的行誼」。

講到印光大師，弘公便抑止不住掀起他歡欣鼓舞的情緒，他把印公當作他的偶像，作為他行持的榜樣；他也希望後來的僧界，也能出現一兩個「印光」。

他講印光大師的故事，神情是莊嚴的，謙遜的。

「哦！同道們！大師的巍巍盛德，不是我們所及的；但是學他，模倣他，是我們的權利。

「大師一生，有四大特色；我們應該牢記！

「第一：有一次，我到普陀山，那時他六十四歲了，照中國人的腦子衡量，他已是一個老人，可是什麼事，都是他自己操勞，直到去年，他圓寂之前，在蘇州靈巖山，已是中國佛學的泰斗，他還是每天抹桌、掃地、洗衣服、添燈油……。

「第二：大師的衣食住行最簡單，最粗劣；我在民國十三年朝普陀親近他七天，每天從早到晚，他一言一動，都看在我的眼裡，他每天早餐，吃粥一大碗，無菜，已經吃了三十年。食後用舌頭舐碗，到乾淨為止……。到中午，吃飯一碗，大鍋菜一碗，飯菜吃完，還是用舌舐碗，到乾淨無粒米殘湯為止。——師與客人同桌，見有人碗裡留下飯粒，一定大聲說：『你有多大福氣，這樣蹧蹋糧食，當知盤中餐，粒粒皆辛苦！你也學佛啊？……』同時，要有人以冷茶倒入痰盂，師也厲聲責備，毫不留情！

「第三：大師一生最重因果業報，遇人便說：『善有善報，惡有惡報，不是不報，時間未到』；因果與業報是連鎖的！世間人，能深明因果，社會上便沒有強梁匪盜，人類的生活便有了安全的保障！大師一生，見何等人，都以因果律的真理痛切地告訴他們！

「第四：大師精通佛典，可是自己的行持與勸人學佛時，都以專修念佛法門相告。深一層的，便說到念佛三昧。師的崇拜者何止千萬人，受高等教育的知識份子，師絕不與他們講高深哲理，只勸他們專心念佛，因此，那些人也全部奉行，不敢輕視念佛法門！——世間有許多東西，因為表象單純，為人們所忽視，其實，世間沒有一樣單純的東西。

「同道們！大師這四種特色，我們歸結到『勤勞』、『惜福』、『注重因果』、『專心念佛』。另外，大師一生過午不食，一生不做叢林住持，不薙度出家弟子，不蓄錢財，把肉身的『我』，化為『法身的我』，於是，他的光，便無所不照！我們要以他作榜樣呀！能學他一點點也不錯了！

「古今高僧，沒一個不是一門深入、淨嚴戒律的；世間一些朝秦暮楚、不拘小節的菩薩戒比丘，菩薩戒優婆塞們，想在歷史上留一席地，恐怕是做不到的！——當時混混世人的眼睛是可以的，即使如此，也混不了幾天，生命浮名，很快便如泡沫般幻滅！

「我說這些話，無非盼望年輕的同修中，多出幾位出乎其類、拔乎其萃的佛門代表人物，能多出這些人物，眾生才能免於沉淪之苦！說這話時，我的心是苦的，而我們卻又是如此不堪入目，好像人人都有一顆勇敢的心，向地獄門進軍；今天的僧道日非，叫人目不忍睹了。有些人一舉手、一投足之間，望之一無道氣──佛法真是陵夷到令人痛哭流涕了！身為一個比丘的我們，都是其中一份子，也都有一份沉重底責任！這時，我們真的應該醒醒了！真的應該不看金剛看佛面了！真的應該息心懺悔了！……」

弘公悲悲慘慘地說到這裡，已經話不成聲，淚流滿面。聽他講的人也幽幽地抽泣起來！這番披心瀝血的話，講在五月初；閩南的雨季，正在如泣如訴之時；山間整日濛落著一層白迷迷的水氣。

過了不多天，黃福海從這一地區首邑石獅鎮來了，這個年輕人，崇拜弘公的藝術成就過於崇拜他的卓絕梵行。

他從別人嘴裡知道弘公從南安來了，便獨自跑到福林寺來，這時是上午十點多，雨是疏落的飄。

在福林寺，他認識弘公的侍侶傳貫法師。當時貫師在大殿裡，看到黃居士來，便領他上樓，弘公正在樓上，憑著欄杆，手裡捧著一本經，向著東面一個池塘遠眺。

弘公見到黃居士來，便說：「噢！你來了，請會客室坐！」

他便行了禮，走到右邊一小間會客室裡，一齊坐下。

「我近來身體還好。」弘公淡淡地說：「不咳嗽了。枇杷膏還沒斷。」

「法師，這裡每天還要說法嗎？」黃說。

「不錯，我也隨緣跟結夏的同道們隨便講講，和編一些律宗方面的小冊子。——這裡氣候，在夏天要好得多！」

「噢！……」

隨後，弘公又問問他近來生活上的變遷，便默默無語的坐了很久很久。

這份寂寞，逐漸向黃福海心頭侵襲而來，好像整個的空間，墮入了太空的海洋，飄渺、沉落！

黃福海終於「難耐寂寞」，心裡有說不出的慚愧，站起來向弘公告別。

弘公平靜地點點頭，黃福海下了樓，如同被赦的階下囚，離開福林寺。

回到石獅以後，幾乎是寢食難安。但他找不到一條理由來解釋他為何難耐那份「寂寞」。

三天後，弘公託人帶一幅字給他。弘公對每一個學佛的年輕人，都寄予無限的期望，而這期望便是盼望佛門多出些可造之材，相對地便減少一些焦種敗芽。

黃福海展開一看，原是晚唐詩人韓偓的兩首詩，詩云：

炊煙縷縷鷺鶿棲，
藕葉枯香插野泥。

有個高僧入圖畫，
把經吟立水塘西。

另一首則是：

江海扁舟客，
雲山一衲僧。
相逢兩無語，
若個是難能？

啊！黃福海總是個有些腦筋的人，看弘公寫來這兩首詩，便恍然大悟，前一首正是那天弘一大師的寫影，後一首則是對坐時的白描！

「相逢兩無語，若個是難能？」世人之「不甘寂寞」，豈不是妄心難伏？

送這字的人，是個年輕和尚，除字，還有一捲紙，打開一看，原來是許多寬窄不等的宣紙條。

「這些紙送來幹嗎？」黃說。

「這是你以前送去的紙，法師裁了寫完後，餘下這些零碎紙，順便要我奉還您。——噢，」小和尚說：「法師的衣衫破了，都是垃圾堆裡破布撿回去補綴的呀！」

「他為什麼這樣刻苦自己啊！」黃福海的心一落。

他想到二年前，在泉州承天寺初會這位律宗的大師，大膽地說：「法師！您雖然出了家，不再談世間藝術，但在我心裡，您一直是一位藝術家——」

弘公聽到這裡，低沉地說：「不敢當。」

他又說：「我始終從藝術觀點來瞻仰法師，然而，師說：佛法非迷信、非宗教、非哲學；但卻沒有說到『非藝術』，我想，您的生活，是不是藝術？」

弘公點點頭：「萬法唯心，可以這樣說——佛法，是人類精神的藝術！」

他又回想到，有一次，未經通報，便直進弘公的幽居「晚晴室」，弘公正在寫字，見黃福海來了，便要放下筆，黃說：「啊，法師！請寫字，請寫字，我瞻仰您寫字好嗎？」弘公便點頭，仍舊寫字。黃便看他用筆和指法。弘公一面寫一面說：「我寫字，好像擺圖案，其實！寫字不背圖案的原則……」

「我很喜愛學您的字體，我曾寫過您珂羅版印的《金剛經》，臨摹很久，還是不像。」

「你寫得與我很相近！我看過你的字呢。」弘公說。

弘公的聲音，如鋼琴上C調，自然、真純、清晰、準確；他講話不浪費一個字，不多說一句話；他的話真是可貴如珠。聽起他的話，使人想到古代的「箏」，那真是一種精神上的受益。

這一年的夏天過去了，秋天也過去了，他還住在福林寺靜靜地念佛，一心地念佛，偶而也寫寫字，他的工夫全用在念佛上，似乎正在準備自己的身後事。

到十月初，他的法侶傳貫，從泉州帶來一束紅色菊花，這花細細的莖，花線似的綠色細葉，花如傘形，單層，花蕊是劍形，四周向上捲翹，這是一枝西洋種的菊花，色紅如血，姣艷可愛。

弘公見了這枝洋菊，隨作一偈：

亭亭菊一枝，
高標矗晚節。
云何色殷紅？
殉道應流血！

然後執筆落在紙上，下署「晚晴老人於茀林」。並間酬柳亞子。

平靜如一尊聖像似的晚晴老人，他的內心對一個傳道士在這個末法時代，應該採取如何態度，這是最好的表達。這時正是抗日戰爭已到最艱危的關頭，僧林又陵夷得將要破產，由於本身的不健全，寺廟所遭遇的苦難也隨之而來，他心底的情感是這樣悲哀。

他最痛心的，還是佛法不振，戒律掃地！他常常與法侶愴痕嘆息這將死的佛教形式主義，因此，送一個「律華」的法號給愴痕。這不過表示他期望佛門後輩，能負起釋迦牟尼的沉重責任，「以戒為師」，把佛法傳給後人。

他寫了一幅偈語留給愴痕法師：「名譽及利養，愚人所愛樂，能損害善法，如劍斬人頭！」他底心意與願力，無時無刻不表達在他的日常生活。

*

十一月，弘公受到泉州佛教界的虔誠禮請，不得已再去泉州，先住百原寺，後住承天寺。這年冬天，閩南各佛教寺院，受到戰時的經濟威脅，日漸無以為生。上海劉傳聲居士，想到這位梵行卓絕的高僧，在閩南十四年，惟恐他斷了口糧，便由海道請人帶了一千元法幣到泉州，交給承天寺的廣義法師轉給弘一大師。廣義法師把劉居士這一片虔誠與供養告訴弘公。

弘公看完信，說道：「我從民國七年出家，從來不受別人供養，即使是好友子弟的資財，也全部用在流佈佛書上。我不管錢，也不收錢，他送錢來何用呢？還是拿回去吧……。」

「法師！現在上海交通斷絕了，怎麼辦？」義師說。

弘公想了想，說：「這麼說，開元寺本靠南洋轉道法師維持，現在太平洋戰爭起了，他們僧多粥少，經濟來源斷絕，你把這筆錢供養他們，由他們去信謝謝劉居士吧！」

義師聽了心裡一怔，然後想想，弘公拒絕了這筆供養，送到開元寺也罷。半晌，弘公又說：「——我的朋友夏丏尊，十年前送我一付白金水晶眼鏡，太漂亮了，我不配戴它，請你一併送給開元寺，大概也值得五百塊錢了！……」

這有什麼話說呢，弘公說著便到房裡，把一付白金裝邊的水晶眼鏡拿出來，連特製的皮盒子交到廣義法師手裡，這付白金眼鏡，經過十年埋沒，這一次總算有了出頭之日。

弘公在年根歲底到泉州，不免受到這裡人群的熱烈歡迎。

這件事，傳到永春李芳遠耳裡，這個十三歲時就顯發前因的年輕後生，一方面敬愛弘公如生佛，一方面也居然敢說幾句不大入耳的話，讓弘一大師聽聽。

他又在信上寫道：

> 法師！聽說您最近由鄉下回到泉州，泉州的官紳，想又有一番盛會歡迎您，以您的法體與德行，均不宜受到這些名聞利養的騷擾，師以梵行堅決而感動人天，務請珍重，息心摒去外緣，一心念佛，以了生死。弟子大言不慚，盼師顧念弟子曲諫的真情，弟子雖墮地獄而無憾！……

這位年輕人的信，弘公接到手上，仔仔細細的看完，規規正正地疊好，放在抽屜裡。——雖然，他這次到泉州也受到各方的禮遇，比起初到閩南那幾年，還是免了很多。因為這次在泉州住了二十天，才有一時的轟動。

他本與李芳遠書信往來很多，他了解這個孩子愛他到何種程度，雖微少的名聞利養，也感覺生不如死。他便在當晚執筆回信：

——來書欣悉，朽人這次在泉州兩旬，日墮於名聞利養的陷阱之中，又慚又愧。——決定明天午前歸臥茀林，閉門靜修……——音啟。古十二月二十一日。

果然，第二天中午，便與傳貫法師，又悄然回到檀林鄉間的福林寺，以後，李芳遠又來一信，請弘公閉關，便無人打擾。弘公過了舊年，到新年壬午，又寫了一封信覆李芳遠：

芳遠居士：

此次朽人到泉州，雖不免名聞利養，但比起三四年前，已減輕很多。這次來泉州，未演講未赴齋會，僅僅在三處吃了便飯，但是每天見客與寫字，卻成為一件忙事。寫字結緣雖是弘揚佛法，但在朽人，道德學問一無所成，實在慚愧不安。自今以後，決心退而潛修，謝絕事務，以後斷絕一切信函，來信也不披閱，請原諒……。

以後，倘有他人問朽人近狀，請答以「閉門思過，念佛待死」八字。

壬午元宵　音啟

又：此次至泉州，朽人自身未受一文錢的供養，凡有供養者，都轉贈寺中作生活費用，或買紙就近結緣。往返泉州旅費，則由傳貫法師布施。附白。

這些信，不因李芳遠是一個乳臭未乾的小兒，便馬虎了事；弘公的心地對任何人全是一片青天白日的情懷，絲毫不帶半絲假意。

年底，又因為澳門佛教界對「佛說女身難度」問題，提供了一張表解，答覆竺摩法師。他說：「佛學是活的智慧，佛陀的法是因時代、對象而有所不同。學佛者應有所了解！」

不過，弘公在新年是六十三歲了，這一生被病魔已折磨得夠了，因此，胸部胃部時時發疼，經常有超體溫熱的感覺。他有幾次因病以為必定西逝了，但是沒有死。現在，似乎肯定世緣已盡，在新年中又寫了幾封信給北方的朋友。二月初，則留下最後一封信，給李芳遠：

芳遠居士：

惠書敬悉一一。自當遵命閉關，力思前非。仁者慧根深厚，深望自此用功，勇猛精進。朽人近來病態日甚，不久便生極樂世界，猶如西山落日，殷紅彩絢，瞬即西沉。未圓滿的身後事，深盼仁者繼續完成，我雖凋謝，亦無憾矣！

國慶前二日・弘一和尚

在福林禪苑，弘公有心閉關，然而機緣卻逆道而行，除了為陳海量居士的父親寫一篇傳，為他的十五歲念佛西逝的四弟立鈞作一傳，便沒有作什麼。在新年二月（一九四二年三月），惠安縣長石有紀（已由安溪調惠安）親請弘公到境內「靈瑞山」講經。

這次弘公與他的學生約法三章，「不迎，不送，不請齋」。到惠安講經一個月，從此，與檀林的世緣已了，他的光輝，在福林禪寺，留下最後餘韻，註定他的歸期將到。惠安法事完了，回到泉州，因色身漸現衰容，福林寺閉關已成夢影，便住到泉州的「溫陵養老院」。

那是他離開人世之前，他的光熱最後照耀的地方。

晚鐘

這是一九四二年（民國三十一年）三月，弘一大師由惠安回到泉州，住在百原寺，剛巧逢上春假，曾經以藝術目標而崇拜大師的顧一塵——一個教育工作者，由他的學校到泉州來，無意中，見到廣義法師，告訴他：「弘一法師已來到泉州了，他很懷念你，請你到百原寺看看他。」

這時，醉心藝術的顧一塵，便欣然地去了。但他突然來一種預感——弘一法師不久要離開人世了，他自己頗能自知。當他見到弘公時，弘公面容清瘦，聲音低沉，帶有點震慄，但卻欣喜地歡迎他來。然而，在那一種憂鬱的空間，卻罩上了一層看不見的哀愁。

當若干年前，弘一大師曾寫了一幅字給他，是一首古人的白話詩——詩曰：

過去事已過去了，

未來不必預思量。
只今便道即今句，
梅子熟時梔子香。

他隱約地背出，他收藏的那幅字，那字裡行間，透露著哲人的平淡與豪放。

顧一塵始終沒有在佛理上皈依他。他們只是方外之交，不像高文顯他們。

本來，弘公在泉州住了幾天，又回到福林鄉間，但未能掩關。因為抗日戰爭，已到最艱苦的關頭，誰勝誰敗，繫之千鈞一髮。日本人，正在氣燄高漲。廈門與泉州之間，隨時有接火的可能。在泉州的佛界，以為弘一大師在鄉間，消息不易傳遞，所以仍舊希望他在泉州來靜養。

結果，在葉青眼居士以及溫陵養老院諸居士請求下，決定三月二十五日再動身到泉州。依照過去的約定（按民國三十年大師在泉州開元寺時，葉請師駐錫溫陵養老院），住在溫陵養老院。並由覺圓法師、龔天發童子（龔是傳貫法師俗家外甥）陪同前來。同時，掛單在福林寺的妙蓮法師已代替傳貫法師，侍隨弘公（傳貫法師因故未能來，此時，性常法師二度閉關），妙蓮法師是弘一大師最後一任侍侶——一位德行具足的法師，深為弘公所欽讚。

他們到泉州後，弘公住入「晚晴室」，妙蓮法師一行，住在「華珍一二三室」。

到泉州後，各地仍有聘請弘公說法講經的函件，均被謝絕。五月以後，寫下〈持非時食戒者應注意日中之時〉一文，界定了「過午不食」的時間定義。又在五月中旬，為福州怡山長慶寺，手書〈修建放生園池記〉，這是他最後遺作。

七月初，永春王夢惺居士二度聘請弘公到永春宏法，並寄來旅費，為弘公婉謝，也將旅費寄回去了，一心在溫陵養老院安居。

到中秋節這天，在開元寺尊勝院講《八大人覺經》，由廣義法師譯閩南語。此時，他還保持著幾十年來一貫輕微、沉重的腔調，可是更蒼涼了。在那秋夜般蕭寂底臉上，可以嗅出絲絲淒涼的傷感。

——這似乎是他在最後階段，感嘆經文的每個字，到今天真正地成了「經文」，而無人去理會它底本義。另一方面，在解義時，每說到人世的「苦空無常」，也不免令人感覺人生如朝露。

可是，聽講的人無論如何也測不透弘公的突然憂傷，究竟為的什麼？

《八大人覺經》在兩天內講完。

同時他在私下裡一直是叨念著，收拾著。

講經停了一個星期，他又為兩個同道寫兩幅大殿上的柱聯。寫字，已成了弘公的徽號。寫給善男信女的「南無阿彌陀佛」與「經聯」字幅，至少也有幾萬幅！

真有人懷疑著弘一大師要遠遊了；因為夏丏尊無時無刻不盼望弘公回到浙江的晚晴山房，去終此一生。但在這天（農曆八月二十三日）傍晚，妙蓮法師說他發了燒，遍身不得勁兒。喏，這也是弘公的老病，沒有人用心留意。第二天飲食照常，只是少吃些。

平時，他經常服用北京「同仁堂」的「枇杷膏」，他那種病，發時總要燒的；這正與他病時，要吞那種黑油油、甜兮兮的「枇杷膏」一樣。

使人樂觀的：病後兩天，八月二十五日，他又替晉江中學的學生們寫了一百多張《華嚴經》偈，這幅字，就是後人所熟知的「不為自己求安樂，但願眾生得離苦」。

二十六日那天，突然把飯量跌落到小半碗；這叫侍奉他的人們吃了一驚。但是，他還寫字。他對寫字，是獻身的。他這一生，幾乎就為那些看來軟綿綿、柔如無骨的字而活著。

二十七日，他宣佈絕食，這與「甘地」的宣佈絕食沒有什麼不同。有人懷疑他病重，拿藥、請醫生，他也不爭辯什麼。他還吃開水。

這一來，使人們真正地覺得弘一法師是病著；他是一個冷靜、嚴肅的人。病，使他的傷感、憂鬱，有了印證。

第二天清早，叫他的侍侶妙蓮法師，要告訴他幾句話。

「妙蓮法師！」聲音很低，很沉重。「你來！」

妙蓮法師，捧著一顆破碎的心，走到他的枕邊。

「我相信您會好。」蓮師幽幽地說。

「我會好？」枯瘦的臉上，浮著一片落日的餘輝。「你期望我的病好？病好了，便怎麼？」蓮師被弘公這一問，便答不出所以然來。

「好與歹，是差不多的！」弘公轉動一下身子，吉祥而臥。「你把筆墨準備著，有些話，記下來。」

蓮師臉上還是帶著淒楚的笑，內心實在是忍受著一種煎熬。他把筆墨準備好。

「我說，你寫。——寫下我的留言。」

「您，您不會的！您……」蓮師沉重地提起筆，心在震動。

「不會——不會？」老人斷續地，「你聽清了。」

「是的，法師。」

「——當我還沒有命終以前，以及生命終了、死後，我的事——全由妙蓮法師一人負責，其他任何人毋用干預。」弘公斷續地說，叫妙蓮法師用他底印，鄭重地蓋在遺言末端。

「我死之後，照我的話做，我這個臭皮囊，處理的權利，全由你哩。蓮師！請你照著世間最簡單、最平凡，最不動人的場面安排。我沒有享受那份『死後哀榮』的心。一切祭弔，都讓他們免了！」

大師說完，似睡非睡地閉上了眼睛。

妙蓮法師躡著腳走出晚晴室，大約他已看出弘公不久於世間了，心頭的悲哀，隨著情感的浪潮起伏著。他親近大師，足足有五年，弘公這一生，落的只是平淡、謙誠、恬靜而已。這正如他底書法，他底思想，他主修的知識一樣。

到八月二十九日下午五時，弘公又特別叮嚀妙蓮師幾件事。這幾件事，無非是準備圓寂後「助念」的交代。

但有兩點，要妙蓮法師特別注意的——

一、如在助念時，看到眼裡流淚，這並不是留戀世間，掛念親人；而是說，那是一種悲欣交集的情境所感。

二、當他的呼吸停頓，熱度散盡時，送去火葬，身上只穿一條破舊的短袴。遺骸裝龕時，要帶四隻小碗，準備墊在龕腳上，裝水，別讓螞蟻昆蟲爬上來。

——過了兩天，弘公依然沒有捨報，整天默念「阿彌陀佛」。

九月一日上午，他又應黃福海之請求，在紀念冊上，題字兩行。文曰：

吾人日夜行住坐臥，皆須至誠恭敬。

雙十節大病中書勉福海賢首。

直到下午四點左右，端正地在桌上寫了「悲欣交集」四個字，交給妙蓮法師。

他依然默念佛名。

「這個世界，我總要來。」他偶而會說一兩句這樣的話，「釋迦牟尼佛與我們這個世界有不盡的因緣，我們與未來的世界亦然。」

他說的話，多數時間只是妙蓮法師一個人聽著。

他把要交代的話交代了，要料理的事料理完了，便放下一切外緣，不吃飯，不吃藥；心裡只是不絕如縷的佛號。

延到農曆九月初四（國曆十月十三日）這天，晚間七點多鐘，弘公的呼吸開始有些急促，蓮師一看，弘公的神色，正是臨終時的徵兆，面容忽而泛紅，忽而泛白；似乎有一顆偉大的靈魂，開始脫去它底軀殼。他輕輕地走到弘公身邊，對著他耳邊，低聲說：

「弟子妙蓮來助念！」

於是，蓮師抑揚而緩慢的佛號在弘公的靈魂裡起落了，接著是幾個出家人，和在家的居士，參加念誦；聲調是和緩的，舒徐的，像一首幽美的進行曲：「南……無……阿……彌陀……佛……」

弘公沒有痛苦，沒有悲哀，平靜地向右側身臥在床上，好像假寐，靜聽一曲美好的音樂。助念的週期，遵守著自己安排的程序，先念〈普賢行願品〉，而後是正文。再後一點是

「佛號」，末了便是〈迴向文〉。

當助念的人，齊聲念到「普利一切諸含識」時，清瘦的眼角上，汩汩地沁出淚光。

待八點敲過，蓮師走到床邊，細看弘公，已經「睡」去了。側耳細聽，再也聽不出鼻息；便強忍著悲苦，虔誠念佛，直到深夜。夜靜更深時，他讓助念的人休息去了，自己這才輕輕關上晚晴室的窗戶，然後鎖起大師的房門。

這座養老院，如一座古城，荒涼、寂寞、安靜。沒有人哭，也沒有人笑。但是弘公的寂滅，使世間千萬顆心震落了！

第二天，天剛亮，養老院突然如一鍋沸水，哭聲、念佛聲、呼嚎聲，驚動了整個泉州城。妙蓮法師照弘公的吩咐，把他的身後事辦好；唯有一點，不能滿足的，凡是參加弘公「荼毘」的人們，都作詩作文、作聯作偈，痛切地動員一切來悼祭他底圓寂。

這不僅在他身後如此鬧他一番，並且在他圓寂之後若干年，還把他的著作、信函，上窮碧落下黃泉地搜出來，把他的字畫裱糊起來，把他的歌詞曲譜收集起來，傳之未來。竟把他當作蘇格拉底、莎士比亞、荷馬般地抬出來，使他身後又「備極哀榮」了。

＊

弘一大師與李叔同——在我們新舊兩代的中國，都留著音響，他在僧俗兩界，都播散著光熱！

他，竟走得這樣沉默。

他生平只用「知識、苦行、品格」與乎多姿多采的生命，向世界傳播真理。學他這些，已足夠了！正如他的生命，是多方面的，猶如太陽的光，你猛一看，它灼人、刺眼，只是一種火燄般的白色。如果你用「分光儀」去看，它底顏色，是紅、黃、藍、青、綠、橙、紫，……使你眼花繚亂，無法透視。

身後的事，幾天便辦完了。

助念、關窗、封龕、荼毘……。

弘公的骨灰，分為兩罈：一罈送到泉州承天寺的普同塔；另一罈送到開元寺的普同塔。

弘公一走，閩南這半邊天，彷彿上了一層霧，太陽也沒了光熱。妙蓮法師的心，比別人更灰黯。他與弘公的關係與別人究竟有些不同，雖然，弘公的至交好友，法門侶弟，也不止他一個，但畢竟弘公的後事，是他一手承當。在這方面，他具備了法子和孝子兩重身份。

等一切都過去了，弔祭弘公的遠近人們也都星散了，幾個傷心人，已越過那一陣劇烈的痛苦，妙蓮法師忽地想起弘公臨終前幾天，給他那幾個字。

那是農曆九月初一的下午四點鐘，弘公親筆寫的「悲欣交集」那四個字。

還有，在最後弘公遺留給他的手寫《藥師經》。

他從抽屜裡翻出來，面對著它，默默地睇視很久。

他永遠不會忘記，從弘一大師那裡承受的那份深刻的人生態度。因之，使他成為一個尊重人生價值的比丘僧。

＊

弘一大師入滅，照當時情況說，是轟轟烈烈地震動了淪陷區裡一些人。然而他離開人世，卻是默默無聞的。他的死，在佛家所示現的修持工夫，並沒有突出的表現。唯一值得人評論的，他只是「走」得比平常人灑脫、悠閒。照我們凡夫的說法，他對死非常看得開，放得下，無牽無罣，無痛無苦，他為自己安排了一個「日子」。

＊

這事隔不久，由於他的方外朋友多，他的出家法侶也相從如雲，這使中間傳播著不少關於身後的軼聞。

弘公圓寂前一年，曾給年輕的比丘「律華」一封信，告訴律華法師，那封信，要他慎重保存，留待他死後再看，這是別人無權知道的。

他圓寂時，律華法師也聞訊趕來悲悼。

為了要揭破這封信的神秘，他便在僻靜處，慎重拆開弘公的信。

信是用粉紙信瓤，墨筆正楷寫的：

律華法師：

朽人與仁者多生有緣，所以能與仁者長久相處，並且，在道行上，彼此都有所利益。朽人對仁者的善根夙慧，極其感佩。然朽人撫心自問，實萬分不及其一。因此，朽人與仁者長久共住，能獲得極大的利益也。

復次，妙蓮法師，行持謹嚴，悲願深切，為當代僧中罕見，且如朽人，心中敬彼如敬師長。惟朽人在世，恐世人疑妬，而不敢明言。

今朽人已西歸了，心中仍感懸念者，以仁者年齡太輕，如不親近老誠有德的善知識，恐將退墮，故敢竭我愚誠，請仁者自今而後，與妙蓮法師同住，並盡形壽，發心承侍，奉如師長，自稱弟子，即使遭受惡辣責斥，亦甘之如飴，不可捨棄……。

這是一個六十三歲的老和尚，給一個年剛弱冠比丘的遺言。

信裡的妙蓮法師，是弘公的侍侶。

弘公與任何人關係，都是在這種狀況下建立的。

律華法師逐字讀信，一字一淚。他不知道該如何地感激老人的師情；當他與他同住時，事實上，他認為弘一大師的冷漠、嚴厲、缺乏表情，都令人難以忍受。另外再加上一個妙蓮法師惡聲惡語，整天無情「棒喝」，幾乎使他失去當和尚的勇氣。

如果，世間也有所謂「哲人」，面對哲人，你一定會感覺「平淡無奇」。釋迦牟尼、孔子、柏拉圖，都是這一類缺乏表情的典型人物。

這些所謂「聖賢」，他們的思想、言論、行為，往往為當代所不容；甚至不為俗人所歡迎。但等到千百年後，他們的話，卻成了後世的經典，他們的光輝，照徹人類灰黯的靈魂。

當弘公活著的時候，何嘗不是如此？律華法師與他共同生活時，不過崇拜他若干年前的風流文采。等到長期地接近他，這才發現他沒有「文采」，更不「風流」；簡直如同「槁木死灰」，整天除了「寫經」、「念佛」、「靜坐」，偶而說兩句話，全是前人的「迂腐」。

他為此而深感後悔。

他對弘公是「高山仰止」的。

並且，弘公講話，毫無煽動性，又沒有眉飛色舞的情態表達，而最大的缺點，則是他的話裡竟無半句「警語」。他的舌頭，又時常打結，以致他所講的話，不是語不通暢，便是文字陳舊；全是千古以來流傳的「子之迂言」。

「呵，仁者，我們要勞動，勞動；天將降大任於斯人也，必先勞其筋骨，餓其體膚，苦其心志……能勞動的，能吃苦的人，才能擔起大任！呵，我們的印光大師，活到八十歲了，還整天勞苦地洗衣、擦桌、掃地哩，我們的印光大師！」

提到印光大師，弘公全是「我們」的。

「呵，印光大師吃完飯，還用舌頭把飯碗舐乾淨，深怕蹧蹋了米糧，然後，再加開水沖過，吞下腹中，每天那兩餐，全是一菜一飯——印光大師是過午不食的。

「印光大師同客人在桌上，客人要不愛惜米麵，也同樣要受到他的苛責；他會大聲地吼：『你呀，有多大的福氣，如此蹧蹋糧食，你知道不？須知盤中餐，粒粒皆辛苦！』——印光大師是什麼人呀？

「我們要惜福呀！仁者，何必把福享盡了呢？留一點讓你的朋友，你的子孫，你自己的來生享吧……」

諸如此類的家常話，最多也不過告訴人，要「深信因果」啊，「專心念佛」啊，「嚴持淨戒」啊，「別作法師」啊！這些話還要他說嗎？這些話古人說得太多了。

律華法師把這封信捧著，每一個活生生的字，都如那些老誡的話一樣，蒸發著手心，照射著心靈。「哲人便是如此的，是不？」

平淡、冷靜、莊嚴、謙誠，他——一個律華，二十來歲的和尚，怎麼能承受他——弘一大師如此的恭敬、關懷？

原來，哲人便是一個最平凡、最最偉大的人類同情者。他的話，平淡無奇，與一切人毫無二樣，不過他們永遠遵從自己的箴言；但平凡的人，則浪費自己的箴言！

律華法師把信恭而敬之的送給妙蓮法師看了。

蓮師捧著信，呆呆地出了一會神，忽然，雙手把臉一蒙，嚎啕地失聲啜泣起來。

「啊……恩……師……」

*

崇仰弘一大師的人，當然不只是妙蓮、律華這幾個出家人；在俗界，還有承傳他藝術衣鉢的弟子，和他少年時代的知交。這些人散在天涯海角，對他的圓寂消息，有的已在報上看到好幾回了。在以前，他並沒有圓寂。新聞是假的。

在這一年四月十六日，上海陳海量居士給他的朋友朱良春的信中，描寫弘一大師的方外生活時，寫道：

弘一大師不輕易為人揮毫，昔年有一位政要贈師數百金，求題幾個字，師不受金錢，也不寫字。但是，每見有德行操守的人，雖其人至窮至困，師則當以墨寶相贈；若以勢干，雖求半字也不可得。居士既酷愛師墨寶，容當為居士圖。師年來謝絕各方通信，惟與二三有緣者，間通音訊。弟業障深重，過愆殊多，蒙師諄諄誘誨，慈悲攝護，愧弟無顏，有負師訓。師具有神通，弟所深知，但師自秘，不願人知。師嘗言，弟前生為天台山老僧，今落風塵，良足悲傷……

三年前，弘公深居在永春山裡閉關，上海的一家晚報，突地刊出一段花邊消息，說「遯跡空門二十年的音樂家、書法家、戲劇界先進——李息霜，於三十年十月二十九的夜裡，在關房『圓寂』。那時侍者性常在側，並遵囑辦理後事，從此一代藝術天才，終於殞落空門……。」

這類消息，若干年前，在上海新聞紙上，大同小異地逐年幾次。這幾乎使弘一大師的在家朋友和出家法侶，著了慌。有的從遙遠的重慶飛電弔唁，並追問圓寂情形，有的便親自趕來奔喪。——這其中之一，便是開明書局編譯所的夏丏尊，與上海美專教授劉質平。夏是他三十多年的知己，劉是弘公傳承音樂的弟子。劉質平看到報上的噩耗，簡直暈眩了！

結果呢，他來信說：宣佈與外界隔絕通信，閉關著作，不知怎麼落到新聞記者的耳裡，變成關裡圓寂。

這一次，是第多少次，也記不清了。上海的日報，又同樣地登出了弘一大師的新聞，這次唯一的不同，是「弘公圓寂在泉州」，侍者是妙蓮法師。如此這般在虛無飄渺中，描寫一番，末尾附上一張照片。如此襯托起來，登在文化戲劇版。

這條新聞一出，關心他的人們，當然又吃驚一番。

但這一類新聞，你只能當它做新聞，而不能認它做事實。那個年頭，一來是戰火交錯在中日戰線的每個角落，再者，那個人如在世間有了點浮名，時常被登出「訃聞」，也不算稀奇。那時記者們愛登誰就登誰，他們登人家死訊，只是為社會造一兩條花邊新聞。

這是農曆九月二十二日（國曆十月三十一日）上午八點多鐘，夏丏尊先生，剛到開明編譯所辦公室才坐下，那位管庶務的余先生笑嘻嘻地交給他一封信，說：「弘一法師又有掛號信來了！」這裡的同事，都愛看弘一大師的信，所以弘公的信到，丏尊是公開看的，丏尊展開信，每個字都是活的，美的，真實的。

信很簡單，寥寥的幾個字：

丏尊居士：朽人已於九月初四遷化（遷化便是圓寂），現在附上偈言一首，附錄於後。

丏尊在迷惘間，呆了一呆，這種句子絕不像出於死人之筆。

然後再看偈語：

君子之交，
其淡如水；
執象而求，
咫尺千里。

問余何適，
廓爾忘言；
華枝春滿，
天心月圓。

同這封信一樣，同一天也有一封信及四言偈，寄到美專劉質平手裡。

這封信，平平淡淡，像一首平平淡淡的四言詩，不僅沒有任何圓寂的痕跡，他所表達的，僅僅是「我要走了，留詩為贈」的小別意思。連互道珍重的話也沒有說，這為何是死呢？

可是，信上雖然近於談禪，夏丏尊卻相信，弘一大師的確是圓寂了。因為，他一生從無戲言。

不過他的死，能預先告訴他，就不能不令人暗暗地出奇。

弘一大師有病，是老病，不是三朝兩日磨得倒的。假如說，因「念佛功深」而「預知時至」，遍向師友辭行，這倒足可相信。

不管如何，丏尊還是打了電報到泉州開元寺問問，結果呢，弘一大師於民國三十一年（一九四二）九月初四晚上，在泉州溫陵養老院圓寂。

丏尊證實了弘公已確實圓寂，因為突然死去一個至情、至性、至愛的方外朋友，覺得人生頓有所失，不禁萬感交迸，淚如泉湧。他曾經因為弘公而素食，做一個學佛的居士；他在悲傷中感覺，弘公走得不僅自然，並且是有計劃的。丏尊強抑著淚把信看完。

「……問余何適，廓爾忘言；華枝春滿，天心月圓。」這正是弘一大師親證之境。一如禪宗學者形容佛性一樣，這種境界是「光灼灼，圓陀陀，活潑潑地……」

「華枝春滿，天心月圓。」這正不是生命圓滿的境界麼？

至於「君子之交，其淡如水；執象而求，咫尺千里。」則是寫他們半生知己的友情境地。不管天涯海角，只要弘一法師在這個世界上，丏尊斷斷忘不了他。

*

不久，另一位方外之交葉聖陶（即葉紹鈞），為了悼念弘公的圓寂，特意把弘公給夏丏尊的四言偈，拿來解釋一番，歌頌他一生豐富的生活。

他說：

「和尚臨終的偈子，第二首後兩句『華枝春滿，天心月圓』，依我的看法，這是描繪他的生活，說明他生活的體驗；他入世一場，經過種種，到臨命終時，正當『春滿』『月圓』。……」

如果弘一大師在他底佛光裡，看到這位朋友這樣解釋他的「偈語」，恐怕他會「微笑」一下，逗他的朋友一下機鋒哩，原來這個朋友對於佛法，只能表同情，而不能相信；對於他自己，是一個永遠「教宗堪慕信難起」的人。不能信佛，如何入於生命的真諦？

弘公的偈語，很爽直，很平淡，整個是一貫的。

佛意，斬不得的。

他交給妙蓮法師的「悲欣交集」四個字，有些錯解弘公臨終偈語的朋友，也解釋一番。葉聖陶先生說：他以為那個「欣」字，該作「一輩子好好地活了」，「到如今又好好地死了，因此，歡喜滿足，了無遺憾。」

這般解釋，便是和尚的「悲欣交集」。

這幾句話又怎麼是弘一大師的意思呢？

弘公把「悲欣交集」交給他的法侶——妙蓮法師，是告訴妙蓮，他是決定「往生」了。「悲欣交集」是弘公當時臨終的情境。是一種念佛見佛、一悲一喜的心情境界，不見佛的人，便不知道念佛也會起悲心。

弘一大師這封信，經過一些時間，大家輾轉流傳，都知道了。

這一來，好像發現神跡一般，世人說弘一大師畢竟是一個「哲人」，否則他怎麼知道人生最可怕的「死」期？

最令人驚異的，還是那八句偈言，使他圓寂之後成為「聖哲」的表誌。

由於「華枝春滿，天心月圓」的不可解，便成了一代高僧智慧的銘言。

當弘一大師圓寂後七天，依照大師遺言，遺體以舊短袴遮覆，在泉州承天寺化身窯荼毘。執行遺囑的妙蓮法師與溫陵養老院的葉青眼居士，都有相同的記述，寫下火化時的情景。是（農曆）九月十一日下午七時，參加舉火大眾，開始諷誦〈普賢行願品〉，隨之念〈讚佛偈〉，到八時舉火，火化約一小時，眾人恭敬圍繞，此時悠然異彩如虹，從窯門衝射而出，火燄猛烈而逼人，大眾被震驚，厲聲念佛，待異彩迸射完了，大師色身便快捷地化盡。

以後，在一百天內，由妙蓮法師在骨灰中陸續撿出一千八百粒舍利子：銀色的、白色的、透明色的、象牙色的、淡紅的、深綠的……蔚為人類生命的奇景！

以這些晶晶瑩瑩的舍利，所形成的弘一大師的德性光輝，將永照人寰！

註：凡文中未註明陽曆年月日，均以農曆記月記日。

一九九六年八月一日總修訂

弘一大師行誼大事年表

西元紀年	中國紀年	重要紀事
一八八〇	清光緒六年・庚辰	・十月二十三日（農曆九月二十日）辰時，生於天津河東區地藏前故居李宅。生後，取名文濤。行列第三。
一八八四	清光緒十年・甲申	・五歲，八月五日，生父李世珍（筱樓）病逝。
一八八六	清光緒十二年・丙戌	・七歲，從次兄文熙（長兄文錦早亡）啟蒙。
一八九二	清光緒十八年・壬辰	・十三歲，攻各朝書法，以魏書為主，一生從未間斷，終成一格。
一八九七	清光緒二十三年・丁酉	・十八歲，十二月，與天津茶商俞氏之女締婚。
一八九八	清光緒二十四年・戊戌	・十九歲，八月，戊戌政變失敗，刻「南海康梁是吾師」長印一顆，以示對舊政體的抗議。先時在五月，奉母偕妻，南下上海，住法租界，加入上海「城南文社」，開始文學活動。
一八九九	清光緒二十五年・己亥	・二十歲，三月，全家移居「城南草堂」，同時遍攻詩、詞、金石、書、畫、戲劇。在上海藝壇，初露頭角。

西元紀年	中國紀年	重要紀事
一九〇〇	清光緒二十六年・庚子	•二十一歲，三月，加入「上海書畫家公會」為會員。同年，長子李準出生。
一九〇一	清光緒二十七年・辛丑	•二十二歲，四月，入蔡元培主持之「南洋公學」經濟特科就讀，改名李廣平。
一九〇四	清光緒三十年・甲辰	•二十五歲，次子李端出生。國事日非，浪跡燕市，與上海名妓李蘋香、朱慧百、楊翠喜為友，詩畫往還。
一九〇五	清光緒三十一年・乙巳	•二十六歲，同年初，與許幻園、黃炎培等創辦「滬學會」。撰〈祖國歌〉。農曆二月五日，生母王太夫人病逝上海寓所，哀痛萬狀，改名李哀，字息霜。六月，扶柩北上。七月二十九日，在天津為母喪舉行一次「告別式」。去日本之前，填〈金縷曲〉留別祖國。八月，東渡日本。年底，辦《音樂小雜誌》，在國內發行。
一九〇六	清光緒三十二年・丙午	•二十七歲，七月，參加東京「隨鷗吟社」，此後與東京詩人聯吟賦詩多次。九月二十九日，入上野美專，在上野攻西畫之外，復在音樂專校攻鋼琴，又學西洋戲劇於劇作家藤澤淺二郎之門。是年冬，與留學生曾孝谷，組織「春柳劇社」。
一九〇七	清光緒三十三年・丁未	•二十八歲，二月，因國內兩淮水災，假東京樂座演出《茶

西元紀年	中國紀年	重要紀事
一九一一	清宣統三年・辛亥	花女》；六月，於本鄉座演出《黑奴籲天錄》等名劇，以門票收入賑災，這是中國人演話劇之開端。時李叔同先生，在《茶花女》中，飾女主角「瑪格麗特」，在《黑奴籲天錄》中，飾「愛彌麗夫人」。 ・同年，結識日籍夫人誠子。 ・三十二歲，三月，在上野專校，學成歸國。前後留學日本五年七個月之久。回國後，在「天津工業專門學校」，任西洋畫教席。日籍夫人遷去上海，賃屋居於上海法租界。同年冬，國內鹽業因清廷行政措施變革，導致家資數十萬銀元被倒，瀕臨破產。
一九一二	民國元年・壬子	・三十三歲，冬假正月，由天津至上海，與日籍夫人晤面。任教於「上海城東女學」，同年三月，參加柳亞子主持之「南社」。不久，受聘先烈陳英士創辦之《太平洋報》，任藝術編輯，與蘇曼殊、柳亞子、陳无我同事，並組織「文美會」，編《文美雜誌》。 ・十月，《太平洋報》倒閉，受聘「浙江兩級師範」，與夏丏尊、姜丹書、單不广等同事，主教音樂、西畫。 ・十月十日，國民革命成功。 ・此後，與夏丏尊成為莫逆之交，豐子愷、劉質平、吳夢非、李鴻梁、黃寄慈等為入室弟子。

西元紀年	中國紀年	重要紀事
一九一三	民國二年・癸丑	・三十四歲，浙江兩級師範，改為浙江省立第一師範，公繼續任教本校，五月，編《白陽》中英文專刊。
一九一五	民國四年・乙卯	・三十六歲，五月，在杭州西泠印社出席「南社雅集」，與柳亞子等二十餘人相晤。六月，撰《樂石社社友小傳》，同年，作校園歌曲：〈送別〉、〈早秋〉、〈憶兒時〉等多首。此年與經學家馬一浮締交。
一九一六	民國五年・丙辰	・三十七歲，兼任南京高等師範教席（中央大學前身）。冬十一月三十日至十二月十九日，在杭州大慈山虎跑寺，試驗斷食二十天，寫《斷食日記》，取號「李欣」。此時學佛因緣成熟。
一九一七	民國六年・丁巳	・三十八歲，春假後，在學校開始素食，供佛像，讀佛經。
一九一八	民國七年・戊午	・三十九歲，正月初八，在虎跑寺，皈依了悟上人。七月十三日，披鬀於杭州虎跑寺，依了悟上人為薙度師，法名演音，號弘一。公離校前，將一生所積之藝術珍品、金錢、衣物全部分散。金錶、詩詞、書法卷軸、貴重紀念物全部留給夏丏尊。音樂、繪畫、戲劇、出家前所積的照片，按學生興趣，分別留給豊子愷、劉質平、王平陵、李鴻梁……。衣服、用物，分散給校中的工友。上海家中的鋼琴、字畫、珍貴飾物、金錢，全數留給日籍夫人。金石作

西元紀年	中國紀年	重要紀事
		品，全部埋於「西泠印社」印塚中。油畫作品贈給國立北京美術專科學校。 •八月十九日到九月十九日，計三十天，在靈隱寺受比丘戒，因讀《寶華傳戒正範》、《靈峰毘尼事義集要》，與現實相印證，動悲心，立誓學戒宏律。
一九一九	民國八年・己未	•四十歲，春季駐錫玉泉寺，四月到虎跑寺結夏，秋天掛單靈隱，冬殘，回玉泉寺，與程中和居士共燃臂香，依天親《發菩提心論》，發「十大正願」。
一九二〇	民國九年・庚申	•四十一歲，雲水浙東，六月，至貝山閉關不成，至衢州，寫經，整理藏經。本年寫《金剛三昧經》、《無常經》、《大乘戒經》等多種經文。
一九二一	民國十年・辛酉	•四十二歲，正月，由貝山回杭州。三月，由杭州到永嘉，在城下寮（慶福寺）閉關，六月，在關中完成《四分律比丘戒相表記》初稿。
一九二二	民國十一年・壬戌	•四十三歲，正月，在城下寮禮寂山方丈為依止師。時俗家髮妻俞氏夫人，在天津病故。 •八月，在關中患重痢疾。
一九二三	民國十二年・癸亥	•四十四歲，初春，由溫州經杭州、上海，雲遊至衢州，住

西元紀年	中國紀年	重要紀事
		蓮花寺，刺血寫經。四月，在上海太平寺謁印光大師。臘月，懇請普陀山印光大師列為門牆。印祖勸告專修念佛三昧。歲底回永嘉。
一九二四	民國十三年・甲子	・四十五歲，五月，自溫州至普陀山，參拜印光大師，侍奉七日。八月，《比丘戒相表記》定稿，青年僧因弘法師侍編。上海穆藕初居士，獨資影印一千部。
一九二五	民國十四年・乙丑	・四十六歲，朝九華山未果。
一九二六	民國十五年・丙寅	・四十七歲，三月，由溫至杭，駐招賢寺，約弘傘法師（程中和居士於民國十年出家之法名），於七月同去江西廬山，參加金光明道場。在牯嶺五老峰後青蓮寺，寫《華嚴經十迴向品初迴向章》，為近代寫經傑作。
一九二七	民國十六年・丁卯	・四十八歲，三月中，閉關於杭州城內吳山常寂光寺。時政府有滅佛之議。師召請地方政要集會於寺中，以短簡示來賓，席間，婉言微語，潛移默化，然後，默坐良久，出席者讀短簡，汗顏不已。散會後，滅佛之說頓熄。短簡中所言何事，成為一秘。 ・三月十七日，為滅佛事，又函教育界名流蔡元培、經子淵、馬夷初、朱少卿諸師友，提出整理佛教意見。 ・九月，豐子愷、夏丏尊、內山完造、葉紹鈞、李石岑等，

西元紀年	中國紀年	重要紀事
		宴弘公於上海功德林素齋館，齋後謁印光大師於太平寺。 ·同年底，豐子愷、裘夢痕二生，將師名曲〈朝陽〉、〈憶兒時〉、〈送別〉、〈悲秋〉……等二十多首，選入《中文名歌五十曲》一書，為國內各級學校音樂教材。
一九二八	民國十七年·戊辰	·四十九歲，初夏，在溫州大羅山，行誅茆宴坐。七月到十月間，駐錫在上海江灣豐子愷家中，與豐同編《護生畫集》，由豐繪圖，師寫偈語。十一月，在滬，與尤雪行、謝國樑二居士同去暹羅，船經廈門，與廈門士紳陳敬賢結緣，由陳介紹掛單南普陀寺。這是弘一大師第一次落跡南閩。
一九二九	民國十八年·己巳	·五十歲，四月，自廈門回溫州，途經福州鼓山，發現清初刻本《華嚴經》及《華嚴疏論纂要》。師倡印二十五部，請日本出版家內山完造分贈日本各大學及國內重要叢林。九月，自溫州到上虞白馬湖晤夏丏尊。時夏丏尊、劉質平等為師集資建築之「晚晴山房」落成，這是初度駐錫此間。 ·十月，再由溫州去廈門，歲底，與太虛大師同去南安小雪峰寺渡歲，此為大師第二次去閩南。此時，師已與瑞今、廣洽法師結法侶之緣。
一九三〇	民國十九年·庚午	·五十一歲，正月自小雪峰寺，至泉州承天寺駐錫。四月，

西元紀年	中國紀年	重要紀事
		離閩南，回浙江。五月，至白馬湖，住「晚晴山房」，圈點《行事鈔》。九月，到慈谿北鄉鳴鶴場白湖金仙寺。十月，聽靜權法師講《地藏經》，同時全力研究《華嚴》，並寫成《華嚴集聯三百》。冬底，回永嘉城下寮掛單。
一九三一	民國二十年・辛未	・五十二歲，正月，在慶福寺關中罹惡性瘧疾。 ・七月，去慈北五磊寺，辦南山律學院，不成。九月，接廈門廣洽法師信，請回錫閩南過冬，道經紹興，至上海，因中日關係緊張，不成行。年底，仍回慈谿，掛單龍山伏龍寺。
一九三二	民國二十一年・壬申	・五十三歲，春、夏、秋三季，雲水浙東沿海各地。 ・八月，至白馬湖，居法界寺，染傷寒，病癒。十一月，自上海去廈門，掛單萬壽巖，與性常法師結法侶之緣，此為第三次去閩南，自此定居。
一九三三	民國二十二年・癸酉	・五十四歲，五月，自廈門應轉物老和尚請，去泉州，駐錫開元寺尊勝院。著作律學。 ・十月，出遊泉州郊外，道經潘山，見晚唐詩人韓偓墓道，引為神交，後令弟子高文顯，撰《韓偓傳》，為《香奩集》翻案。 ・十一月，在晉江南三十里草庵寺渡歲。

西元紀年	中國紀年	重要紀事
一九三四	民國二十三年·甲戌	•五十五歲，二月，自泉州至廈門，在南普陀寺，囑瑞今法師創辦「佛教養正院」，作育僧材。
一九三五	民國二十四年·乙亥	•五十六歲，三月，去泉州開元寺，講《一夢漫言》，旋住「溫陵養老院」。四月十一日，與侍侶傳貫法師，自泉州乘帆船出海，去惠安崇武淨峰寺，有終老於此之念。至崇武後，因緣不留人，十月回泉州承天寺，在戒期中講律，之後再回惠安，在鄉間宏法，寫《惠安弘法日記》。十一月，染病，回泉州草庵寺，一病六個月，病中再立遺囑，交由傳貫法師執行。
一九三六	民國二十五年·丙子	•五十七歲，正月，從草庵扶病到廈門療養，病中在南普陀養正院講學。五月，病癒移居鼓浪嶼日光巖閉關。十二月，離日光巖，回南普陀寺後山安居。
一九三七	民國二十六年·丁丑	•五十八歲，二月，在南普陀寺佛教養正院，講《南閩十年之夢影》。三月二十三日，青島湛山寺倓虛法師，派書記夢參法師持書專程南下，請師去青島結夏講律。四月五日，師偕傳貫、仁開、圓拙諸法侶，與夢參法師，乘太原輪去青島，十一日抵青島，結夏，講《隨機羯磨》。蘇州靈巖山妙蓮法師來青島依從，九月回廈門，途經上海，與夏丏尊晤面於旅邸，這一雙摯友，一別六年，由夏請師攝影一幀。回廈門後，廈門面臨戰火威脅，師發願與危城共

西元紀年	中國紀年	重要紀事
		存亡，除非廈門解厄不他行。直到歲底，始去泉州草庵。
一九三八	民國二十七年·戊寅	•五十九歲，正月至四月，在泉州、惠安、鼓浪嶼宏法，寫字結緣。廈門淪陷前四天（陽曆五月八日），受漳州（龍溪）佛教界之請，去漳宏法，得免陷於危城，但卻因此羈於漳州，直到十月，由性常法師接回泉州，道經安海，宏法一月，法緣奇勝，當時有《安海法音錄》問世。十一月，駐錫泉州承天寺，與浙師學生——安溪縣長石有紀晤面。
一九三九	民國二十八年·己卯	•六十歲，二月二十八日，自泉州乘車去永春山中蓬壺鄉普濟頂寺潛居五百七十二天，在此編著律學多種，與外界斷緣，外界傳說弘一大師圓寂於此。初夏，畫家徐悲鴻，在新加坡為師繪巨幅油畫像，存廣洽法師處。
一九四〇	民國二十九年·庚辰	•六十一歲，九月二十日，在山中渡六十週甲世壽。十月九日，去南安洪瀨靈應寺閉方便關，性常、廣洽法師等影印《金剛經》，豐子愷繪《護生畫集》續集為師壽。
一九四一	民國三十年·辛巳	•六十二歲，四月，去晉江檀林鄉福林寺結夏，寄書各地師友，暗示行將告別。十一月，至泉州，作最後一次宏法活動，臘月底，回福林寺。

西元紀年	中國紀年	重要紀事
一九四二	民國三十一年・壬午	•六十三歲，二月，應惠安縣長石有紀請，至靈瑞山講經，相約不迎、不送、不請齋。三月，回泉州，掛錫百原寺，不久移居「溫陵養老院」停止一切活動。八月十五、十六兩天，在溫陵養老院，講《八大人覺經》（這是弘一大師最後一次講經），同時在養老院向院中老人講「淨土法要」。八月二十三日，示微疾，但依舊寫字與晉江中學學生結緣。二十八日下午囑侍侶妙蓮法師到室內寫遺書，九月一日上午為黃福海居士寫紀念冊兩本，下午四時寫「悲欣交集」四字，交與妙蓮法師（這是弘一大師最後遺墨），九月初四（陽曆十月十三日）下午八時，右脇而臥，安詳圓寂於養老院「晚晴室」，遺囑由妙蓮法師執行。臨終前，師已分函上海夏丏尊、劉質平，向他們告別。 •圓寂七天後（遺囑中交代），九月十一日下午七時，在承天寺火化，色身僅穿舊短褲，以遮下根，依律而行，火化歷一小時，荼毘時，多色火燄劇烈上升。在一百日內，由骨灰中，揀出各色舍利一千八百粒，舍利塊六百多塊。由妙蓮法師供養，到一九六六年，十年「文革」期間，被毀。靈骨塔於民國三十五年以後分建於杭州虎跑寺，及泉州清源山彌陀巖。

註一：本文所用月、日，完全採用舊曆記述。

註二：弘一大師出家前贈國立北京美專之油畫二十餘幅，今據該校前教授儲小石先生談，這批油畫已全部佚失，所存一幅由雪地中撿出，為儲小石先生珍藏，此幅畫，題名「花卉」，是弘一大師的西畫作品，在世間之絕響。

弘一大師寫經研究

《弘一大師傳》脫稿之後，三年來緊張的心情，得到了一點輕鬆。可是，當我一度默想弘一大師這一生的行持，忽然感覺要寫幾篇「附錄」。我想藉「附錄」來襯托大師一生德行。〈弘一大師寫經研究〉，便是我所寫的幾篇附錄之一。

現在，我發一個願，願盡未來際，研究弘一大師的生平。將來如有可能，我要走遍大師一生走過的地方，住過的地方，去設身處地想想他的思想、行為；如有第二個可能，我還要個別拜訪與他有深厚因緣的前輩，去聽聽他們敘述大師一生的點滴，以便「大師傳」將來重印時，有一面修改的鏡子。

關於弘一大師「寫經」在這裡的意義，僅指他一生寫出成部、冊的經文，但不包括偈語、跋文、佛號、書信、歌詞……。這裡，包括的經典，有已影印的，和未影印的，我都在文中交代清楚，以便讀者先生搜集和研究。

弘一大師，是東方近代一個極典型的哲人；是一個韜光養晦的大藝術家；出家後，他雖然放棄了一切藝術上的成就，但是他的書法（也是他在俗時有成就的藝術之一），卻因為寫經而繼續不斷，達到棄絕人間煙火的境地。

他的一鉤一劃，初看起來，毫無奇特，細細咀嚼，則韻味無窮。我個人見過大師出家後寫的經文有十種以上，由初期到末期，都不盡相同。在形式上，初期的作品較中後期有力而圓潤，但是中、後期雖缺些形上的力，卻更流露「聖者」的精神。

現在，我把他寫的經文，作序列的敘述：

一、民國七年八月，手寫《楞嚴經・大勢至菩薩圓通章》贈夏丏尊。

二、民國九年（大師四十一歲）四月八日，寫《金剛三昧經》贈友人崔旻飛。四月二十一日，手書《無常經》，為亡母五十九週年冥誕迴向。本經雖聞影印，但未見何時出版。原稿，藏夏丏尊處。

＊同年七月二日，為同門師兄弘傘法師喪母，寫《佛說梵網經菩薩心地品菩薩戒》一卷，未聞出版。

＊同年同月十三日，手書《大乘戒經》，為出家二週年迴向法界眾生。

＊同年同月二十九日，寫《十善業道經》，為地藏菩薩聖誕，迴向法界眾生。

＊八月至年底，手書《增一阿含》、《雜阿含》、《本事經》等多種，年終，因為寫經刺血過多，色力衰退，經印光大師寫信勸請一心念佛。

這一年，該是大師寫經最多的一年，但影印流通甚少，原稿分別散佚各地。

三、民國十年（大師四十二歲）三月，手書《戒香經》、《五大施經》、《佛說木槵子經》

付穆藕初居士。同月，手書《佛說十二頭陀經》。四月十五日，手書《一切有部戒經》。四月二十一日，手書《佛三身讚》等讚頌三種，為亡母六十冥誕迴向，往生極樂。民國四十七年，菲島性願法師七十壽辰影印，部數不詳。

＊同年八月，手書《無常經》（這是第二次寫《無常經》），及《佛說略教誡經》，為亡父三十七週年忌日，以資冥福。

＊同年九月，二寫《增一阿含經》。

＊同年十二月，二寫《雜阿含經》。

＊同年十二月，二寫《佛本事經》二段。以上三經均寫於溫州（永嘉）城下寮（慶福寺）關中。

以上五經，未見影印，原稿可能存慶福寺藏經樓。

四、民國十二年（大師四十四歲），陸續寫成《四分律比丘戒相表記》初稿（均大幅），有時仍刺血寫經，印光大師再促專修念佛三昧。

五、民國十三年（大師四十五歲）五月，在衢縣佛學會，為上海黃涵之居士以日本《續藏經》供贈佛學會，大師於熱病中，自五月四日起，連續六天，寫〈華嚴淨行品偈〉（這是大師第一次寫〈淨行品〉），以報答黃居士法施之恩，並在上海影印。又於民國四十五年（丙申），菲律賓馬尼拉信願寺瑞今法師，負責再版影印。部數不詳。

＊同月，手書《八大人覺經》，贈陳伯衡居士。

＊同年八月，裱成《比丘戒相表記》，由上海穆藕初居士出資影印，到民國十六年出版，計一千部。分贈海內叢林。

（民國二十四年冬，上海開明書局夏丏尊居士負責再版《表記》二千部。）

（民國四十六年（丁酉）五月，由香港佛經流通處影印三版，一千二百部。原稿存穆藕初處。）

＊同年九月，手書《佛說八種長養功德經》，由玄父（尤墨君）居士發心影印（其人不詳），部數不詳。

＊同年十一月，二寫《梵網經》，由馬一浮題詞。

六、民國十五年（大師四十七歲）五月，手書《普賢行願品》一卷，時大師仍在永嘉城下寮。影印與否，不詳。

＊同年七月，與弘傘法師同去江西廬山，參加金光明道場法會，駐錫牯嶺五老峰下青蓮寺，九月，手書《華嚴經十迴向品初迴向章》。這章經，為近代最工整、最精細的寫經聖品，太虛大師評為近代寫經傑作，當時由弟子蔡丏因居士負責影印，並收藏原稿。部數不詳。

＊同年在江州匡山寺，手寫《地藏經見聞利益品》，已經影印。民國四十八年（己亥）地藏王菩薩生日，由泰國中華佛學研究社，再版影印。原版存曼谷越鵲寺中華佛學研究社。

七、民國十六年（大師四十八歲）七月，三寫《梵網經》於杭州吳山常寂光寺，由李石曾作文跋之，已付影印，時間不詳。

八、民國十八年（大師五十歲）九月，夏丏尊居士集大師在俗時書法，彙成一冊付印，題為《李息翁臨古法書》，十九年出版。這本書法是大師三十九歲以前作品，算不得經文，同時與出家後寫經章法大不相同，全篇為篆字及魏字。

*同年九月，手書《圓覺本起章》，贈學生孫選青居士，一九五七年（丁酉）初版影印，庚子年於菲律賓再版二千冊。

九、民國十九年（大師五十一歲）二月，《華嚴經》句成聯，題為《華嚴集聯》，於民國二十年在上海由弟子劉質平居士負責影印。一九六二年（壬寅）菲律賓瑞今法師等再度集資，影印二千二百部。同年四月，在上虞白馬湖，寫〈仁王般若經偈〉贈經子淵。

十、民國二十年（大師五十二歲）二月，寫《觀自在菩薩章》為亡母冥誕迴向。

十一、民國二十一年（大師五十三歲）五月，在永嘉城下寮，應趙伯廄居士請，為其先祖母書寫《華嚴經普賢行願品》（這是第二次寫《行願品》）、《華嚴十地品》、《華嚴離垢地品》。同年六月五日，為其亡父寫《阿彌陀經》十六大張，迴向西方。

十二、民國二十二年（大師五十四歲）（月份不詳），為學生劉質平居士慈母謝世，寫《心經》一卷冀業障消除，往生安養。已經影印，但部數不詳。

十三、民國二十四年（大師五十六歲）二月，在福建惠安淨峰寺，為李汝晉居士寫〈大悲咒〉一卷，由瑞今、廣洽法師等影印，部數不詳。

＊同年，手書《法華普門品》一部，由上海費範九居士負責影印。部數不詳。

十四、民國二十五年（大師五十七歲）三月二十一日，在廈門南普陀寺，為在俗時學生金咨甫居士逝世迴向，寫《金剛般若波羅蜜經》一部，懺其業障。至四月八日書訖，由廣洽法師負責，上海商務印書館出版影印，當時部數不詳。

（民國二十七年九月大師六十壽辰，此經由在菲的性願法師、高文顯居士，新加坡廣洽法師，泉州性常法師，影印一千九百部。）

（民國五十二年，在臺灣由「伉儷書屋」縮版影印第三版，一千七百部。）

（民國五十六年春，臺灣勤益紡織女主人四版影印五百部。民國六十六年十二月至六十七年底臺灣天華出版公司續印《金剛經》、《藥師經》、《華嚴淨行品偈》、《華嚴經十迴向品初迴向章》、《華嚴觀自在章》、《臨古法書》等各二千部。）

（此經有豐子愷繪「本師釋迦牟尼佛像」，畫家徐悲鴻繪「釋迦說法圖」。原稿現在新加坡薝蔔院廣洽法師處。）

此後，到一九九六年十二月為止，在日本、臺北、大陸、香港，有許多宗教、文化團體，陸續再印不同版本之《金剛經》、《華嚴集聯》、《心經》、《阿彌陀經》……等，或單印，或合印。

＊同年五月，在鼓浪嶼日光巖關中，為傳貫法師亡母迴向，寫《藥師如來功德本願經》

一部，於大師入寂後，民國三十二年（癸未），由傅耕莘居士出資影印流通，畫家李鴻梁繪「藥師如來像」。當時影印部數不詳。又民國二十四年，第二次手書《藥師經》一部，傳聞於民國三十年曾由上海聶雲臺居士影印（是否影印不詳）。

（民國五十年春，在臺灣，由續祥法師再版影印二千部流通。）

*同年五月，在鼓浪嶼日光巖為常住二寫《阿彌陀經》，於民國三十七年正月，由菲島性願法師、劉梅生（勝覺）居士影印，計一千部。

*同年秋天，在鼓浪嶼日光巖，為上海範成法師手寫《僧伽六度經》。本經原為敦煌寫本，由範成法師取得攝影，再由大師書寫，刻石於南通狼山僧伽大聖道場。

*同年十二月，離開日光巖之前，手書《佛說無量壽經》，並精製木匣，刻上、下款，經名，致贈日光巖主人清智上人，以報護法之德，未見影印。

*同年底，在泉州草庵寺，三寫《佛說五大施經》，迴向士惟居士（其人不詳），未聞影印。

十五、民國二十六年（大師五十八歲）九月，由青島湛山寺回錫登輪南返時，第二度手書《華嚴經淨行品》（這是大師第二次寫《淨行品》），贈夢參法師，報湛山護法之勞，此經未經影印。目前佛界所見的影印本《華嚴經淨行品》，係民國十三年浙江書贈黃涵之居士的寫本，並非湛山寺夢參法師之藏本。

十六、民國三十年（大師六十二歲）（未註月、日），為法侶性常法師掩關「溫陵」，第三次手寫《華嚴普賢行願品》，作為紀念。民國三十七年（戊子）正月，由菲律賓性願法師、劉梅生居士影印。

十七、民國三十一年（大師六十三歲）九月三日（圓寂前夕），大師遺囑交代，以第三度寫《藥師經》一部，遺贈法侶（閩南最後一年的侍侶）妙蓮法師（另有格言別錄亦贈蓮師），未出版。妙蓮法師（直至一九九七年）仍在福建泉州開元寺。

*

大師手寫佛經，在文字上有紀錄的，以上有三十四種。其中《佛三身讚》、《李息翁臨古法書》、《華嚴集聯》、《比丘戒相表記》、《大悲咒》不是經文，但已全部影印。

在經文方面，如《華嚴經淨行品》、《普賢行願品》、《佛說本事經》、《五大施經》、《增一》、《雜阿含》、《梵網經》、《藥師經》、《阿彌陀經》、《心經》等多種，均有寫二至三次。此外，大師寫經，究竟出版多少種，僅就所見記述。

復次，除本文所述各經，大師一生寫經，如從一經多次書寫計算，現有四十五次寫經記錄（其中《阿含經》等僅列為《雜阿含》、《增一》二項，但經名細目文不見傳）；而寫出未出版者，隱沒於大師各地師友手中及駐錫各佛寺內，寶瘞深山，未能與世人見面，令人惋惜。而今已影印的經文，由於過去印刷製版的技術問題，再加上再版時的照相誤差，與大師手書真面目已有所差別。

即以大師自認一生最精工的《華嚴經十迴向品初迴向章》而言，影印本的模糊，版面不清，使真跡受損，實與原作無法相比。然而，就影印本的章法、書法，仍可見到大師寫經時那份專心、虔誠，足以明察秋毫；而筆力整齊、細緻、莊嚴，均到登峰之點。

大師論「書」，嘗以「七分章法、三分書法」教人。書法亦如佛法：「是法非思量卜度之所能解。」

大師說：寫字的方法，應先從篆字入手，每天要寫五百個，寫成形，再學隸；由隸再學楷，楷成再入草。但時人學書，多從楷入草，由草入隸而篆，則本末倒置，不可以道里計。師在這方面可說是專家，一生寫字贈人，數以千萬計，這番話，該是由「書法三昧」中悟來，學書者，足可三復斯言！

大師一生寫經，僅是寫字的百分之一不足。他寫得最多的，是人們向他索寫的「聯句、偈語、佛號」。

當他駐錫閩南那十多年，已屬「寫經中後期」，但他在閩南寫字之多，卻為任何時期所不及。僅民國二十七年在泉州一地，從正月到三月，就寫了一千多件，給社會各階層人士結緣。而學習大師書法，或受大師書法影響的人，如浙江的因弘法師，閩南的廣義法師，師的老友夏丏尊，學生劉質平，……或多或少，都有大師的痕跡。

我個人，生得太晚，與生時的大師未謀一面；但自幼年，因唱〈送別〉一曲，而景仰大師。有緣寫大師一生傳記，復作大師「寫經」研究，這也該是勝緣。

但祈常寂光中的大師，慈悲佑我，慈光覆我，給我以奇緣，以智慧，在大師生平聖德以及生活內容方面，多所師範。讓我為佛法，在浮薄的世途，多做些鋪路工作！

弘一大師書簡研究

寫《弘一大師傳》餘暇，嘗遍讀《晚晴山房書簡》（上海開明書局版，臺灣瑞成書局翻印本），日久而熟，如對故人；日益浸沉於大師與友人筆語之中，時有「身臨其會」之感。同時，也以此因緣，而興起「研究」書簡意念；豈知，此念一動，（一九六〇年以前）臺灣瑞成書局出版的《晚晴山房書簡》中所收錄三百七十四通函件，在腦海中，頓時呈現一片荒蕪與零亂。（按：《書簡》中，大師均未紀年，當出版後，師已入寂，編者亦未注意到時間的排列，或者也無從決定時間的順序，因此造成這一「混亂」，然而，這種錯誤並不算小！）面對如此「蕪亂」的局面，我想——如不加以整理、抉擇，對一代律學宗師，在心理上無以交代。

如果，初讀大師書簡的朋友，對這冊鉛字排印的書簡（因不是大師原墨影印，不能作墨寶欣賞），也許不能感覺到什麼！這本書，只要代表弘一大師的「手札」便了；但是，如果稍加研索，便會因內容的散亂而茫然若失。其中，顛倒、零亂最多的，便是佔本書篇幅最多的「致夏丏尊函」九十五通。（一九九二年後，福建人民出版社印行之《全集》第八卷、內收致夏丏尊函已達一百通。）此外，致「蔡丏因、李芳遠、性常法師」等各四十通，也同樣混亂，致使原書簡除「手札」觀念外，實在看不出大師生活上的來龍去脈，這使崇效大師行持的人，雖讀此書，而無從自書簡中對大師德行作深切的體認。

基於此種理由，我選定「致夏丏尊」全部函件，作系統的研究，並將這九十五通編號的函件，予以擊破，然後採用「以書簡研究書簡」、「以年譜研究書簡」、「以所有別種資料互相參證」的三種方式，加以考訂每封書簡的年代，再予重新排列組合，重新按紀年順序編定「新目」，並作分段研究敘述。

在本文中，引用「書簡」的段首，加的序數，是筆者的編目；函尾，則仍舊保留「開明書局」的舊目，惟有如此，才能使讀大師書簡的人，重新進入有秩序的世界，入此境後，便不會為原先混亂的局面所困擾；同時，便能愉悅地欣賞大師精神上的藝術風光，也可從此得到一面心靈底明鏡，從中反映出一個真的自己。

筆者作此一研究，為何僅僅選定「大師與夏丏尊」的函件作為對象，而放棄餘者？我的理由是：

一、在《晚晴山房書簡》中，大師致夏丏尊函，達九十五通，在全部書簡中，份量最重！

二、餘者，多為「斷簡零篇」，不能表達大師一貫的人生態度；惟有致夏丏尊函件，齊全而一貫，在時間上，前後達二十四年，足以表達大師生活的內容。

三、大師與夏丏尊，自民國元年秋天訂交，前後垂三十年，情邁手足，肝膽相照，危難相扶，丏尊護法大師一生，從古今知己的範例中，很難找到這樣真性情的朋友！

四、夏丏尊在弘一大師的生活中，是一個最重要的羼入者，他對大師敬愛固深，而受到大師影響也最深。當大師出家時，他便誓願為大師一生的護法，不管山高路遠，始終不渝；即使大師在閩南棲錫十年（自民國二十一年十一月，到三十一年九月大師入寂），丏尊從未放棄要求大師重回白馬湖「晚晴山房」終老的念頭，這在雙方函件中，也歷次談到。但終因戰爭阻隔，未能成行。如非戰爭影響，也許弘一大師會終老於白馬湖之濱。丏尊與大師之間的雲天義重，也只有在雙方函件中，才能徹底明白。

五、除研究「大師致夏丏尊函」外，研究餘者，依然解決不了探討大師生活方式所遇的困擾，因此，惟有研究「致夏丏尊函」，才可解決此一問題，而省略餘者，亦不為失算！

復次，最重要者，讀原本《晚晴山房書簡》，因為零亂，所以不能發現它們互相間的關連。我們只能說，大師所有致友人書，全是毫無關連，而且各別獨立的，是一群文字的組合。但經過整理後，便一目了然，函函之間，互相關連，而大師生平待人接物，行持品性，也可看出一個系統。

著者個人，本此目的研究大師書簡，同時，願與各界師友，同沐大師深密的法乳。

現在，從下列一百件信函中，讓我們進入大師執筆時的情境，讀「大師給夏丏尊先生」的親筆。

民國七年函

①賜箋敬悉。居士戒除葷酒，至善至善。父病日劇，宜為說念佛往生之法；臨終一念，最為緊要。（臨終時，多生多劫以來，善惡之業，一齊現前，可畏也。）但能正念分明，念佛不輟，即往生可必。（釋迦牟尼佛所說，十萬諸佛所善讚，豈有虛語？）自力不足，居士能助念之，尤善。勸親生西方，脫離生死輪迴，世間大孝，寧有逾於是者？（臨終時，萬不可使家人環繞，妨其正念。氣絕一小時，乃許家人入室舉哀，至要至要。）淨土經論集說，「昭慶經房」皆備，可以請閱。聞范古農居士將來杭，在佚生校內講《起信論》。父病少間，居士可以往聽，《紫柏老人集》（如未送還），希託佚生轉奉范居士。不慧入山後，氣體殊適，可毋念。丙尊大士座下。演音稽首。六月十八日。——原書簡之一。

這封信寫在民國七年。大師於暑假中，離開浙江第一師範學校去杭州大慈山虎跑寺棲隱學佛，所書月、日，係舊曆。大師於二十四天之後，正式披剃。時丙尊之父重病，於九月病逝上虞家中。大師已落髮，同時受戒於靈隱寺戒期中。丙尊任杭州第一師範舍監。

（按：在民國七年以前，大師與丙尊同在一校共事，終日過從，即使假期偶而回家，函件也很少往還，同時，師未出家，丙尊也不作保存函件想。大師與丙尊同校共事七年，受大師薰習，此時已經學佛，並相約素食一年，經常與佛學界人士往還。）

②丏尊居士：傾有暇，寫小聯額貽仁者。前屬樓子啟鴻刻印，希為詢問。如已就，望即送來。衲暫不他適。暇時幸過談。不具。

釋演音　中秋前二日

《弘一大師全集》第八冊《書信卷》於一九九二年收入此函。註云：此札由上海彭長青先生錄示，錄自一九八一年《西湖》雜誌第二期盛鍾健所作〈佛學思想對柔石的影響〉一文中。（柔石原名趙平復，左翼作家，為魯迅先生之友。）後有趙子平復自志云：「余幼鄙，不知叔同李先生之為人。然一睹其字，實憾師之不及者。共和七紀（一九一八），余學武林師校，適先生棄世為僧，故又不及見其人而得其片幅。先生知交夏先生丏尊嘉余誠，以此作贈。余樂而藏之。此非余之好奇，實余之痼性也。趙子平復自志。」信中之樓啟鴻為樂石社社友，字秋實。此札當作於一九一八年弘一法師出家後未受具戒之時。

「中秋前二日」，應為一九一八年九月十七日。

③示悉。師傳有他事不克依尊命，已由演音代請本寺宏祥師及永志師二位，於初十晨八時前至尊府，念普佛一日，至晚八時止（不放燄口）。二師道行崇高，為演音所深

知，故敢紹諸仁者。是日二師來時，不帶香燈，師由尊處命茶房一人，布置伺候一切。布置大略圖說附奉。務請於事前布置完善，俾免臨時匆促。牌位二份附呈。佛位已寫好。

生於…………	顯考…………靈位	歿於…………男……奉祀

靈位

請仁者自填，并須做位架二具，張列牌位。靈位供靈前，又靈前亦須上茶上供及香燭。二師䞋儀由演音酌定，共送拾圓。因宏祥師極不易請到，永志師亦非常僧，故宜從豐以結善緣也。今日料理一切極忙，草草奉復。明晨第二次車準赴嘉興。

丏尊居士

——演音

宏祥師送經卷及演音送經卷附奉。請於初十日供靈前，是晚隨牌位焚化。

此信同前函，為一九九二年《全集》中補收，原《晚晴山房書簡》中漏錄。此信應寫於一九一八年農曆九月受戒後，受夏丏尊因父喪請僧超渡之覆函。

④銀錶古研敬受。判教宜先看五教，再閱四教。《選佛譜》宜每日擲數次，名位繁瑣，非如是不易記憶也。卒復。丏尊居士。小額附奉。演音。——原書簡之二。

此函為大師出家於虎跑後，丏尊以銀錶、古研（即古硯）贈師。未記月、日，但斷定仍在民國七年。因大師用金錶，於出家入山前夕，已贈丏尊，因此，丏尊恐師無計時工具，特以銀錶、古研相贈，因銀錶不似金錶奢侈，而合於出家後的弘一大師。

自師出家，夏丏尊不再誹謗佛法，而虛心研究佛法，可從本函中得見。

民國八年函

⑤前日葉子來談，藉悉起居勝常為慰。南京版《四書小參》、《中庸直指》，仁者如已請來，希假一誦。（否則乞詢佚生或有之。俟他日有人來帶下，不急需也。）《歸元鏡》（昭慶版）頗有可觀。（鄙以其為戲曲，甚輕視之，今偶檢閱，詞旨警切，感人甚深。）願仁者請閱，並傳示同人。近作一偈附寫奉覽，不具。丏尊居士。釋演音。三月十一日。——原書簡之三。

本函為民國八年春天，師駐錫杭州玉泉寺時所寫，因民國七年三月，師尚未出家，而署號為「釋演音」，斷為八年不誤。信中的葉子，是杭州西泠印社社長葉舟。師以古例，稱之為葉子。

然而，在這一年，丏尊也經常到佛寺去了解大師生活，時多往還，因此函件不多。

民國九年函

⑥曩承遠送，深感厚誼，來新、居樓居士家數日，將於二月後入山，七月十三日掩關，以是日為音鬀染二週年也。吳建東居士前屬撰《楊溪尾惠濟橋記》，音以掩關期近，未暇構思，願賢首代我為之。某氏所撰草稿附奉，以備參考，撰就希交吳居士收。相見無日，幸各努力，勿放逸。不一。丏尊居士文席。演音。六月二十五日。——原書簡之四。

民國九年六月底，師去浙江新登縣貝山閉關，剛好七月十三日，為弘公出家二週年，師到新登後，即寓樓居士家。不過，因緣錯脫，閉關不成，住不久，即赴衢州雲遊。本函，寫於杭州玉泉寺。文中所說「吳建東居士」，便是大師為作碑銘的「玉泉居士」，大師後來去溫州城下寮，也是他介紹。文中另稱「賢首」者，是大師對友人的尊稱，此間是指夏丏尊。——

因此，本函自屬民國九年。

民國十年函

⑦江干之別，有如昨日。吳子書來，知仁歸臥湖上，脫屣塵勞，甚善甚善。余以是歲春寒，始來永寧（寓溫州南門外城下寮——慶福寺），掩室謝客，一心念佛，將以二載，圓成其願。仁者邇來精進何似？衰老寖至，幸宜及早努力；義海淵微，未易窮討，念佛一法，最契時機；印老文鈔，宜熟覽翫味，自知其下手處也（可先閱其書札一類），仁或來甌，希於半月前先以書達，當可晤接。秋涼，惟珍重不具。丏尊居士。（便中代求松煙墨二錠寄下。）演音。八月二十七日夕。——原書簡之五。

弘公雲遊衢州附近，方便閉關、寫經、整理經藏，到民國十年春末，經杭州，小住閘口鳳生寺，再由吳建東居士等介紹，去溫州城下寮閉關。時夏丏尊因杭州第一師範校長經亨頤（子淵，大師友好），就任上虞白馬湖春暉中學校長，因此，與經同去春暉任教，並築新居於白馬湖濱。

弘一大師第一次去溫州閉關，便是民國十年，因此，本函寫於民國十年不誤。

文中所指「吳子」，當指吳建東。「歸臥湖上」，即丏尊去白馬湖。

師自學佛，而至出家，凡與丏尊通信，無時不以接引丏尊入佛、學佛、精進為心願，因此每次信中，再三誘引，苦口婆心。但因大師通常以文言寫信，在彼此情感表達上，不如白話易於動人，但讀者稍加回味，必可想像大師的悲心。

復次，民國十一年到十七年，這一段漫長歲月，在「書簡」中，竟無「片紙隻字」可得，而《晚晴山房書簡》，又由李芳遠、夏丏尊負責搜集各地師友存函，由開明編印，照理不應闕失，但是竟然佚落很多。這可能因為當時丏尊還沒有注意到大師手札的保留，因此，不慎失落。從民國十一到十七年，師仍在浙東一帶駐錫，同時與丏尊時有往還。

民國十八年函

⑧惠書誦悉。承詢所需，至用感謝。此次由閩至溫，旅費甚省，故尚有餘資。宿疾本因路途辛勞所致，今已愈之十九。銅模字即可書寫，擬先寫千餘字寄上，俟動工鐫刻後，再繼續書寫其餘者。今細檢商務字樣本，至為繁雜，有應用之字而不列入者；有《康熙字典》所未載之僻字，及俗體字反而列入者；若依此書寫，殊不適用。今擬改依《中華新字典》所載者書寫，而略增加，總以適用於排印佛書及古書等為主；尚有欠缺，他時可隨時補寫也。墓誌造像不列目錄，甚善。《佛教大辭典》，是否仍在尊處？因嘉興前來書謂未曾收到，如未送去，仍以存尊處為宜。陽曆四月十九日寄掛號信與

上海美專劉質平居士，至今半月餘，無有復音，乞為探詢，質平是否仍在「美專」，或在他處，便中示知為感。演音。陽曆五月六日。——原書簡之三十九。

本函，當大師於民國十七年十一月第一次去閩南，十八年（陰曆三月下旬）五月初抵溫州時所寫。寫信時間是陽曆五月六日，為農曆三月廿七日。

此時夏丏尊已離開白馬湖春暉中學，去上海開明書局，日後出任暨南大學中國文學系主任。

師於十七年受丏尊建議，應允為開明書局寫字作銅模，俾便作印經之用。

信中所提劉質平，是弘公在浙江師範時的學生，此時任上海美專教席。

師與丏尊函件，至此時，得以復續。此後，丏尊即注意大師書簡的保存了。

⑨丏尊居士：到溫後，即奉上明信，想已收到。銅模字已試寫二頁，奉上。乞與開明主人酌核。余近來精神衰頹，目力昏花，若寫此體或稍有把握，前後可以大致一律；若改寫他體，恐難一律，故先以此字樣奉呈。倘可用者，余即續寫，否則擬即作罷（他體不能書寫），所存之格紙，擬寫小經一卷，以奉開明主人，為紀念可耳。此次旅途甚受辛苦，至今喉痛及稍發熱，咳嗽、頭昏等症，相繼而作，近來余深感娑婆之苦，欲

早命終往生西方耳。謹陳，並候回玉。舊三月晦日。演音。——原書簡之四十一。

這封信續前函。舊曆三月晦日，即陽曆五月八日。不過時間又改為「陰曆」。師因由廈門，經福州，到溫州旅途時間較長，因勞頓而獲病。晦日即每月之三十。（按：開明主人，便是總經理章雪村。）

⑩昨覆一片，想已收到。此次寫銅模字，悉據《商務新字典》（前片云：《中華新字典》者，非也。）所載之字，去其鈣腺呎等新造之字，而將拾遺門之字擇要增入，並再參考《康熙字典》，增加其適用之字（如丏字等），先依此寫成一部。以後倘有缺少者，可以隨時增入也；擬先寫三十紙奉上，計一千零五十字。俟動工鐫刻後，乞即示知，再當續寫。前寄紙樣兩張，作廢，今擬重新書寫也；大約十天後，即可寫就奉上。書寫模字最應注意者，為全部之字，須筆劃粗細及結構相同；必能如是，將來拆開排列之時，其字仍能勻稱。又寫時，於紙下襯一格紙，每字中畫一直線，依此直線書寫，則氣乃連貫；將來拆開排列時，氣亦連貫矣。今夏，或遲至秋中，余決定來白馬湖正式嚴格閉關。詳情後達，先此略白。「山房」存米甚多，乞令他人先取食之，俟余至山房，再買新米。演音。——原書簡之四十。

本函弘公未註日期。但以信首說：「昨覆一片，想已收到」，而且本函與前函連貫，當為十八年（陰曆）四月一日所寫。

書中所說「山房」，是十七年冬天，由夏丏尊、劉質平、經亨頤、周承德、穆藕初、朱穌典、豐子愷等七人發起，在白馬湖為師建一個靜修之所，顏曰：「晚晴山房」，其目的是防患僧難。到十八年初夏，山房大致完工，但門窗仍未完善。

此時丏尊家住白馬湖畔。師到溫州後已與丏尊兩次通函。丏尊可能在信中，已請師到白馬湖山房閉關。

續前函。

⑪丏尊居士：前奉上二片，想已收到。銅模已試寫三十頁，費盡心力，務求其大小勻稱。但其結果，仍未能滿意。現由余詳細思維，此事只可中止。其原因如下：㈠此事向無有創辦者，想必有困難之處，余試之，果然困難。因字之大小與筆畫之粗細，及結構之或長或方或扁，皆難一律。今余書寫之字，依整張之紙看之，似甚整齊。但若拆開，以異部之字數紙（如口卩亻匸儿等），拼集作為一行觀之，則弱點畢露，甚為難看。余曾屢次試驗，極為掃興，故擬中止。㈡去年應允此事之時，未經詳細考慮，今既書寫之時，乃知其中有種種之字，為出家人書寫不甚合宜者。如「刀部」中殘酷凶

惡之字甚多，又「女部」中更不堪言，「尸部」中更有極穢之字，余殊不願執筆書寫。此為第二之原因（此原因甚重要）。㈢余近來眼有病，戴眼鏡久，則眼痛，將來或患增劇，即不得不停止寫字，則此事亦終不能完畢。與其將來功虧一簣，不如現在即停止。此為第三之原因。

余素重然諾，決不願食言。今此事實有不得已之種種苦衷，務乞仁者在開明主人之前，代為求其寬恕諒解，至為感禱。所餘之紙，擬書寫短篇之佛經三種（如《心經》之類是），以塞其責，聊贖余罪。前寄來之碑帖等，余已贈與泉州某師。又新字典及鉛字樣本，並未書寫之紅方格紙，亦乞悉贈與余，至為感謝。

余近來精神衰頹，遠不如去秋（按：時在上海豐子愷家）晤談時之形狀。質平前屬撰之歌集，亦屢構思，竟不能成一章，只可食言而中止耳。余年老矣（時師年五十），屢為食言之事，日夜自思，殊為抱媿，然亦無可如何耳。務乞多多原諒，至感至感。已寫之三十張奉上，乞收入。舊四月十二日。演音上。——原書簡之四十二。

續前函。

⑫丏尊居士：惠書誦悉。至白馬湖後，諸事安適，至用忻慰。廁所及廚竈已動工構造。

廚房用具等，擬於明後日，請惟淨法師（此師係由溫州城下寮隨弘公去者）偕工人至百官購買（按：百官是近白馬湖市鎮，在滬杭甬線上），彼有多年理事之經驗，諸事內行，必能措置妥善也。山房可以自炊，不用侍者，今日擬向章君處領洋十五圓，購廚房用具及食用油鹽米豆等物，其將來按月領款辦法，俟與仁者晤面時詳酌，立「會」經理此款資，甚善。其名目乞仁者等酌定。以後每月領取之食用費，作為此會布施之義而領受之。（每月數目不能一定，因有時住二人，或有時僅一人，或三人。此事俟晤面時詳酌。）以後自炊之時，尊園菜蔬，由尊處斟酌隨時布施。（此事乞於便中寫家書時提及。由便人送來，不須每日送。）一切菜蔬皆可食，無須選擇也。草草復此，餘俟面談。聯輝居士竭誠招待一切，至可感謝，不宣。舊八月廿九日。演音上。外五紙乞交子愷居士。——原書簡之九。

寫這封信之前，想弘公仍曾與丏尊通信。而五到八月間，師可能在溫州避夏靜居。此間三個多月，丏尊無師存信，或已遺失，或信極少。

師於秋涼後（在新目第八函中，師已決定秋天來山房），來白馬湖，同時由溫州帶惟淨法師同來，以便作伴。師初到山房，生活大半由丏尊家人照顧，信中所提章某，可能是丏尊家中或春暉事務人員。

⑬丙尊、子愷居士同覽：前日寄奉一函，想已收到。至白馬湖後，承夏宅及諸居士輔助一切，甚為感謝。前者仁等來函，曾云山房若住三人，其經費亦可足用云云，朽人因思，現在即迎請弘祥法師來此同住，以後朽人每年在外恆勾留數月，則山房之中居住者有時三人，有時二人，其經費當可十分足用也。仁等於舊曆九月月望以後（即陽曆十月十七、八日以後），來白馬湖時，擬請由上海繞道杭州，代朽人迎請弘祥師，偕同由紹興來白馬湖。弘祥師之行李，乞仁等代為照料，至用感謝。迎請弘祥師時其應注意者，如下數則：㈠仁等往杭州時，宜乘上午火車至閘口，即至閘口虎跑寺，訪弘祥師，仁等即可居住虎跑寺一宿，次晨，偕同過江，往紹興。所以欲仁等正午到杭州者，因可令弘祥師下午收拾行李，俾次晨即可動身。㈡仁等晤弘祥師時，乞云：「今代表弘一法師，迎請弘祥師往他處閉關用功，其地甚為幽靜，諸事無慮，護法之人甚多，但不是寺院，亦不能供養多人，僅能請弘祥師一人，往彼處居住。倘有他位法師欲偕往者，一概謝絕。即請弘祥師收拾行李，所有物件，皆可帶去。明晨，即一同動身云云。」㈢弘祥師倘問：其地在何處？仁等可答云：「現在無須問，明日到時便知。」其餘凡所問，皆不必明答。朽人之意，不欲向他僧眾傳揚此事。因恐他僧眾倘有來白馬湖訪問者，招待對付之事甚為困難，故不欲發表住處之地址也。㈣並乞仁等告知弘祥師云：「此次動身他往，不必告知弘傘師。」恐弘傘師挽留，反多周折也。

(五)朽人自昔以來，凡信佛法、出家、拜師父等，皆弘祥師為之指導一切，受恩甚深，無以為報。今由仁等發起建此山房，故欲迎養，聊報恩德於萬一也。弘祥師所有錢財無多，其由閘口至白馬湖種種費用，皆乞仁等惠施，感同身受。(六)朽人有謝客啟，附奉上一紙，託弘祥師代送虎跑庫房，令眾傳觀，以上所陳諸瑣碎事，皆乞鑒察。種種費神，感謝無盡。再者，朽人於今者，已與蘇居士約定，於晚秋初冬之時，往福建一行，故擬於陰曆九月底，即往上海或小住數日，或即乘船而行。並乞仁等便中代為詢問太古公司往廈門及往福建之輪船，其開行之時間，是否有一定規例。(如寧波船決定五時開，長江船決定半夜開之例。此所詢問者，為時間非日期。因日期可閱報紙也。)瑣陳草草不宣。十月三日。演音上。——原書簡之十一。

本函用「陽曆註月、日」，由師信中可知。

此函，請師友細心閱讀體會，方可體會大師處事的赤子之情。本函續上一函而來。

信中對夏、豐二人。所言「月望」，係指陰曆每月十五日。函中蘇居士，是上海大法輪書局蘇慧純居士，曾陪同弘公由廈門到福州鼓山湧泉寺，然後一同北上。

⑭惠書，誦悉。仁者有疾，行旅未便，本月可以不來白馬湖，朽人於下旬即往上海，

當可晤談也。子愷校課與譯務皆甚忙。亦可不來。杭州之事，可以稍緩無妨也，幸勿拘俗禮，至禱。九月初五日。演音上。——原書簡之十二。

此函，續前函而來。函中日期，用陰曆。

師本有意邀其師兄弘祥法師到山房閉關，但因夏丏尊有病，乃致無緣來住。此事一擱，竟永遠無緣。世事多常如此。

⑮丏尊居士：惠書忻悉一一，攝影甚美，可喜。山房建築，於美觀上甚能注意，聞多出於石禪之計劃也。石禪新居，由山房望之，不啻一幅畫圖（後方之松樹配置甚好）。彼云：曾費心力，慘淡經營，良有以也。現在余雖不能久住山房，但因寺院充公之說，時有所聞，未雨綢繆，早建此新居貯蓄道糧，他年寺制或有重大之變化，亦可毫無憂慮，仍能安居度日。故余對於山房建築落成，深為慶慰，甚感仁者護法之厚意也。（秋後往閩南閉關之事，是為宿願，未能中止。他年仍可來居山房，終以此處為久居之地也。）以上之意，如仁者與發起諸居士及施資諸居士晤面之時，乞為代達。因恐他人以新居初成，即往他方，或致疑訝者，故乞仁者善為之解釋，俾令大眾同生欣喜之心也。數日以來，承尊宅餽贈食品，助理雜務，一切順適，至用感謝。順達不宣。重陽

朝。演音答。——原書簡之八。

本函，師未註月、日。亦續前函而來。

函中稱「重陽朝」，當為陰曆九月初九。

函中所云「石禪」，便是春暉中學校長經亨頤，大師所住山房與丏尊在湖的北岸，石禪新居則在湖東，較近學校。

春暉為浙江著名中學。校中曾羅致當時名重一時的師資。

民國十八年陰曆九月二十日，大師五十誕辰，紹興徐仲蓀居士特為師買水族到白馬湖放生，以誌祝賀。此後，欲去西安為劉質平所阻，師再度興去閩之念，終於陰曆九月下旬成行，此為第二度去閩南。

⑯別後，安抵廈門，寓太平巖，暫不往泉州。以後通信，乞寄「廈門南普陀閩南佛學院轉交弘一收」。小冊之《護生畫集》，再乞向李居士請施八十餘冊（再多更善），寄至佛學院，交余手收。因將以是書分贈院中諸學僧及教職員等也。質平處之住址，已記不清楚，乞仁者費神，將余通訊之處告彼，並乞彼將其通訊之處告知余也。夏居士、章居士、陶居士等，乞便中代為致候。並謝余在滬時，承招待之厚情。演音上。舊十

月四日。——原書簡之二十六。

此函係師到廈門後，給丏尊第一封信。信中所稱「李居士」為李圓淨居士，曾與師合作，印行《護生畫集》。

「夏、章、陶三居士」章指章雪村，餘二人不知是誰。

⑰丏尊居士：來廈門後，居太平巖，擬暫不往泉州，因開元寺有軍隊多人駐紮也。《臨古法書序文》寫就，附以奉覽。此書出版之後，余不欲受領版稅（即分取售得之資）。因身為沙門，若受此財，於心不安。倘書店願有以酬報者，乞於每版印刷時，贈余印本若干冊，當為分贈結緣，是固余所歡喜仰望者也。將來字模製就，印佛書時，亦乞依此法，每次贈余原書若干冊。此意便中與章居士談之，並乞代為致候。字模之字，決定用時路之體（不固執己見）。其形大致如下。將來再加練習，可較此為佳。

世間如夢非實

按：「原書簡」格內字是手寫的，弘公註有「此字太大，不佳」字樣。

字與字之間，皆有適當之空白，將來排版之時，可以不必另加鉛條隔之。惟雙行小註，仍宜加鉛條間隔耳。（或以四小字佔一大字之地位，圈點免去，此事俟將來再詳酌。）是間氣候甚暖，日間僅著布小衫一件，早晚則著兩三件。老病之體，甚為安適，附一紙及匯票，乞交子愷。演音上。——原書簡之二十七。

本函未註月日，但係續上函而來。師到廈門南普陀，數日後移住太平巖。等南普陀「水陸」圓滿，又回原居。以時間推測，此函當寫在十八年陰曆十月下旬到十一月底之間。以後，師於臘月與太虛大師同去南安小雪峰渡歲。

函中所說「章居士」，是章雪村，以次各函稱章居士均同。

又：師至此時，可能受丐尊敦勸，再度為開明寫字作銅模。

所寫《臨古法書》，係由夏丐尊收藏，編集後，在開明付印，到十九年夏天出版。

⑱昨日南普陀送來尊函，及格紙一包，白紙一包，悉已收到。所云字典等一包，想不久亦可寄到。《有部毗奈耶》，請居士轉交四川徐耀遠居士。承夏居士轉到孫居士一函、一片，悉已收到（此事於前函中似已提及）。護生信箋，乞即選定並示知其格式，即為書寫。以前囑寫各件，除銅模字須明年乃可奉上，其餘各件不久即可寫好郵呈。所有書物等均乞暫存尊處，俟明年再斟酌辦法。演音。——原書簡之二十九。

本函，仍續前函，但當中似乎缺一函。

師未寫月、日，但仍在「太平巖」居住時所寫。約在十八年陰曆十一月間。

民國十九年函

⑲爾來患神經衰弱甚劇，今年擬即在此靜養，不再他往。晚晴山房若無人居住，恐致朽壞，如惟淨師能來住，甚善。否則或請弘祥師，或他人入內住之。此事乞仁者斟酌為禱。信箋附掛號寄上，乞收入。銅模之字，俟病癒後再執筆。歲晚移居泉州山中，以後惠函，乞寄福建泉州洪瀨雪峰寺弘一收。正月初七日。演音。子愷居士乞致候。——原書簡之三十一。

本函續前函，師已於十八年臘月底到南安雪峰寺，唯因身體不佳，停寫「銅模」。本函日期為農曆。

⑳惠書，昨晚誦悉。是間近來大兵雲集，各大寺院皆住滿。以前所云在此靜修之事，恐難成就。且俟下月再酌定可也。弘祥師之事，今余詳思，似須余親往商量，決定可否，乃為穩妥。倘余於春暖之時返浙省即擬親往杭州一行也。旅費已不足，擬請仁等

為集資十五圓匯下存貯；倘於春暖返浙，即以此費充之。萬一仍居閩地者，當存貯此費，以備他日旅行用也。惠復乞寄福建泉州城內承天寺轉交弘一收。匯款之時，亦依此址書寫，以後乞勿再寄洪瀨，因彼處不穩妥，或致遺失也。不具。子愷居士乞代致候。正月晦日。演音。——原書簡之三十七。

大師於十九年正月中旬，由雪峰到泉州承天寺，本函寫於陰曆正月三十。大師來閩，目的是避寒。他的身體多病，既不堪酷寒，也不耐炎夏。將準備春暖再回浙江。本信續前函。大師每有所需，向丏尊或其他友好支款時，其用途及支配方式，必清楚言明。

㉑前郵信片，想已收到。拙書集出版之時，乞檢三十冊寄福建泉州承天寺性願法師收。再檢三十冊寄溫州大南門外慶福寺因弘法師收。並乞掛號，至為感謝。模字，擬於二三日後即動手書寫，先寫七百字寄上，俟命工鐫刻時，再繼續書寫他字。附聞。二月十一日。演音。——原書簡之二十八。

本函，係用陽曆月、日。師寫信有例，凡陽曆均不寫「曆別」。唯陰曆多註明，或在陰、陽曆並用時，亦註陽曆。

這封信與上一封信對照讀，以「銅模」事，可知這封信寫於十九年農曆二月。

㉒惠書並施金，悉收到。感謝無盡。擬於舊三月初旬動身，先至溫州（由福州往，不過上海）。俟下半年，再至白馬湖。因質平屬撰歌詞，須至溫州撰著，彼寺中經書齊備，可資檢閱也。以後惠書，乞寄溫州慶福寺弘一收。謹覆。演音。舊二月望日。——原書簡之三十二。

續前函。此時，師已準備由福州回浙江。「望日」是舊曆二月十五日。函中所稱質平屬寫歌詞，即弟子劉質平請師撰寫的《清涼歌》。

㉓丙尊居士：頃誦尊函，並金二十圓，感謝無盡。余近來衰病之由，未曾詳告仁者。今略記之如下。去秋往廈門後，身體甚健。今年正月（舊曆，以下同），在承天寺居住之時，寺中駐兵五百餘人，距余居室數丈之處，練習放槍並學吹喇叭，及其他體操唱歌等，有種種之聲音，驚恐擾亂，晝夜不寧。而余則竭力忍耐，至三月中旬，乃動身歸來；輪船之中，又與兵士二百餘人同乘（由彼等封船），種種逼迫，種種污穢，殆非言

語可以形容。共同乘二晝夜，乃至福州。余雖強自支持，但腦神經已受重傷，故在溫州，身心已疲勞萬分，遂即致疾，至今猶未十分痊愈。慶福寺中，在余歸來之前數日，亦駐有兵士，至今未退。樓窗前二丈之外，亦駐有多數之兵，雖亦有放槍喧嘩等事，但較在福建時則勝多多矣。所謂「秋荼之甘」，或云如薺也。余自念此種逆惱之境，為生平所未經歷者，定是宿世惡業所感，有此苦報。故余雖身心備受諸苦，而道念頗為增進。佛說八苦為八師，洵精確之定論也。余自經種種摧折，於世間諸事絕少興味，不久即正式閉關，不再與世人往來矣。（以上之事，乞與子愷一談，他人之處，無須提及為要。）以後通信，唯有仁者及子愷、質平等。其他如廈門、杭州等處，皆致函訣別，盡此形壽不再晤面及通信等。以後他人如向仁者或子愷詢問余之蹤跡者，乞以「雖存如歿」四字答之。並告以萬勿訪問及通信等。質平處，余亦為彼寫經等以塞其責，並致書謝罪。現在，諸事皆已結束，惟有徐蔚如編校《華嚴疏鈔》，屬余參訂，須隨時通信。返山房之事，尚須斟酌，俟後奉達（臨動身時當通知）。山房之中，乞勿添製紗窗，因余向來不喜此物。山房地勢較高，蚊不多也。余現在無大病，惟身心衰弱，又手顫、眼花、神昏、臂痛不易舉。凡此皆衰老之相耳，甚願早生西方。謹復，不具一一。舊四月廿八日。演音。馬居士石圖章一包，前存子愷處，乞託彼便中交去，並向馬居士訣別之意，今後不再通信及晤面矣。——原書簡之四十三。

這封信與上函，在時間上，陰曆四月二十八日相等於陽曆五月二十六日。但從兩信內容看，則互相照應。

函中所稱馬居士，應是杭州馬一浮居士，師的老友。

㉔丏尊居士：前寄寫經，續寄一函，想已收到。余擬於新曆六月五日（星期四）到寧波（三日自溫州動身），在北門白衣寺暫住二三日，乞仁者於六日（星期五）或七日（星期六）自上海搭輪船為盼。仁者到寧波時，乞坐人力車，至北門白衣寺（車力約二角餘）乞問慧性師。倘云不知，乞問念佛堂內出塵老和尚，由彼二人可以引導與余晤談也。有應商酌之事，統俟面談。乞仁者先去信，託尊府人到山房灑掃，又如有寄與弘一之信，乞代收云云。《臨古法書》出版後，乞更改寄處如下（前紙作廢）：福建泉州承天寺性願法師三十冊，廈門南普陀大醒法師二十冊，溫州大南門慶福寺因弘法師二十冊，天津河東山西會館南李晉章居士二十冊，白馬湖弘一十冊，共百冊。種種費神，至為感謝，附一紙，乞交豐居士。新曆五月廿九日。演音。——原書簡之十三。

本函，大師由廈門回到溫州後，於舊曆五月二日在慶福寺（城下寮）所寫。唯在本函之前，仍應有函件與丏尊相約，到寧波相晤，但原書簡未見，想為失落。

函中所稱人物：

性願法師——即後來駐錫菲律賓信願寺的性願老法師，是大師尊為師輩的方外好友。

大醒法師——當時南普陀閩南佛學院教務主持人，太虛大師弟子，民國四十一年十二月圓寂於臺北。

因弘法師——弘一大師在溫州城下寮閉關時的侍侶。

李晉章居士——大師俗家親侄，為弘公之兄李文熙之次子。

㉕書悉：自慚涼德，本無可傳，擬自記舊事數則，或足以資他人改過遷善之一助耳。稍遲當寫奉，不宣。六月十日。演音。——原書簡之三十。

本函，以前函師稱將入關絕世，因此丏尊有意向師找尋資料作傳，而師謹以「舊事數則」，以資他人改過遷善之資助。閱下函，此函，所記為農曆，疑自上虞寄出。

㉖返山房後，諸承照料，感謝無盡。子淵及尊府送來燒餅甚多，乞仁者勿再買餅乾，亦勿買罐頭。閉門用功之廣告，擬即日貼於門外（不俟七月六日）。但此是對方外人，若仁等則非此限也。白衣寺安心頭陀，今日來山房，聲淚俱下，約余往甬（即寧波）。

泥水工人，昨日已做工一日，因天氣陰雨無定，囑彼暫止。以後如有出家人、在家人等向尊處或子愷處，詢問余之消息，乞告以不晤客、不通信等。音上。《佛教大辭典》太笨重，現在亦不披閱，乞仍存滬上，倘他日子愷往嘉興時，乞彼於便中帶交第二中學蔡丏因收。但不必急急也。又白。——原書簡之二十三。

這封信，師未註寫信日期。根據上一函日期推斷，師到白馬湖「晚晴山房」，應在陰曆五月初。到山房後，一兩日內，與上海丏尊通信。

據此，這封信，發自上虞白馬湖，約在陽曆六月中旬前後。《全集》則列入一九三二年。

應注意者：丏尊保存大師手札，容有疏忽之處，即每年不一定全數完整，中間或有缺漏，以致看來前後有斷續之感。

函中所說「子淵」其人，即春暉中學校長經亨頤。蔡丏因，即蔡冠洛，後任上海世界書局編輯。

㉗丏尊居士：移居之事，諸承護念，感謝無盡。居此已數日，至為安適，氣候與普陀相似，蚊蠅等甚稀，用功最為相宜。居此山中，與閉關無以異也。以後出家、在家諸師友，有詢問余之蹤跡者，乞告以雲遊他方，謝客用功，未能通訊及晤談云云。附一

紙，便中乞交豐居士，不具。演音。本市有工人一名，每日至余處送飯、送開水及其他雜事，甚為精勤。每月似應以資酬謝，與贈送寺中伙食費同時交去。每月應付寺中之伙食費及工人費，擬請由山房存款利息內支付。因余居彼居此（按：彼即「山房」，此即「法界寺」），無以異也。前存泉州行李三件，擬託彼覓便人帶至上海，送存江南銀行，乞仁者為寫一憑信，寄至余處，轉為寄去。信函寫：外，行李三件，送交寧波路（乞寫極詳細之地址）江南銀行某人收云云。信內，乞寫：託其收下覓便帶至白馬湖夏寓。寧波路之地址，能繪一圖尤善。因外鄉之人，不易尋覓也。附白。——原書簡之十四。

本函寫於法界寺。但在前函中未提到「移居」之事。移居的原因，大約因山房門窗未弄好的原故。

信中無日期，但照上一函意思，大約寫在陰曆六月初。師自晚晴山房第一次移居附近山中法界寺後，即敘述寺中生活情形，告知丏尊，表示法界寺與山房「無以異也」。同時，新目第二十七函中（請注意新目二十九函），也表示同樣意思。因此推斷這一函，寫於此時此地。

（按：這一函是「書簡」中最難查證的一封信，因未寫日期，未寫地點，函中又未提到季節，甚難推理，且此信與上下兩函，在原《晚晴山房書簡》中，脫節太遠，但經詳細查證，反覆研究，始決定列入此間。法界寺是白馬湖附近的山寺。）

㉘丏尊居士：兩奉惠書，具悉一一。諸承慈念，感謝無既。茲奉上鈔票洋十八圓，乞便中託人帶到郵局，以十七圓五角匯往南京。匯票上寫法：「匯款人——上海兆豐路口開明書局夏丏尊。收款人——南京延齡巷馬路金陵刻經處。」所餘之五角，即作為匯費及掛號信費等可也。附信一件，未封口，乞託人將匯票裝入代為封口寄去為禱。種種費神，感激無盡。不具。演音疏。——原書簡之十八。

此函仍寄於「法界寺」。信上無日期記載，但從下一封信中推斷，約陰曆六月中旬以後。請讀者諸師友，注意下一函。

㉙丏尊居士：南京經書已寄到，乞勿念。居法界寺月餘，甚安。與閉關無以異也。以後倘有出家、在家之人，向仁者詢問余之近狀者，乞告以隱遯用功，不再晤面及通信（現住之處勿告彼）云云。他日仁者返白馬湖時，乞惠臨一談，為禱。閏月十日。音上。——原書簡之十九。

本函續前函。可能經常有人向丏尊打聽弘公地址，因此，師一再反覆告訴丏尊，要代為保密。

由本函可見新目第二十七、二十八兩函，均不錯誤，查「萬年曆」民國十九年有閏六月。本函即寫於閏六月十日。

㉚丏尊居士：惠書，前已誦悉。又由尊宅送到書籍及惠施諸物，至用感謝。宿疾已痊癒。質平前日來此，二宿而去，佩弦居士及尊眷、屬書之幅，已寫就，俟後面呈。《臨古法書》承為代寄，甚感。謹復，不具。舊七月八日。演音。倘有向尊處詢問余之蹤跡者，乞答以遯居他方，未能見客及通信。現住之地及寺名，乞勿告知。——原書簡之十。

此函，舊曆。相當於陽曆八月三十一日。師在法界寺發信，仍貫徹前在溫州致丏尊函中所說閉關絕世之意，隱居山房。佩弦居士，為朱自清之號。

所稱「宿疾已癒」，便是由於泉州承天寺駐軍引起的神經衰弱等病已癒。本信續前函。

㉛前復函，想已收到。前存開明發行所之《五戒相經》及《有部毘奈耶》，並存尊處之

吳夢非居士由南京請來佛經等，皆乞託人於陰曆九月二十日以前帶至白馬湖，為禱。九月十二日。演音上。——原書簡之二十四。

本函之前，似有闕。

本函為陽曆日期。函中所稱陰曆九月二十日，相等陽曆十一月十日。陽曆九月十二日則為陰曆七月二十日。這一年陰曆十月十五日，師將去慈谿鳴鶴場白湖金仙寺，聽靜權法師講經。該寺住持為亦幻法師。是太虛大師弟子，對師極為崇仰。

㉜丙尊居士：今晨奉惠書，具悉一一。重陽前後，朽人曾寄片至開明（通告九月未能返白馬湖），想已遺失，致勞遠念，深為歉然。日報所載，有傳聞失實處。此書版，舊藏福州鼓山，久無人知。朽人前年，無意中見之，乃勸蘇居士印廿五部（以十二部贈與日邦）。按吾國江浙舊經版，經洪楊之亂，皆成灰燼。最古者，惟有北京龍藏版，大約雍正時刻。今此《華嚴經疏論纂要》，為康熙時版，成為吾國現存之最古之經版，亦未可知也（此意便中乞告內山居士）。此外，彼處尚有古版數種，甚盼將來有人印刷流布。附一紙，乞呈西田大士。並希致候。不宣。音復。

承詢所需，深為感謝。現無需用，俟後奉達。返白馬湖期，俟講經圓滿再訂。現在每日聽靜權法師講《地藏菩薩本願經》。白衣寺孤兒院事，甚為棘手，擬暫緩往。子愷居士處久未通訊，甚為思念，乞代致候。三年前，往內山居士處時，見其屋隅（即陳列佛書之處），有黃皮厚冊之《華嚴》……。（忘其名，為華嚴概論之類。）現朽人甚思得此書，他日如仁者見內山居士時，乞為一詢。如無，亦無妨也。此書倘承惠寄，乞交二馬路全盛信局，即可寄至慈北，鳴鶴場。或交郵局，亦可。附白。十二月二日。——原書簡之十六。

本函，大師寫於白湖金仙寺。所寫日期為陽曆。

信中蘇居士，為大法輪書局蘇慧純居士。西田居士，不知其人為誰？

靜權法師，是當時天台宗有數的名家。

內山居士，是日本出版家內山完造。丏尊友人。「內山書店」，為上海著名之日文書店。

㉝丏尊居士慧鑒：前日奉手書，忻悉一一。承寄之書籍，昨日已收到。茲寄上拙書二紙，一贈天香居士，一贈內山居士（附郵掛號奉上）。附呈致小樓居士一紙，乞轉交。又致內山居士三紙，乞轉交，並乞為說明其意，因彼不甚解漢文也。又請經目錄一紙，乞於晚晴護法會支洋三十圓，託人持此目錄，往北火車站東首寶山路口佛學書局購請。

並託佛學書局代寄。即將郵資及掛號資付清。所餘之零資，乞購郵票，於他日便中寄下，種種費神，感謝無盡。又致豐居士一紙，亦乞於便中轉交。及附奉拙書六紙，乞隨意轉贈他人結緣（此六紙另掛號寄上）。十二月十四日。演音疏。——原書簡之四十四。

本信，續前函。日期為陽曆，仍寄於金仙寺。

丏尊等人已為大師成立「晚晴山房護法會」，集有基金。

㉞承託佛學書局所寄之書，已收到，感謝無盡。講經即將圓滿。拙人因天氣太寒，骨節凝痛，困苦殊甚。不得已，擬於五六天後，即往溫州，在彼過年。春暖之後，當再返法界寺，知承遠念，謹聞，不宣。十二月廿六日。音上。以後通訊，乞寄溫州大南門外慶福寺。——原書簡之二十五。

本函續前函，日期是陽曆。

民國十九年十一月（陰曆）二十日（陽曆元月八日），靜權法師講《地藏經》圓滿，因天氣凝寒，落雨雪。弘公即於次日登途去溫州慶福寺渡歲。

㉟丏尊居士慧覽：前上書，想已收到。舊曆明年正月元宵後，即擬覓便返法界寺，極遲或延至正月底，必可到法界也。其時當先到尊寓午餐，然後乘船而往。再者，前至寧波時，偶一不慎，將衣袋中之鈔票一包，完全遺落，幸得友人資助，得以動身至溫州，將來由溫返白馬湖時，所需路費及買物等費，仍乞護法會有以施助，至為感荷。以前在閩南過冬兩年，無有所苦。今歲驟值奇寒，老體已不能支持，明冬如仍在世，只可再往閩南過冬矣。謹達不具。音上。立春後一日。——原書簡之十七。

到溫州後，師續函丏尊。

信上日期，訂為「立春後一日」，民國十九年，年頭年尾，兩個春；年尾立春，在陰曆十二月十八，本函當寫於十二月十九日。

時江浙天寒，弘公體弱不能支，此為師日後棲錫南閩之一大助緣。

民國二十年函

㊱昨誦惠書，承施資至感，已甚足用。山房潮氣全除，至所忻慰。唯此次返驛亭時，僅攜帶薄棉被一件，其他蚊帳被褥等，皆存在法界寺中，以是之故，未能在山房止宿。且俟秋涼時，再當來山房也。動身之時未定，早者二十左右，至遲在月底。謹覆不具。

音上。正月初九日。——原書簡之二十二。

本函，由上虞白馬湖法界寺所寄。

時大師在溫州渡歲後，經寧波，與夏丏尊、錢均夫晤面，後到上虞白馬湖，回錫法界寺。「法界寺」在白馬湖濱山中，與「晚晴山房」當然還有一小段水程，因大師曾告訴丏尊，他由山房去法界寺的行程，是坐船。白馬湖，在普通地圖上找不出來。（著者未嘗到過白馬湖）想杭甬線的百官鎮距白馬湖最多不會過十華里。法界寺與春暉中學，都在百官郊區。因此師仍回法界寺安住。因師的行李，仍留在「法界寺」。

本函，由文意知是續前函。師在寧波失款，到溫州後，丏尊曾寄錢去作旅費，回白馬湖。信中時間為陰曆。「驛亭」是杭甬線上近白馬湖的車站。據黃寄慈居士說，春暉在車站之北，白馬湖南岸，而山房在春暉對湖山邊。湖約數里寬。

㊲丏尊居士慧覽：紹興諸居士等，盼望朽人往彼一遊，甚切。擬二三日即動身往紹。將來或順便到杭滬，亦未可定也。俟返法界寺時，再致函奉達。前得黃寄慈居士函：謂彼校頃欲以拙書《臨古法書》印本為習字用，惜其定價太昂云云。可否乞仁者轉商請章居士，另印江南連史紙，粗率裝訂者發行，則定價可在六七角也。不宣。中秋節。

演音上。——原書簡之二十。

本函與上一函脫節八個月。師於這一年四月離開白馬湖法界寺，到慈北鳴鶴場白湖金仙寺亦幻法師那裡去掛錫，那是他第二度去白湖。那次去白湖，目的要辦南山律學院宏傳戒律。距離金仙寺十五里的五磊寺，是一所名剎，由亦幻法師推介，準備在五磊寺辦「南山律學院」。但以因緣乖舛而不成（見傳記本文），往返蹉跎，這年夏、秋兩季，多在金仙寺、五磊寺與寧波白衣寺掛單，為這件事辛苦奔忙，結果弄得一身苦惱。

本函日期，訂為中秋節。查有關資料，均無法確定民國二十年中秋節弘公在哪一個寺中掛單。

在這封信中推測，很可能在白湖金仙寺。

由於陰曆八月，大師與五磊寺住持棲蓮和尚意見相左，已離開五磊寺，當然也不會在那兒渡中秋節了。

在這一年陰曆正月至八月，原書簡中未見與丏尊通信，如有，則可能失落，而形成斷簡現象。但這一年冬適逢「一・二八」事變發生，開明書局損失慘重，是不是被砲火毀掉呢？

㊳承轉天津之函，已收到，甚感。今秋到滬時，由仁者託同居之張居士帶往嘉興之《佛

教大辭典》一冊，至今彼處未收到，乞為查詢。如已煩人帶往，乞速送至第二中學蔡丏因居士處。如尚未帶去者，即仍存上海尊寓，俟將來再酌定辦法耳。十二月十七日。演音上。子愷居士託開明寄來大冊畫集兩包，已收到。——原書簡之四十七。

這封信，時間、事實，與前函亦脫節。信上無紀年。但根據「今秋到滬時……」這句話，可以推知，在二十年九月間，師曾受到廈門廣洽法師函請，要弘公到閩南渡寒。但到上海之後，逢一．二八前夕，時局不甯，未能成行，然後又回到寧波，在十、十一兩月，多數住在寧波白衣寺，隱居不出。其中，又曾與五磊寺棲蓮和尚再度訂約，開辦「南山律學院」。結果仍未成，飄然他去。

由於這一封信中，沒有提到住處的關係位置，但據亦幻法師〈弘一大師在白湖〉一文中記述，師於二十年臘月在白湖附近的龍山伏龍寺渡歲，這封信則很可能寫在寧波白衣寺，或伏龍寺。到二十一年初春，又到金仙寺去住過一個階段。

在這一年四月以後，與丏尊書信，斷得太多，都可能受到一．二八戰爭局勢影響。

復次，師於民國十九年秋天在白馬湖，未到過上海。二十一年秋天，在伏龍寺、金仙寺安居，因此，斷定本函寫於二十年。在紀年上不會發生差錯。只是寫信的地點，尚待存疑。

民國二十一年函

㊴丏尊居士：昔承過談，至為感慰。朽人於八月十一日患傷寒，發熱甚劇，殆不省人事。入夜，兼痢疾。延至十四日乃稍愈。至昨日（十八日）已獲痊愈，飲食如常，惟力疲耳。此次患病頗重，倘療養不能如法，可以纏綿數月。幸朽人稍知醫理，自己覓舊存之藥服之，並斷食一日，減食數日，遂能早痊（此病照例須半月或兩旬），實出意料之外耳。未曾請醫市藥，故費用無多，僅半圓餘耳。（買綠豆、冬瓜、蘿蔔等。）前存之痧藥等，大半用罄，惟餘藥水半瓶，乞仁者便中託人代購下記之藥以惠施，他日覓便帶下。因山居若遇急病，難覓醫藥。（即非急病，亦甚困難。）故不得不稍有儲蓄耳。（藥名另寫一紙。）如此之重病，朽人已多年未患，今以五十之年而患此病，又深感病中起立做事之困難（無有看病之人），故於此娑婆世界，已不再生貪戀之想，惟冀早生西方耳。陽曆九月十八日以後，仁者或可返里，其時天氣已漸涼爽（已過白露節），乞惠臨法界寺，與住持預商臨終助念及身後之事，至為感企。此次病劇之時，深悔未曾預備遺囑（助念等事），（按：大師於二十年四月曾立遺囑於法界寺，後存在丏尊處。）故猶未能一意求生西方，惟希病愈，良用自慚耳。今病已癒，乞仁者萬勿掛念。豐居士並此致候，不具。八月十九日晨。演音。——原書簡之十五。

本函寫於二十一年八月十九日，於法界寺病後。時間是陽曆。

查林子青著《大師新譜》亦提及大師在法界寺生過傷寒。師在俗時學生陳恭，後來出家的印西法師，在《弘一大師永懷錄》中，所作〈弘一法師〉一文曾說弘公於「壬申初秋，重病，臥越東白馬湖法界寺，漿水不進，彌旬臥床，常呼印西不止……西自西湖北山靈峰寺，忍炎暑，步行至師前，侍奉湯藥，經二月餘，疾苦始閒……」

文中同時說，「丏尊方憩於湖上，遽以電告……」我想可能當時是記憶不清。大師這封信中卻明明說：「陽曆九月十八日以後，仁者或可返里……乞惠臨法界寺，與住持預商臨終助念……」云云。（印西師為弘公之浙師學生，據阮毅成先生說。）

從來，中國人寫文，多忽略時間上清楚的交代，以致後人弄不清頭緒。弘公圓寂後，在有關資料中，最頭痛的也是「時間」上、陰陽曆未明確交代，致使寫「年譜」及「傳記」者絞盡了腦汁，也不能查出大師一生經歷全部正確的時間記載。

這封信與印西法師的文件，遭遇也正如此。

據《新譜》記載，民國二十一年條，已確定大師在白馬湖法界寺生病。大師有一封給蔡丏因的信，二十一年正月十一日住伏龍寺不久即去法界寺。

在這一年七至九月間，年譜上記載，師初秋在伏龍寺安居，這七至九月，九到十一月（上述推斷為陽曆）的行止應在上虞、慈谿各地寺院。因此，在九至十一月這兩個月多中，師是病於法界寺，病好之後，去南閩。

㊵久未通訊，甚念，廈門天氣甚暖。石榴花、桂花、晚香玉、白蘭花、玫瑰花等，皆仍開放。又有熱帶之奇花異草甚多，幾不知世間尚有嚴冬風雪之苦矣。近由李圓淨居士交至尊處之天津寄款二十圓，乞便中託人送到愚園路膠州路口七號佛學書局交沈彬翰居士，收入第七六六號弘一存款戶頭中，以備將來請經之用，至用感謝。擬於舊曆正月二十一日，即蕅益大師涅槃之日，在此講《四分律》戒本及表記。演音疏。——原書簡之五十三。

民國二十一年，與丏尊信中，只有上兩通。

本函未寫日期，僅說「擬於舊曆正月二十一日，即蕅益大師……在此講《四分律》……」。

大師於二十一年十一月（陽曆）到廈門，在師演講的〈南閩十年之夢影〉一文中說：陰曆十月初抵廈門。這是大師第三度到南閩，也是永遠棲錫。當十月以前，這一段時間與丏尊信中斷落當在不少。本函大約寫在舊曆十二月底。

大師在〈南閩十年之夢影〉一文中曾說，他在二十二年（陰曆）正月二十一日在廈門的妙釋寺講律，可見，此函時間無多大差錯。事實則正確。

民國二十二年函

㊶前函初發出，即奉到開明所寄書籍一包。乞便中代達子愷居士，諸承費神，感謝無盡。閏五月十五日。演音啟。——原書簡之三十六。

本函日期，閏五月。按民國二十二年閏五月。弘公在閩南宏法十四年，唯有二十二年是閏五月。

本函寫於泉州。依《新譜》：師五月十日赴泉州，閏五月為盧世侯居士題所繪〈地藏菩薩九華垂跡圖讚〉……。

弘公在泉州直到陰曆十一月，始去草庵渡歲。

㊷因事留泉州，秋晚乃可入山也。（今年未能北上。）前承尊戚施眼鏡甚為適用，但攜帶未能輕便。仁者前用之眼鏡，如已不合用（聞人云：近十年即須換），乞以惠施。因余猶可適用此光也。且備有兩具，萬一破碎亦可資急需。至鏡邊金質，可用他物塗之，無有礙也。惟付郵寄下，頗非易事，或致途中破損，乞眼鏡公司代寄，當妥善也。惠

書，仍寄廈門轉泉州大開元寺。（二月後乃移居。）丏尊居士道鑒。演音啟。——原書簡之六。

本函無日期。但根據民十七、十八、十九——三年，每年計劃到閩南避寒，春暖返浙的行徑，可知，這封信寫於二十二年（民國二十年因戰亂未赴閩，二十一年十一月成行）。由於二十一年江浙天氣嚴寒，大師體弱不支，所以二十二年已不作回浙的打算。

寫這封信的時間，我們由年終向年頭倒推，可能獲得概略日期。

師於二十二年冬月到泉州鄉間草庵寺渡歲，根據下一函（新目第四十三函）的日期（八月廿二日），向上推，由閩到滬信件，在民國二十二年昇平時代，往返須二十天（加上雙方延擱時間），或至一個月。則概算此函在陽曆七月中下旬。（陰曆閏五月底，六月初。）

推定的理由有二：

一、二十二年，正月到五月，師均在廈門講律。五月十日到泉州開元寺講經、研律、圈點《南山鈔記》，直到年底去草庵。但大師早思入山靜居，可是因為編著《戒本羯磨隨講別錄》、《南山道宣律師簡譜》、《梵網經菩薩戒本淺釋》等書，一再延遲入山。

二、據下一函，大師說：「承施目魚，感謝無盡。……」（目魚即眼鏡），可見大師已收到夏丏尊寄贈的眼鏡。

㊸丏尊居士道席：惠書具悉。承施目魚（此名馬居士定），（按：馬居士即師老友馬一浮。）感謝無盡。印西師盛意，至用銘感，近年來雖無大病，但衰老日甚，殊畏寒暑。閩南氣候調和，適於療養，故暫未能北上，至用歉然。稍緩，即擬移居山中。希施資貳拾圓，付郵匯下，以備雜用，甚感。謹覆，不宣。八月廿二日，演音疏。——原書簡之七。

本函續上函。信中日期，按大師習慣，凡不註明舊曆者，多數為陽曆，但亦偶有用陰曆。信中「印西師」，即是在白馬湖法界寺探師病的印西法師，印西師係在溫州城下寮與弘公相識，非在俗弟子（上據黃寄慈先生說，但與阮毅成先生說不同）。

㊹丏尊居士：前明信，想已收到。居此甚安，乞釋慈念。茲有懇者，乞匯洋拾圓，致南京延齡巷馬路金陵刻經處，云係弘一購經之款，請彼存貯云云。費神，至感。通訊處尚無有定。信面寫開元寺，但仍住草庵也。距泉州三十里鄉間。演音疏。——原書簡之七十一。

師二十二年冬天，由泉州偕性常、傳貫法師住鄉間檀林草庵寺。這時弘公第一次到草庵。

但宏法活動則在泉州，因此通信處設在泉州。

本函未註日期。但因師在鄉間，僅兩個多月，二十三年元旦，又到泉州講「戒本」，二月去廈門。此信可能寫於二十二年底。

本年中，原書簡僅收此三函。

民國二十三年函

㊺丙尊居士道鑒：惠書誦悉，至用感慰。近來老態日增，足力未健，不勝舟車之勞，恐一時未能北上，至用悵然耳。近因研習編輯，請經甚多，乞再匯二十圓至金陵刻經處，為禱。附箋，乞並寄去。以後惠書，乞寄廈門南普陀寺轉交弘一收。謹復不具。演音啟。——原書簡之七十五。

續前函。師於二十三年二月到廈門南普陀寺講戒、著書，在二十二、二十三年之間，並編有《戒本羯磨隨講別錄》等書。因此，便有「研究編輯」之說。

本函未註時間，或仍在泉州將去廈門之時。暫時存疑。如仍在泉州，則寫在二十三年正月，如在廈門，則是二月了。

㊻丏尊居士道席：惠書誦悉。近見仁者所撰〈辭通序〉，古雅淵懿，至為歡讚。並悉作者為一老儒，因寫字一葉贈之，乞託宋居士轉交。不宣。二月十七日。演音啟。——原書簡之五十一。

此函據夏丏尊作〈辭通序〉之日期推算為陰曆日期。

本函與二十二年函有脫節現象。師至閩南因距浙江路遠，或許信件減少。（為確定本函年代，查開明版《辭通》，讀諸家序，已證實夏丏尊之序文，寫於二十三年陽曆二月，《辭通》於三、四月間出版，作者是朱起鳳，此外，作序者尚有章太炎、胡適之、劉大白等多人。）

二十三年二月，師自草庵至廈門，這年整年在廈門研律（南山三大部）宏律，直到二十四年舊曆二月底，再赴泉州，四月十一日，由泉州到惠安淨峰棲息。

㊼前寄上《辭通》書面字，想已收到。昨承轉寄超伊師函，已達，至感。開明書店出版之《護生畫集》，乞惠施二十冊上下，俾便轉贈同人，為禱。演音疏。《辭通》出版後乞惠施一冊。——原書簡之五十二。

續前函。上一函寫於二十三年陰曆二月，則這一函，便寫於陰曆二月之後。

查開明版《辭通》內頁封面為弘一大師手跡，著者查證不誤。開明《辭通》，份量相當《辭海》。

文中超伊師，不卜其人。師索《護生畫集》，可能贈與廈門南普陀寺養正院學律法侶。

民國二十四年函

㊽惠書誦悉，至用感謝，《畫集》即可收到，講律尚須繼續，今年或不能北上也。不宣。演音啟。兩旬之後，擬往百里外山中避暑，乞暫勿來信。將來住處定後，再以奉聞。附白。——原書簡之三十八。

師於民國二十四年陰曆四月十一日，回泉州去惠安淨峰寺，本函中，言及「兩旬之後，擬往百里外山中避暑……」便是指「淨峰」。這封信與弘公〈給俗姪李晉章信〉內容相同，均指同一件事。（見林子青著《大師新譜》二十四年條。）

寫信時間，當在陰曆三月下旬，時駐錫泉州溫陵養老院。

㊾丙尊居士道鑒：久未致訊，至念。上月徙居山中，距郵政代辦所八里，投信未便，故諸友處悉無音訊也。玆擬向佛學書局請經，附一箋乞轉送，並乞由晚晴會施洋三十

圓附遞，費神，至感。山鄉風俗淳古，男業木土石工，女任耕田挑擔。男四十歲以上多有辮髮者。女子裝束更古，豈惟清初，或是千數百年來之遺風耳。余居此間，有如世外桃源，深自慶喜。開明出版拙書《華嚴集聯》及《李息翁法書》，乞各寄下三冊，以結善緣，感謝無盡。惠書，乞寄廈門轉「惠安縣東門外黃坑舖港仔街回春號藥店劉清輝居士轉交淨峰寺弘一收」。演音疏。——原書簡之八十九。

續前函，本函寫於惠安東北海隅山中淨峰寺。信中未定日期。據師《惠安日記》載：「民二十四年陰曆四月十一日，自泉州入山，十二日到淨峰，……」據此推斷，這該是陰曆五月中旬的信。

師到淨峰，心情愉悅，有終老之意。

㊿丙尊居士道鑒：前函想達慧覽。茲擬將《四分律比丘戒相表記》，再版石印二千冊流傳。所需多金，前年曾屬豐居士（按：即豐子愷）商諸仁者，由護法會捐助，已荷歡讚。今託上海世界新聞社陳无我居士（《太平洋報》舊友）經手辦理一切，需資之時，逕向仁者領取，即依彼說之數目，交付為感。謹陳，不宣。演音疏。——原書簡之五十六。

本函未註發信日期。但讀下一函，知仍在淨峰寺，時間向上推，約在陰曆五月中旬，當前一函寄出不久。

51丏尊居士道鑒：惠書具悉。吉子臨終安詳無苦，是助念佛名力也。余自昨日始，誦《華嚴行願品》。又有友人（不須酬資）亦為誦《行願品》及《金剛經》。附奉上誦經證，請於靈前焚化可也。淨峰寺在惠安縣東三十里半島之小山上，三面臨海（與基地連處僅十分之一），夏季甚為涼爽，冬季北風為山所障亦不寒也。小山之石，玲瓏重疊，如書齋几上所供之珍品，惜在此荒僻之所無人玩賞耳。附奉《表記》附錄一章，擬附於再版《表記》之後（用小號仿宋字排印）。倘陳无我居士來時，乞面交與。若已來者，乞掛號寄至世界新聞社（大約在慕爾鳴路，乞探詢之）。費神，至感。不宣。演音覆疏。舊五月廿八日。開明出版子愷漫畫，其卷首有仁者序文述余往事者，已忘其書名，乞寄贈四冊以結善緣，至用感謝。——原書簡之五十七。

本函續前函而來。

文中「吉子」，是丏尊女兒，早逝。丏尊有女：吉子、滿子。（見《平屋雜文》）

師凡稱之為「友人」者，在此間，當是他的法侶瑞今、廣洽、性常、傳貫法師等。但對他的舊時學生也稱為「舊友」。如金咨甫。此是大師一貫做人的態度。

㊾丏尊居士慧鑒：惠書於今日始收到（因無便人帶來），《表記》樣本甚為清楚。余初意以為依小字攝影，恐致模糊，今乃得良好之結果，至用欣慰。此事始終承仁者盡心輔助，感謝無量，淨峰寺寺主去職，余亦隨之他往，大約居住草庵。以後半月之內通訊，乞寄泉州城內百源村百源庵（又名銅佛寺）覺徹法師轉交。半月後通訊，乞寄廈門南普陀寺養正院廣洽法師轉交，至妥。謹復不宣。新曆十一月四日。演音啟。——原書簡之五十八。

本函續前函而來。此時大師以緣慳離淨峰，據《惠安日記》載：「（陰曆）十月二十二日去淨峰，到惠安，遇諸居士留宿。二十三日下午到泉州，十一月十一日又回到惠安各鄉村宏法。」

㊿半月前曾覆函，想已收到。前日由廈門轉到惠書，具悉一一。《表記》製版、印刷皆佳。承仁者護念一切，感謝無盡。以後通訊，仍乞寄廈門南普陀寺廣洽法師轉交。謹復不宣。演音手啟，舊十一月一日。——原書簡之四十九。

續前函。這封信寫在泉州承天寺傳戒期中。（按：承天寺適於本年冬傳戒。）

㊹數日前曾上一函，想已收到。十二月十八日尊函，昨始披讀。此次印《表記》，諸承費神，精密週到，至用感謝。寄至廈門四百冊，久已收到。其時，代收者或因在泉州，忘寫回信，乞諒之。扶病坐起，書此略覆，不宣。演音啟。——原書簡之五十。

本函之前，似仍有一函，脫失，但與前數函，內容仍一貫。

此函無日期。但據弘公《惠安日記》稱：「（農曆十二月）初三日，因病，回泉州，臥病草庵。……」此函該寫在草庵，約在臘月中、下旬。相當於陽曆二十六年二月初。

到草庵後，師臂部潰爛，寒熱交加，病重，臥床不起。

民國二十五年函

㊺丏尊居士道席：一月半前，因往鄉間講經，居於黑暗室中，感受污濁之空氣，遂發大熱，神志昏迷，復起皮膚外症極重。此次大病，為生平所未經過，雖極痛苦，幸佛法自慰，精神上尚能安也。其中有數日病勢凶險，已瀕於危，有諸善友為之誦經懺悔，乃轉危為安。近十日以來，飲食如常，熱已退盡。惟外病不能速愈，故至今仍臥床上

不能履地；大約再經一二月乃能痊愈也。前年承護法會施資請購日本古書（其書店：為名古屋中區門前町其中堂），獲益甚大。今擬繼續購請。乞再賜日金六百圓，託內山書店交銀行匯去，購書單一紙附奉上，亦乞託內山轉寄為感。此次大病，居鄉間寺內，承寺中種種優待，一切費用皆寺中出，其數甚巨，又能熱心看病，誠可感也。乞另匯下四十圓，交南普陀寺廣洽法師轉交弘一收（但信面乞寫廣洽法師之名，可以由彼代拆信代領款也）。此四十圓，以二十圓贈與寺中（以他種名義），其餘二十圓自用。屢荷厚施，感謝無盡。演音啟。舊正月初八日。以後通訊，乞寄「廈門南普陀寺廣洽法師轉交」。余約於病愈春暖後，移居廈門。又白。——原書簡之三十三。

續前函，本函寄自草庵病中。

㊻丙尊居士：惠書誦悉。承施多資，至用感謝。前擬贈與草庵二十圓，彼不肯受。今擬以物件等（價約近十圓）贈奉，其餘十餘圓，即由音自受用也。宿疾已漸愈。以後通訊，乞寄廈門南普陀寺養正院廣洽法師轉交弘一，至為穩妥。雖偶雲遊他處，彼亦可轉送也。前奉託諸事，諸承費神，感激無盡。謹復，不宣。演音疏。——原書簡之五十九。（此函在原書簡中重列為五十八，致令總目漏列一函，今改正，以下各函類推。）

續前函，但未書日期，當在陰曆正月下旬。因已獲得丏尊寄款。函件往返，約需二十天。

㊼惠書誦悉。宿疾已由日本醫學博士黃丙丁君（泉州人，外科專門）診治，十分穩妥，不久即可全愈，希釋懷念。「其中堂」信已直接寄去。江翼時居士所寄之書，已收到。種種費神，至用感謝。不宣，演音啟。

往黃博士處診治，乃由友人介紹，已去十餘次，用電療及注射等需費甚多，將來或唯收實費，或完全贈送，尚未知悉。俟後由友人探詢清楚，再以奉聞。附白。——原書簡之三十五。

本函之前，仍應有一函，但付闕。本函未註明寄發日期。根據大師在南普陀講〈南閩十年之夢影〉一文，師於二十五年正月扶病到南普陀。依此前後信中推測，大師來廈門，當在正月底。但離開草庵時，並未發現給丏尊信，如有，便付之遺失。

本函係到廈門南普陀後二十天到一個月發出。可能在陰曆二月中下旬，或陽曆三月下旬。到廈門，目的是講律兼療病。

㊽丏尊居士道席：前復明信，想已收到。宿疾約再遲一月，可以全愈。此次請黃博士

治療，彼本不欲收費，惟電火藥物等實費，統計約近百金，若不稍為補助，似有未可。擬贈以廈門日本藥房禮券五十圓一紙，及拙書等。此款乞便中於護法會資支寄惠施，至用感謝。此次大病（內外症併發）為生平所未經過，歷時近半載，九死一生。雖肉體頗受痛苦，但於佛法頗能實地經驗，受大利益，亦昔所未有者也。謹陳不宣。三月廿八日。演音疏。以後通訊，乞寫「廈門南普陀寺養正院轉交」。後天起，在此講律，約一月餘講畢，移居鼓浪嶼。通信處仍舊由養正院轉。——原書簡之三十四。

續前函，當在前函寄後數天發出，未等丏尊覆信。師將於病癒後，受聘去鼓浪嶼日光巖閉關。

㊾惠書誦悉。承施資請辭彙，至感。拙書附寄上，乞收入。晚晴修理甚善。江居士經手修理至為妥也。謹復，不宣。演音啟。前寄下洋五十圓，曾兩次託人送與黃博士，彼堅不收。後乃商酌，即以此資做《大藏經》等木箱數個，箱外鐫刻黃博士施助字樣云云。附陳。以後惠書乞寄廈門南普陀寺養正院廣洽法師轉交弘一。——原書簡之四十五。

月間）。

續前函，未註日期，據前函，及丐尊匯款往返計算，約在陽曆四月中旬以後（即閏三

⑥⓪前日復片，及寫件一包，想已收到。昨日乃獲披誦辭彙，悉功德人名。前寄寫件不足，數日後再補寫郵奉。先此預陳，不宣。演音啟。——原書簡之四十六。

續前函，日期未註。但據文意，當於前一函發後第三天。

⑥①前後明信，想已收到。近獲扶桑古書多冊，至用歡忭。彼書中常云：鎌倉、南北朝、藤原，乃至德川等時代（此外甚多），於每時代中，又分為初期，末期等；閱之，不解其所指何時。日本書中，如有說明種種時代年限之表，乞代購一冊，惠施。又日本古書屢云泉州，是否即在大阪附近？今為何地，便中乞詢內山居士為感。演音上。——原書簡之四十八。

此函未註日期，據大師〈佛學叢刊敘〉一文中說到「甲、丙之際，自榑桑國請奉古刻佛經萬餘卷……」文尾所註日期為「二十五年歲集玄枵木槿榮月」，向上推，這一批經典，均在

這兩年請到。所謂「木槿榮月」，當是夏天。因此，這封信，該是到鼓浪嶼以後，五月間寄出。（《全集》第八冊《書信卷》，則列於一九三六年三月，寄於廈門南普陀寺。）

此時大師早已到鼓浪嶼日光巖閉關（師於同年五月間去日光巖）。而這一批經典，也由丏尊假上海日本出版家內山完造經手購得。購經事，在新目五十五函中述及，由晚晴會款項下支購。

62 前質平來函，謂《歌集》不久即可出版，至用感慰。承寄五十冊，乞分寄下記之二處。十冊寄廈門轉泉州大開元寺內慈兒院葉宗擇、葉宗定二居士收。四十冊寄廈門鼓浪嶼日光巖弘一收。以後通訊處，即改為鼓浪嶼日光巖，勿再寄至南普陀也。音啟。——原書簡之二十一。

本函亦未註明日期。但據夏丏尊〈清涼歌集敘〉研究，敘文寫在二十五年八月，而《歌集》最早，在九月以後才能出版，大師這封信，當寫在陽曆九月間。或者還要遲一點。函中提到《歌集》，即《清涼歌集》。

63 丏尊居士道席：惠書誦悉。拙書附郵奉。又《寒笳集》四冊，以供法喜。惠施諸書，悉收到。《其中堂目錄》，已寄來。擬以前款大多數，請購戒律，餘者請他種佛書，并購俗典近十圓。謹以奉聞，不宣。舊重陽前演音疏。

此函於第五十五函提前請丏尊轉託上海日山書店購書事，今已獲回應，收到《其中堂目錄》。

寫信日期為一九三六年陰曆九月八日，即陽曆十月二十二日。

64丏尊居士道席：近因友人之約，已移居南普陀寺暫住。附寄《韓偓傳》草稿一包，為余請高君編者。其原委，乞閱此稿〈後記〉中，即可知之。是事甚有趣味，想仁者必甚歡讚，樂為出版流布也。（此書乍觀之，似為文學書，但其中提倡氣節，摒斥淫靡，亦且倡導佛法，實為益世之佳作。）其原稿，曾由余刪改。今所寄奉者，為第二次抄寫之本，多由幼童書寫，頗有訛字。又高君於著作罕有經驗，雖引證繁博，但恐有訛舛處，其標點記號誤脫處尤多。乞仁者先託人為詳校二次（第一次校正其文字，第二次校正標點符號），至用感謝。以後惠書，乞寄廈門南普陀寺養正院廣洽法師轉交弘一收。立春前一日。演音啟。開明版《護生畫集》，因印刷太多，拙書之字，已肥粗不清楚。又杜甫詩脫落一個字。擬再書寫瘦體之字，重製鋅版印行。倘承贊喜，即書寫奉上也。又及。——原書簡之五十四。

本函寫在二十五年立春前一日，按二十五年有首尾兩個立春，年末立春是陰曆十二月二十三日。此函乃寫於二十二日，不誤。

文中所說諸人：一、韓偓：晚唐著名詩人，師自幼讀偓詩，即深愛，認與偓有緣。並否定韓偓作《香奩集》。《韓偓傳》由師搜集部份資料，後由高文顯居士撰寫。二、高君：即高文顯居士。

師於二十五年陰曆十二月六日，由鼓浪嶼回到南普陀，住後山。此時到南普陀已有半個月。

民國二十六年函

⑥⑤丙尊居士道鑒：惠書誦悉，至為歡慰。偓歿後千載，無有人為之表彰者；今仁者以此稿出版廣為流布，偓若有知，當深感謝。俟出版後，並希以若干冊贈與朽人，以分致諸道侶也。《護生畫集》另製版，甚善。所示辦法，甚為贊憙。茲先書奉〈金剛偈〉一葉，餘俟後郵上。余於近六年來研習南山律《羯磨》，曾講三次，講稿亦改編數回，竭其心力，頗為宏闡。今歲明年，更擬重為整理編輯，並自書寫，與前印之《戒相表

記》相似，於廿八年老齡六十歲時出版流布，以為紀念。擬即用護法會資製版印刷，所闕亦無多也。前承諸友人為購日本《佛教大辭彙》六冊，至用感忭。彼於末次寄來時，內附廣告，謂又增編《續卷》一冊，內有全書索引年表等，不久即可出版。乞託內山居士，俟出版時，仍乞購以惠施，價約五六圓也。韓偓書端，乞請仁者及葉居士撰序冠之尤善。高君自幼蔬食，其母及姊亦爾，全家信仰佛法，高君與姊不婚不嫁，故其家庭與寺院無異。近編此書甚費心力，余亦為之校改數次。今獲出版，歡慶無盡。謹復不宣。正月四日。演音疏。——原書簡之五十五。

續前函。

可是，高文顯居士這部《韓偓傳》，雖獲得夏丏尊支持出版，但因為八・一三上海戰起，開明廠房被燬，因此《韓偓傳》被殃池魚，深為可惜。

讀信中，大師為《韓偓傳》有緣出版的歡欣情形，躍然紙上。惟《韓偓傳》終於一九八五年後由臺北新文豐公司出版。

這一封信後，原書簡中，斷缺到二十六年舊曆七月，大師在青島湛山寺，始再度接續。在這半年多時間，所有信件，必為之遺失。

⑯丏尊居士道席：到青島後，曾上明信，想已收到。此次至青島，預定住至中秋節為止。（決不能早動身。）其時輪船未必有。倘火車尚可通者，則乘火車到杭州（轉濟南換坐津浦車）。惟北方三等車，較滬杭寧大異，不能安坐，故不得不乘二等車。預算車資及其他雜用，所需甚多。擬請於護法會資中寄下八十圓，若有火車開行，於中秋節後必可動身也。謹陳不宣。八月二十日。舊七月十五日。演音啟。——原書簡之六十。

師駐錫南普陀期間，於舊曆三月二十三日，青島湛山寺倓虛法師，派書記夢參法師持函專程到廈門，請弘公去青島結夏。因此，師與夢參法師並偕同傳貫、仁開、圓拙三法師於陰曆四月五日，起程北上，四月十一日到青島。

師與丏尊函件，從此接續。

⑰丏尊居士道席：惠書誦悉。厚意慇懃，感謝無盡。青島平安如常，書店等久已閉門休業，須俟他日開門，再往商酌領取可也。朽人於中秋節後動身否，暫不決定。倘動身者，所缺路資，亦可向同居某師借貸，俟將來時局平定時再償還，乞仁者勿以是為慮也。湛山寺居僧近百人，毫無恆產，每月食物至少須三百圓；現在住持者不生憂慮，

因依佛法自有靈感，不至絕糧也。謹復不宣。舊八月三日。演音疏。——原書簡之六十一。

續前函。

68丏尊居士道席：前復函，想已收到。青島市面已漸恢復。曾向中華書局領款，彼云：未曾接上海開明之信及電話，現不能領取云云。其他之某堂書店之款，已經領到。將來若乘火車南下，頗費周折，費昂而多勞。擬改為乘船，或直往廈門，或先到上海。北地冬春嚴寒，非衰老之軀所能堪也。謹復不宣。若往上海，擬暫寓泰安棧，（新北門外，馬路旁，面南，其地屬法租界之邊也，某銀樓對面，與新北門舊址斜對門，在其西也。）即以電話通知仁者，當獲晤談也。舊八月初八。演音啟。——原書簡之六十二。

續前函。

69兩處之款，皆已領到。值此時局不寧，彼等能如此損己利人，情殊可感。數日後，即乘船返廈門。因有往香港之大輪船，或停廈門，故不能往上海矣。謹復，不宣。中秋夕。演音啟。——原書簡之六十三。

續前函。弘公終於九月（據傳貫法師日記中記載）離開青島，於途中仍經上海，停留數天，並與丏尊會晤，老友舊地重逢，倍感歡欣，留影紀念。

師起程日期，大概是陰曆八月二十以後，九月半到廈門。中間在上海待了三四天船期。（傳貫法師記載：九月半由青島回廈，這九月半，該是到廈門的日期，而不是起程的日期。）

(70)在滬歡晤，為慰。前日安抵廈門，途中毫無障礙。以後通信，寄廈門中山公園妙釋寺轉交萬石巖弘一收。謹達不宣。錫琛居士乞代致候。十月十八日。演音上。《金剛經》一冊，別郵奉，乞收入。若能常常讀誦，自然身心安寧，無諸煩惱也。附白。——原書簡之六十四。

續前函。文中日期，是陽曆。因為照傳貫法師的日記，回廈門是「九月半」。錫琛，為開明主人另一名號。

(71)丏尊、丏因居士同鑒：廈門近日情形，仁等當已知之。他方有諄勸余遷居避難者，皆已辭謝，決定居住廈門，為諸寺院護法，共其存亡。必俟廈門平靜，乃能往他處也。知勞遠念，謹以奉聞。不宣。演音啟　十一月一日

前到廈門時，即寄明信，想已收到。

《弘一大師全集》第八冊《書信卷》附記：一、此信由蔡丐因收藏，原《晚晴山房書簡》未收，今補入。二、此信之前，師於十月十八日發出之明信片云：「在滬歡晤，為慰，前晨安抵廈門。」可知法師於十月十六日回至廈門。

民國二十七年函

⑫到廈門後，諸事安適，足慰遠念。近到泉州講經，法緣甚盛。擬請惠寄《清涼歌集》五十冊，分贈諸友。其資，乞由護法會內支付，為感。以後通訊，乞寄廈門轉泉州承天寺弘一收。章居士乞為致候。演音啟。——原書簡之六十五。

續前函。無日期。師回廈門後，安居萬石巖、中巖，時廈門緊張，師不為動，到歲底，始去泉州草庵渡歲。到二十七年正月二十日入泉州，住承天寺，展開講經活動，這一年是弘公在泉州等地法緣最盛的一年。

本函寫在二十七年正月底，二月初。

⑬丐尊居士道鑒：前復書，想已收到。近至惠安弘法，擬以《華嚴集聯》十冊施送。乞以護法會資請購此書十冊，寄福建惠安縣城內霞梧街集泉茶莊王頌平居士收。再乞以洋二十圓寄與上海佛學書局，附一紙亦乞一併交去，至用感謝。不宣。演音啟。——原書簡之八十。

本函未註日期。

據《新譜》載：師於二十七年正月二十日在泉州講經，三月初（給李芳遠信中如此說），去惠安宏法，住數日，仍返泉州承天寺。

依此，師在惠安，該是舊曆三月十日，前後不足十天。此信便是在此時所寫。

⑭今年在閩南各地弘法至忙。於廈門變亂前四天，已至漳州弘法。今居東鄉瑞竹巖靜養。通訊乞寄漳州南門南山寺轉交。子愷想仍在長沙，便中乞代致意。不宣。舊五月一日。演音啟。——原書簡之六十六。

師於二十七年三月下旬，由惠安返泉州，受廈門鼓浪嶼及漳州佛教界邀請，於陰曆三月二十二日由泉州去廈門，在鼓浪嶼講經完了，於（舊曆）四月初離開廈門，去漳州。到漳州四天，廈門淪陷。

（按：廈門淪陷於二十七年陽曆五月十二日。）到漳州後，不久便到東鄉瑞竹巖渡夏。漳州舊治周邊，即福建龍溪縣。

此時，上海久已失陷，豐子愷遷到後方。丏尊仍在上海租界避敵。

⑮惠書誦悉。現居鄉間高山之上，雖值變亂亦無妨也。乞勿念。將來汽車通時，擬往泉州或惠安，屆時再奉聞也。不宣。小暑後一日。演音上。——原書簡之十八。

本函未註日期，但據民國二十七年曆，「小暑」是陰曆六月十一日，那麼這封信該是六月十二日寫出。

當時廈門淪陷，漳州到泉州方面公路已破壞，師無法北上泉州，只有暫住漳州。續前信。

⑯近得子愷函，悉仁者殤孫，境緣惡逆，深為歎息。若依佛法言，於一切境，皆應視

如幻夢，乞仁者常閱佛書，並誦經念佛，自能身心安寧，無諸煩惱，則惡因緣反成好因緣也。朽人近來漳州城區弘揚佛法，十分順利。當此國難之時，人多發心歸信佛法也。陳无我居士，寓上海慕爾鳴路一百十一弄六號。仁者若能常常訪談，自必胸懷開脫，獲極大之利益也。謹陳不宣。閏月六日。演音啟。——原書簡之六十七。

續前信，信中日期，記「閏月」，按二十七年閏七月。

抗戰期中，閩、滬信件往返已慢得多，大約要一個月以上，才能通信一次。

⑦丙尊居士文席：前上書，想悉收到。閩南時局尚無變化。朽人擬再遲月餘返泉州小住，再往惠安。車路已損毀，由漳至泉州三百里，須乘肩輿，需費甚多。擬請仁者匯資二十圓，乞交上海農民銀行匯漳最妥，因朽人與漳州分行行長相識也。(乞勿交郵局匯，領取時甚困難。) 謹陳不宣。中秋節。演音啟。——原書簡之六十九。

續前函。

⑱丙尊居士道席：前上信片，想已收到。茲擬向佛學書局購請佛書，附一函乞託人送

去。並乞護法會惠施十五圓，一併送去，至用感謝。朽人在漳，諸事安適，一時尚未能返泉州也。謹達不宣。演音啟。——原書簡之七十。

續前函。

信上未註日期，可能在中秋節後幾天。

弘公在漳州宏法到陰曆九月十日前後，由性常法師去漳州，接回泉州，途經安海，宏法一個月，於陰曆十月中旬，抵泉州，繼續在泉州各大寺院講經說法，寫字與人結緣。

⑲丙尊居士：惠書誦悉。厚情慇慇，至用感謝。朽人擬於舊十二月一日始（新正月二十日），在承天寺暫時閉關用功，不定期限，可以於數月後移往他處也。時局不寧，交通阻礙，明年能往江浙否，尚未能定，閉關後，通信者，惟有仁者一處，子愷或有要事，可以書箋附於仁者信中寄來，亦可入覽也。再者，前與陳无我、李圓淨二居士商酌，擬重寫《護生畫集》，重製銅鋅之版，此事尚未了結。以後彼二居士，關於《畫集》之事，欲與朽人通訊者，亦送至尊處，由仁者便中附入寄來，朽人有必須復彼二居士之信，亦寄至仁者之處，乞為轉交也。《畫集》之事，不久即可了結，非是數數通訊也，以後惟有信面寫仁者姓名，仍可送入關內，其他信件，皆由他人代拆代閱，暫

為存貯，決不送至關內也。承詢資用之事，前資餘者甚多，且閉關後，更少需用，乞勿匯寄。俟將來作移居他處時，或有所需，當隨時奉達。附致子愷一紙，乞檢閱，並乞便中加封寄去，遲遲無妨，將來有寫件寄與子愷者，擬寄至尊處暫為保管，因桂林近況至不安也。演音啟。十一月二十日。——原書簡之七十八。

此信發自泉州，時在二十七年陽曆十一月二十日，由安海回泉州不久。在此信前，似應有函件往返，可能闕失。此時師已決定先閉關承天寺，於數月後，去永春山中閉關。

據推測，在丏尊來信中，但希望弘公去浙江白馬湖安居。終因時局不寧，不能如願。此時豐子愷已由長沙到桂林。

師二十七年冬，及二十八年春，在承天寺駐錫。

⑧⓪丏尊居士文席：再奉惠書，具悉一一。拙師信已轉交。承示「懷舊」文，厚意慇慇，至用感謝。聞浙中交通多阻，明年恐不能來山房也。前浙一師學生石有紀居士，近任安溪縣長，曾來談一次。彼謂若往山房，須由江山繞道。老體頹唐，不勝此長途汽車之勞也，不宣。立春前一日。演音啟。——原書簡之七十七。

續前信。信上日期，所記為立春前一日。民國二十七年一年兩頭春。正月初五立春。十二月十七日又立春。此信當在陰曆十二月十七日（立春）前一天。即十二月十六日寫。

安溪縣長石有紀，筆名劍痕，曾於二十七年陰曆十一月間，在承天寺大師單房內，見舊日老師，石於二年後，復調惠安縣長。

民國二十八年函

㉛丏尊居士文席：今日已六十矣。今歲擬多寫字結緣。便中乞惠施廿金，以備購宣紙及其他需用。拙書一紙，附奉慧覽，不宣。己卯元旦晨。演音啟。近來身體較前強健，齒力目力皆佳，足力更健，無異少年。但精神頗呈老態耳。知念附聞。——原書簡之九十二。

本函寫於陰曆己卯二十八年元旦。二十八年，師虛歲六十。師仍在泉州承天寺，受永春佛界敦請，訂於陰曆二月底，去永春。

㉜丏尊居士文席：惠書誦悉。承施資至感。茲奉上拙書十二紙，乞受收。下月尚須在泉州講經，往永春之期未定。謹復不備。正月二十九日。音啟。——原書簡之八十一。

續前函。師去永春，似已在另函告知丏尊，而此函在原書簡中未收。

⑧③惠片誦悉。前日已移居永春。距泉州百數十里，為閩南最安穩之地。山奧地僻，古稱桃源。明日即往鄉間居住。以後通訊乞寄福建永春縣蓬壺新市場華記寶號轉普濟寺弘一收。舊二月廿七日。音啟。——原書簡之八十二。

續前函。此信寫於永春城東桃源殿。師於舊曆二月二十五日抵達永春，在城區桃源殿掛單三天，並講演一次，於二十八日抵永春西境蓬壺山中。

⑧④丏尊居士文席：惠書誦悉。《護生畫集》，擬先依舊本影印，僅題字重寫，已由佛學書局承印。子愷居士所述之意，擬俟時事安靖，再進行可耳。拙書若干紙，稍緩，俟友人入城時寄奉。朽人於前月餘，寄居永春山中。以後惠函，乞寄福建永春縣蓬壺鄉弘一收，即可達到。謹復不宣。四月十四日。音啟。——原書簡之八十三。

續前函。

師所記發信日期，照前函推算，應該是「陰曆」。照陽曆計算，師於四月十四日由泉州到永春。本函訂日期為「四月十四日」，並且「安居山中已有月餘」，當然用陰曆記時間。只有這一年，有幾封信，師用陰曆日期，而未加註明為「陰曆」。

㊽丏尊居士淵鑒：前復書，想已收到。拙書已就。計五言聯八對，七言聯二對，讀律室額一紙，橫幅二紙，斗方一紙，小堂幅（長二尺）二十紙，大堂幅（長二尺餘）二十二紙（內有一紙仲鹽款），共計一包，俟有妥便，送至郵局掛號奉上，或須稍遲也。以後暇時，再為續寫奉上。茲有懇者：便中託人至功德林佛經流通處（以前在北泥城橋堍，未知今遷移否？）請購《四分律行事鈔資持記》一部（計二十冊），價約十圓左右，乞護法會施資，即託功德林用皮紙包裹兩層（恐路遠破損），付郵掛號寄下。倘功德林無有，再向佛學書局詢問，以功德林所存者為善也。以後通訊：寄福建永春縣蓬壺鄉華記藥店轉普濟寺。音啟。四月二十二日。——原書簡之七十三。

續前函，信中為陰曆日期。

㊾丏尊居士道鑒：惠書誦悉。《問答》一冊已收到。承詢所需，至用感謝。朽人近居普濟寺中，所有用款，皆由寺中支付。寺中住持，兼任南洋寺務，故常寄款資來，以助

寺用。《畫集》緣資五百圓，亦其所募集也。故尊處施資，現不需用，乞勿寄下，謹謝，並復不宣。五月十二日。音啟。——原書簡之八十八。

續前信，信中日期為陰曆。

信中所稱「寺中住持」，乃一九六二年四月圓寂於菲律賓的性願法師。

⑧⑦丏尊居士澄覽：惠書兩通，於今午同時收到。信箋稿寫奉。刻木版時，乞勿移動其地位。(印章亦勿移動。）因字形配合，及筆氣連貫處，皆未能變易也。《護生畫集》流布，承代謀劃，甚感。朽人居深山中，諸事如常。永春及泉、漳等處居民，多朝散暮歸，唯營夜市，以避機彈，至可愍也。信箋稿之字句，皆出於《華嚴經》。乞代達旡我居士，並希致候。不宣。音啟。六月十九日。——原書簡之七十九。

續前函。信中日期為陰曆。

⑧⑧丏尊居士澄覽：惠書誦悉，至用歡慰。書件，附掛號郵奉。以後暇時，擬多寫結緣之書幅，俟時局平靖即可郵寄也。承詢所需，甚感。現無所需。居深山高峰麓，有如

世外桃源，永春亦別名桃源也。謹復，不備。農曆中秋後二日。音啟。附一箋及經名三紙，乞費神轉交蔡丏因居士，彼昔居「法界環龍路三十號」，近未通信，未審住所，乞轉詢之。附白。——原書簡之七十二。

續前函。

⑻丏尊居士文席：數月前曾將退回信件之籤條數十紙，交與郵局代辦所，代為張貼退回信件。但仁者之信件則在例外。故以前惠書，悉皆收到。此次則為代辦所執事者誤貼，故未收到，至用歉然。《畫集》事，具寫致李居士書中，乞披覽。以後惠書，乞於函面寫「善夢」之名，俾代辦所人可以不致再誤會也。不宣。善夢啟。十一月廿四日。福建永春縣蓬壺鄉華記藥號轉交普濟寺善夢收。——原書簡之八十四。

此函與前函相隔三個月以上。信中日期，可能仍記陰曆。

師掛錫永春蓬壺後，於立夏前（三月十七立夏）改名「善夢」，給傳貫法師信中有此說，以隱名避免各方來信。但對知己友人仍時用「演音」。

師於庚辰（二十九年）舊曆十月初九，由永春去南安靈應寺。

信中「李居士」，即李圓淨居士。

民國二十九年函

⑳丏尊居士澄覽：惠書於前數日收到。《行事鈔》於今晨由寺送至，甚為歡慰。畫稿久已轉郵寺中。附奉上拙書一紙。謹復不宣。庚辰元旦清晨。音啟。——原書簡之七十四。

此函仍寫於永春普濟寺。時間是農曆。己卯四月師請丏尊代購的《行事鈔》歷八個月始收到。

㉑丏尊居士文席：惠書，忻悉一一。《畫集》題句，前曾托豐居士轉請浙大同學分撰。俟稿寄到，朽人即可書寫也。（朽人精神衰頹，不能構思，故請他人撰句。）蔡居士處之稿，宜俟紙價低廉時印，非急需也。附奉上致李居士箋，乞仁者閱畢，便中轉交。又向佛學書局請購經書單一紙，乞由護法會施資二十元，并此單，托人送去。種種費神，感謝無盡。謹復，不宣。二月二十五日晨　善夢

李函為《全集》第八冊《書信卷》所收。原《晚晴山房書簡》內缺漏。本文共收一百封信，其中五通均係一九八〇年以後發現，一九九二年後，由福建人民出版社印行之《弘一大師全集》第八冊《書信卷》收錄。

㊾丙尊居士淵鑒：惠書誦悉。附奉上致豐居士一箋，及佛字二紙，乞於便中附寄去。又致李居士一箋，乞閱畢，便中轉交。遲遲無妨也。近問郵局滬閩之間仍不能寄大包印刷品。前承寄《行事鈔資持記》於元旦晨收到，實為慶幸事也。謹復不備。農曆三月十八日。音啟。——原書簡之七十六。

續前函。仍在永春。

㊾丙尊居士文席：前復函及寫件，想已收到。茲寄上致子愷居士一箋及寫件一紙，乞便中轉交。又與李圓淨居士一箋，乞便中託陳无我居士轉交，遲遲無妨也。謹懇不宣。九月十二日。音啟。——原書簡之九十。

本函仍寫於永春。信中日期，可能是陽曆（？）。此信以前，似有闕失函件。

⑭丏尊居士文席：朽人世壽周甲已過。擬自下月中旬始，至農曆明年辛巳除夕止，掩室靜修。須俟壬午元旦，乃可與仁等通信也。仁者通信之處，倘有變動，乞於辛巳十一月寫交李圓淨居士轉送。謹陳不宣。九月三十日。音啟。——原書簡之九十三。

本函，照弘公在信中所說「擬自下月中旬始，至農曆明年辛巳除夕止，……」則這封信該是二十九年（陽曆）九月三十所寫，因為辛巳是民國三十年。

復次，師已決定斷絕各方音訊，所以這封信，由李圓淨居士轉交丏尊。而且，這封信與「致李圓淨函」，內容完全一樣。然而，想不到當陰曆十月初九，卻因南安靈應寺之請，弘公已移錫他去，未能在永春永遠安居。

其次，師在信中，說到「朽人世壽周甲已過」。這大概是指六十週歲已過而言。此信與二十八年六十壽辰之時「致郁智朗信」不同之點，那封信上說：「六十初度」。

可是依然值得存疑的是：師於當年陰曆十月初九下山去永春，同月十一日（即陽曆十一月十二日）去南安。照如此說，師在陽曆九月三十還決定「下月中旬」掩室靜修，其中相距離永春的日期，只有一個月十二天。師在短短的一個月內，決定放棄山居，到南安靈應寺。於事前（從各方面資料上看）並沒有準備，可能是臨時決定。否則，這一條的內容將有疑問了。惟《全集》第八冊《書信卷》則將本函列入一九四一年內。

民國三十年函

95丙尊、圓淨居士同覽：養痾山中，久踈音問。近以友人請住檀林鄉中，結夏安居，故得與仁者特殊通信，發起一重要之事。以《護生畫集》正續編流布之後，頗能契合俗機，豐居士有續繪三、四、五、六編之弘願，而朽人老病日增，未能久待，擬提前早速編輯成就，以此稿本存上海法寶館中，俟諸他年絡續付印可也。茲擬定辦法大略如下，乞仁者廣徵諸居士意見，妥為核定，迅速進行，至用感禱。

前年豐居士來信，謂作畫非難，所難者在於覓求畫材。故今第一步為徵求三、四、五、六集之畫材，於《佛學半月刊》及《覺有情半月刊》中，登載廣告，廣徵畫材，其贈品以朽人所寫屏幅、中堂、對聯及初版《金剛經》（珂羅版印，較再版為優，今猶有十餘冊）等為獎酬。

(一)此事擬請仁者及范古農、沈彬翰、陳无我、朱穌典六居士，負責專任其事，仍請圓淨居士任總編輯。

(二)預定三集畫七十張，四集畫八十張，五集九十張，六集一百張。每畫一張，附題句一段。

(三)已刊布之初、二集，畫風既有不同，以下三、四、五、六集亦應各異，俾全書六集各具特色，不相雷同。據鄙意：以下四集中，或有一集用連環畫體裁，或有一集純用語體新文字題句，其畫風亦力求新穎，或有一集純用歐美事蹟。此朽人隨意懸擬，不足為據，仍乞六居士妥為商定，務期深契時機，至為切要。

㈣每集畫旁之題句，字數宜少，或僅數字，至多不可超過四五十字。因字數多者，書寫既困難，縮印亦未便。

㈤徵求畫材之廣告文，乞六居士酌定。徵求既畢，應審核優劣，分別等第，亦乞六居士酌定。至其畫材能適於作畫否？乞穌典居士詳核之。

以上且據登廣告徵求畫材而言，依朽人懸揣，應徵之人未必多；寄來之稿，亦恐罕能適用，則登廣告徵求畫材一事，將無結果，殊為可慮。不如專請四位負責，每位各編一集之畫材，如是或較為穩妥也。乞六居士詳審之。以後關於此事（即徵畫材等事）之通信，乞寄與性常法師轉交朽人至感。農曆六月六日。音啟。——原書簡之八十五。

續前（上年）函。

師離永春後，駐錫南安洪瀨靈應寺，到三十年四月二十日以後，由南安去泉州檀林鄉福林寺結夏。此函在檀林所寫。師有心完成《護生畫集》六集。可是，終以因緣不足，住世時未見計劃實現。

⑯丏尊居士文席：頃奉惠書，所悉此事已承仁者規劃，助理一切，至用感謝。徵求期限，似宜再展緩兩個月；因遠方郵便遲滯，恆須一二月乃可達也。陳无我居士因修習密宗法，無暇任事，曾來函辭謝。乞仁者再斟酌延請一位，助理此事，為禱。致穌典居士一紙，乞便中交去。時事不靖，南閩物價昂至數倍乃至廿餘倍。朽人幸託庇佛門，諸事安適，至用慚惶。舊存寫小字筆已將用罄，乞仁者以護法會資代購小楷水筆數支，封入信內寄下為感。《護生畫集》續編，關係甚大，務乞仁者垂念朽人懇誠之願力，而盡力輔助，必期其能圓滿成就，感激無量。又有致圓淨居士一紙，乞便中交去，遲遲無妨也。贈品以拙書為宜，由泉郵遞可作信件例寄。惟宣紙已無購處，僅能用閩產之紙耳。率復不宣。閏六月廿七日。音啟。倘他日因畫材不足，未能成就四編者亦可先輯一二編，其餘俟後絡續成之。附白。——原書簡之八十六。

續前函。按三十年為閏六月。

師仍結夏檀林。

⑰丏尊居士慧覽：惠書，誦悉一一。子愷處已久不通信。聞友人云：彼之通訊處，為重慶沙坪壩國立藝術專校。（據彼八月廿五日之信云云。）閩中平靜如常。仁者能入閩

任職，則生活可無慮矣。泉州物價之昂，自昔以來，冠於全省，但米價每石僅一百七十元左右；其他閩中產米之區，如漳州及閩東等處，則僅五十元左右。泉州街市無乞丐（另設乞丐收容所），物價亦不甚昂。華僑家族生活，亦大致可維持。因努力種植，生產量甚富也。統觀全閩氣象，與承平時代相差無幾。朽人於十四年前，無意中居住南閩，（本擬往暹羅，至廈門而中止。）至今衣食豐足，諸事順遂，可謂徼幸，至用慚愧。唯從前發願編輯律宗諸書，大半未成就。擬於雙十節後，即閉關著書，辭謝通訊及晤談等事。以後於尊處亦未能通信。仁者欲知朽人之近狀者，乞常問上海慕爾鳴路一百十一弄六號大法輪書局陳无我居士，及彼處同住之陳海量居士。因泉州諸僧，常與海量通信，彼深知朽人之近狀也。朽人近作，屢載《覺有情半月刊》中（无我所辦），乞仁者訂此月刊一份（自今年正月始尤善，每年一圓餘），即可常閱覽朽人之近作也。蘇慧純居士，亦為海量之舊友。仁者能常與海量晤談，當獲益匪淺也。（指導生活，安慰心靈。）不宣。十月一日。音啟。附呈相一紙，為去秋九月所攝。佛名二紙，乞結緣。——原書簡之九十四。

本函為陽曆日期，寫於民國三十年（陽曆）十月一日。

民國三十年正值抗戰末期，惟閩南因日軍無法分散兵力攻掠，因此比較國內其他各地，物價尚屬平穩。

至於前信云「南閩物價昂」，乃單指戰時民生之苦況。

⑱丐尊居士道鑒：戰事紛起，滬上尚平安否？為念。畫材數則附奉上，以備採擇。以後倘有他處贈與朽人資材者，乞代辭謝，因現不需用也。穌典居士乞代致候。不宣。十一月七日。音啟　。近作附錄——南閩道者宿七秩壽聯：

老圃秋殘，猶有黃花標晚節。

澄潭影現，仰觀皓月鎮中天。——原書簡之九十一。

續前函。本函記陽曆日期，時大師住檀林，此聯由廣義法師代請撰書。文中南閩道者宿，為泉州開元寺轉道老和尚。文中云戰事紛起，乃指日軍發動太平洋戰爭。

民國三十一年函

⑲丐尊居士文席：去冬滬變時，曾致明片，未審收到否？畫集資料，想尚未輯就，無足介意也。因現在諸物昂貴，亦甚難出版。泉州米價將至三百，火柴每一小盒二圓，其他可知，貧民苦矣。朽人幸託庇佛門，食用無慮，諸事豐足，慚愧慚愧。拙書二紙，

乞隨意結緣，略陳不宣。音啟。四月七日。——原書簡之八十七。

本函就畫材事說，似續前函（？）。寫於三十一年陽曆四月七日。但文中有「去冬滬變」字樣。這裡的滬變，在三十年當指十二月八日、日本人發動太平洋戰事而言。

三十一年三月，師由檀林鄉間，移居泉州，駐錫「溫陵養老院晚晴室」，直到陰曆九月四日圓寂之前。陰曆二月下旬，曾受到惠安縣長石有紀之請，到惠安靈瑞山講一次經。

⑩丙尊居士文席：朽人已於九月初四日（按：陽曆十月十三日）遷化。並賦二偈，附錄於後：

君子之交，其淡如水；
執象而求，咫尺千里；
問余何適？廓爾亡言；
華枝春滿，天心月圓。

謹達不宣。音啟，前記月日係依農曆。又白。——原書簡之九十五。

這封信，是大師給他老友夏丏尊最後的一封信。當然，他們之間互相寫的信，不止這麼多。其中，因為戰爭、生活動盪、保管疏忽等因素，闕失很多。但從這所有的信中，已足夠看出他們的感情道義。

這一封信，是弘一大師最後的「銘言」，後世沒有人能確切地解釋它，除非大師自己；任何枝節、文字的解釋，對這種深入佛地的妄測，都是多餘！

不過大師與夏丏尊的友情，卻在前四句可以見到。

＊

筆者整理《晚晴山房書簡》這一部份，在形式上，只做了排列與說明的工作。談不上「研究」。正如開頭我曾說，我們不能眼看大師的書簡被零亂而無秩序地傳下去，永遠不能被人了解。我相信我的成就有限，但是這卻是我的心願。

本篇文字，尤其在程序的排列方面，或者依然有錯誤。因為大師在信上，有用陽曆，有用陰曆；有的陰、陽曆並用，還有一大部份沒有註明寫信日期；這不僅使當初編《晚晴山房書簡》的人「掉以輕心」，草率成章，也使後人頭痛，不過，也正為這種因緣，我才動念整理它們。在整理時，務必求出書簡的正確時間，或接近寫信的時間。

同時，有一種沒有註明日期又是「獨立事件」的函件，最令人摸不清頭緒。那些信，放在哪一年都說得通（如新目三九、四五、九七、九九，四通均因資料短缺存疑），這就賴自己細心地對照、找尋、研究、判斷，找出蛛絲馬跡，俟證據確鑿，再決定年份、月份。於是這一封信的安排才算安心。否則，依然走前人的故轍。

在我整理後的新目下，先按年份時節，然後，逐月演序，在時間上，採陰曆為主，如用陽曆則加以說明，因為佛教向來以陰曆紀年為主，弘一大師亦然。

至於書簡中的標點、符號，則由筆者重新安排。書簡內括弧中的文字，為大師附言。

復次，諸位讀者師友，如對本篇文字尚有懷疑、追尋之處，則請在「傳文」、「大事年表」上，找尋更確切的敘述。本篇，就其本身意義說，是整理大師遺著，但亦是彌補傳記的輔助文字，它與傳記本文，血肉關連，這與上篇附錄，均有同一存在意義。

如果，本篇及《弘一大師傳》，能傳流後世，遠揚異域，弘一大師精神、思想、行為，能作為世間一切人類的範例；弘一大師的典型，能締造世界更多的哲人，更多的智者；這種造福人類靈魂的工程，都是那些傳播此書之人們所種植，他們的功德，將與天地同在，永不唐捐！

註一：原《晚晴山房書簡》（即《弘一大師書簡》）內，「夏丏尊九十四通函」，編號錯誤；第五十八、五十九兩通，同時重印為「五十八」，因此，全函缺印一通。所以目次數到最後，只有九十四通。但著者確查為九十五通。自五十八通以後，複印的「五十八」通開始，每通應加一號（例：五十九通改為六十通，六十通改六十一通……以此類推），始合全函九十五通之數。而全部書簡三百七十三通，亦應計為三百七十四通。

請讀者注意：本篇所錄原文書簡，錯印的五十八通以次舊目，均已增加一號。錯誤之處，請參看「上海開明」「臺灣瑞成」兩種版本之《弘一大師書簡》。

又：書簡中文字，均依原書簡未予改動，如「痊癒」，弘公寫作「全愈」等……。

惟自一九九二年《弘一大師全集》於福建出版之後，《書信卷》已收錄大師信函達一〇三九封。致夏丏尊增為一百通。本文缺少五通，已分別補入。

註二：弘一大師在書簡、跋文之後，所落年代，常有歲次鶉尾、鶉首、析木、玄枵……等名詞，令一般讀者不解。查上述諸詞，為黃道十二宮的代名。

黃道：是人們視太陽在恆星間漸次移動一年內一週天體的「圓」，即地球軌道面無限展開與天體相切割所成的大圓周。（《漢書．天文志》：「日有中道，中道者黃道。」）

黃道帶，是天文學名詞，太陽系（天體）上，假設為一圓周，黃道每側為八度，共寬十六度範圍內，為「黃道帶」，也就是太陽系各行星的途徑。古代西方天文學者分黃道帶為十二宮，中國學者分為十二星宿，配十二宮，每宮長三十度，從「春分點」起，依次為「白羊（戌）」（春分點起）、「金牛（酉）」、「雙子（申）」、「巨蟹（未）」（夏至點起）、「獅子（午）」、「室女（巳）」、「天秤（辰）」（秋分點起）、「天蠍（卯）」、「人馬（寅）」、「摩羯（丑）」（冬至點起）、「寶瓶（子）」、「雙魚（亥）」。這是西方的十二宮名，括弧內是中國的「十二支」。中國的十二星次，便是「降婁」、「大梁」、「實沈」、「鶉首」、「鶉火」、「鶉尾」、「壽星」、「大火」、「析木」、「星紀」、「玄枵」、「娵訾」。這十二星，依次相當於西洋的十二宮。

因此，弘一大師在文字上落款的時間，如「鶉首」相當於未（羊）年，「鶉尾」相當巳（蛇）年，「析木」相當寅（虎）年，「玄枵」相當子（鼠）年。（以上以陰曆配。）茲列對照表：

戌・白羊・降婁・二月——酉・金牛・大梁・三月。
申・雙子・實沈・四月——未・巨蟹・鶉首・五月。
午・獅子・鶉火・六月——巳・室女・鶉尾・七月。
辰・天秤・壽星・八月——卯・天蠍・大火・九月。
寅・人馬・析木・十月——丑・摩羯・星紀・冬月。
子・寶瓶・玄枵・臘月——亥・雙魚・娵訾・正月。

此表是概略的支、宮、宿與時間上相當月份。

註三：弘公弟子豐子愷為續師宏願，於一九七五年（逝世以前），陸續完成《護生畫》三至六集，並由廣洽法師發心影印成冊流通。弘公在常寂光中，必深心歡慰也！

〔以上附錄三篇，均於一九九七年十月重新修訂。〕

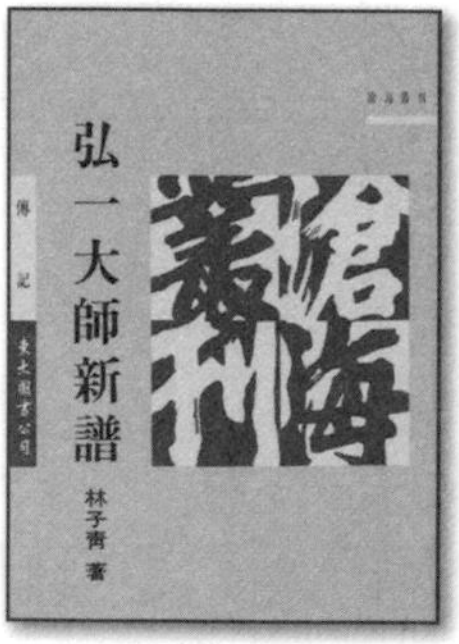

◎弘一大師歌曲集

錢仁康 編著

本書編集中國現代藝術教育家和律宗高僧李叔同（弘一大師）作詞，作曲或選曲配詞的歌曲九十八首。原無伴奏者加配鋼琴伴奏。每首歌曲都有歌注，說明歌曲的出處、考證歌詞、作者，並在〈前言〉中敘述弘一大師的生平，介紹歌曲的內容、形式、藝術特色和社會影響。

◎弘一大師新譜

林子青 著

本書以《弘一大師年譜》為基礎，歷時四、五十年收集還未及發見的資料增訂而成，內容分量較《年譜》增加一倍以上。每年繫事，引用注釋文字，皆寫明出處。其中如大師青年時期入天津縣學所作「制藝」及詩詞，乃至留學日本時期創作的詩篇，以及出家前所寫「斷食日記」等，都是補《年譜》的空白。大師滅後，又增「譜後」二十餘條，記其滅後五十年間的軼事，是知其影響之深遠。翻閱此書，有如面接大師的慈誨，且能欣賞大師序跋題記文字的優美，使人愛不釋手。

◎白馬湖畔話弘一

陳 星 著

碧水瀲灩的白馬湖有著桃花源般的寧靜，它以超凡的秉性成為千丈紅塵中的清涼世界；而弘一大師就像引起湖面漣漪的一股清流，他與白馬湖作家群交錯成一幕魅力無窮的人文風景。本書娓娓道出弘一大師在白馬湖居留期間的事跡，讓讀者沉浸在大師的文心、藝術與佛緣裡。

◎寒山子研究

陳慧劍 著

寒山子，一個唐代的普通寒巖老客，生活平淡如水，然而他的心靈卻化合於自然與宇宙間，無限豐足，無限廣大。在寒山子的生命中，有不朽與超然的精神——讀他的詩，彷彿他依舊活在寒巖，呼吸著一山風月。

他也是詩人，除了使用曲折的手法，以活潑的口語，間用生動的方言，淺近的白話，表達優美的大自然情境外，更藉此襯出高深的人生哲理，並把生活融合在哲理之中——他的哲學即是他的生活，而他把佛理表現在生活裡，把生活寫成詩。

國家圖書館出版品預行編目資料

弘一大師傳／陳慧劍著.——四版一刷.——臺北市:
東大，2020
面；　公分.——（人文叢書.文學類5）

ISBN 978-957-19-3200-2 （平裝）
1. 釋弘一2. 佛教傳記

229.385　　108016755

人文叢書

弘一大師傳

作　者｜陳慧劍
發 行 人｜劉仲傑
出 版 者｜東大圖書股份有限公司
地　址｜臺北市復興北路 386 號 (復北門市)
臺北市重慶南路一段 61 號 (重南門市)
電　話｜(02)25006600
網　址｜三民網路書店 https://www.sanmin.com.tw

出版日期｜初版一刷 1983 年 9 月
三版五刷 2018 年 1 月
四版一刷 2020 年 1 月
書籍編號｜E780070
ISBN｜978-957-19-3200-2

東大圖書公司